中国人事科学研究院
·学术文库·

国有企业人事制度改革与发展

佟亚丽 ◎ 著

中国社会科学出版社

图书在版编目（CIP）数据

国有企业人事制度改革与发展／佟亚丽著.—北京：中国社会科学出版社，2022.9

（中国人事科学研究院学术文库）

ISBN 978 – 7 – 5227 – 0953 – 6

Ⅰ.①国… Ⅱ.①佟… Ⅲ.①国有企业—人事制度—体制改革—研究—中国 Ⅳ.①F279.241

中国版本图书馆 CIP 数据核字（2022）第 195368 号

出 版 人	赵剑英
责任编辑	孔继萍　高　婷
责任校对	李　莉
责任印制	郝美娜
出　　版	中国社会科学出版社
社　　址	北京鼓楼西大街甲 158 号
邮　　编	100720
网　　址	http://www.csspw.cn
发 行 部	010 – 84083685
门 市 部	010 – 84029450
经　　销	新华书店及其他书店
印刷装订	北京君升印刷有限公司
版　　次	2022 年 9 月第 1 版
印　　次	2022 年 9 月第 1 次印刷
开　　本	710×1000　1/16
印　　张	22.75
字　　数	352 千字
定　　价	138.00 元

凡购买中国社会科学出版社图书，如有质量问题请与本社营销中心联系调换
电话：010 – 84083683
版权所有　侵权必究

目　　录

前　言 ··· （1）

第一章　国有企业人事制度改革的基本进程 ··························· （1）
 第一节　放权让利，扩大企业用人自主权（1978—1987） ········· （1）
  一　扩大企业用人自主权 ··· （1）
  二　推行劳动用工制度改革 ·· （6）
  三　改革企业工资制度 ·· （7）
  四　试点厂长（经理）负责制 ··· （9）
 第二节　全面推进企业人事制度改革（1987—1992） ·············· （12）
  一　改革干部人事制度实行人事分类管理 ························· （12）
  二　推进"政企分开"实行厂长经理负责制 ························ （15）
  三　全面推行聘用合同制 ··· （20）
  四　启动以"破三铁"为标志的企业三项制度改革 ··············· （21）
 第三节　初步建立现代企业人事管理制度（1992—2000） ········ （23）
  一　改革企业人事管理制度 ··· （23）
  二　规范国有企业领导体制 ··· （26）
  三　改革国有企业组织管理制度 ···································· （28）
 第四节　全面深化企业人事制度改革（2000—2012） ·············· （32）
  一　确立管资产和管人、管事相结合的国有资产管理体制 ····· （32）
  二　市场化选聘企业经营管理者 ···································· （34）
  三　健全国有企业领导人员激励约束机制 ························· （35）
  四　深化国有企业内部人事、劳动、分配制度改革 ············· （37）

第五节　建立中国特色现代企业人事管理制度
　　　　（2012年至今） (40)
　　一　形成并落地实施深化国企改革"1+N"政策体系 (40)
　　二　建立与国资管理体制相适应的人事管理体制 (46)
　　三　启动"双百行动"，健全法人治理结构和激励约束机制 (50)
　　四　创建世界一流企业，给予企业更多人事管理自主权 (56)
　　五　实施"科改示范行动"，加大激励力度 (57)
　　六　持续深化企业内部劳动、人事、分配制度改革 (60)
　　七　启动国企改革三年行动，加大人事制度改革推进力度 (64)

第二章　国有企业劳动用工制度改革 (73)
第一节　劳动用工制度改革的发展阶段 (73)
　　一　打破固定工制度，试行劳动合同制改革 (73)
　　二　固定工与劳动合同工并存，用工方式"双轨制" (75)
　　三　出台《劳动法》，逐步推行全员劳动合同制 (76)
　　四　建立职工择优录用、能进能出的市场化用工机制 (79)
第二节　构建与现代企业制度相适应的劳动关系 (81)
　　一　劳动关系进入规范化、法制化轨道 (81)
　　二　依法保障劳动者权益 (82)
　　三　构建和谐的劳动关系 (84)
第三节　建立与完善职工社会保障体系 (86)
　　一　建立失业保险制度 (86)
　　二　建立基本养老保险制度 (88)
　　三　建立基本医疗保险制度 (90)
　　四　不断完善社会保障体系建设 (91)

第三章　国有企业工资分配制度改革 (92)
第一节　改革开放前工资制度改革追溯 (92)
　　一　1952—1955年全国第一次工资改革 (92)
　　二　1956年第二次工资制度改革 (95)
　　三　1958—1966年的工资工作 (98)

四　1977年的工资调整……………………………………（99）
第二节　1985年的企业工资制度改革………………………（99）
　　一　工资制度改革的前期准备 …………………………（100）
　　二　调整国家与企业在工资分配方面的关系 …………（103）
　　三　工资制度改革的主要内容 …………………………（107）
　　四　工资制度改革的延续 ………………………………（112）
第三节　1992年及以后的企业工资制度改革 ………………（113）
　　一　逐步实行岗位技能工资制 …………………………（114）
　　二　改进完善企业工资总额同经济效益挂钩方法 ……（116）
　　三　进一步落实国有企业内部分配自主权 ……………（118）
　　四　允许和鼓励资本、技术等生产要素参与收益分配 …（119）
第四节　2018年新一轮的国企工资制度改革 ………………（121）
　　一　改革国有企业工资决定机制 ………………………（122）
　　二　央企工资总额决定机制和管理制度体系全面改革 …（128）
　　三　多地出台企业工资总额管理办法 …………………（131）
第五节　进一步做好中央企业控股上市公司股权激励工作 …（133）
　　一　加大股权激励力度 …………………………………（133）
　　二　完善股权激励业绩考核有关要求 …………………（134）
　　三　对中央企业控股科创板上市公司实施股权激励 …（134）
　　四　健全股权激励管理体制 ……………………………（134）
第六节　建立风险共担、利益共享的中长期激励机制 ………（135）
　　一　完善国有企业科技人才激励政策 …………………（135）
　　二　灵活开展多种方式的中长期激励 …………………（138）

第四章　国有企业领导人员管理制度改革 ……………………（140）
　第一节　国有企业领导人员管理体制变革 …………………（140）
　　一　国有企业领导人员管理方式的变化 ………………（140）
　　二　有序推进国有企业领导人员分类分层 ……………（143）
　第二节　改进国有企业领导人员选拔任用方式 ……………（144）
　　一　市场化选聘国有企业领导人员 ……………………（144）
　　二　推行经理层成员任期制和契约化管理 ……………（148）

三　有序推进职业经理人制度建设 …………………………… (150)
　第三节　加强国有企业领导人员管理 ………………………………… (152)
　　　一　从严管理国有企业领导人员 ……………………………… (152)
　　　二　提出国有企业领导干部的"二十字"标准 ……………… (156)
　　　三　强调发挥党组织的领导和把关作用 ……………………… (157)
　第四节　完善国有企业领导人员考核评价 …………………………… (158)
　　　一　制定领导人员综合考核评价办法 ………………………… (158)
　　　二　实行领导人员年度考核和任期考核 ……………………… (161)
　　　三　完善中央企业负责人经营业绩考核办法 ………………… (162)
　第五节　改革国有企业领导人员薪酬分配制度 ……………………… (165)
　　　一　改革国有企业领导人员薪酬结构 ………………………… (165)
　　　二　规范国有企业领导人员薪酬管理和履职待遇 …………… (168)
　　　三　建立国有企业领导人员差异化薪酬分配制度 …………… (172)
　第六节　健全国有企业领导人员激励约束机制 ……………………… (174)
　　　一　国有企业领导人员任期经济责任审计 …………………… (174)
　　　二　出台股权激励试行办法 …………………………………… (176)
　　　三　完善中长期激励措施 ……………………………………… (176)
　第七节　完善企业领导人员管理监督体系 …………………………… (177)
　　　一　注重国有企业领导人员履职行为监管 …………………… (177)
　　　二　实行对违规违纪行为的责任追究 ………………………… (180)
　　　三　加强国有企业领导人员党风廉政建设 …………………… (182)

第五章　国有企业公司治理机制变革 ………………………………… (184)
　第一节　建立现代企业制度 …………………………………………… (184)
　　　一　推进国有企业公司制改制 ………………………………… (184)
　　　二　构建现代企业公司治理结构 ……………………………… (190)
　　　三　进一步完善国有企业法人治理结构 ……………………… (194)
　第二节　推进董事会建设 ……………………………………………… (196)
　　　一　建立董事会试点工作 ……………………………………… (196)
　　　二　推进董事会应建尽建 ……………………………………… (198)
　　　三　明确董事会职权 …………………………………………… (200)

四　建立外部董事制度 …………………………………… (201)
　　五　加强董事会内部的制衡约束 ………………………… (203)
　第三节　落实董事会职权 …………………………………… (204)
　　一　开展落实董事会职权试点工作 ……………………… (205)
　　二　强调分类开展授权放权 ……………………………… (206)
　　三　建立健全配套制度 …………………………………… (208)
　第四节　发挥监事会作用 …………………………………… (210)
　　一　国有企业监督机构的建立 …………………………… (210)
　　二　国务院向国有企业外派监事会 ……………………… (210)
　　三　国务院授权国资委外派监事会 ……………………… (211)
　第五节　进一步完善国有企业法人治理结构 ……………… (212)
　　一　规范公司各治理主体的权责 ………………………… (212)
　　二　坚持党管干部原则，董事会、经理层依法行使
　　　　人权 …………………………………………………… (213)
　　三　建立健全以党组织为核心的监督体系 ……………… (214)
　第六节　形成中国特色的国有企业公司治理机制 ………… (215)
　　一　明确党组织在公司法人治理结构中的地位 ………… (215)
　　二　坚持"两个一以贯之"把党的领导有机融入公司
　　　　治理 …………………………………………………… (220)
　　三　完善"前置清单"，提升董事会建设和运行质量 …… (221)

第六章　国有企业职业经理人制度建设 …………………………… (226)
　第一节　建立国有企业职业经理人制度 …………………… (226)
　　一　建立国有企业职业经理人制度的必要性 …………… (226)
　　二　建立国有企业职业经理人制度面临的难点 ………… (227)
　　三　建立职业经理人制度的基础和先决条件 …………… (227)
　第二节　国有企业职业经理人制度的政策与实践 ………… (228)
　　一　中央出台的职业经理人有关政策 …………………… (228)
　　二　地方出台的职业经理人有关政策 …………………… (232)
　　三　职业经理人制度的试点推进 ………………………… (235)
　第三节　推行国有企业职业经理人制度 …………………… (238)

一　董事会按市场化方式选聘和管理职业经理人 ………… (238)
　　二　推行企业经理层成员任期制和契约化管理 …………… (239)
　　三　实行市场化的薪酬激励约束机制 ……………………… (240)
　　四　实行内部培养与外部聘任相结合的选聘方式 ………… (241)
　　五　实现企业管理层人员向职业经理人的身份转换 ……… (242)
　　六　加快建立职业经理人退出保障机制 ………………… (243)
　第四节　营造职业经理人制度的社会环境 ……………………… (243)
　　一　大力培育职业经理人才市场 ………………………… (243)
　　二　构建职业经理人资质评价标准 ……………………… (244)
　　三　开展职业经理人社会化评价 ………………………… (245)

第七章　国企混改进程中的人事制度改革 ………………………… (247)

　第一节　国有企业混合所有制改革的背景、目的和意义 ……… (247)
　　一　国有企业混合所有制改革的背景 …………………… (247)
　　二　国有企业混合所有制改革的重要意义 ……………… (248)
　　三　探索国有企业混合所有制改革的实现方式 ………… (250)
　第二节　有序推进混合所有制改革 ……………………………… (253)
　　一　开展不同领域国企混改试点示范 …………………… (253)
　　二　混合所有制改革是国企改革的重要突破口 ………… (255)
　　三　不断深化国有企业混合所有制改革 ………………… (256)
　第三节　国企混改人事制度改革的主要内容 …………………… (261)
　　一　进一步确立和落实企业市场主体地位 ……………… (261)
　　二　健全混合所有制企业法人治理结构 ………………… (261)
　　三　推行混合所有制企业职业经理人制度 ……………… (261)
　　四　探索实行混合所有制企业员工持股 ………………… (262)
　　五　完善混改涉及的人事制度配套政策 ………………… (262)
　第四节　国企混改要"混"资本更要"改"机制 ……………… (263)
　　一　健全有效制衡的法人治理结构 ……………………… (264)
　　二　逐步完善职业经理人制度 …………………………… (265)
　　三　切实推动劳动人事制度的市场化改革 ……………… (266)
　第五节　有序开展国有控股混合所有制企业员工持股 ………… (267)

一　员工持股是国企混改的重要举措 …………………… (267)
　　二　通过试点稳妥推进员工持股 ……………………… (267)
　　三　建立激励约束长效机制 ……………………………… (270)

第八章　持续深化国有企业三项制度改革 …………………… (271)
第一节　国有企业三项制度改革的历史进程 ……………… (271)
　　一　起步探索阶段（1992—2000） ……………………… (271)
　　二　全面推进阶段（2001—2012） ……………………… (273)
　　三　深入推进阶段（2013年至今） ……………………… (275)
第二节　国有企业三项制度改革的政策推进 ……………… (279)
　　一　从强调制度建立，到注重形成机制 ……………… (280)
　　二　从强调内部管理，到走向对标提升 ……………… (281)
　　三　从强调严格管控，到提倡自我约束 ……………… (281)
　　四　从强调整体推进，到聚焦重点难点 ……………… (282)
　　五　从强调政策落地，到评估实施效果 ……………… (283)
第三节　近年来国有企业三项制度改革的实践探索 ……… (284)
　　一　央企从经理层改革入手，破解三项制度改革难题 ……… (284)
　　二　各地国企以建立"三能"机制作为突破口 ……… (288)
　　三　"双百企业"三项制度改革成效显著 …………… (290)

第九章　国有企业人事制度改革的成就与展望 ……………… (292)
第一节　国有企业人事制度改革取得重大进展 …………… (292)
第二节　国有企业人事制度改革富有显著成效 …………… (295)
　　一　构建了公司企业法人治理结构和运行机制 ……… (295)
　　二　探索了坚持党管干部原则与董事会依法选聘经营管理者相
　　　　结合的方式 ……………………………………… (296)
　　三　与现代企业制度相适应的市场化选人用人机制基本
　　　　形成 ……………………………………………… (296)
　　四　适应国有企业改革的社会保障体系逐步建立 …… (297)
　　五　企业人事管理制度法律、法规体系逐步健全完善 ……… (298)
第三节　国有企业人事制度改革有待不断深入 …………… (298)

一　加快形成有效制衡的公司治理机制 …………………… (299)
　　二　全面推进经理层任期制和契约化管理 ………………… (299)
　　三　不断加大有利于科技创新的激励力度 ………………… (299)
　　四　持续推进国有企业三项制度改革 ……………………… (300)
第四节　深化国有企业人事制度改革的行动举措 ……………… (300)
　　一　总体规划，试点先行 …………………………………… (300)
　　二　统筹兼顾、协调推进 …………………………………… (301)
　　三　不畏艰险、攻坚克难 …………………………………… (301)
　　四　与时俱进，谋长虑远 …………………………………… (301)

国有企业人事制度改革文件名录 …………………………………… (303)

大事记 ……………………………………………………………… (310)

参考文献 …………………………………………………………… (346)

后　记 ……………………………………………………………… (349)

中国人事科学研究院学术文库已出版书目 ………………………… (351)

前　言

自十一届三中全会以来，中国共产党坚持实事求是，将马克思主义的基本原理同中国革命的具体实践相结合，逐渐形成了建设有中国特色社会主义的路线、方针、政策，实现了工作重心向经济建设的转移，顺利地完成了从计划经济体制向市场经济体制的转型。在社会经济体制改革的进程中，国有企业改革逐渐深化，先后经历了扩大企业自主权、"利改税"、实行经营承包责任制、转换企业经营机制、政企分离、公司制改造、建立现代企业制度、组建国资委以及国有经济战略调整和改组等阶段。随着国有资产管理体制的完善，我国在国有企业公司制、股份制、国有独资公司董事会试点、中央企业重组、混合所有制改革等方面取得了很大成绩，国有经济布局和结构得到优化，国有企业改制和国有产权转让进一步规范，形成了一批具有国际竞争力的大公司大企业集团，国有企业在改革中不断调整其自身的定位，作为国民经济的主导力量，在关系国家安全、国计民生的关键行业和领域中起到了举足轻重的作用，是中国特色社会主义的重要物质基础。

国有企业人事管理制度是企业制度的重要组成部分，实行什么样的人事制度完全取决于政治、经济体制和生产力发展水平。改革开放40多年来，我国企业人事制度改革始终与政治、经济体制和企业改革同频共振，纵观这一过程，是国有企业建立"产权清晰、权责明确、政企分开、管理科学"的现代企业制度的过程，亦是国有企业推进公司治理机制不断完善的过程。经过艰难曲折的实践探索，逐步形成了与现代企业制度相适应的国有企业选人用人体制机制，建立了适应中国特色社会主义市场经济体制要求的现代企业人事管理制度，为国有企业改革与发展提供了有力的组织人事保障。

本书较为系统全面地梳理了中共十一届三中全会以来，国有企业人事制度改革的历史脉络，论述了国有企业人事制度改革在各个历史时期的政策措施和实践探索，分析了国有企业在劳动用工、工资分配、领导人员管理体制改革以及构建现代企业法人治理结构，市场化选聘企业经营管理者，推行经理层成员任期制和契约化管理，有序推进职业经理人制度建设，持续深化企业内部劳动、人事、分配三项制度改革方面的主要成就和实践经验，并提出了新的历史时期进一步深化国有企业人事管理制度改革的关注点和行动举措。

本书的主要内容包括：前言、第一章国有企业人事制度改革的基本进程、第二章国有企业劳动用工制度改革、第三章国有企业工资分配制度改革、第四章国有企业领导人员管理制度改革、第五章国有企业公司治理机制变革、第六章国有企业职业经理人制度建设、第七章国企混改进程中的人事制度改革、第八章持续深化国有企业三项制度改革、第九章国有企业人事制度改革的成就与展望、后记等。

本书以社会主义市场经济体制改革为背景，沿着国有企业改革不断深入和现代企业制度的建立这一基本线索，将国有企业人事制度改革与我国干部人事制度改革和企业劳动制度改革相联系，大量搜集、整理和分析了各个历史时期改革的政策法规文件、会议纪要、指导意见、行动方案和具体举措以及央企和地方国企推进人事制度改革的方法和路径，展示了国有企业人事制度改革的不平凡历程，将有助于对国有企业人事制度改革的全面认识、客观评价和经验汲取，回望来路，展望前程，也将对进一步深化国有企业人事制度改革大有裨益。

第一章

国有企业人事制度改革的基本进程

第一节 放权让利，扩大企业用人自主权（1978—1987）

1978年12月18—22日，中共十一届三中全会召开，邓小平在全会前召开的中央工作会议闭幕会上作《解放思想，实事求是，团结一致向前看》的总结讲话，这篇讲话实际上是全会的主题报告。全会果断地停止使用"以阶级斗争为纲"的口号，作出把党和国家工作重心转移到经济建设上来、实行改革开放的历史性决策。全会提出了我国经济体制改革的任务，决定"把全党工作的着重点和全国人民的注意力转移到社会主义现代化建设上来"。指出我国经济管理体制的一个严重缺点就是权力过于集中，要"改变同生产力发展不适应的生产关系和上层建筑，改革一切不适应的管理方式、活动方式和思想方式"。这就必然触及权力过于集中的管理体制和干部人事管理制度。全会要求"大力精简各级经济行政机构"，要"认真解决党政企不分、以党代政、以政代企的现象，实行分级分工，分人负责，加强管理机构和管理人员的权限和责任"，"要有领导地、大胆地向地方和企业下放权力，让地方和工农业企业在国家统一计划的指导下有更多的经营管理自主权"。会后，在中央精神指导下，企业在"放权让利"的基础上，进行扩大企业自主权的试点，围绕着扩大企业用人自主权，启动了国营企业人事制度改革的进程。

一 扩大企业用人自主权

中华人民共和国成立以后，我国基本照搬苏联的计划经济体制。所谓计划经济，就是建立在单一的生产资料公有制基础上的，由政府通过行政手段，采取指令性计划配置资源的经济形态或经济体制①。这一时期国家对国营企业实行计划统一下达，资金统一拨付，产品统收统销，就业统包统揽，盈亏都由国家负责，企业没有经营自主权。

中共十一届三中全会后，国营企业最初的改革，是政企合一的"放权让利"，强调以扩大企业自主权为主要形式，调整国家与企业之间的管理权限与利益分配关系。首先是通过扩大自主权、建立"企业基金"、实行"利润留成""利润包干"等方式增加企业的留利比例，调动企业完成计划和增产增收的积极性，此后又实行了两步"利改税"，将国营企业上缴利润改为缴纳税金，税后利润全部留归企业。1978年邓小平同志在听取鞍山市委负责同志汇报时讲道："要加大地方的权力，特别是企业的权力。企业要有主动权、机动权，如用人多少，要增加点什么，减少点什么，应该有权处理。"② 1978年10月，经国务院批准，四川省选择了不同行业具有代表性的重庆钢铁公司等6家地方国营工业企业率先进行"扩大企业自主权"试点，成为国营企业改革乃至城市经济体制改革起步的标志。

1979年4月，中央召开工作会议，为在全国范围内搞好国营企业改革试点，明确提出要扩大企业自主权。5月国家经贸委、财政部、外贸部、中国人民银行、国家物资局、国家劳动局6个部门联合发出通知，在京、津、沪三个城市确定首都钢铁公司、北京清河毛纺厂、天津自行车厂、上海柴油机厂、上海轮机厂等8家企业进行扩大经营管理自主权试点改革，在局部扩权试点的基础上，进而扩大试点和全面推广。

为解决我国计划经济时期严重的政企不分、以政代企的问题，中央认真总结了四川等省下放企业自主权的经验，1979年7月13日国务院颁发了《关于扩大国营工业企业经营管理自主权的若干规定》，肯定了扩大企业自主权的改革，并对扩权的主要内容作了规定。规定"企业在定员、定额内有权根据精简和高效的原则，按照实际需要，决定自己的机构设

---

① 周绍朋：《国有企业改革的回顾与展望》，《行政管理改革》2018年11月26日。
② 邓小平：《用先进技术和管理方法改造企业》，载《邓小平文选》第二卷，人民出版社1994年版，第131页。

置，任免中层和中层以下的干部"。同时颁发的还有《关于国营企业利润留成的规定》《关于开征国营企业固定资产税的暂行规定》《关于提高国营工业企业固定资产折旧率和改进折旧费使用方法的暂行规定》《关于国营工业企业实行流动资金全额信贷的暂行规定》4个文件。这5个文件是改革开放以来关于企业改革的第一批文件，改革的重点是给企业以一定的生产计划、产品购销、资金运用、干部任免、职工录用等方面的自主权，在利润分配上，给企业以一定比例的利润留成，打破企业是政府机关的附属物，企业吃国家"大锅饭"的体制将企业经营好坏与企业和职工的利益挂钩，以调动企业和职工的积极性。

1980年1月，国务院批转国家经济委员会、财政部起草的《国营工业企业利润留成试行办法》，继续完善扩权企业的利润留成办法。之后率先在首钢以及北京、天津、上海选择了8家企业作为扩大自主权的试点单位。随后试点在全国逐步展开。到1980年6月底，全国试点企业已达6000多个。1980年9月，国务院批转国家经济委员会《关于扩大企业自主权试点工作情况和今后意见的报告》，批准从1981年起，把扩大企业自主权的工作在国营工业企业中全面推开，使企业在人、财、物、产、供、销等方面，拥有更大的自主权。

1984年3月24日，福建国有骨干企业55位厂长的呼吁书《请给我们"松绑"》在《福建日报》全文刊发，要求国营企业进一步放权。发出国企改革的第一声呐喊。4月，国务院颁发了《国营工业企业暂行规定》，首次对企业的法人地位做出了规定。5月10日颁布《关于进一步扩大国营工业企业自主权的暂行规定》，进一步明确扩大企业在生产经营计划以及机构设置权、干部人事权、工资奖金分配权等十个方面的自主权（俗称扩权十条）。

1984年7月，为了适应经济体制改革的需要，遵照党中央关于改革干部管理体制的知识精神，中央组织部发布《关于修订中共中央管理的干部职务名称表的通知》，强调改革干部管理体制，本着"少管、管好、管活"的原则，采取分级负责的办法，适当下放干部管理权限，开始把一部分干部管理权交给企业。由原来的下管两级，改为原则上下管一级，实行分层管理，层层负责的管理体制。中央原则上只管下一级的主要领导干部，使下级单位有更多的用人权。同时，开始进行干部分类管理探索，根据机关、企业、事业单位的不同情况，探索厂长、所长负责制相配套的企事业单位人事管理体制，给企业、事业单位下放权力。对国营企业的干部，除企业领导外，都下放给企业自主管理，企业有权任免、调配除领导班子以外的人员，在国家规定政策内，有自主决定内部分配的权力。打破了企业无定机构、定编制权、无干部人事任免权、无工资分配决定权的状况，开始触动了高度集中的单一模式的干部人事管理体制。

1984年10月20日，中共十二届三中全会通过了《中共中央关于经济体制改革的决定》，明确肯定了全民所有制企业所有权与经营权分离的原则。该《决定》提出了"增强企业的活力，特别是增强全民所有制的大、中企业的活力，是以城市为重点的整个经济体制的中心环节"的著名论断。国营企业改革的目标是要使企业真正成为相对独立的经济实体，成为自主经营、自负盈亏的商品生产者和经营者，具有自我改造和具有发展的能力，成为具有一定权利和义务的法人。该《决定》明确了国营企业的相对独立性以及国营企业商品生产者和经营者的地位。在这一基础上，对国营企业明确了6个方面的自主权，提出"在服从国家计划管理的前提下，企业有权选择灵活多样的经营方式，有权安排自己的产供销活动，有权拥有和支配自留资金，有权依照规定自行任免、聘用和选举本企业的管理人员，有权自行决定用工办法和工资奖励方式，有权在国家允许的范围内确定本企业产品的价格"等。

1985年，国务院办公厅《关于转发全国城市经济体制改革试点工作座谈会纪要的通知》提出，进一步搞活企业，尤其是搞活大中型企业。9月，国务院批转国家经委、国家体改委《关于增加大中型国营工业企业活力若干问题的暂行规定》，对搞活企业有关的14个方面的问题进一步作出规定。

为进一步完善和发展企业内部经济责任体系，1986年7月，国务院颁布《关于加强工业企业管理若干问题的决定》，要求进一步完善和发展企业内部经济责任体系，要有领导、有步骤地完成全民所有制工业企业领导体制的改革。9月，中共中央、国务院颁发《全民所有制工业企业厂长工作条例》《中国共产党全民所有制工业企业基层组织工作条例》和《全民所有制工业企业职工代表大会条例》等一系列全民所有制工业企业改革条例，开始对国营企业领导体制进行全面改革。12月5日，国务院作出《关于深化企业改革增强企业活力的若干规定》要求加快企业领导体制改革，全面推行厂长（经理）负责制。

1986年，国务院开始酝酿选择承包经营这种"两权分离"的国企经营模式，即企业包上缴国家利润，包完成技术改造任务，国家对企业实行工资总额与经济效益挂钩，即"两包一挂"。不同企业可以根据实际情况，确认其承包内容。承包经营责任制具有包死基数，确保上缴，超收多留，欠收自补的基本特征。承包经营责任制是在社会主义全民所有制基础上，按照所有权与经营权分离的原则，将国营企业的财产授予企业经营管理，企业对财产享有占有、使用和依法处分的权利，通过签订承包合同，确定国家与企业之间的责、权、利关系，使企业具有自主权，不再作为政府机构的附属物能够向自主经营、自负盈亏、自我发展、自我约束的企业法人转变。

1986年12月2日第六届全国人大常委会第十八次会议通过《中华人民共和国企业破产法（试行）》[①]。12月5日，国务院颁布《关于深化企业改革增强企业活力的若干规定》。它确定了经营承包责任制的思路。指出，全民所有制小型企业可积极试行租赁、承包经营，全民所有制大中型企业要实行多种形式的经营责任制，各地可以选择少数有条件的全民所有制大中型企业进行股份制试点。[②] 国营企业在此期间普遍实行了承包经营责任制，较好地处理了国家与企业之间的利益关系，调动了企业的积极性，增强了企业的活力。到1987年，全国国营大中型企业普遍实行了承包经营责任制。

"放权让利"改革极大地调动企业的积极性，激发了职工的劳动热情，增强了企业活力。在企业人事制度方面进一步强调：企业有劳动用工权、人事管理权、工资奖金分配权、内部机构设置权。规定企业对管理人员和技术人员可以实行聘用制、考核制；对解聘和未聘的管理人员和技术人员，可以安排其他工作，包括工人岗位的工作；企业可以从优秀工人中

---

① 《中华人民共和国企业破产法》，第十届全国人民代表大会常务委员会第二十三次会议通过，2006年8月27日。
② 到1991年年底，全国约有3220家不同类型的企业进行了股份制试点，其中大部分是职工内部持股。

选拔聘用管理人员和技术人员，企业有权根据实际需要设置在本企业内部有效的专业技术职务。

这一阶段我国实行的是以计划经济为主导的体制，市场调节的部分刚刚开始萌生。企业改革可以看作是计划经济体制引入市场调节的局部调整，只限于"松绑"，扩权让利。改革重点主要为政策调整和创新，逐步摆脱传统计划经济体制的束缚，探索一种新的政策规定和管理模式。中共十二届三中全会通过了《中共中央关于经济体制改革的决定》，初步确立了商品经济在社会主义经济结构中的地位，提出了社会主义经济是公有制基础上的"有计划的商品经济"的重要论断，要求从根本上改革高度集中的经济体制，建立一个充满生机和活力的社会主义经济体制。首次明确指出，全面改革经济体制的条件已经具备，要求加快改革步伐，推动以城市为重点的整个经济体制改革。改革是为了建立充满生机的社会主义经济体制。这标志着改革开始由农村走向城市和整个经济领域，由此中国的经济体制改革进入第二阶段，即改革的展开阶段。

二 推行劳动用工制度改革

在计划经济体制下，国营企业由国家经营，劳动用工实行统一招收、调配和管理，企业不得自行辞退员工。职工的福利、医疗和养老保障一律由国家包办。

1978年开始的以提高国营企业活力为目标的扩权让利改革，扩大企业自主权，其中之一就是扩大企业劳动用工自主权。在国家统筹规划和指导下，国营企业从1978年起实行多渠道用工的固定工制，实行劳动部门介绍就业、自愿组织起来就业和自谋职业相结合的"三结合"方针。同时，结合企业扩权改革试点，加强对新招收员工的管理。自1982年始，全国有9个省、市、自治区试行劳动合同制，并对录用办法、管理制度、保险制度等相关人事管理制度进行了相应的改革。

自1986年起，国营企业在招收职工时统一实行劳动合同制，以书面形式明确双方的责权利，将过去存在的终身固定劳动关系明确为契约化的合同用工关系，标志着"劳动契约化"的开始。

企业劳动用工制度的改革，是对新中国成立以来我国劳动制度进行的一次重大改革，从根本上动摇了固定用人制度和企业干部终身制，有助于逐步建立起一套能够适应社会主义商品经济发展要求的劳动制度。

三 改革企业工资制度

20世纪五六十年代直至改革开放初期，在企业工资管理体制方面，我国企业的工资管理权限集中在中央政府的劳动部门，实行有统一的货币工资标准，按产业和工种规定工人的工资等级，实行以"八级工资制"为特征的等级工资制，对企业领导人员、工程技术人员和管理人员实行职务或职称等级工资。企业各类人员的工资增长由国家统一进行。国企职工工资分配完全由政府主导，国家对工资的分配具体到企业的每一个职工，职工的工资收入与企业的效益没有直接关系，"干与不干一个样，干好干坏一个样"。

按照中共十一届三中全会提出的"克服平均主义"的指导思想，1978年5月，国务院发出《关于实行奖励和计件工资制度的通知》至1979年，基本上全面恢复了奖励制度，并在一些适于实行计件工资的企业实行了计件工资制。按照规定，企业可以按照职工标准工资总额10%—12%的比例在成本中提取奖励基金。

1981年，在扩大企业自主权试点，实行企业利润流程办法后，企业奖金的提取开始随企业经济效益浮动。企业奖金不再按标准工资总额的一定比例提取，改为在企业利润留成中按一定比例提取，并规定了"封顶"线。这种奖金随经济效益浮动的办法，有利于促进企业增加生产和利润，但企业内部实行的"上不封顶，下不保底"的浮动工资办法，受到了企业当年奖金额度最高不超过相当于两个月标准工资数额的限制。在这种情况下，从1981年开始，有些企业实行"工资总额包干浮动"的办法。中共十二届三中全会提出深化分配制度改革，进一步贯彻按劳分配的原则，并出台了若干具体规定。

为适应改革需要，1983年，国务院批转劳动部《关于企业调资和工资制度改革》的方案，改革的主要内容是简化归并工资标准，使企业工资标准体系有利于贯彻按劳分配原则，也有利于工资管理，对改善企业内部工资关系起到了一定的作用。中共十二届三中全会，提出深化分配制度改革，进一步贯彻按劳分配的社会按劳分配的原则，并做出若干具体规定。1984年，国务院发布《关于国营企业发放奖金有关问题的通知》，实行奖金不"封顶"、征收奖金税的办法,首次在企业工资总量决定上,引入了随经济效益浮动的弹性机制,标志着企业工资改革进入微观领域与宏观领域配套改革综合探索的新阶段。①

1985年年初,国务院发布《关于国营企业工资改革问题的通知》规定:"企业与国家机关、事业单位的工资改革和工资调整脱钩";"企业职工工资的增长应依靠本企业经济效益的提高,国家不再统一安排企业职工的工资改革和工资调整"。此次工资制度改革,在国营大中型企业中实行工资总额与经济效益挂钩的办法,旨在进一步打破企业吃国家"大锅饭"和职工吃企业"大锅饭"的局面。

从1985年开始,国营企业对工资制度进行全面改革,全国各地部分企业按规定要求,提倡重视生产效率和经济效益的提高,开始实施与"工效挂钩"的工资制,打破了国营企业原有工资分配制度,"挂钩"企业职工工资收入有了普遍提高。但由于挂钩指标核定方面的原因,"挂钩"的企业只占大中型国营企业的15%。为了消除物价上涨以及机关、事业单位人员增加工资的影响,妥善处理各方面的关系,中央决定实行企业工资套改。1985年7月,经国务院批准,有关部门印发了《国营企业工资改革试行办法》,规定了企业工资套改的基本内容和政策,企业可根据实际情况自行制定工资制度,适当调整企业工资标准。为此,劳动人事部拟定了《国营大中型企业工人工资标准表》《国营大中型企业干部工资标准表》,供各地区、各部门在企业工资改革中参考②。

1986年,国务院开始酝酿选择承包经营。基本原则是"包死基数,确保上缴,超收多留,歉收自补"。这种"两权分离"的国企经营模式即企业包上缴国家利润,包完成技术改造任务,实行工资总额与经济效益挂钩,不同企业可以根据实际情况确认其承包内容。1987年3月召开的六届人大五次会议通过的《政府工作报告》提出:"根据所有权与经营权分离的原则,认真实行多种形式的承包经营责任制",到1987年年底,全国

---

① 徐颂陶、刘嘉林等编著:《中国工资制度改革》,中国财政经济出版社1989年版,第104页。

② 这一工资标准与之前的企业工资标准相比有很大不同,其最明显的特征是具有参考性,它不像过去的工资标准那样是完全指令性的,企业只能一成不变地照章执行。

国有大中型企业普遍实行承包制。

随着经济体制改革的深入发展，结合落实经营承包责任制和工资总额与经济效益挂钩的原则，企业内部分配制度改革不断深化，逐步将职工工资收入分配的总额与企业的经济效益联系起来。职工的工资与其所任职务、岗位、个人的劳动实际和成果相联系，进一步体现了按劳分配的原则，对克服平均主义，调动职工积极性起到了积极的作用。

四 试点厂长（经理）负责制

新中国成立初期国营企业实行军代表制，1950年中央人民政府财政经济委员会发布《关于国营、公营工厂建立工厂管理委员会的指示》要求对国营、公营工厂企业进行有计划、有步骤的改革，建立有工人参加的工厂管理会。这之后开始普遍实行厂长领导下，由工人参加的工厂管理委员会制度，这种领导体制突出了工人的企业主人翁地位，体现了工人群众参与企业民主管理。

1953年，我国开始实施第一个五年计划。这一时期，我国全面引进苏联的企业管理体制，国营企业实行厂长对企业行政管理全面负责的"一长制"的领导体制。1954年5月中共中央转发华东局《关于在国营厂矿企业中实行厂长负责制的决定》，并认为随着国家进入有计划的经济建设和中央各部及各地区日益加强了国营厂矿的领导，"有必要也有可能在全国各国营厂、矿（包括地方国营厂矿）中实行厂长负责制，以便进一步地提高工业企业的领导水平，更好地完成国家计划"。厂长负责制在国营企业推广开来。1955年10月24日，中共中央要求："企业中的党组织必须认真帮助确立和巩固企业管理的一长制，并教育一切工作人员严格遵守企业行政纪律和秩序。党组织必须把确立一长制作为自己的一个基本的政治任务。"当时的厂长负责制实际上就是"一长制"，其特点是企业领导人对所管理的工作要全面负责。1956年以后，"一长制"被冠以"忽视民主管理"之名受到批评。

1956年中共第八次全国代表大会政治报告确定，"在企业中应当建立以党为核心的集体领导和个人负责相结合的领导体制，凡是重大的问题都应该经过集体讨论和共同决定。日常的工作应当由专人分工负责"。这就是党委领导下的分工负责制。1961年1月，中共八届九中全会通过了对整个国民经济实行"调整、巩固、充实、提高"的八字方针，提出利用2—3年时间，对国民经济进行调整，这一时期，对国营企业管理体制也进行了改革探索。9月中共中央颁发《国营工业企业工作条例（草案）》共10章，70条，也称"工业七十条"。该《条例（草案）》对国营企业的计划管理、经济核算、企业财务、生产协作责任制度、党委领导下的厂长负责制、工会和职工代表大会、党的工作等重大问题作出明确规定。该《条例（草案）》规定在国营工业企业中实行党委领导下的行政管理上的厂长负责制，党委是企业的领导核心，企业的重大问题由企业党委讨论并决定。党政主要领导一般由一人兼任，将党的集体领导与个人负责结合起来。所有干部都按照党政机关干部的单一模式进行集中管理。"文化大革命"时期企业人事管理实行的是"革命委员会"领导体制和"党的一元化"领导管理体制。

1978年10月，邓小平同志在中国工会第九次全国代表大会上的致辞中指出："我们的企业要实行党委领导下的厂长或经理负责制。"[①] 党委领导下的厂长（经理）负责制，其主要内容是党委集体领导，厂长（经理）行政指挥，职工民主管理。党委领导下的厂长（经理）负责制，是对党委领导下的负责制的修正，提高了厂长（经理）在行政班子中的地位和作用，有利于企业管理水平的提高。

总之，改革开放前，国营企业的领导体制虽然曾进行过多次调整，先后经历了"厂长（经理）负责制""党委领导下的厂长（经理）负责制""文化大革命"期间的"革委会领导体制"和"党的一元化领导"的体制。

1978年，中共十一届三中全会提出了经济管理体制改革的任务，作出了工作重心转移到社会主义现代化建设上来的重大决策，国营企业早期的变革实践启动了国企改革的艰难历程。为增强国营企业的活力，以放权让利为重点，中央开始调整政府和企业的责权利关系，扩大企业自主权、简政放权，减税让利，政府向企业放权。中央决定逐步恢复实行党委领导

---

① 邓小平：《工人阶级要为实现四个现代化作出优异贡献》，载《邓小平文选》第二卷，邓小平同志在中国工会第九次全国代表大会上的致辞，1978年10月11日，人民出版社1994年版，第131页。

下的厂长负责制和企业民主管理制度。

1979年4月5日，中央召开工作会议，提出"要正确贯彻执行党委领导下的厂长负责制，改变那种党政不分、以党代政的现象，建立健全党委领导下的职工代表大会制度，认真搞好民主管理，充分发挥广大职工当家作主的社会主义积极性。厂长是企业的行政领导人，对全厂的生产工作实行统一指挥，对全场的经济活动负全部责任。副厂长和总工程师、总会计师在厂长的领导下进行工作，各负其责。企业党委要大力支持工程技术人员和经济管理人员的工作"[1]。7月，国务院发布《关于扩大国营企业经营管理自主权的若干规定》提出，在定员定额内，企业有权决定自己的机构设置、有权任免中下层干部。中央组织部也发文规定，要给企业单位以更多的管理干部的自主权。企业的中层管理干部一般由企业[2]单位的党委自行管理。

1982年的《国营工厂厂长工作暂行条例》、1983年的《国营工业企业暂行条例》都明确提出，建立健全党委领导下的厂长分工负责制。《国营工业企业暂行条例》首次对国营企业的法人地位做出了规定：企业是法人，厂长是法人代表。1984年5月10日国务院发布《关于进一步扩大国营企业自主权的暂行规定》，赋予企业包括机构设置权、人事劳动管理、工资奖金分配权等10个方面的自主权。5月15日召开的第六届全国人民代表大会第二次会议《政府工作报告》进一步明确，在国营企业逐步实行厂长（经理）负责制。5月18日，中共中央、国务院发布《国营工业企业法（草案）试行》。决定改革国营工业企业领导体制，实行生产经营和行政管理工作厂长（经理）负责制，并对厂长、企业党组织和工会的职责权限做出明确规定。

1984年10月，中共十二届三中全会通过《中共中央关于经济体制改革的决定》，提出和阐明了经济体制改革的一些重大理论和实践问题。认为政企不分是传统国营企业制度的根本弊端，改革的基本思路是沿着所有权和经营权分离的原则逐步推进政企分开，使企业成为独立经营、自负盈

---

[1] 李先念：《在中央工作会议上的讲话》（1979年4月5日），载《三中全会以来重要文件选编》（上），人民出版社1982年版，第137—138页。

[2] 《关于改革干部管理体制若干问题的规定》，中组部1983年。

亏的商品生产者和经营者。该《决定》突破了把全民所有同国家机构直接经营企业混为一谈的传统观念，提出"所有权同经营权是可以适当分开的"按照政企职责分开、简政放权的原则进行改革，是搞活企业和整个国民经济的迫切需要。要使企业真正成为相对独立的经济实体，成为自主经营、自负盈亏的社会主义商品生产者和经营者，具有自我改造和自我发展的能力，成为具有一定权利和义务的法人。该《决定》提出要"确立国家和全民所有制企业之间的正确关系，扩大企业自主权"，探索所有权与经营权适当分离条件下，搞好国营企业的多种经营方式，明确实行所有权和经营权适当分离的"厂长（经理）负责制"。指出："企业在改革中只有实行厂长负责制，才能适应现代化大生产对经营管理提出的要求。"厂长负责制是以厂长为企业生产经营活动的中心，企业的生产经营和行政管理工作由厂长统一领导，全面负责的一种企业内部领导制度，厂长是企业的法定代表人。在厂长负责制下，厂长全面领导企业的生产经营管理工作；依照国家的各项法律、法规，有权决定企业的生产经营计划、机构设置、人事任免，以及作出各项经营管理中的决策。

为进一步完善和发展企业内部经济责任体系，1986年7月，国务院颁布《关于加强工业企业管理若干问题的决定》，要求要有领导有步骤地完成全民所有制工业企业领导体制的改革。9月，党中央、国务院颁发《全民所有制工业企业厂长工作条例》《中国共产党全民所有制工业企业基层组织工作条例》和《全民所有制工业企业职工代表大会条例》，开始对国营企业领导体制进行全面改革。12月，国务院发布《关于深化企业改革增强企业活力的若干规定》，要求加快企业领导体制改革，全面推行厂长（经理）负责制。1987年8月，原国家经委等三部委召开全面推行厂长负责制工作会议，标志着全国推行全民所有制企业厂长（经理）负责制，我国国营企业领导制度改革已经从试点进入全面实施阶段。

第二节　全面推进企业人事制度改革（1987—1992）

一　改革干部人事制度实行人事分类管理

传统的企业人事管理体制有一个逐步形成与演变的过程。改革开放前，我国一直实行与计划经济相适应的高度集中的干部管理体制和单一的管理模式，将党政机关工作人员和企事业单位管理人员与专业技术人员统称为干部，实行统一调配、统一管理。原因在于计划经济是由政府采用行政手段配置资源的，因此，计划经济时期的国营企业就必然成为各级政府的附属物，附属于政府主管部门，是按政府指令性计划执行主管部门行政决策的生产单位，被称作国营企业。顾名思义，国营企业就是由国家或者政府来直接经营管理的企业。计划经济体制下，国营企业是一种集权模式的管理体制。国家对国营企业实行"统一领导，分级管理"。所谓统一领导，即国营企业资本归国家所有，企业没有任何投资决策权和经营自主权，企业生产经营活动所需要的资金，包括固定资金和流动资金，都要由国家根据企业的生产经营活动统一核定、统一拨付。国营企业的生产由国家制定指令性计划、统一调剂资金和调配生产资料、统一规定产品价格和流向，企业除向国家交纳营业税外，税后利润也都全部上缴国家，如果企业亏损，则全部由国家财政统一予以弥补。所谓分级管理即将全民所有制企业分为：中央管理；中央和地方共同管理，以中央管理为主；中央和地方共同管理，以地方管理为主；地方管理四种形式。计划经济体制下，国营企业的产权性质决定了其领导体制以及运行机制、管理方式、分配机制都具有明显的计划经济特点。

为适应高度集中的计划经济体制的需要，相应地建立了与计划经济相适应的高度集中的干部管理体制和单一的管理模式，将党政机关工作人员和企事业单位的管理人员和专业技术人员，统称为干部，实行统一调配，统一管理，企业基本没有干部管理权限。中央和省市区党委下管两级干部，国营企业领导人员一般都由中央和省、地市委组织部门管理，有的也由企业主管部门管理，其间虽然进行了多次调整，但都没有从根本上改变企业的人事管理体制和具体的管理制度。这种体制已经影响到企业经营自主权的落实。

1980年8月18日，邓小平同志发表了《党和国家领导制度的改革》的讲话，讲话经过中央政治局讨论通过，成为全党全国干部人事制度改革的纲领性文献。指出，要克服党和国家各项具体制度中存在的种种弊端，根本的问题是改革制度，并提出了改革的主要内容和总体思路，从而把改革领导制度和干部制度摆上了全党全国的重要议事日程。

1982年9月29日，劳动人事部印发《关于吸收录用干部问题的若干规定》。《规定》指出，在编制定员内补充干部，应先由人事部门或主管机关在本地区、本部门现有干部和国家统一分配的军队转业干部中调配，或从大中专毕业生中调配解决；解决不了的，可以从工人中吸收和从社会中录用，也可以从社会上招聘。同时，中央组织部先后制定了《关于干部制度改革的意见》等文件，进行下放干部管理权限的试点。此基础上，党中央1983年决定，改革干部管理体制，改变权力过于集中的现象，开始积极进行干部分类管理探索，根据机关、企业、事业单位不同情况，探索厂长、所长负责制相配套的企业、事业单位人事管理体制。

在1983年全国组织工作会议上印发了《关于领导班子"四化"建设的八年规划》《关于领导干部管理体制若干问题的规定》等文件修订稿，按照中央关于建立干部退休制度和干部队伍"四化"方针，推进企业领导干部的新老交替，对委任制的领导干部实行任期制或任期目标责任制，对企业中层以下的干部实行聘任制和选举制试点，打破了实际存在的企业领导职务和干部身份的终身制。

1987年10月，党的十三大召开，确定了经济体制和干部人事制度改革的目标方向，加快了改革的步伐，把企业改革，包括企业人事制度改革推到了一个全面改革的阶段。党的十三大报告提出：活力、效率、积极性的提高，离不开干部人事制度的改革，明确了实行政企分开、干部分类管理的企业人事制度改革原则。党的十三大报告提出"按照党政分开、政企分开和管人与管事既紧密结合又合理制约的原则"，"改革干部人事制度"，建立科学的分类管理体制。确定了干部人事制度改革的目标方向，明确干部人事制度改革的总体任务是：对"国家干部"进行合理分解，改革集中统一的现状，建立科学的分类管理体制，改变用党政干部的单一模式管理所有人员的现状，形成各具特色的管理制度。"在建立国家公务员制度的同时，还要按照党政分开、政企分开和管人与管事既紧密结合又合理制约的原则，对各类人员实行分类管理。"报告强调对企事业单位的管理人员，原则上由所在组织或单位依照各自的章程或条例进行管理。报告同时指出，改革过程中将竞争机制引入企业管理，为优秀企业家和各种专门人才的脱颖而出创造了前所未有的条件，已经并将继续引起企业人事制度的一系列变化，应当适应这种形势，不断总结实践经验，使新的企业人事制度建立和完善起来。在中央的大力推动下，国营企业人事制度改革全面推进。

为了贯彻党的十三大以来党中央、国务院关于改革人事制度的一系列决定，中组部、人事部于1988年、1991年先后出台了《关于全民所有制工业企业引入竞争机制，改革人事制度的若干意见》和《全民所有制企业聘用干部管理暂行规定》，提出要把竞争机制引入企业人事管理，对企业经营者实行公开招标选聘，并实行合同制管理；对不适合公开招聘的企业，也应在确定国家与企业之间、企业所有者与经营者之间的契约关系的同时，采用其他办法竞争产生企业经营者。同时，这些文件明确提出，实行各种经营责任制的企业（除特大型企业外）的行政副职，均由企业经营者聘任，企业内部的各级管理人员实行逐级聘用，择优而任。还强调"必须坚决实行能上能下、打破干部领导职务终身制。企业经营者及各级管理人员受聘什么职务。就享受什么待遇，解聘或辞聘后一律不保留聘用期间的待遇"。文件不仅充分肯定了聘用制改革的重要意义，还对聘用制干部的待遇、退休、退职、组织管理等问题作出了具体规定。① 出现了一系列新的突破：厂长经理负责制以法律形式确定下来，企业人事管理自主权，以法律和文件形式得以落实和巩固；经营承包责任的推行和专业技术人员职称改革，搞活了企业内部分配；聘用（任）制和劳动合同制的推行，打破了干部和工人的身份界限，市场竞争机制引入企业人事管理，人才市场开始成为企业人才流动和配置的重要途径，推动了社会保障制度的建立和发展。这一系列改革政策，全面动摇了传统人事管理制度和管理方式，掀起了全面推行企业人事制度改革的浪潮。由此，国营企业开展了全面的人事制度改革。

二 推进"政企分开"实行厂长经理负责制

中共十二届三中全会以后，经济体制改革的中心环节是搞活国营大中型企业，其核心内容就是不断扩大企业的经营自主权，减少国家对企业的直接干预。在保持国家所有权的前提下，将企业的经营权下放给企业，实际上就是要通过国营企业所有权和经营权的分离，实现"政企分开"。国

---

① 徐颂陶、孙建立主编：《中国人事制度改革三十年》，中国人事出版社2008年版，第106页。

营企业普遍实行了扩大经营自主权的改革,调动了企业生产经营的积极性,企业的活力有所增强,中国经济出现了恢复性增长的良好态势。

党的十三大提出了社会主义初级阶段的理论。对企业改革提出了新的思路:按照所有权和经营权分离的原则,搞活全民所有制企业。明确提出在国营企业逐步推行承包经营责任制,试行租赁制和股份制等多种经营形式。国营企业向国有企业的变革,实际上就是要通过国营企业所有权与经营权的分离,实现"政企分开"。随着改革的深入进行,对企业所有权与经营权的改革重点也逐渐转移到"实行政企职责分开"上,核心内容就是不断扩大企业的经营自主权,减少国家对企业经营的直接干预。[①] 为此,国务院于1988年2月发布了《全民所有制工业企业承包经营责任制暂行条例》,规范企业承包经营责任制,确定国家与企业的责权利关系。

1988年4月全国人大一次会议通过了《中华人民共和国全民所有制工业企业法》,首次以法律的形式确认了企业的法人财产权利,要求企业成为市场主体,实行厂长(经理)负责制。明确了政府和企业在人事管理方面的关系,即厂长的产生按照厂长的任职条件和企业情况由政府主管部门决定任用及其任用方式。一是政府任免和奖惩厂长,并根据厂长的提议,任免和奖惩副厂级领导干部,考核、培养厂级领导干部;二是政府主管人事部门负责厂级领导干部的管理,其他人员由企业负责管理,实行分级管理的企业劳动人事管理体制;三是企业有权决定机构数量和人员编制,有权招聘人才,有权对职工实施奖惩,有权按有关规定确定管理人员的任用和管理方式,[②] 明确规定厂长依法行使职权受法律保护。其后,在国务院发布的《全民所有制工业企业转换经营机制条例》中进一步强调,企业有劳动用工权、人事管理权、工资奖金分配权、内部机构设置权。规定企业对管理人员和技术人员可以实行聘用制、考核制;对解聘未聘的管理人员和技术人员,可以安排其他工作,包括在工人岗位的工作。企业可以从优秀工人中选拔聘用管理人员和技术人员,企业有权根据实际需要设置本企业内的有效技术人员职务。

---

① 李保民、刘勇:《十一届三中全会以来历届三中全会与国企国资改革》(中),《产权导刊》2014年第9期。

② 赵曙明:《中国人力资源管理》,南京大学出版社1995年版,第73页。

这一时期，企业实行厂长（经理）负责制以法律的形式确定下来，企业人事管理自主权以法律和文件的形式得以落实和巩固。当然，在这一时期也出现了一些问题，比如在厂长（经理）负责制下，在企业的厂长（经理）、党委会、职工代表大会三个权力主体中，厂长（经理）的权力得到极大提升，"一厂之长，法人代表，全面负责，处于中心地位，起中心作用"，在实际贯彻执行中，厂长（经理）和党委书记往往由一人担任，厂长（经理）实际上处于无从监督的地位，不利于调动企业职工的积极性，不利于企业的发展。又如在一些承包制的企业中出现了任人唯亲，拉帮结派的现象。有的经营管理者短期行为严重，忽视专业人才培养和引进，忽视管理人才和专业技术人才积极性的发挥等问题。

1988年9月中共十三届三中全会在北京召开，这次会议是在一个特殊时期召开的，中国正处在新旧体制的转换时期，并由此带来一系列问题。突出的问题是经济秩序混乱、物价上涨过快、影响到人民群众的生活。其中，1988年的"价格闯关"被认为是1978年改革以来最大的一次经济失控，致使经济改革一度陷入低潮。全会确定了"治理经济环境、整顿经济秩序、全面深化改革"的指导方针、政策和措施。强调压缩社会总需求，抑制通货膨胀，整顿经济生活，特别是流通领域中出现的各种混乱现象。全会指出，必须有领导有秩序地推进相互配套的全面改革。在多方面的综合改革中，应当特别注重深化企业改革，尤其是大中型国营企业的改革。明确指出在国营企业逐步推行承包经营责任制，试行租赁制和股份制等多种经营形式，进一步推动政企分开，使有条件的企业真正放开经营。1989年企业改革必须抓紧：一要进一步推动政企分开，使有条件的企业真正放开经营，二要认真完善承包制，进行以公有制为主体的股份制试点和发展企业集团试点。通过建立在国家宏观控制下的企业自主经营、自负盈亏、自我约束的机制，提高经济效益。

1988年10月，中共中央、国务院做出了《关于清理整顿公司的决定》，要求通过清理整顿，着重解决公司政企不分、官商不分、转手倒卖、牟取暴利等问题，并进一步推动政企分开，使有条件的企业真正放开经营，认真完善承包制，进行以公有制为主体的股份制试点和发展企业集团试点。从表面来看，治理整顿时期的经济体制改革步伐缓慢下来，经济建设发展的速度与此前的五年相比也形成了明显的反差。但实际上，这三年的治理整顿是中国经济发展走向成熟、改革开放走向深入的转折点,为后来几年经济建设持续高速健康发展奠定了重要的基础,也为解决企业政企职责不分提供了实践经验。

改革开放初期,我国企业改革的主要手段是国家对企业放权让利,通过简政放权,减税让利,强调两权分离,政企分开,扩大企业经营自主权。然而这一阶段的探索表明,仅在微观企业层面的改革难以真正地搞活企业。1988年11月,国家组建国有资产管理局标志着宏观层面国有资产管理体制改革的开端,实际上就是要通过国营企业所有权与经营权的分离,由国营企业逐渐向国营企业的变革,实现"政企分开"。随着改革的深入进行,对企业所有权与经营权的"两权分离"更有了深刻的认识,改革重点也逐渐转移到"实行政企职责分开"上,核心内容就是不断扩大企业的经营自主权,减少国家对企业的直接干预。

1989年,国营企业遭遇"三角债"困扰。为不断推进企业管理体制改革,1990年4月,国务院批转国家体改委《关于在治理整顿中深化企业改革强化企业管理的意见》,要求在完善承包经营责任制的基础上,加强国有资产管理,对国营企业股份化、分税制和利税分流和财政包干等进行研究探索。同年7月国务院颁发了《关于加强国有资产管理工作的通知》。12月,中共十七届七中全会通过了《中共中央关于制定国民经济和社会发展十年规划和"八五"计划的建议》,明确要求深化企业领导体制和经营机制改革,加强国有资产管理[①]。

以转换企业经营机制搞活国营大中型企业为重点,国务院于1991年5月发出《关于进一步增加大中型企业活力的通知》。12月,国务院批转国家计委、国家体改委、国务院生产办《关于选择一批大型企业集团进行试点请示的通知》,并确定首批55家大型企业集团试点名单。

1992年2月,国务院批转了国家体改委《关于1992年经济体制改革要点》,明确指出,经济体制改革的重点是搞好全民所有制大中型企业转换经营机制。随着改革的不断深入,特别是在邓小平同志南方谈话精神的鼓舞下,转换工业企业经营机制的问题就被提上了议事日程。7月,国务

---

① 李保民、刘勇:《十一届三中全会以来历届三中全会与国企国资改革》(中),《产权导刊》2014年第9期。

院颁发《全民所有制工业企业转换经营机制条例》，该《条例》依据《全民所有制工业企业法》，指出企业转换经营机制的目标是：使企业适应市场的要求，成为依法自主经营、自负盈亏、自我发展、自我约束的商品生产和经营单位，成为独立享有民事权利和承担民事义务的企业法人。为了实现这一改革目标，该《条例》强调转换企业经营机制的重点是落实企业生产经营自主权，明确赋予了企业拥有经营决策、产品和劳务定价、产品销售、物资采购、进出口、投资决策、资金支配、资产处置、联营和兼并、劳动用工、人事管理、工资和资金分配、内部机构设置、拒绝摊派共14项经营自主权，并规定从1992年下半年开始执行。扩权让利改革极大地调动了企业的积极性，激发了职工的劳动热情，增强了企业的活力。

1992年10月12日，中共第十四次全国代表大会在北京举行。党的十四大明确指出："我国经济体制改革的目标是建立社会主义市场经济体制，以利于进一步解放和发展生产力。"在《加快改革开放和现代化建设步伐，夺取有中国特色社会主义事业的更大胜利》的报告中提出，围绕社会主义市场经济体制的建立，加快经济改革步伐。建立社会主义市场经济体制，要认真抓好几个相互联系的重要环节，其中之一即：转换国营企业特别是大中型企业的经营机制，把企业推向市场，增强它们的活力，提高它们的素质。这是建立社会主义市场经济体制的中心环节，是巩固社会主义制度和发挥社会主义优越性的关键所在。"通过理顺产权关系，实行政企分开，落实企业自主权，使企业真正成为自主经营、自负盈亏、自我发展、自我约束的法人实体和市场竞争的主体，并承担国有资产保值增值的责任。"[①] 党的十四大首次将全民所有制企业由过去的"国营企业"改称为"国有企业"。国营企业不仅仅是称呼上的改变，实际上反映了企业所有权和经营权分离后的改革实践。在两权分离的思想指导下，以邓小平南方谈话和党的十四大提出的建立社会主义市场经济体制为标志，国有企业由放权让利开始进入以产权制度改革为基础的企业制度创新的发展阶段。

---

① 1992年10月12日，中国共产党第十四次全国代表大会上江泽民代表中共第十三届中央委员会向大会作题为《加快改革开放和现代化建设步伐，夺取有中国特色社会主义事业的更大胜利》的报告。

三　全面推行聘用合同制

1992年2月，原劳动部发出《关于扩大试行全员劳动合同制的通知》着力推行全员劳动合同制工作，明确扩大全员劳动合同制的地区、企业范围、社会保险待遇等内容，要求国营企业试行全员劳动合同制，包括企业干部、固定工人、劳动合同制个人和其他工人。7月，国务院颁布《全民所有制工业企业转换经营机制条例》，将实行劳动合同制列为转换国营企业经营机制的重要内容。明确赋予企业经营自主权和用人自主权，国家不再下达用人计划，真正确立起企业的用人主体地位。[①] 进一步强调企业有劳动用工权、人事管理权、工资奖金分配权、内部机构设置权等方面权利。规定企业对管理人员和技术人员可以实行聘用制、考核制；对解聘和未聘的管理人员和技术人员，可以安排其他工作，包括工人岗位的工作；企业可以从优秀工人中选拔聘用管理人员和技术人员，企业有权根据实际需要在企业内部设置有效的专业技术职务。

1992年1月25日，劳动部、国务院生产办、国家体改委、人事部、全国总工会联合发文《关于深化企业劳动人事、工资分配、社会保险制度改革的意见》文件要求，逐步推行全员劳动合同制，在搞好优化（或合理）劳动组合的基础上，逐步扩大全员劳动合同制的范围。

1994年7月5日，《中华人民共和国劳动法》经八届全国人大常委会第八次会议审议通过，自1995年1月1日起实施。《劳动法》规定"建立劳动关系应当订立劳动合同"，即要实行全员劳动合同制，这是针对国营企业以前内部两种劳动用工制度并存而采取的一项改革措施，即在全体职工中推行劳动合同制。《劳动法》的颁布标志着中国劳动用工制度进入一个依法用工的新的历史阶段。

1994年8月24日，劳动部发出《关于全面实行劳动合同制的通知》，要求各地要积极贯彻实施《劳动法》中的规定，以促进这一新的用人制度的建立和运行。

---

① 尹蔚民主编：《纪念人力资源和社会保障事业改革开放30年文集》，中国人事出版社2009年版，第128页。

四 启动以"破三铁"为标志的企业三项制度改革

初期改革的主要措施是实行厂长（经理）负责制、承包责任制、租赁经营制等，通过对企业放权让利，探索企业经营权与所有权相分离，引导国营单位摆脱计划经济体制的束缚，作为独立经营主体进入市场。在初步实现企业所有权与经营权分离的同时，企业内部传统的管理体制与厂长（经理）用人自主权之间的矛盾日益显露，劳动用工制度的计划化和固定化，形成了"铁饭碗"；工资分配制度的统一化和刚性化，形成了"铁工资"；企业人事制度的资历化和终身化，形成了"铁交椅"。"三铁"的弊病集中表现为不能调动企业全体人员的积极性，不能使企业充满生机活力，要求变革企业传统管理体制的呼声也越来越强烈。由此，湖南省株洲市部分国营企业于1983年开始探索以劳动、人事、工资分配为主要内容的企业内部经营管理变革。1987年，株洲市、青岛市被国务院列为全国首批两个"劳动、人事、工资制度"综合配套改革试点城市，开展以打破"铁交椅、铁饭碗、铁工资"为主要特征的三项制度改革，为全国国企改革树立了样板。

1992年1月25日，劳动部、国务院生产办公室、国家体改委、人事部、全国总工会联合发出《关于深化企业劳动人事、工资分配、社会保险制度改革的意见》指出："党的十一届三中全会以来，企业劳动人事、工资分配和社会保险制度改革取得了一定成效""但从整体看，企业内部'铁交椅'、'铁饭碗'和'铁工资'的弊端没有完全破除，影响了职工主人翁责任感和积极性的充分发挥。""深化企业劳动人事、工资分配和社会保险制度改革，在企业内部真正形成'干部能上能下，职工能进能出，工资能升能降'的机制，成为当前转换企业经营机制的重要任务。"改革企业人事制度。"企业管理人员和技术人员要逐步实行聘任制。上级主管部门对企业的干部管理要坚持管人与管事相统一，责任与权力相统一的原则，重点是管好企业领导干部，对其他干部主要由企业管理。"要通过引入竞争机制，公开考核，聘任上岗，逐步打破干部和工人的身份界限。企业原有固定干部身份的人员和统配人员都要实行聘任制，签订聘任合同，不符合聘任条件以及解聘人员要另行安排岗位或在厂内待业，工资、福利待遇均随岗位变动。从工人中选拔干部要严格按照国家有关规定实行聘用制，真正做到能上能下，在什么岗位，享受什么待遇。

1992年年初，以徐州国营企业改革为发端，国营企业掀起了一股以"破三铁"（"铁饭碗""铁工资"和"铁交椅"）为标志的企业劳动、工资和人事制度的"三项制度"改革热潮。"破三铁"旨在国营企业内部打破"铁饭碗、铁工资、铁交椅"的制度，解决国企职工不能解聘、工资分配固定化、职务能升不能降的问题。在劳动用工制度改革方面，按市场化要求对企业用工进行动态管理，通过完善定员定额，以产定人，实施下岗分流、减员增效，全面推行全员劳动合同制，力图改变职工能进不能出的现状；在工资分配制度改革方面，实行按岗计酬，工效挂钩，工资收入能多能少。坚持按岗位责任，劳动成果和企业经济效益来兑现工资，拉开个人收入差距，实行浮动工资制，职工工资能高能低，建立有效的激励机制；在人事制度改革方面，打破企业职工的干部、工人的身份界限，干部不再是终身制，坚持以德、能、勤、绩、廉来全面考核和选拔领导和管理人员，推行竞聘上岗、优胜劣汰，目的是解决企业领导能上不能下的问题。通过"破三铁"，初步达到提高企业生产效率的目的，国营企业呈现出空前的生机和活力。

1992年7月，国务院颁发《全民所有制工业企业转换经营机制条例》，该《条例》明确了企业的14项经营自主权。在企业人事制度方面进一步强调：企业有劳动用工权、人事管理权、工资奖金分配权、内部机构设置权。规定企业对管理人员和技术人员可以实行聘用制、考核制，对解聘和未聘的管理人员和技术人员可以安排其他工作，包括工人岗位的工作；企业可以从优秀工人中选拔聘用管理人员和技术人员，企业有权根据实际需要设置在本企业内部有效的专业技术职务。

这一时期，企业实行厂长（经理）负责制以法律的形式确定下来，企业人事管理自主权得以落实和巩固。同时企业"三项制度改革"的推进，从政策上、制度上全面动摇了传统的人事管理制度和管理模式，出现了一系列新的突破：推行聘用（任）制和劳动合同制，开始取消了干部和工人的身份界限，打破身份制；企业人事管理开始引入市场竞争机制，人才市场开始成为企业人才流动和配置的重要途径；企业专业技术人员实行职称制度改革；推行承包制，搞活了企业的内部分配；劳动合同制和干部聘任制的实行，推动了企业社会保障制度的建立和发展。

第三节　初步建立现代企业人事管理制度（1992—2000）

自 1978 年起，国营企业改革近 15 年的探索实践证明，如果不涉及计划管理体制本身和产权制度，只是停留在经营管理层面的改革，就难以实现激发企业活力的改革预期。1992 年年初，邓小平同志视察南方并发表重要谈话，10 月 12 日在邓小平同志南方谈话精神的指引下，中共第十四次全国代表大会确立社会主义市场经济为中国经济体制改革的目标模式。首次将全民所有制企业由过去的"国营企业"改称为"国有企业"。国营企业不仅仅是在称呼上的改变，实际上反映了企业所有权和经营权分离后的改革实践。我国在公有制为主体的基础上建立社会主义市场经济体制，需要解决许多极其复杂的问题，其中的重点和难点是让国有企业成为市场主体。这个时期的改革强调"产权清晰、权责明确、政企分开、管理科学"探索建立国有资产管理体制，国有企业改革开始从单纯"放权让利"深入推进到以产权制度改革为基础，以建立现代企业制度为重点的"制度创新"的发展阶段。

一　改革企业人事管理制度

随着社会主义市场经济和现代企业制度的建立和完善，计划经济体制下形成的传统的人事管理体制已越来越不适应企业发展的需要，客观上要求改革不合时宜的企业人事管理体制，建立政企分开、科学管理的现代人事管理制度。

1992 年 10 月，党的十四大提出中国经济体制改革的目标是建立社会主义市场经济体制，中国的改革开始进入了一个全新的历史阶段。1993 年 11 月中共十四届三中全会通过《关于建立社会主义市场经济体制若干问题的决定》，进一步勾画了市场经济体制基本框架，认识到只有从管理体制上进行创新才能真正让国有企业成为市场主体、焕发市场活力。在党的文件中首次提出政资分开的概念着力实现政府的社会经济管理职能和国有资产所有者职能分开。它首次提出："以公有制为主体的现代企业制度是社会主义市场经济体制的基础"；"建立现代企业制度，是发展社会化大生产和市场经济的必然要求，是我国国有企业改革的方向"，明确了建立现代企业制度的目标和步骤，提出建立"产权清晰、权责明确、政企分开、管理科学"的现代企业制度是我国国有企业改革的目标。

随着建立现代企业制度目标的确立，企业工资分配制度改革进入了目标明确、全方位推进的新阶段。党的十四大确立了建立社会主义市场经济体制的目标，计划经济体制开始全面向市场经济体制转轨，提出转换国有企业经营机制，加快市场体系的培育，深化分配制度和社会保障制度的改革，加快政府功能的转变。与此同时，中共中央明确指出要坚持按劳分配为主体，多种分配方式并存的原则，允许和鼓励资本、技术等生产要素参与收益分配，探索与现代企业制度相适应的收入分配制度。根据这一精神，我国确立了"市场机制决定、企业自主分配、职工民主参与、政府监控指导"这一企业工资分配制度改革目标。

1993年3月29日，第八届全国人民代表大会第一次会议通过的《宪法修正案》。正式将"国营经济"修改为"国有经济"，"国营企业"修改为"国有企业"。这一法律更改，准确地体现了全民所有制经济的所有权和经营权的区别，更加突出国企的经营自主权，为我国国有企业改革的发展和深化提供了宪法依据。国有企业不仅是在称呼上的改变，实际上反映了企业所有权和经营权分离后的改革实践。在"两权分离"的思想指导下，国有企业开始进入一个以产权制度改革为基础的企业制度创新的发展阶段，国有企业开始经营机制的转换，加快市场体系的培育，深化分配制度和社会保障制度的改革，加快政府功能的转换。这标志着中国的经济体制改革进入了第二阶段，从此，国营企业向国有企业迈进，企业改革进入了经营机制创新的阶段。1994年，国务院出台的《关于选择一批国有大中型企业进行现代企业制度试点的方案》提出：取消企业管理人员国家干部身份，打破不同所有制职工之间的身份界限，建立企业与职工双向选择的用人制度。

1994年开始的现代企业制度试点和以后的国有企业改革，都涉及企业人事制度方面的内容，有力地推动了改革的广泛深入进行。企业人事制度改革的核心是，结合建立现代企业制度和完善公司法人治理结构，全面引进竞争机制，健全企业组织领导制度和企业内部人事管理制度，扩大企业用人自主权，完善选人用人机制，加快企业家队伍、职业经理人队伍、专业技术人员队伍和高技能人才队伍建设，逐步建立符合企业特点的现代企业人事管理制度。①

1996年4月16—18日，中组部、人事部在苏州联合召开全国企业人事制度改革研讨会。深入研究推进企业人事制度改革的基本思路和重要任务，要求加快企业人事制度改革步伐，促进现代企业制度建立。

1997年9月，党的十五大和十五届一中全会对国有企业改革和发展提出三年两大目标的明确要求，提出要调整和完善所有制结构，探索公有制的多种实现形式，从战略上调整国有经济布局和结构，对国有经济实施战略性改组，提出要"加快推进国有企业改革"，用3年左右的时间，使大多数国有大中型亏损企业摆脱困境，"力争到2000年大多数国有大中型骨干企业初步建立现代企业制度"。会议再次强调"建立现代企业制度是国有企业改革的方向"，并提出"要按照产权清晰、权责明确、政企分开、管理科学的要求，对国有大中型企业实行规范的公司制改革，使企业成为适应市场的法人实体和竞争主体"。

1999年9月19—22日，中共十五届四中全会通过《中共中央关于国有企业改革和发展若干重大问题的决定》。中共中央召开全会专门研究国有企业的改革和发展问题，改革开放以来还是第一次。该《决定》以邓小平理论为指导，贯穿了党的十五大精神，全面总结了20年来国有企业改革和发展的基本经验，阐明了搞好国有企业改革和发展的重大意义，明确了国有企业改革的基本方向，主要目标和指导方针，提出了搞好国有企业改革和发展的一系列重大政策措施。该《决定》指出，要从战略上调整国有经济布局，推进国有企业战略性改组，建立和完善现代企业制度，加强和改善企业管理，提高国有经济的控制力，使国有经济在关系国民经济命脉的重要行业和关键领域占支配地位。该《决定》其中一个重要的内容，就是适应建立现代企业制度的要求，深化企业内部人事制度改革，积极探索适应现代企业制度需求的选人用人新机制，逐步建立符合企业特点的现代企业人事管理制度。要按照企业的特点建立对经营管理者培养、选拔、管理、考核、监督的办法，并逐步实现制度化、规范化。进一步完

---

① 徐颂陶、孙建立主编：《中国人事制度改革三十年》，中国人事出版社2008年版，第172页。

善对国有企业领导人员管理的具体办法,对企业及企业领导人员不再确定行政级别,加快培育企业经营管理者人才市场,建立和健全国有企业经营管理者的激励和约束机制,实行经营管理者收入与企业的经营业绩挂钩,健全法人治理结构,发挥党内监督和职工民主监督的作用。

2000年6月23日,中共中央办公厅印发关于《深化干部人事制度改革纲要(2001—2010年)》的通知。它提出,即将跨入21世纪,国有企业人事制度改革的重点和基本要求是深化国有企业人事制度改革,以建立健全适合企业特点的领导人员选拔任用、激励、监督机制为重点,把组织考核推荐和引入市场机制、公开向社会招聘结合起来,把党管干部原则和董事会依法选择经营管理者以及经营管理者依法行使用人权结合起来,完善体制,健全制度,改进方法,建立与社会主义市场经济体制和现代企业制度相适应的国有企业领导人员管理制度。"健全国有企业领导人员培训培养制度制定国有企业领导人员教育培训规划。"改进培训内容和方法,提高培训质量。加强对企业领导人员培训工作的管理,明确培训管理部门的职责任务,避免多头培训。加强培训基地的建设,形成科学的培训网络。建立国有重要企业后备领导人才培养制度。对后备人才实行动态管理。深化国有企业内部人事制度改革,形成具有生机与活力的选人用人新机制。

二 规范国有企业领导体制

1992年10月,党的十四大提出国有企业改革的方向是建立现代企业制度。1993年11月中共十四届三中全会通过《中共中央关于建立社会主义市场经济体制若干问题的决定》,强调"国有企业实行公司制,是建立现代企业制度的有益探索"。要求进一步转换国有企业经营机制,建立适应市场经济要求的现代企业制度,并提出"产权清晰、权责明确、政企分开、管理科学"的十六字方针,旨在使企业成为自主经营、自负盈亏、自我发展、自我约束的法人实体和市场竞争主体。该《决定》还提出了法人财产权的概念,要求企业拥有法人财产权,要"改革和完善企业领导体制和组织管理制度"。因此,在实行公司制的企业厂长负责制已不适应新企业制度的需要,需要积极探索新的企业领导体制。

1993年中共十四届三中全会提出,国有企业改革的方向是建立"产权清晰、权责明确、政企分开、管理科学"的现代企业制度,要"坚持和完善厂长(经理)负责制,保证厂长(经理)依法行使职权"。实行公司制的企业,要按照有关法规建立内部组织机构。企业中的党组织要发挥政治核心作用,保证监督党和国家方针政策的贯彻执行。工会与职工代表大会要组织职工参加企业的民主管理,维护职工的合法权益。中共十四届三中全会后,国有企业加强领导班子建设,加大对企业领导班子培训、考核、调整的力度,使一批优秀的管理人才走向领导岗位。

1994年《公司法》正式颁布,国有企业的领导体制开始按照公司制企业的治理结构来规范,形成股东(大)会、董事会、经理层、监事会组成的决策机构、辅助决策机构、执行机构和监督机构相互独立、逐级授权、权责分明、各司其职、相互制约的纵向授权模式。

1994年以后,国有企业改革进入建立现代企业制度时期,开始建立股东(大)会、董事会、经理层、监事会,国有企业的领导体制开始按照公司制企业的治理结构来规范,形成股东(大)会、董事会、经理层、监事会组成的决策机构,决策机构、执行机构和监督机构相互独立、逐级授权、权责分明、各司其职、相互制约的纵向授权模式。在国有企业领导体制方面,不仅要解决公司治理机构的股东会、董事会、经理层和监事会权力配置问题,还要解决公司治理机构与企业基层党组织、职工代表大会的关系问题。在实践中,多数企业采取了董事长兼总经理和党委书记的做法,这又使加强对国有企业领导人员权力的监督变得非常重要。

为了建立适应社会主义市场经济要求的现代企业制度,国务院机构在1998年进行了重大改革,企业集团成为国有企业的主要组织形式。对企业集团的管理则由相应的党政有关部门各司其职,如中央企业工委负责企业领导人任免,劳动人事部门负责工资和劳动管理,财政部门负责企业财务管理,计划部门负责投资审批,国有企业监事会负责监督管理,国家经贸委负责国有企业改革。

1999年9月22日在中华人民共和国成立五十周年前夕,中国共产党第十五届中央委员会第四次全体会议召开。全会研究了国有企业改革和发展问题,通过了《中共中央关于国有企业改革和发展若干重大问题的决定》。这是一个跨世纪的战略决策,具有重大的现实意义和深远的历史意义。《决定》指出,建立现代企业制度,是国有企业改革的方向,是公有制与市场经济相结合的有效途径。此《决定》提出"按照国家所有、分级管理、授权经营、分工监管的原则,逐步建立国有资产管理、监督、营运体系和机制,建立与健全严格的责任制度"。第一次明确提出国有资产"授权经营"的概念。此《决定》再次强调,要建立现代企业制度,实现产权清晰、权责明确、政企分开、管理科学,健全决策、执行和监督体系,使企业成为自主经营、自负盈亏的法人实体和市场主体,并强调在建立现代企业制度过程中,要继续推进政企分开,积极探索国有资产管理的有效形式。

2009年12月3日,中共中央办公厅发布的《2010—2020年深化干部人事制度改革规划纲要》明确提出:深化国有企业人事制度改革,要坚持党管干部原则,以改革和完善企业领导人员管理制度为重点,逐步完善与公司治理结构相适应的企业领导人员管理体制。健全中央和地方党委对国有重要骨干企业领导班子和领导人员的管理体制,积极探索建立符合现代企业制度要求的企业领导人员管理办法,依法落实董事会和企业经营管理者的选人用人权。完善企业领导人员选拔方式,把组织选拔与市场化选聘结合起来。建立企业领导人员任期制。着眼促进科学发展,建立以任期目标为依据,全面反映企业经济责任、政治责任、社会责任以及企业领导人员履职表现、廉洁从业情况的综合考核评价机制。健全以考核评价为基础,与岗位职责和工作业绩挂钩,精神激励与物质激励并重,短期激励与中长期激励相结合的企业领导人员激励办法。规范和完善企业领导人员薪酬管理办法。健全企业领导人员监督约束机制,建立企业领导人员责任追究制度。

三 改革国有企业组织管理制度

建立现代企业制度,不仅要明晰产权关系,依法自主经营、自负盈亏,照章纳税,促使国有资产保值增值,而且必须建立科学的企业领导体制和组织管理制度,整体改革企业人事管理体制机制,建立现代企业人事制度,这将企业人事制度改革推向了一个新的阶段,为从根本上建立与社会主义市场经济相适应的企业人事管理制度奠定了坚实的基础。

1993年11月中共十四届三中全会通过了《中共中央关于建立社会主义市场经济体制若干问题的决定》,勾画了社会主义市场经济体制的基本框架。该《决定》指出,社会主义市场经济体制是同社会主义基本制度结合在一起的,建立社会主义市场经济体制,就是要使市场在国家宏观调控下对资源配置起基础性作用。明确指出,我国国有企业的改革方向是建立"适应市场经济和社会化大生产要求的、产权清晰、权责明确、政企分开和管理科学"的现代企业制度,要求通过建立现代企业制度,使企业成为自主经营、自负盈亏、自我发展、自我约束的法人实体和市场竞争主体。强调"国有企业实行公司制,是建立现代企业制度的有益尝试",要求进一步转换经营机制,建立适应市场经济要求的现代企业制度。在国有资产的运营管理体制方面,该《决定》则提出了"国家统一所有、政府分级监管、企业自主经营"的改革思路。

1993年12月,第八届全国人民代表大会常务委员会第五次会议通过《中华人民共和国公司法》[1],为国有企业公司制改造,建立现代企业制度提供了法律依据。确定公司设立股东会、董事会、监事会,分别行使决策权、经营权、监督权,从而对企业法人结构做出了法律安排。《公司法》概括来讲,有三个要点:一是公司拥有法人财产权,是独立的法人实体。二是实行有限责任制度。三是治理结构由法律来规范。[2]《公司法》出台,为实现制度创新提供了保证,一大批国有企业进行了公司制改造,初步建立了较为规范的法人治理结构,促进了企业投资主体的多元化和经营机制的转换。企业的决策机制、发展机制和约束机制初步确立。[3] 标志着建立现代企业制度、实行公司法人治理结构的改革正式步入规范化、法制化阶段。

中共十四届三中全会后,我国的经济体制改革向纵深发展,极大地推动了我国建立社会主义市场经济体制的进程。我国对国有企业继续采取了扩大企业自主权、实行经济责任制、两步"利改税"、承包经营责任制、转换经营机制等不同形式的改革,各地在落实企业自主权、转换经营机制中,越来越感到国有企业产权关系不清晰已经成为转换经营机制的最大障

---

[1] 1993年12月29日第八届全国人民代表大会常务委员会第五次会议通过,1999年、2004年、2005年多次修正,现行版本由全国人民代表大会常务委员会于2013年12月28日发布。

[2] 陈清泰:《国企深层次问题解决要靠建立现代企业制度》,《证券日报》2016年10月21日。

[3] 金碚:《中国国有企业发展道路》,经济管理出版社2013年版,第69页。

碍。在实践中围绕着"产权清晰、权责明确、政企分开、管理科学"的要求，进一步就国有企业拥有包括国家在内的出资者投资形成的法人财产权；并以其全部法人财产，依法自主经营，自负盈亏，照章纳税，对出资者承担资产保值增值的责任；出资者享有资产受益、重大决策和选择管理者等权利，并以出资为限对企业债务负有限责任；政府不直接干预企业的生产经营活动等进行了有益的探索。同时还就市场体系建设、政府管理经济的职能转变、收入分配制度改革以及多层次社会保障制度建立等方面做了积极的试点。这个阶段的改革是按照建立现代企业制度的方向，围绕企业制度的创新展开的。

1994年《公司法》的正式实施，标志着企业改革进入了建立"产权清晰、权责明确、政企分开、管理科学"的现代企业制度的新阶段。1994年国务院发布《国有企业财产监督管理条例》规定，"企业享有法人财产权，依法独立支配国家授予其经营管理的财产。政府和监督机构不得直接支配企业法人财产"。从1994年开始，国有企业改革进入建立现代企业制度时期，按照公司制企业的治理结构来规范国有企业的领导体制，建立了股东（大）会、董事会、经理层、监事会组成的决策机构、辅助决策机构、执行机构和监督机构。同年，国家经贸委、体改委会同有关部门，选择了100家不同类的国有大中型企业，进行建立现代企业制度的试点。加上各地方选择的试点企业，中央和地方共选择了2500多家企业，按照现代企业制度的要求进行试点改制，现代企业制度由点到面逐步展开。改制企业绝大多数建立了包括股东会（大会）、董事会、经理层、监事会在内的公司法人治理结构组织框架。在进行现代企业制度的试点的同时，国家经贸委在18个城市进行"优化资本结构"的配套改革试点。

1994年10月25日，国务院发出《关于在若干城市试行国有企业破产有关问题的通知》。11月2—4日，国务院召开全国建立现代企业制度试点工作会议，确定在企业开展以"产权清晰、权责明确、政企分开、管理科学"为特征的现代企业制度试点工作。11月3日，国家国有资产管理局、国家经济体制改革委员会关于印发《股份有限公司国有股权管理暂行办法的通知》。

1995年，全国确立了100户试点企业按《公司法》进行制度创新。通过试点，初步建立起现代企业制度的基本框架，变国家对企业的无限责任为有限责任，形成了企业法人治理结构，促进了企业投资主体的多元化和经营机制的转换，企业的决策机制、发展机制和约束机制初步建立。然而，由于国有资产产权所有者的缺位，试点企业在政企分离、理顺产权关系等方面依然存在问题。

国有企业在推进公司制改制的同时，在建立健全市场化经营机制方面进行了富有成效的多样化探索。加强和改进董事会建设，增强董事会决策能力和整体功能，统筹推进落实董事会职权、突出董事会的决策者地位，界定了董事会、监事会、经营层和党组织职权范围。建立有效制衡、规范运转的治理结构，逐步带动企业管理理念、运营机制、企业文化等各领域深刻转变，为国有企业科学治理、高效决策创造了条件。

1998 年 12 月，九届全国人大六次会议通过了《中华人民共和国证券法》。这一法律法规提出了现代公司治理的导向，对"形成企业内部权责分明、团结合作、相互制约的机制"起到了很好的促进作用，积极探索"新老三会"即股东会、董事会、监事会与党委会、工会与职工代表大会等各方相互制衡、相互协调的企业管理模式。[①]

1999 年 9 月中共十五届四中全会通过了《中共中央关于国有企业改革和发展若干重大问题的决定》，明确公司制是现代企业制度的一种有效组织形式，公司法人治理结构是公司制的核心。国有企业要按照国家所有、分级管理、授权经营、分工监督的原则，逐步建立国有资产管理、监督、营运体系和机制，建立与健全严格的责任制度。它明确股东会、董事会、监事会和经理层的职责，形成各负其责、协调运转、有效制衡的公司法人治理结构。所有者对企业拥有最终控制权。董事会要维护出资人权益，对股东会负责。董事会对公司的发展目标和重大经营活动作出决策，聘任经营者，并对经营者的业绩进行考核和评价。第一次明确提出国有资产"授权经营"的概念，第一次明确强调"公司法人治理结构是公司制的核心"，第一次提出处理"新三会"和"老三会"关系的新思路，第一次明确"党委书记和董事长可以由一人担任，董事长、总经理原则上分设"，第一次明确国有独资和国有控股公司的"董事会和监事会都要有职

---

① 李保民、刘勇：《十一届三中全会以来历届三中全会与国企国资改革》（中），《产权导刊》2014 年第 9 期。

工代表参加",第一次提出"建立与现代企业制度相适应的收入分配制度,实行董事会、经理层等成员按照各自职责和贡献取得报酬的办法"。

第四节　全面深化企业人事制度改革（2000—2012）

一　确立管资产和管人、管事相结合的国有资产管理体制

2002年11月党的十六大在重申基本经济制度时,表述的重点有了新的变化:"坚持和完善公有制为主体、多种所有制经济共同发展的基本经济制度。"为此,中央提出要深化国有企业改革,进一步探索公有制,特别是公有制的多种有效实现形式,充分发挥个体、私营等非公有制经济在促进经济增长,扩大就业和活跃市场等方面的重要作用。党的十六大提出,"继续调整国有经济的布局和结构""改革国有资产管理体制"是深化经济体制改革的重大任务。在坚持国家所有的前提下,要充分发挥中央和地方两个积极性。明确要求国家要制定法律法规,"建立国家统一所有,中央政府和地方政府分别代表国家履行出资人职责,享有所有者权益,权利、义务和责任相统一,管资产和管人、管事相结合的国有资产管理体制",要在"中央政府和省、市（地）"两级地方政府设立国有资产管理机构。

根据党的十六大精神,2003年3月召开的第十届全国人大一次会议通过了国务院政府机构改革方案,决定设立特设机构国务院国有资产监督管理委员会,在国有资产国家统一所有的前提下,由中央政府和地方政府分别代表国家履行出资人职责,作为国有资产监督管理部门。监管国有资产,确保国有资产保值增值,进一步搞好国有企业。

2003年4月6日国家国有资产监督管理委员会（以下简称"国资委"）挂牌成立。国务院国资委作为国有资产的出资人代表,国务院授权国资委代表国家专门履行出资人职责,监管中央所属企业（不含金融类企业）的国有资产,确保国有资产的保值增值。国资委不承担政府的社会公共管理职能,与政府有关部门的关系是履行国有资产出资人职责与行使社会公共管理职能的关系。国资委是国务院授权下代表国家履行出资人职责的主体,国资委与企业的关系是出资人与企业法人的关系。国家陆续撤销了原来直接管理企业的部委,取消了部委直接管理企业的权力,将原

来几个部门分割行使的职能收归国资委统一行使，改变原来的问题，原有体制下国企"九龙治水"多头管理、责任不清无人负责的状况得以改变。

国务院国有资产监督管理委员会是中华人民共和国成立以来第一个代表国家履行出资人职责的国务院直属特设机构，它的成立探索和实践了国有资产监管体制，基本实现管资产和管人、管事相结合，解决了长期存在的国有资产出资人缺位、国有资产多头管理的问题，是我国经济改革的一个重要里程碑。随后，各地国资委相继成立，并通过委托代理关系建立起对企业经营者的激励约束机制，推进国有企业人事制度改革进一步深化，国有资产管理体制的创新进一步激发了国有企业的活力。按照国有资产管理法律法规的规定和政企分开的原则，由国资委代表国家履行出资人职责，直接监管196家中央企业，近7万亿国有资产。

2003年5月《企业国有资产监督管理暂行条例》颁布实施，以行政法规的形式明确了国有资产管理和监督机构的职责，搭建了我国国有资产管理新体制的基本框架，标志着国有资产监督管理法律制度进一步完善，国家对国有资产的监管进入新时期。该《暂行条例》规定："企业国有资产属于国家所有。国家实行由国务院和地方人民政府分别代表国家履行出资人职责，享有所有者权益，权利、义务和责任相统一，管资产和管人、管事相结合的国有资产管理体制。"这就从法律上明确了国有资产监督管理机构的职责、权利和义务。自此，国家对国有资产的监管进入新时期。计划经济时期国营企业"统一领导、分级管理"的体制被"国家所有，分级产权"的新体制取而代之。中央、省、地（市）级政府的国资监管机构，都是按照出资份额依法平等行使出资人职责的特设机构。上下级国资监管机构没有行政隶属关系；上级政府国资监管部门依法对下级政府的国资监管工作进行指导和监督。自此以后，各省、市（地）级国有资产监管机构相继组建。到2004年，包括31个省（自治区、直辖市）级国有资产管理机构，260多个市级国有资产管理机构在内，新的从中央到地方的专司国有资产监督管理运营的"三级国有资产监管体系"初步形成。

国务院国资委和地方各级国资委相继挂牌成立，确立了在国有资产国家统一所有的前提下，作为出资人代表的中央政府和地方政府分别代表国家履行出资人职责，享有所有者权益，管资产和管人、管事相结合，权利、义务和责任相统一的国有资产管理体制，成为国有企业改革过程中一个重要的里程碑,国有企业改革取得重大进展,进入了一个新的阶段,[①]推进了国有企业人事管理体制改革的进一步深化。

二 市场化选聘企业经营管理者

2000年8月20日,中共中央办公厅下发《2001—2010年深化干部人事制度改革规划纲要》。明确了深化企业人事制度改革的基本原则、目标任务和具体要求。具体内容包括"以建立健全适合企业特点的领导人员选拔、任用、激励、监督机制为重点,把组织考核推荐和引入市场机制、公开向社会招聘结合起来,把党管干部原则和董事会依法选择经营管理者以及经营管理者依法行使用人权结合起来,""改进国有企业领导人员选拔任用方式,实行产权代表委任制和公司经理聘任制。各级政府授权的投资机构及所属企业产权代表,由政府和投资机构按照法律和有关规定任命,经理由董事会聘任。通过组织推荐、公开招聘、民主选举、竞争上岗等多种方式产生国有企业领导人员人选,择优任用"。

自2002年党的十六大以来,中共中央高度重视干部人事制度改革,作出了一系列重大部署。干部人事制度改革在整体推进中不断深化,公开选拔形成制度,考核评价体系初步形成,辞职辞退制度开始实行,国有企业领导人员分层管理体制开始确立,初步形成了互相配套、有机衔接、较为完备的干部人事制度体系。

按照中共十六届三中全会的精神,坚持党管干部的原则同市场化选聘企业经营管理者的机制相结合,开展企业经营管理者公开招聘和内部竞争上岗工作,以改变长期以来企业经营管理者基本沿用党政领导干部选拔方式。

国资委将2003年市场化形式公开选聘国有企业经营管理者作为企业干部人事制度改革的一个突破口,在坚持党管干部原则的基础上,在世界范围内公开选聘企业高级管理人员。

从2003年开始首次招聘始,连续4年进行了公开招聘中央企业高级经营管理者的试点工作,共有78家中央企业的81个高级管理职位面向海内外公开招聘。同时,还在中央企业领导人员选拔任用制度改革中,进行

---

① 金碚:《中国国有企业发展道路》,经济管理出版社2013年版,第65页。

领导班子成员内部竞争上岗的试点。

2003年10月召开的中共十六届三中全会《关于完善社会主义市场经济体制若干问题的决定》指出，"要按照现代企业制度要求，规范公司股东会、董事会、监事会和经营管理者的权责，完善企业领导人员的聘任制度"。

三　健全国有企业领导人员激励约束机制

在国有企业实施"公司制"的过程中，其劳动人事制度改革的焦点主要集中在对企业高层经理，尤其是"第一把手"的行为激励和约束上。但在现实中随着所有权和经营权的分离，由于国家资产"所有者虚位"，导致对企业经理的监控弱化，经理人员的"职位消费"和"个人支出账户"无限扩张，造成国有资产流失。虽然国有企业也在努力探索有效的激励机制，试图将国有企业经营者报酬与企业的效益挂钩，并考虑与风险和企业长期绩效相联系。但在今后相当长的一段时间内，国有企业内部的劳动人事制度改革仍将聚焦于企业高层经理的激励约束机制的构建。

2000年6月中央批准下发《深化干部人事制度改革规划纲要》提出，要完善国有企业领导人员考核办法。对国有企业领导人员实行年度考核和任期考核。根据岗位职责的特点，确定考核指标和考核标准，重点考核经营业绩和工作实绩。改进考核方法，研究制定国有企业领导人员业绩考核评价指标体系，在国有企业中逐步推广。建立国有企业领导人员的业绩档案；健全国有企业领导人员激励机制，研究制定经营管理者收入与经营业绩挂钩的具体办法。对经营业绩和工作实绩突出、为企业发展作出重要贡献的领导人员，给予物质和精神奖励。探索年薪制、持有股权等分配方式，选择具体条件的企业先行试点，取得经验后逐步推开。

国资委按照中共十六届三中全会精神，坚持把党管干部的原则同市场化选聘企业经营管理者的机制结合起来，制定了《中央企业负责人薪酬管理暂行办法》确立了中央企业负责人薪酬整体框架。企业负责人薪酬由基薪、绩效薪金和中长期激励单元三个部分构成。

国务院国资委制定的中央企业负责人年度、任期考评办法，中央企业负责人薪酬管理办法等多种形式的激励、监督方式，加强了对企业经营管理者的业绩考核，建立健全了企业领导人员的定期考核制度，并将考核结果与奖惩、薪酬挂钩，实现了对企业领导人员的激励与监督。

2005年4月，国资委下发《企业国有产权向管理层转让暂行规定》，规定中小型国有企业及国有控股企业的国有产权可以向管理层转让。同年，国资委在中央企业推行工效挂钩、工资总额控制等政策措施，在少数企业试行经理（厂长）年薪制、持有股权等分配方式。

在加大国有企业经营管理者激励的同时，按照《中华人民共和国公司法》和《国有企业监事会暂行条例》建立健全监事会，依法行使职权。推行财务总监委派制度。建立国有企业重大决策失误追究制度。实行国有资产经营责任制和国有企业领导人员任期经济责任审计。凡是由于企业领导人员失职、渎职给企业造成重大损失的，要依法追究其责任，并不得继续担任或易地担任国有企业领导职务。

2007年，国资委颁布实施《中央企业负责人经营业绩考核暂行办法》，并在后续出台了一些关于国有企业业绩经营考核办法的补充规定，进一步完善了对国有企业经营管理者的考核激励机制，加强了对国有企业负责人的监督和控制。

2006年，《国有控股上市公司（境外）实施股权激励试行办法》《国有控股上市公司（境内）实施股权激励试行办法》相继出台，股权激励制度进一步在国有境内上市企业中放开。为进一步规范实施股权激励，国资委于2008年出台了《关于规范国有控股上市公司实施股权激励制度的有关问题的通知》，从实施条件、业绩指标、激励收益、规范管理等方面进行指导。在加大国有企业经营管理者激励的同时，按照有关法律完善企业负责人的监督约束机制。建立国有企业重大决策失误追究制度，实行国有资产经营责任制和国有企业领导人任期经济责任审计。凡是由于企业领导人员失职、渎职给企业造成重大损失的，要依法追究其责任，并不得继续担任或易地担任国有企业领导职务。同年，国资委发布了《关于中央企业履行社会责任的指导意见》，加强对重点国有企业领导人履行社会职责的要求。

2009年9月，经国务院同意，人力资源社会保障部会同中央组织部、监察部、财政部、审计署、国资委等单位联合下发了《关于进一步规范中央企业负责人薪酬管理的指导意见》，主要从适用范围、规范薪酬管理的基本原则以及薪酬结构和水平、薪酬支付、补充保险和职务消费、监督管理、组织实施等方面，进一步对中央企业负责人薪酬管理作出了规范。

2009年10月11日，国资委印发《关于在部分中央企业开展分红权激励试点工作的通知》。该《通知》规定，选择科技创新能力较强、业绩成长性较好、具有示范性的企业，区别情况、分类指导，采取岗位分红权或者项目收益分红方式，充分调动科技和管理骨干的积极性；将激励力度与业绩持续增长挂钩，促进企业科技创新能力不断提高；把分红权激励与转变经营机制结合起来，加快推进企业内部改革。

2009年10月16日，国资委发布《关于进一步加强中央企业全员业绩考核工作的指导意见》。该《意见》规定了全员业绩考核工作的要求：建立健全业绩考核组织体系，真正实现考核的全方位覆盖，努力完善全员业绩考核办法，健全激励约束机制，加强指导和监督，不断创新全员业绩考核方法。

2009年12月，国资委发布《国有企业干部管理办法》，从制度上对国有企业干部管理进行了细致梳理，也提出了一系列要求。同时，中共中央办公厅、国务院印发了《中央企业领导人员管理暂行规定》。为深入贯彻落实该《规定》，中共中央组织部、国务院国资委党委联合下发了《中央企业领导班子和领导人员综合考核评价办法（试行）》，在国有企业逐步实施企业负责人经营业绩考核制度，国有资产保值增值责任层层得到落实，国有资产监管得到加强。为规范国有企业领导人员廉洁从业行为，促进国有企业科学发展，依据国家有关法律法规和党内法规，制定了《国有企业领导人员廉洁从业若干规定》。

2010年8月9日，国资委印发《中央企业全员业绩考核情况核查计分办法》规定：制定全员业绩考核办法及相关考核制度，建立、健全考核档案；企业考核结果与薪酬分配挂钩，对各级领导班子副职的考核结果、薪酬分配适当拉开差距，考核结果与职务任免和岗位调整挂钩。同时根据《中央企业负责人经营业绩考核暂行办法》（国资委令第22号）第三十二条"对于全员业绩考核工作开展不力的企业，扣减经营业绩考核得分"的规定，制定计分规则。

四 深化国有企业内部人事、劳动、分配制度改革

国有企业人事、劳动、分配三项制度改革是完善现代企业制度的重要组成部分，是改革的重点和难点，也是国有企业转换经营机制，加强和改善管理的重要基点。进入21世纪，党中央、国务院又制定了深化国有企业三项制度改革的目标，把三项制度改革作为规范现代企业制度建设的必备条件，相继出台一系列文件提出具体要求，做出具体部署。

为了深化企业内部分配制度改革，加快建立与现代企业制度相适应的工资收入分配制度，建立工资分配的激励和约束机制，国家劳动和社会保障部2000年提出了《进一步深化企业内部分配制度改革的指导意见》，提出建立健全企业内部工资收入分配激励机制。建立以岗位工资为主的基本工资制度，提倡推行各种形式的岗位工资制，如岗位绩效工资制、岗位薪点工资制、岗位等级工资制等。企业可以根据生产经营特点采取灵活多样的工资支付形式，如计件工资、浮动工资以及营销人员的销售收入提成等办法。工资支付形式应与职工的岗位职责、工作业绩和实际贡献挂钩，真正形成重实绩、重贡献的分配激励机制。部分企业开展了工资集体协商的试点。实行董事会、经理层成员按职责和贡献取得报酬的办法，要在具备条件的企业积极试行董事长、总经理年薪制。董事会和经理层其他成员的工资分配，执行企业内部工资分配制度，按照其承担的岗位职责和作出的贡献确定工资收入，并实行严格的考核和管理办法；对科技人员实行收入激励政策，科技人员实行按岗位、按任务、按业绩确定报酬的工资收入分配制度；积极稳妥开展按生产要素分配的试点工作，探索进行企业内部职工持股试点、积极试行技术入股，探索技术要素参与收益分配办法、建立健全企业内部工资收入分配约束机制；进一步转变政府职能，加强对企业内部分配的指导工作等。①

2000年发布的《深化干部人事制度改革纲要》提出了国有企业人事制度改革的重点内容和发展方向，为深化落实纲要精神，充分调动国有企业职工的积极性。2001年3月国家经贸委、人事部、劳动和社会保障部联合发布了《关于深化国有企业内部人事、劳动、分配制度改革的意见》指出，改革国有企业内部人事、劳动、分配制度（以下简称"三项制度"），是充分调动职工积极性、增强企业市场竞争力的一个关键因素。

---

① 《关于印发进一步深化企业内部分配制度改革指导意见的通知》，劳社部发〔2000〕21号。

提出深化企业三项制度改革是当前国有企业改革和发展的紧迫任务，深化企业三项制度改革的目标是，建立与社会主义市场经济体制和现代企业制度相适应，能够充分调动广大职工积极性的企业用人和分配制度。建立管理人员竞聘上岗、能上能下的人事制度；建立职工择优录用、能进能出的用工制度；建立收入能增能减、有效激励的分配制度。国家重点企业以及各省（市、区）确定的国有大中型骨干企业，要在深化三项制度改革上走在前列，率先达到本意见的各项要求；其他各类企业也要积极创造条件，加快改革步伐，尽快达到本意见的各项要求。这就意味着国家对全面推进改革已经作出具体部署。《关于深化国有企业内部人事、劳动、分配制度改革的意见》是中央层面发布的第一个有关国有企业三项制度改革的文件，文件将深化国有企业三项制度改革作为规范建立现代企业制度的必备条件之一，此后，劳动、人事、分配三项制度改革逐渐深化。国有企业改革普遍实行全员劳动合同制、员工竞争上岗和以岗位工资为主的基本工资制度。

2000年出台了《2001—2010年深化干部人事制度改革规划纲要》，提出要完善国有企业内部用人机制。深化国有企业内部人事制度改革，落实企业用人自主权。完善劳动合同制度。全面推行管理人员和专业技术人员聘任制。改革分配制度，按实绩和贡献多劳多得，易岗易薪。加强教育培训，全面提高员工素质。研究制定具体办法，吸引各类优秀人才到国有企业工作。

这一时期，劳动、人事、分配三项制度改革逐步深化。按照《劳动法》的规定，企业用工的基本形式就是劳动合同制，职工都是合同制职工。单位和职工的权利义务关系通过劳动合同确定，固定用人制度已变为契约化的用人制度，进一步与市场经济接轨。在规范企业劳动用工、确保经济转型期劳动者权益维护方面，国家先后通过劳动立法出台了《劳动合同法》《就业促进法》等十余部法律法规，劳动制度改革进入了劳动关系规范化、法制化管理的阶段。同时，社会形成了配套的人才中介、劳动力市场，各级各类人才市场在企业人才资源配置，特别是企业经营管理人才资源配置方面发挥越来越重要的作用。企业内部实行竞争上岗的工作取得切实成效，干部和工人身份界限被取消，国有企业经营管理者能上能下、职工能进能出、工资能升能降的新机制不断得以深入推进和加强。

第五节 建立中国特色现代企业人事管理制度（2012年至今）

一 形成并落地实施深化国企改革"1+N"政策体系

（一）逐步形成深化国企改革"1+N"政策体系

2012年党的十八大报告《坚定不移沿着中国特色社会主义道路前进 为全面建成小康社会而奋斗》指出，"要毫不动摇巩固和发展公有制经济，推行公有制多种实现形式，深化国有企业改革，完善各类国有资产管理体制，推动国有资本更多投向关系国家安全和国民经济命脉的重要行业和关键领域，不断增强国有经济活力、控制力、影响力"，从整体上对新时期国有企业改革提出了要求。党的十八大之后，我国经济体制改革进入深水区。关于国有企业改革的政策不断出台，并形成初步的政策体系。

2013年中共十八届三中全会通过的《中共中央关于全面深化改革若干重大问题的决定》指出，全面深化改革的总目标是完善和发展中国特色社会主义制度，推进国家治理体系和治理能力现代化。经济体制改革的核心问题是处理好政府和市场的关系，使市场在资源配置中起决定性作用和更好发挥政府作用。该《决定》对全面深化国有资产和国有企业改革进行了总体部署，提出了新思路、新任务、新举措，明确了新时期深化国有企业改革的重大任务，包括国有企业功能定位和国有经济战略性重组、推进混合所有制改革、建立以"管资本"为主的国有资本管理体制以及进一步完善现代企业制度等方面的内容。以"全面深化"为标志，吹响新一轮国有企业改革的集结号。

2015年8月24日，中共中央、国务院出台了《中共中央、国务院关于深化国有企业改革的指导意见》，这是新时期指导和推进国有企业改革的纲领性文件。从总体要求到分类改革、完善现代企业制度和国资管理体制、发展混合所有制经济、强化监督防止国有资产流失等方面提出国企改革的目标和举措。该《指导意见》共分8章30条，从改革的总体要求，分类推进国有企业改革、完善现代企业制度、完善国有资产管理体制、发展混合所有制经济、强化监督防止国有资产流失、加强和改进党对国有企业的领导、为国有企业改革创造良好环境条件等方面，全面提出了新时期国有企业改革的目标任务和重大举措。根据该《指导意见》，到 2020 年将在国企改革重要领域和关键环节取得决定性成果，形成更加符合我国基本经济制度和社会主义市场经济发展要求的国有资产管理体制、现代企业制度、市场化经营机制，国有资本布局结构更趋合理，造就一大批德才兼备、善于经营、充满活力的优秀企业家，培育一大批具有创新能力和国际竞争力的国有骨干企业，国有经济活力、控制力、影响力、抗风险能力明显增强。该《指导意见》作为新时期指导和推进国有企业改革的纲领性文件，明确提出：健全公司法人治理结构。实现规范的公司治理。建立国有企业领导人员分类分层管理制度。坚持党管干部原则与董事会依法产生、董事会依法选择经营管理者、经营管理者依法行使用人权相结合，不断创新有效实现形式。① 明确"选人用人机制"和"激励与约束机制"的市场化改革方向。要"建立国有企业领导人员分类分层管理制度""实行与社会主义市场经济相适应的企业薪酬分配制度""深化企业内部用人制度改革"，通过实施职业经理人制度，畅通国有企业用人通道，探索市场化员工激励机制，激活国有企业发展活力。该《指导意见》的出台使得国有企业改革进入了一个顶层设计、全面深化的新阶段，以分类改革为基础，开始向纵深推进。此后，陆续出台有关加强国有企业党的建设、国有企业分类改革、发展混合所有制经济、完善国资监管体制、防止国有资产流失、完善法人治理结构等多个配套文件。

为落实党中央、国务院颁布实施的《关于深化国有企业改革的指导意见》，国资委相继制定出台了 7 个专项配套文件，还同有关部门出台了 36 个配套文件，形成了以《关于深化国有企业改革的指导意见》为统领、以 36 个配套文件为支撑的"1+N"政策体系，改革的系统性、协调性、协同性显著增强。《中共中央、国务院关于深化国有企业改革的指导意见》就是国企改革"1+N"政策体系中起到顶层设计作用的"1"，围绕着该《指导意见》提出的这些重大改革措施，国务院及其有关部门又先后下发了多个与国有企业相关的专项文件。如在分类推进国有企业改革方面有：《关于国有企业功能界定与分类的指导意见》《关于完善中央企业功能分类考核的实施方案》；在完善国有资产管理体制方面有：《关于改

---

① 《中共中央、国务院关于深化国有企业改革的指导意见》2015 年 8 月 24 日。

革和完善国有资产管理体制的若干意见》《关于推动中央企业结构调整与重组的指导意见》；在强化监督防止国有资产流失方面有：《关于加强和改进企业国有资产监督防止国有资产流失的意见》《关于建立国有企业违规经营投资责任追究制度的意见》《企业国有资产交易监督管理办法》《上市公司国有股权监督管理办法》《关于进一步加强和改进外派监事会工作的意见》；在完善现代企业制度方面有：《关于进一步完善国有企业法人治理结构的指导意见》《关于开展市场化选聘和管理国有企业经营管理者试点工作的意见》《关于深化中央管理企业负责人薪酬制度改革的意见》《关于合理确定并严格规范中央企业负责人履职待遇、业务支出的意见》；在发展混合所有制经济方面有：《国务院关于国有企业发展混合所有制经济的意见》《关于鼓励和规范国有企业投资项目引入非国有资本的指导意见》《关于国有控股混合所有制企业开展员工持股试点的意见》；在加强党对国有企业领导方面有：《关于在深化国有企业改革中坚持党的领导加强党的建设的若干意见》；在为国有企业改革创良好环境方面有：《关于支持国有企业改革政策措施的梳理及相关意见》《关于印发加快剥离国有企业办社会职能和解决历史遗留问题工作方案的通知》等。但是 N 有不同的划分，有中央国务院发的文件，有地方发的国有企业改革的文件，还有不同的层次划分，按照不同的口径 N 的数量又不一样，据统计，各地结合实际陆续出台了 696 件落地文件，这是一个"1＋N"的顶层设计和四梁八柱的政策体系框架，共同形成了国企改革的设计图、施工图，为国企改革提供了制度体系和政策依据，为全面深化国企改革打下了制度基础。

2016 年是新一轮国企改革从政策转向落地的关键时期。根据国务院国企改革领导小组具体部署和安排，国企改革主要是围绕完善政策体系、重点领域试点、面上普遍推开三方面展开。

（二）加快实现从"管企业"向"管资本"转变

新一轮国企改革提出以"管企业"为主向以"管资本"为主转变，改革国有资本授权经营体制，通过授权让企业实现自主经营。这项改革的重要载体就是通过构建国有资本投资、运营主体，优化管控模式、调整产业结构、提升投资运营水平。

2014 年 7 月，国务院国资委公布"四项改革试点"，包括改组国有资本投资公司、发展混合所有制经济、董事会授权以及向央企派驻纪检组，这标志着国企改革迈出了实质性步伐，从政策制定进入了试点实施阶段。7月15日，国资委宣布中粮集团、中国医药集团总公司等6家央企首批启动国企改革试点工作。其中，国有资本投资公司试点的有：国家开发投资公司、中粮集团有限公司混合所有制经济、中国医药集团总公司、中国建筑材料集团公司；董事会行使高级管理人员选聘、业绩考核和薪酬管理职权试点的有：新兴际华集团有限公司、中国节能环保公司、中国医药集团总公司、中国建筑材料集团公司；派驻纪检组试点的有：在国资委管理主要负责人的中央企业中选择2—3家。

2014年7月之后，国资委分3批在19家中央企业中开展了国有资本投资公司改革试点。通过改组组建国有资本投资、运营公司，构建国有资本投资、运营主体，改革国有资本授权经营体制，完善国有资产管理体制，实现国有资本所有权与企业经营权分离，实行国有资本市场化运作。

2015年《中共中央国务院关于深化国有企业改革的指导意见》提出了深化国有企业改革的主要目标，即到2020年，在国有企业改革首要领域和关键环节取得决定性成果，形成更加符合我国基本经济制度和社会主义市场经济发展要求的国有资产管理体制、现代企业制度、市场化经营机制，国有资本布局结构更趋合理，国有经济活力、控制力、影响力、抗风险能力明显增强。概言之，就是现代企业制度更加完善，国有资产监管制度更加成熟，国有资本配置效率显著提高，企业党的建设全面加强。

2016年2月为了贯彻落实国企改革顶层设计中提出的改革举措，国务院国有企业改革领导小组又在部分中央企业的母公司和子公司确定了"十项改革试点"：即落实董事会职权试点；市场化选聘经营管理者试点；推行职业经理人制度试点；企业薪酬分配差异化改革试点；国有资本投资、运营公司试点；中央企业并购重组试点；部分重点领域混合所有制改革试点；混合所有制企业员工持股试点；国有企业信息公开工作试点；剥离企业办社会职能和解决历史遗留问题试点等。"十项改革"与国有企业人事制度改革密切相关，其中，混合所有制员工持股、落实董事会职权、市场化选聘经营管理者、企业薪酬分配制度差异化改革、推行职业经理人制度五项工作都属于人事制度改革的范畴。由此可见，从外到内、从易到难的国有企业改革路径中的企业人事制度改革任务尤为艰巨。

自 2016 年开始，国企改革向纵深发展，从"四项试点"到"十项试点"，从单项改革举措到综合性改革。"双百行动"企业、区域性国资国企综合改革、科改示范行动培育具有世界一流竞争性企业，国有企业改革已经由点到面全面铺开，进入落地施工期。

国企"十项改革试点"于 2017 年全面推开，试点的目的在于，发现问题和破解改革难题；进一步总结经验教训；以点带面，有序推进改革，并特别强调在推进中要做到"因企制宜，一企一策"。较之前公布的"四项改革试点"内容更加明确，范围更加宽泛，其中有超过一半的改革内容与人事制度改革有关，再次凸显出人事制度改革在国企改革中的重要程度。国企改革从"顶层设计"加速向"深化施工"迈进，已经进入爬坡过坎的关键阶段，要在重点领域和关键环节尽快取得新的进展和突破，必须以更大的力度深化人事制度改革。

2018 年是贯彻党的十九大精神的开局之年，适逢改革开放 40 周年，国有企业按照中央"1＋N"系列文件的各项要求，积极推进各项改革试点工作。各省、区、市国有企业按照中央的要求，结合国际形势变化、本行业发展实际情况、地域环境和企业自身实际，不断深化各项改革。

（三）全面推进国企改革"1＋N"文件落地见效

2019 年是国企改革的攻坚年，国资委和中央企业认真贯彻落实党中央、国务院的决策部署，深入推进各项改革措施落地执行，先后出台了《国务院国资委授权放权清单（2019 年版）》"双百九条"、《中央企业混合所有制改革操作指引》等重量级文件，对于国企改革表现出强有力的支持与推动。国企改革释放更强冲击波，改革"硬核"突破从垄断领域"网运分开"加大开放，到完全竞争领域可由民企控股，政策力度超乎预期。国资委给出了重磅优惠政策，允许企业在未来 3 年左右的时间内有针对性地铺开包括混改、员工持股、加大放权等多领域的综合性改革，企业在股权投资、自主决策、工资总额、股权激励等方面都有了更多自主权。在地方层面，北京市政府工作报告提出，要深化国资国企改革，加快实现从"管企业"向"管资本"转变，推动国有经济战略性重组，压缩企业管理层级；上海市研究制定了区域性国资国企综合改革方案，重头戏包括打造上海国资改革示范区。广东省提出，要推动省属国企战略性重组，还要积极推进混合所有制改革，深化国有资本投资和运营公司改革试点；江苏省提出，要推进国有企业混合所有制改革试点，加快实现国资监管方式的转变，推动国有企业做强做优做大。湖北省指出，促进国有资本向重大基础设施、基础产业和战略性新兴产业集中，向优势主业集中。优化国有经济布局，推动国有企业战略性重组，支持国企构建和完善现代企业制度。山西壮族自治区提出，要全面开展混合所有制改革，优化调整国有资本布局，全面提升国企创新能力。继续推动专业化重组。稳步推进员工持股试点。广西壮族自治区提出，加快国有经济布局优化、结构调整、战略性重组，发展混合所有制经济。推进国有资本投资、运营公司改革试点和国有控股混合所有制企业员工持股试点，实行职业经理人制度改革，市场化选聘企业经营管理者，改革企业经营管理者绩效考核和薪酬分配制度。山东省出台《关于进一步加强省属企业主业管理工作的意见》，要求"省属企业要推动技术、人才、资本等要素向主业集中"①。

随着国资国企改革政策体系逐步健全完善，中共中央、国务院以及国务院国资委多次明确要求"全面推进国企改革'1+N'文件落地见效"。2019年11月12日，国务院国有企业改革领导小组召开第三次会议。会议提出，坚持国有企业市场化改革方向不动摇，推动国有企业改革向纵深发展。会议还提出，"未来三年是关键的历史时期"，要落实好国有企业改革顶层设计，抓紧研究制定"国有企业改革三年行动方案"，"明确提出改革的目标、时间表、路线图"②。此后，12月12日召开的中央经济工作会议强调，"加快国资国企改革""提升国资国企改革综合成效"。在部署2020年经济工作时，提出"要尽快制定实施国企改革三年行动方案，提升国资国企改革综合成效"。2019年12月中央经济工作会议在部署2020年经济工作时提出"要制定实施国企改革三年行动方案，提升国资国企改革综合成效"，这标志着在国企改革方案顶层设计基本完成、政策体系"四梁八柱"已经确立的基础上，新一轮国企改革将进入密集"施工期"和提升阶段。

---

① 《山东省人民政府办公厅关于进一步加强省属企业主业管理工作的意见》，鲁政办字〔2019〕15号。

② 《刘鹤主持召开国务院国有企业改革领导小组第三次会议》，中国政府网，http://www.gov.cn/guowuyuan/2019-11/12/content_5451250.htm，2019年11月12日。

二 建立与国资管理体制相适应的人事管理体制

2013年11月中共十八届三中全会通过的《中共中央关于全面深化改革若干重大问题的决定》指出,"国有企业改革不仅要遵循我国基本经济制度,更重要的是要符合社会主义市场经济发展需求"。《决定》对于国有企业改革提出的新要求、新任务。它强调,国有企业改革重点在于"规范经营决策、资产保值增值、公平参与竞争、提高企业效率、增强企业活力、承担社会责任"。首次提出"完善国有资产管理体制,以管资本为主加强国有资产监管,改革国有资本授权经营体制,组建若干国有资本运营公司,支持有条件的国有企业改组为国有资本投资公司",这是以"管资本"为主改革国有资本授权经营体制的重要举措。围绕这一主题,中央与地方陆续实施国有资本投资公司、国有资本运营公司试点改革,《关于深化国有企业改革的指导意见》《国务院关于改革和完善国有资产管理体制的若干意见》等文件相继出台,两类公司改革逻辑愈加清晰,实操路径愈加明确。

2014年,国有企业改革领导小组成立。

2015年,国企改革进入关键期,迈出实质性步伐。公司制股份制改革成效显著,全国国有企业改制面已达80%,法人治理结构不断完善。

2015年11月4日,国务院发布了《国务院关于改革和完善国有资产管理体制的若干意见》。该《意见》指出:实现政企分开、政资分开、所有权与经营权分离,依法理顺政府与国有企业的出资关系。切实转变政府职能,依法确立国有企业的市场主体地位,建立健全现代企业制度。坚持政府公共管理职能与国有资产出资人职能分开,确保国有企业依法自主经营,激发企业活力、创新力和内生动力。

2017年4月27日,国务院办公厅发布了《国务院国资委以管资本为主推进职能转变方案》,该《方案》要求准确把握国有资产监管机构的出资人代表职责定位,改进国有资产监督机制不健全,国有资产监管中越位、缺位、错位问题,加快调整优化监管职能和方式,推进国有资产监管机构职能转变。该《方案》要求,将强化出资人监管与落实管党治党责任相结合、精简监管事项与完善国有企业法人治理结构相结合,精简监管事项,增强企业活力。取消、下放、授权工作事项43项,进一步明确国有企业各治理主体行权履职边界，层层落实责任。它力图从国资监管层面再做突破，增强国企活力。《方案》的出台标志着国资监管机构从以"管企业"为主向以"管资本"为主转变迈出了历史性、实质性的关键一步。表明国家对国有企业的监管从管人、管事、管资产三位一体逐步向以"管资本"为主转变。

2017年10月，十九大报告更是明确提出，"要做强做优做大国有资本"，从"管资产"到"管资本"为主，从做强做优做大国有企业，到做强做优做大国有资本，这是认识上的一次重大飞跃，对推进新一轮国企国资改革有着关键性的指导意义。

（一）加大向企业的授权放权力度

2018年6月，中共中央、国务院印发《关于完善国有金融资本管理的指导意见》，明确对国有金融资本实行统一授权管理，建立健全国有金融资本管理的"四梁八柱"。7月，国务院印发《关于推进国有资本投资、运营公司改革试点的实施意见》，对两类公司改革进行了系统部署，国有资本授权经营体制改革迈出里程碑式的一步。经过近几年的持续探索和实践攻坚，中央和地方国资国企在"管资本"方面都取得了积极进展。同年，国资委出台的《国务院国资委出资人监管权力和责任清单（试行）》明确了9大类36项权责事项。国务院国资委有关负责人表示，授权放权清单主要亮点可以概括为"三个更加"：一是更加明确相关条件和程序，确保授权放权落实落地；二是更加聚焦企业的重点关切，确保授权放权激发活力；三是更加强化分类授权，确保授权放权精准到位。总体而言，《清单》的出台，标志着落实国有资本授权经营体制改革迈出了重要步伐。

在前期开展10家中央企业试点的基础上，2018年年底国资委又新增了11家央企国有资本投资公司试点。其中绝大部分试点企业是投资公司。这意味着96家中央企业有近五分之一进入试点，加快改组组建国有资本投资运营公司态势明显，并取得了积极成效和经验。在这一改革的进程中，履行国有资本出资人职责的部门及机构能够从管好国有资本的角色定位出发，积极转变管理职能，逐步取消管理权限、下放一批管理事项并授权规定的管理权限，但是管理权限取消不彻底、下放不到位，授权不充分等问题依然不同程度存在。

2019年国资委将在企业发展战略与规划、工资总额管理制度、企业人才选拔和使用以及薪酬分配机制等方面进一步向新一批11家国有资本投资公司试点企业授权放权,着力打造国企改革的"升级版"。

(二)改革国有资本授权经营体制

2019年4月28日,国务院正式对外发布《改革国有资本授权经营体制方案》,国资授权经营管理正式进入全面阶段。《方案》明确了授权放权方式、范围、保障机制和改革目标,从实行清单管理、强化章程约束、发挥董事作用、创新监管方式四个方面提出优化出资人代表机构履职方式。提出与中国特色现代国有企业制度相适应的国有资本授权经营体制要在2022年基本建成。该《方案》明确出资人代表机构的职责定位是依据股权关系对国家出资企业开展授权放权,并对国有企业的授权放权作出了较大的突破:国资委根据授权代表国务院依法履行出资人职责,专司国有资产监管,不行使社会公共管理职能,不干预企业依法行使自主权。明确出资人代表机构要对国有产权出资的资本负责,"制定出台出资人代表机构监管权力责任清单,清单以内事项要大幅减少审批或事前备案,清单以外事项具体经营事务由企业依法自主决策";明确国资监管部门与国有企业的权力边界,尽量将企业应该有的权限返还给企业,让企业真正成为自主经营主体,确保彼此不越位、不缺位。该《方案》强调,作为授权主体的出资人代表机构要加快职能转变和履职方式,明晰权责边界,加大授权放权,减少对国企的行政干预,作为授权对象企业要建立规范董事会,完善法人治理结构,完善公司治理体系,强化基础管理,要加强针对授权的行权能力建设。与此同时,强调完善国有资产监督体系的建设,坚决防止国有资产流失。《改革国有资本授权经营体制方案》把国企激励作为放权授权的重要事项,释放了积极推动国企激励机制改革的强烈信号,这对于激发国企活力必将产生深远影响,无疑将有力推动今后企业的混改、股权激励、薪酬分配等各项改革,有利于从市场上选聘职业经理人、推进职业经理人制度实施的进程。

(三)明确人事管理方面的放权内容

随着国资授权经营体制改革持续深化,2019年6月初,国务院国资委印发了《国务院国资委授权放权清单》,要求各地国资委结合实际积极推进本地区国有资本授权经营体制改革,制定授权放权清单儿,赋予企业更多自主权，促进激发微观主体活力与管得住、管得好的国有资本有机结合。《清单》中明确的授权放权事项共有5大类35项。其中，涉及人事管理制度的内容有12项，包括选人用人2项；其中企业负责人薪酬管理、工资总额管理与中长期激励10项，占项目总数的三分之一。该《清单》明确了21项对各中央企业的授权放权事项。涉及人事管理制度改革主要有如下几个方面的内容：

在混改方面：除生产经营主业是涉及国家安全、国民经济命脉的关键领域和重要行业以及主要承担在一定时期内的国家重大专项任务的央企子公司之外，其他央企所属企业的混合所有制改革方案由企业自行审批。

在股权激励方面：支持中央企业在符合条件的其下属企业开展多种形式的股权激励，股权激励的收益不纳入本单位工资总额基数，与员工个人薪酬不挂钩。由中央企业审批其控股上市公司股权激励分期实施方案，但股权激励计划须报国资委同意。

在工资与激励机制方面：国资委授权由中央企业审批所属科技型子企业股权和分红激励方案，企业实施分红激励所需支出不受当年本单位工资总额限制，不纳入本单位工资总额基数，但需要计入企业工资总额。且不作为社会保险费、补充养老及补充医疗保险费、住房公积金以及企业职工教育经费、工会经费等的计提依据。

在市场化选聘的职业经理人方面：支持中央企业所属企业采取公开遴选、竞聘上岗等市场化方式选聘职业经理人，实行市场化薪酬分配制度，薪酬总水平由相应子企业的董事会根据国家相关政策，统筹考虑企业发展战略、经营目标及成效、薪酬策略等因素，并参考市场同类人员薪酬价位，与职业经理人协商确定；采取多种方式完善职业经理人中长期激励机制。

（四）改革着力解决一些痛点和难点问题

此《清单》直指改革中比较容易出现的一些痛点难点问题，如所有权与经营权分离，员工薪酬与激励机制问题等等。此《清单》首次将央企审批混改方案、股权激励方案纳入授权放权清单范围。从具体授权内容看，中央企业的自主经营权明显增加，在子公司混改、职业经理人聘用、工资与激励机制建立、上市公司股权转让等方面的权限都有所增加。

就改革的实质而言，要全面激发微观主体活力，授权放权应分期、分批地落实到各级子企业或管理主体上,不能只停留在企业集团总部,而要做到"层层松绑",把授权放权落实到各子公司管理主体,更大程度激发企业活力。

授权放权意味着赋予企业更多自主权,最大限度地减少对企业生产经营活动的直接干预,通过公司治理全面开展生产经营活动,企业在获得更大权力的同时,也担负着更大的责任,这对企业加强行权能力建设,规范运行提出了更高的要求。

授权放权力度加大了,但并不等于放任不管。针对国有资本投资、运营公司的新的管理运营机制,特别是法人治理结构的有效运行,要切实提高监管的科学性和有效性,同时针对试点过程当中出现的新情况和新问题,要及时总结和研究,不断完善监督与管理。

三 启动"双百行动",健全法人治理结构和激励约束机制

国企改革"双百行动",是国务院国有企业改革领导小组组织开展的国企改革专项行动之一,共选取百余户中央企业子企业和百余户地方国有骨干企业,全面落实"1+N"系列文件要求,深入推进综合性改革,在改革重点领域和关键环节率先取得突破,打造一批治理结构科学完善、经营机制灵活高效、党的领导坚强有力、创新能力和市场竞争力显著提升的国企改革尖兵,充分发挥示范突破带动作用,凝聚起全面深化国有企业改革的强大力量,形成全面铺开的国企改革崭新局面和良好态势。

(一)明确"双百行动"目标,确定"双百企业"标准

2018年3月,国务院国资委发布《关于开展"国企改革双百行动"企业遴选工作的通知》。该《通知》提出,国务院国有企业改革领导小组办公室决定选取百家中央企业子企业和百家地方国有骨干企业,在2018—2020年期间实施"国企改革双百行动",全面落实国有企业改革"1+N"政策要求,更加深入地推进国有企业综合性改革,力求在国企改革的重点领域以及国企改革的关键环节上,实现率先突破,特别是在企业党的领导、公司法人治理结构、企业经营机制转换以及创新能力和市场竞争力提升方面成为国企改革的一支尖兵。8月,这一行动正式启动。11月,国务院国资委对开展国企改革"双百行动"进行动员部署,首次提出"五大

突破、一个加强"，要求"双百企业"率先在健全企业法人治理结构、完善市场化经营机制、积极稳妥推进股权多元化和混合所有制改革、健全激励约束机制、解决历史长期遗留的问题方面与加强党的领导和党的建设方面取得突破。

"双百企业"遴选标准有三条：

第一，代表性较强的企业。"双百企业"应当兼顾不同功能定位、行业类别、发展阶段和经营状况，其主营业务应当能够代表本集团或本地区国有企业功能定位和发展方向，企业主营业务突出，原则上应当是利润中心，而非成本费用中心，资产具有一定规模，在行业发展中具有较强影响力。

第二，发展潜力较大的企业。可以是在经营管理方面具有一定的基础，发展势头良好的核心骨干企业，也可以是亟须通过深化改革，提高企业管理效率和经济效益，提升市场竞争力的企业。那些目前在改革中遇到困难和阻力，但决心攻坚脱困的企业也可以被选入。

第三，具有改革意愿的企业。领导班子应当对本企业改革发展所面临的矛盾和问题有清醒的认识，对改革的思路和方向有准确的把握。企业主要负责人及业务部门能充分理解掌握国企改革精神，要具备改革的积极性和主动性，要有想干事、敢干事、干成事的信心和决心，要有敢担当、善作为的魄力和勇气，有开拓进取的精神，要敢于探索，勇于创新、不畏艰难险阻能在重点领域和关键环节率先取得突破。

从 2018 年 8 月起，各地相继明确入围企业名单并及时上报企业情况。统计数据显示，在入围国企改革"双百行动"的 404 家企业中，地方国企 180 家。近半数为国有独资企业。大部分央企和地方国企入选，那些在近年来试点开展改革的企业、处于竞争行业和领域的企业以及已确定为去产能行业的企业，基本包含在其中。"双百行动"有 181 家国有企业入围，入选企业数量相对较多的有上海市、天津市、广东省、河南省、江西省，共 32 个省、市、自治区、生产建设兵团和 5 个副省级城市的国有企业。据统计，"双百行动" 404 家企业中，涉及的 A 股国企上市公司共有 118 家（约占上市国企数量的 12%）和 27 家海外中资股公司。

"双百行动"标志着国企改革开始由点向面全面铺开，综合推进，从设计阶段开始进入施工阶段，试点将进一步扩围并向纵深发展，地方国资国企改革在"双百行动"号角声中掀起新一轮的改革热潮。

（二）"双百企业"再放权

国企改革"双百行动"入围企业的特点有三：第一是在混合所有制改革、员工持股、股权激励等方面实行改革试点的上市公司。第二是试点改革取得初步成效的，希望将之前的单项改革试点转向"一企一策"的综合国企改革试点的企业，包括之前开展的"十项改革试点"企业等。第三是在改革过程中遇到困难，陷入经营困境的企业，这一类企业的试点的主要工作在于攻坚脱困，解决企业遗留的历史问题。

"双百企业"以一线的基层企业为主，大多处于改革发展的前沿且具有一定的自主权限和改革意愿，在完善市场化经营体制的过程中，激励约束机制的问题不容忽视。下一步作为国有资本出资人代表的各地国资委，要在条件允许的情况下，进一步推进对所属企业的授权放权的相关工作，将企业的中长期发展的决策权、重大财务事项管理权以及职工工资分配权，特别是经理层成员业绩考核、薪酬管理权全部交给企业董事会。与此同时，还要继续探索落实董事会对企业经理层成员的选聘权。"双百企业"在落实董事会职权的过程中，要健全法人治理结构，规范治理主体各自的所应具有的职责和权宜，逐级实现授权充分、放权规范、行权有序。要全面推行经理层成员的契约化管理，实行任期目标考核责任制，明确权利义务、职责和收益，激发企业家的热情和干劲和保护企业家权益，弘扬企业家精神。

按照国企改革领导小组办公室的要求，所有参加这一行动的国有企业，原则上都可以建立与企业经营管理层成员、科技研发人员、技术骨干以及高技能人才的风险共担、利益共享机制，采用各种中长期激励方式，激励不同群体的企业员工，为企业出力献策，实现国有企业的改革发展。

（三）支持鼓励"双百企业"加大改革创新力度

2019年被视为"双百行动"的实际落地期。8月2日国务院国资委下发《关于支持鼓励"双百企业"进一步加大改革创新力度有关事项的通知》（以下简称《通知》），就"双百企业"在推进综合性改革过程中遇到的一些共性问题，比如"混改"审批程序、授权放权、市场化用人机制等，明确提出了九条有针对性、操作性的政策措施（简称"双百九条"）。其中，涉及国企人事制度改革方面的内容主要有：

1. 针对授权放权问题，提出要"一企一策"确定对"双百企业"的授权放权事项。2019年4月，国务院印发《改革国有资本授权经营体制方案》，明确国务院授权国资委、财政部及其他部门、机构作为出资人代表机构，对国家出资企业履行出资人职责，并依据股权关系对国家出资企业开展授权放权，即"实行清单管理"。据此，2019年6月，国务院国资委印发《国务院国资委授权放权清单（2019年版）》（以下简称《授权放权清单》），针对四大类国企，列明了授权放权其自主决策的具体事项。《通知》明确要求，在贯彻落实国务院印发的《改革国有资本授权经营体制方案》精神的基础上，各中央企业和地方国资委要"一企一策"确定对"双百企业"的授权放权事项，建立差异化、科学化、精准化的管控模式和运营机制，充分落实"双百企业"董事会对企业中长期发展的决策权、经理层成员选聘权、经理层成员业绩考核和薪酬分配权、职工工资分配权等权利，充分保障经理层经营自主权。"双百九条"在授权放权问题上赋予"双百企业"可进一步突破的经营自主权。

2. 针对市场化用人机制问题，提出要全面推行经理层成员任期制和契约化管理。《通知》提出，支持鼓励"双百企业"按照"市场化选聘、契约化管理、差异化薪酬、市场化退出"原则，加快建立职业经理人制度，《通知》要求，各中央企业和地方国资委要指导推动"双百企业"全面推行经理层成员任期制和契约化管理；对市场化选聘的职业经理人实行市场化薪酬分配机制，并采取多种方式探索完善中长期激励机制。由于其中提出的职业经理人制度和市场化薪酬分配制度，之前在《授权放权清单》中已针对有授权放权。因此在这一点上，"双百九条"暂未提出进一步的突破。

3. 针对工资总额管理问题，提出对工资总额预算管理制度给出明确政策。《通知》明确支持鼓励各中央企业和地方国资委对商业一类"双百企业"或者法人治理结构健全、三项制度改革到位、收入分配管理规范的商业二类"双百企业"，实行工资总额预算备案制管理；对行业周期性特征明显、经济效益年度间波动较大或者存在其他特殊情况的"双百企业"，实施工资总额预算周期制管理，周期原则上不超过3年，周期内的工资总额增长应当符合工资与效益联动的要求。《通知》还要求各中央企业和地方国资委按照分级分类管理的原则，对"双百企业"及所出资企业实施更加灵活高效的工资总额管理方式，"双百企业"依法依规自主决定内部薪酬分配。

4. 针对中长期激励问题，提出"双百企业"开展员工持股不再受试点政策限制。《通知》要求各中央企业和地方国资委要指导推动"双百企业"综合运用好各种正向激励政策和工具，坚持短期与中长期相结合，坚持结合实际、能用尽用，建立健全多层次、系统化的正向激励体系。《通知》提出"双百企业"可以综合运用国有控股上市公司股权激励、国有科技型企业股权和分红激励、国有控股混合所有制企业员工持股等中长期激励政策，不受试点名额限制，实施各种形式股权激励的实际收益水平，不与员工个人薪酬总水平挂钩，不纳入本企业工资总额基数。此外，《通知》还明确，"双百企业"开展员工持股不再受试点政策限制，科研、设计和高新技术类"双百企业"的科技人员确因特殊情况需要持有子企业股权的，可以报经集团公司或地方国资委批准后实施。"双百企业"中的上市公司开展股权激励可以突破薪酬总水平30%的限制。"双百九条"本着"出实招、解难题、求实效"的思路，力求为推进国企综合性改革"打通堵点"，让企业有实实在在的获得感。

自2018年8月"双百行动"启动以来，中央企业所属"双百企业"聚焦重点目标任务，推动综合性改革取得显著成效，截至去年年末，累计改革任务完成率达55.14%。2019年年底，共有444家央企所属企业和地方国有骨干企业入选"双百企业"名单。"双百行动"聚焦"五突破一加强"目标任务，在推进混合所有制改革、完善企业法人治理结构、完善市场化经营机制、积极推进股权多元化、健全激励约束机制、解决历史遗留问题以及加强党的领导的各个方面，力求在重点领域和关键环节取得突破。"双百企业"以混合所有制改革为切入口，狠抓改革方案落实落地，增强了企业活力，提升了企业经营效益，放大了国有资本功能，国有企业的平台优势和带动作用，得到了充分发挥。

在推进混合所有制改革方面：截至2019年年末，央企所属"双百企业"在本级层面有41.55%开展了混合所有制改革，其中非国有资本持股比例超过三分之一的占53.49%；央企所属"双百企业"在子公司层面开展混合所有制改革的占 62.65%。①

在完善企业法人治理结构方面：截至 2019 年年末，82.49% 的央企所属"双百企业"在本级层面设立了董事会，其中非执行董事过半数的占 62.74%。"双百企业"董事会中长期发展决策权、经理层成员选聘权、业绩考核权、薪酬管理权、职工工资分配权、重大财务事项管理权等主要职权的落实力度明显加大②。

在完善市场化经营机制方面：目前央企所属"双百企业"已全面实现了以合同管理为核心、以岗位管理为基础的市场化用工机制。国务院国资委披露的数字显示：央企所属"双百企业"中，在本级层面推行经理层成员任期制和契约化管理的比例达到 45.91%；在子企业层面推行经理层成员任期制和契约化管理的比例为 45.14%。"双百企业"在本级层面和子企业层面开展职业经理人选聘的比例分别达到 22.18% 和 33.07%。③

在健全激励约束机制方面：央企所属"双百企业"在本级层面普遍拉开领导班子成员薪酬差距，同一领导班子成员中薪酬最高者与最低者的倍数平均达 1.46 倍。已经实施了国有控股上市公司股权激励的有 19%，实施了国有科技型企业股权和分红激励的有 18%，实施了国有控股混合所有制企业员工持股的有 27%，42% 的企业采用了其他方式建立了中长期激励机制。④

在全面完成解决历史遗留问题方面：35% 的"双百企业"已完成相关工作。

统计显示，2019 年 7 月底，"双百企业"已累计完成改革任务 2524 项。国务院国资委 2020 年 4 月 3 日公布的数据显示：截至 2019 年年末，中央企业所属"双百企业"累计改革任务完成率达到 55.14%。⑤ 由此可见，"双百企业"在实施综合改革，完成国企改革重点工作任务方面的进

---

① 江聃：《中央企业所属"双百企业"改革任务完成过半》，《证券时报》2020 年 4 月 3 日。
② 刘静：《中央企业所属"双百企业"综合改革取得积极成效》，《工人日报》2020 年 4 月 3 日。
③ 《双百企业改革结硕果》《国资报告》2020 年 6 月 29 日。
④ 《双百企业改革结硕果》，《国资报告》2020 年 6 月 29 日。
⑤ 刘丽靓：《国资委：截至 2019 年末央企所属双百企业》，《中国证券报》中证网。

展和成效普遍好于其他子企业，国资委启动央企"双百行动"要求"双百企业"发挥改革尖兵引领示范作用的预期效果已初步显现。

四 创建世界一流企业，给予企业更多人事管理自主权

2017年10月，党的十九大提出"培育具有全球竞争力的世界一流企业"，明确了新时代国有企业改革发展的目标方向。让国有企业成为具有全球竞争力的世界一流企业，是国企发展的目标，也是国企改革的愿景。为此，国务院国资委决定在中央企业开展创建世界一流示范企业试点工作。

（一）"三个领军""三个领先""三个典范"的标准要求

世界一流示范企业的选择：首先要综合考虑三个方面：在创新驱动方面：是"在国际资源配置中占主导地位、引领全球行业技术发展、在全球产业发展中具有话语权和影响力的领军企业"；在高质量发展方面：是在全要素生产率和劳动生产率等效率指标、净资产收益率和资本保值增值等效益指标以及创造优质产品和社会服务等方面的领先企业；在发展观方面：是践行科学发展观，履行国企社会责任、具有国际知名度和影响力的典范企业。其次是主营业务突出、竞争优势比较明显，与国有资本投资运营公司互有侧重的产业集团公司。最后是在公司治理、国际资源配置、引领行业发展、人才队伍等方面优势比较突出。

（二）人事制度改革方面的多项自主权限

2018年国务院国资委组织了多个专题调研和座谈会，在此基础上，2019年1月选定航天科技、中国石油、国家电网、中国三峡集团、国家能源集团、中国移动、中航集团、中国建筑、中国中车集团、中广核共10家央企作为首批"创建世界一流示范企业"。这10家有代表性的企业具有大量的海外业务，多年来集聚了"走出去"的核心技术优势。

对于这些示范企业，国资委将进一步放权授权，在向国资委事中备案之后，可以在下属企业混改、职工持股方面自主决策，自主审批子公司股权激励方案；发展规划和年度投资计划不再需要上级审批；企业实行备案制的工资总额预算管理方式；企业的超额利润不计入工资总额并可以提成使用；对战略新兴产业子企业，对领军人才和高层次人才的市场化协议工资和专项奖励，可以单独列支，不受集团工资总额的限制；年度工资总额的增幅由集团公司自主分配，但必须在利润增幅的限度，并在事后向上级备案。企业可以自主决策，在未来3年左右的时间内有针对性地铺开包括混改、员工持股、加大放权等多领域的综合性改革。

（三）加快创建世界一流示范企业的进程

2019年，国企改革进入了一个行动胜过一个纲领的关键时期。着力推进中央企业创建世界一流示范企业，是进一步推动推进国资国企改革的重要抓手，是2019年工作的重中之重。为加快创建世界一流示范企业的进程，国资委将对示范企业下放权限，从监督角度，国资委还要在放权的同时，加强事中、事后监管。按照国资委对示范企业在三个方面"领军、领先、典范"的标准要求，示范企业要坚持目标和问题导向，对标世界一流企业，完成改革的"顶层设计"，绘制出改革的"路线图"，制定出企业战略发展的长远规划，进一步优化产业布局、完善组织架构和管理运营体制机制。示范企业要与国际上同一领域的5—10家企业对标，将追赶的目标量化为企业的各项可考核的指标，力争用3年的时间在整体上见效显著，在部分细分领域和关键环节上取得实质性的突破。

创建世界一流示范企业是综合性改革试点，试点进程中，改革放权的力度会进一步加大，下一步国资委将按照动态管理的方式，推进创建进程，促进创建世界一流示范企业整体水平的提升，形成试点经验。

2020年在6月13日，国资委正式印发《关于开展对标世界一流管理提升行动的通知》，国有重点企业在开展对标世界一流管理提升行动中，要着力提升战略引领、科学管控、精益运营、价值创造、自主创新、合规经营、科学选人用人、系统集成八大能力。

8月，国务院国资委启动国有重点企业对标世界一流管理提升行动，对加强管理体系和管理能力建设作出了部署安排。

五 实施"科改示范行动"，加大激励力度

（一）打造一批国有科技型企业的改革样板和创新尖兵

2019年12月，为深入贯彻落实中共十九届四中全会精神，落实国务院国企改革领导小组提出的深化国有企业市场化改革、提升自主创新能力等要求，国务院印发了《科改示范行动方案》，明确了遴选企业的范围和标准、组织实施的流程以及政策指导、跟踪督查及宣传推广等工作的具体要求。

2020年4月,国务院国有企业改革领导小组办公室正式启动实施"科改示范行动",支持引导一批国有科技型企业将深化市场化改革与提升自主创新能力有机融合、有序衔接、相互促进,打造一批国有科技型企业的改革样板和创新尖兵。"科改示范行动"是继国企改革"双百行动"、国资国企"综改试验"后又一国企改革专项工程,共选取了204家(包括138家央企子公司和66家地方国企,其中有多家上市公司的母公司和参股公司)改革创新紧迫性较强的国有科技型企业在切实加强党对国有企业的全面领导、坚决防止国有资产流失的前提下,按照高质量发展要求,进一步推动深化市场化改革,重点在完善治理体制机制、健全市场化选人用人机制、强化市场化激励约束机制、提升自主创新能力、坚持党的领导和加强党的建设五个方面探索创新、取得突破,打造一批国有科技型企业改革样板和自主创新尖兵,强化示范作用并在此基础上复制推广成功经验。

国企是科技创新主力军,迫切需要在核心技术攻关、产业升级上寻求新的更大突破,加快实现创新驱动发展。"科创板"的设立,为国企在融资渠道、完善治理、强化激励等方面提供新机遇,在国资委倡导和支持下,已陆续有多家央企及央企系基金公司投资企业在科创板上市。

从"科创板"到"科改示范行动",科技型国企市场化改革吹响冲锋号。"科改示范行动"一系列改革"政策包""工具箱"和支持鼓励符合条件的科技型企业优先在科创板上市等利好政策,将有利于推动国有科技型企业实现科技突破,打造一批能够代表国家科技型企业创新最高水平的科技型"大国重器"。

(二)发挥"科改示范行动"专项工程引领作用

2020年9月22日,国务院国有企业改革领导小组办公室在杭州召开"科改示范行动"现场推进会。再次明确相关要求,进一步强化工作推动。国务院国有企业改革领导小组办公室副主任、国资委副主任翁杰明指出,"科改示范企业"不但要落实好面上改革要求,而且要充分认识到科技型企业人力资本相对更密集、涉及新兴产业或业务相对更多、增量改革的空间相对更大等特点,在各项重点改革任务上主动作为、引领创新、先行一步、取得突破,成为国企改革队伍中的"领头雁",更好带动改革向纵深推进。他还进一步提出，要把"科改示范行动"作为重要突破口，在深化国企改革中发挥"牵一发而动全身"的重要作用。从会议释放的信号看，要通过实施完善治理、加大放权、强化激励等改革举措，尽快使"科改示范企业"成为"领头雁"，更好地发挥"科改示范企业"在推动形成新发展格局中、在落实"国企改革三年行动"中以及破解改革重点难题问题上的引领示范带动作用。9月27日，国务院国有企业改革领导小组第四次会议及"全国国有企业改革三年行动动员部署电视电话会议"在北京召开。在创新引领方面，会议要求，要以创新为突破口，进行大胆充分的激励，在关键核心技术攻关、高端人才引进、科研成果转化应用等方面有更大作为。

2021年是"十四五"开局之年，在"力争到2021年底完成三年改革任务的70%以上"的目标引领下，从央企到地方国企，多项改革吹响冲锋号。其中，科技创新成为重点发力领域。国资委积极履行出资人职责，制定完善一系列政策措施，全力支持中央企业科技创新。在中长期激励方面，进一步加大科技型企业的股权和分红权激励力度，对于攻关团队的个人持股比例、股权激励范围、收益分红比例等给予特殊支持；在工资总额方面，对关键核心技术攻关团队的工资允许实行单列管理。同时，鼓励中央企业灵活运用政策，通过推动技术成果作价入股，推动实施创新业务的员工跟投计划，[①] 实施科技成果转化为分红激励等方式，进一步推动体制机制的改革创新，激发企业的创新活力。

（三）强化对科技创新的激励机制支撑

2021年11月10日，国务院国有企业改革领导小组办公室（以下简称"领导小组办公室"）召开媒体通气会，通报"科改示范企业"推动改革创新和发展情况。"科改示范行动"实施一年多来，领导小组办公室深入贯彻习近平总书记关于国有企业改革发展、自主创新和党的建设的重要论述，高标准、快节奏推进工作落实。200余户"科改示范企业"坚持市场化改革和提升自主创新能力"双轮驱动"，持续加大科研投入、灵活运用正向激励工具，强化对科技创新的激励机制支撑，加大人才引进力度、

---

① 《国资委将进一步引导央企加大科技创新投入》，国务院新闻办公室网站，国新网，www.scio.gov.cn，2020-10-12。

拓宽人才发展通道，强化对科技创新的人才队伍支撑；企业经营业绩持续向好，活力效率显著提升，科技人才队伍日益壮大，科技创新能力不断增强，企业经营业绩显著提升。

国资委对于中央企业的技术创新高度重视，要求各国有企业的科技创新薪酬激励机制更有针对性。进一步普遍开展"揭榜挂帅"，以成果论英雄。对关键核心科技人才，要大胆充分激励，用好用活工资总额单列、科技成果转化收益分享等政策，各中央企业对关键核心人才都要实现具有市场竞争力的薪酬分配激励制度，确保"留得住""引得来"。2022年3月，国务院国资委专门在内部机构改革过程中宣布新成立科技创新局，进一步完善国资监管体制机制，更好发挥监管职能。在中央企业科技创新、奖励考核、内部分配等方面制定了相关的政策，并表示今后要继续加大这方面的工作力度，持续完善有利于创新的体制机制。

2022年3月22日，国务院国资委官网公布最新"科改示范企业"名单。中国核电工程有限公司、中核能源科技有限公司等440家企业上榜。本次公布的名单与2021年5月公布的名单相比，入选企业数量由209家增至440家，实现了"倍增"。从企业类别来看，中央企业的入选数量从143家增至282家，其中包含281家由国务院国资委管理的中央企业及1家中央金融企业。此外，地方国有企业的入选数量从66家增至158家。

启动于2020年4月的"科改示范行动"也已实施两年，200余户"科改示范企业"坚持市场化改革和提升自主创新能力"双轮驱动"，高质量抓改革、高水平搞创新，有力推动企业发展。

六 持续深化企业内部劳动、人事、分配制度改革

持续深化国有企业劳动、人事、分配制度改革是推进国有企业改革的重要举措，对于完善国有企业市场化经营机制，推动国有企业高质量发展，增强国有经济竞争力、创新力、控制力、影响力、抗风险能力，具有重要意义。

2013年，中共十八届三中全会通过的《中共中央关于全面深化改革若干重大问题的决定》，对新时期全面深化国有企业改革进行了总体部署，明确了新时期深化国有企业改革的重大任务以及进一步完善现代企业制度等方面的内容。

随着改革步入"深水区",促进改革红利不断释放,关键还是要充分释放人的活力。2015年新一轮国企改革,开启了深化国有企业"三项制度"改革的新征程,8月,中共中央、国务院印发《关于深化国有企业改革的指导意见》指出,"健全公司法人治理结构,实现规范的公司治理","建立国有企业领导人员分类分层管理制度""实行与社会主义市场经济相适应的企业薪酬分配制度""深化企业内部用人制度改革"。以三项制度改革与创新为突破口,将"国有企业内部管理人员能上能下、员工能进能出、收入能增能减的市场化机制更加完善"作为重要改革目标。

2015年8月,中共中央、国务院出台国企改革的纲领性文件《关于深化国有企业改革的指导意见》,提出健全公司法人治理结构,实现规范的公司治理,建立国有企业领导人员分类分层管理制度。

(一)全面实施以合同管理为核心,以岗位管理为基础的市场化用工制度

新一轮国企改革要求建立健全企业各类管理人员公开招聘、竞争上岗等制度,通过深化企业内部人事制度改革,"真正形成企业各类管理人员能上能下、员工能进能出的合理流动机制[①]"。

由于受改革滞后或不到位以及诸多历史遗留问题约束,传统国有企业建立完全的市场化劳动用工制度存在较大困难。开展市场化用工制度改革,采取市场化用工方式,建立分级分类的企业员工市场化公开招聘制度,可以重塑员工与企业的契约关系,依法规范企业各类用工管理,构建和谐的劳动关系,实现"同工同酬、能进能出",提高员工的公平感知和工作热情,充分调动员工的积极性与创造力。

2016年是新一轮国企改革从政策转向落地的关键时期。根据国务院国企改革领导小组具体部署和安排,国企改革主要是围绕完善文件体系、重点领域试点、面上普遍推开三方面展开。国务院国资委印发《关于进一步深化中央企业劳动用工和收入分配制度改革的指导意见》,要求中央企业构建市场化劳动用工和收入分配机制,增强企业活力和竞争力,对中央企业三项制度改革提出了具体要求,可以说这一文件的出台为中央企业三项制度改革工作吹响了号角,揭开了新三项制度改革的序幕,标志着三

[①] 《中共中央国务院关于深化国有企业改革的指导意见》,《人民日报》2015年9月14日。

项制度改革进入新阶段、新常态。

(二) 推进全员绩效考核，科学评价不同岗位员工的贡献

2009年国资委就曾发布《关于进一步加强中央企业全员业绩考核工作的指导意见》，提出实施"工作有标准、管理全覆盖、考核无盲区、奖惩有依据"的全员绩效考核。2015年《深化国有企业改革指导意见》指出："推进全员绩效考核，以业绩为导向，科学评价不同岗位员工的贡献。"①

全员绩效考核制度是指对职工工作绩效的质量和数量进行评价，并根据职工完成工作任务的态度以及完成任务的程度给予奖惩的一整套科学、合理、全面的考核制度，包括两方面：一是对企业全体工作人员及其工作状况进行评价；二是对全体人员在组织中的相对价值判断或贡献程度进行评价。

(三) 深化内部分配制度改革

2018年，国务院印发的《关于改革国有企业工资决定机制的意见》指出：在坚持落实国有企业内部薪酬分配法定权利的基础上，对深化企业内部分配制度改革提出了原则要求："国有企业应建立健全以岗位工资为主的基本工资制度。"

国企内部分配制度改革，本质上是坚持按劳分配的基本分配制度，这一轮改革更注重劳动生产率这个指标，在工资总额确定的情况下，企业要建立健全以岗位价值为基础、以绩效贡献为依据的薪酬管理制度。坚持以岗定薪、岗变薪变，根据岗位职责和绩效贡献自主确定不同岗位人员工资，向关键岗位、生产一线岗位和紧缺急需的高层次、高技能人才倾斜②。并进一步结合企业经济效益，参照劳动力市场工资价位并通过集体协商等形式合理确定工资水平。要"加强全员绩效考核，使职工工资收入与其工作业绩和实际贡献紧密挂钩，切实做到能增能减"③。通过优化内部分配结构，以业绩为导向，合理拉开不同员工之间的收入差距，即合

---

① 《中共中央国务院关于深化国有企业改革的指导意见》，《人民日报》2015年9月14日。
② 《国务院关于改革国有企业工资决定机制的意见》，《中华人民共和国国务院公报》2018年6月10日。
③ 公欣：《国企工资决定机制落地 市场化导向是核心》，《中国经济导报》2018年6月1日。

理设定员工固定和浮动工资比例，形成灵活的收入调节机制。

2018年《关于提高技术工人待遇的意见》[①] 明确提出，建立企业技术工人工资正常增长机制。"国有企业工资总额分配要向高技能人才倾斜。"不仅如此，还要求要进一步"探索技术工人长效激励机制。制定企业技术工人技能要素和创新成果按贡献参与分配的办法"。

随着改革的深入，国有企业的收入分配方式呈现出了多样化的趋势，发明、专利、科技这些生产要素要在分配中拥有更大权重，国有企业正在加快实行以增加知识价值为导向的分配政策，尽快实现产权的有效激励，探索对科研人员实施股权、期权和分红激励。

中央企业推进公司制改制的同时，持续深入推进三项制度改革。在建立健全市场化经营机制方面进行了富有成效的多样化探索。深入推进内部改革，职业经理人制度、高级管理人员社会化选聘制度等市场化选人用人制度逐步建立，公开透明的员工晋升、流动和退出机制陆续推出，基本形成以合同管理为核心、以岗位管理为基础的市场化用工制度，不断完善市场化经营机制，充分调动了员工的积极性与创造力，员工能进能出、管理人员能上能下、薪酬能增能减的目标得以实现。

2019年国企改革重点任务是要开展三项制度改革的专项行动，推动完善市场化选人用人的激励约束机制，持续增强企业活力与竞争力。推动完善市场化选人用人的激励约束机制，在更大范围、更大力度地推行经理层的任期制和契约化。加快建立职业经理人制度，要积极探索建立与市场接轨的经理层的激励制度，差异化的薪酬体系。同时，加强对中央企业工资分配合规性的监督检查，强化事中监测和事后监督，确保权力放得下，接得住，一系列针对国有企业改革文件的出台，均把三项制度改革作为一项重要改革目标，提出具体要求，作出具体部署。

自2019年起，国有企业的改革逐步进入实质落地阶段，围绕三项制度改革各地纷纷出台政策，要求以3年时间为限深化三项制度改革专项行动要落地实施。国务院国资委将2020年作为中央企业三项制度改革专项行动落地年，要求在子企业全面推行经理层成员任期制和契约化管理，具

[①] 中共中央办公厅、国务院办公厅印发：《关于提高技术工人待遇的意见》，《中华人民共和国国务院公报》2018年4月10日。

备条件的要加快推进职业经理人制度,进一步完善工资总额备案制等相关政策,全面推行岗位绩效工资制度,积极推进市场化导向的中长期激励制度。

2020年政府工作报告提出,实施"国企改革三年行动"。聚焦五大重点任务,其中之一即健全国有企业市场化经营机制,一方面是落实市场化薪酬改革。建立健全按业绩贡献决定薪酬的分配机制,实行全员绩效考核。另一方面是推行市场化选人用人。执行经理层成员任期制、契约化管理,商业竞争类企业要按照市场化选聘,契约化管理、差异化薪酬、市场化退出原则,推行员工公开招聘,管理人员竞争上岗。

2020年7月,习近平总书记主持中央深改委第十四次会议,审议通过了《国企改革三年行动方案(2020—2022年)》,重点关注三项制度改革。10月,中共第十九届五中全会提出,加快完善中国特色现代企业制度,明确要求"着力深化国有企业劳动、人事、分配三项制度改革"。

2021年5月国务院国有企业改革领导小组办公室召开深化国有企业三项制度改革专题推进会。会议认为,深化三项制度改革,要立足新发展阶段,坚持目标导向,从国企改革三年行动的目标要求上增强深化三项制度改革的责任感;坚持问题导向,从目前进展的明显差距上增强深化三项制度改革的紧迫感;坚持效果导向,从构建新发展格局的新要求上增强深化三项制度改革的使命感。会议强调,将深化三项制度改革作为"一把手"工程,成立专项工作领导班子,确保如期全面完成三年改革任务。要建立健全内部评估机制,强化对三项制度改革的评估牵引督导,及时对标诊断,推动"干部能上能下、员工能进能出、收入能增能减"的制度化、程序化、常态化。

七 启动国企改革三年行动,加大人事制度改革推进力度

党中央、国务院高度重视国有企业改革。党的十八大以来,党中央作出战略布局,加强顶层设计,出台了国企改革"1+N"政策体系,为新时代国企改革搭建了"四梁八柱"。国资委和中央企业坚持以习近平新时代中国特色社会主义思想为指导,坚决贯彻落实党中央、国务院决策部署,扎实推动国企改革"1+N"政策落实落地,在国有企业改革重要领域和关键环节实现了一系列重大进展。一批改革成果实现了历史性突破,

国有企业党的领导全面加强，首次实现对中央企业的功能界定分类，全面完成中央企业公司制改制，混合所有制企业数量和质量大幅度提高。在各地区、各部门和中央企业、地方国有企业的共同努力下，持续深入地落实"1+N"政策体系，一批改革举措取得重大进展，以"管资本"为主的国有资产监管体制逐步完善，国有资本布局结构不断优化，市场化经营机制加快转换，国有资本投资、运营公司蹚出新路，"处僵治困"取得实质性进展，重组整合与结构调整取得关键进展。落实董事会职权、经理层成员任期制和契约化管理、职业经理人制度等形成了一批可复制可推广的经验。

中共十八届三中全会以来，按照党中央的决策部署，以顶层设计为先导，十项改革试点梯次展开，"双百行动"、区域性综合改革试验全面启动，国有企业改革按照中央的要求有序、有力、有效地深入推进，许多重要改革取得了突破性的进展。比如，公司制改革全面完成，中国特色现代国有企业制度深入推进；多措并举加大正向激励的力度，企业微观主体活力进一步激发；国资监管机构职能转变迈出了重要步伐，授权放权力度进一步加大；企业办"三供一业"以及市政社区管理等职能分离移交基本完成，解决历史遗留问题取得实质性的进展。国有企业改革已经到了进一步加劲加力、落实落地、提速提效的重要阶段。

"十三五"时期，国有企业按照党中央、国务院确定的大政方针，特别是中央已经明确的"1+N"系列文件的各项要求，积极推进各项改革。从"管企业"到"管资本"，从国资授权经营体制改革到国有资本投资运营公司成立，从顶层设计到配套细则，加快国资国企改革的政策已经基本齐备。

针对国企改革不平衡、落实不到位的情况以及国有企业改革面临的新形势、新任务、新要求，习近平总书记对国企改革作出了一系列新的重要指示，中共十九届四中全会对国企改革作出了新的重大部署。基于两个方面的考虑，党中央、国务院决定实施"国企改革三年行动"。

（一）明确改革发力攻坚的方向

2020年4月20日，国务院国资委秘书长彭华岗在国新办举行的新闻发布会上透露：2020年作为三年行动方案实施的第一年，目前已部署今年的改革要求，其中，涉及国有企业人事制度改革的主要工作内容包括：

完善中国特色现代企业制度，推动董事会应建尽建，进一步理清党委（党组）、董事会、经理层等各治理主体的权责边界，落实董事会职权，加快建立各司其职、各负其责、协调运转、有效制衡的公司治理机制。推进经理层成员任期制契约化管理和职业经理人制度等等。① 2020年5月22日，国务院总理李克强在发布的2020年国务院政府工作报告中提出，提升国资国企改革成效，实施"国企改革三年行动"。6月11日，国务院发布关于落实《政府工作报告》重点工作部门分工的意见，其中提到，实施国企改革三年行动，由国务院国资委牵头，10月底前出台相关政策。

2020年6月30日，习近平总书记主持召开中央全面深化改革委员会第十四次会议审议通过了《国企改革三年行动方案（2020—2022年）》（以下简称《三年行动方案》），进一步明确了深化国有企业改革的工作重点、工作方向和工作目标等重要问题，是新发展阶段落实国有企业改革"1+N"政策和顶层设计的行动纲领，为进一步加快推进国有企业改革提供了行动指南。

《三年行动方案》以国企改革与产业结构调整优化构成主题，市场化经营机制是方向，激发微观主体活力是目的。从顶层设计来讲，国资委对于建立健全国有企业的市场化经营机制，已经有明确的安排，其核心就是要使企业成为独立的市场主体，加快建立健全市场化经营机制，大力推进经理层成员任期制契约化管理和职业经理人制度，推动国有企业积极统筹运用各类中长期激励政策，着力提高企业活力和效率。

深改委会议明确，今后3年是国企改革关键阶段，要坚持和加强党对国有企业的全面领导，坚持和完善基本经济制度，坚持社会主义市场经济改革方向，抓重点、补短板、强弱项，推进国有经济布局优化和结构调整，增强国有经济竞争力、创新力、控制力、影响力和抗风险能力。"国企改革三年行动"聚焦八个方面的重点任务：一是要完善中国特色现代企业制度，坚持"两个一以贯之"，形成科学有效的公司治理机制，加快完善中国特色现代企业制度；二是着力推进国有资本布局优化和结构调整，聚焦主责主业，发展实体经济，推动高质量发展，提升国有资本配置效率；三是积极稳妥推进混合所有制改革，促进各类所有制企业取长补

---

① 2020年4月20日在国新办举行的新闻发布会。

短、共同发展；四是要激发国有企业的活力，健全市场化经营机制，加大正向激励力度，也由此提高效率；五是健全以"管资本"为主的国有资产监管体制，着力从监管理念、监管重点、监管方式、监管导向等多方位实现转变，进一步提高国资监管的系统性、针对性、有效性；六是积极推动国有企业公平参与市场竞争，强化国有企业的市场主体地位，营造公开、公平、公正的市场环境；七是推动一系列国企改革专项行动落实落地，积极发挥示范引领作用；八是加强国有企业党的领导和党的建设，推动党建工作与企业的生产经营深度融合，为国有企业改革发展提供根本保证。

作为进一步落实国有企业改革"1+N"政策体系和顶层设计的行动纲领，2020—2022年《三年行动方案》的出台意味着国企改革的目标、时间表、路线图进一步明确，备受关注的国企改革迎来新一轮提速升级。

国资委和中央企业扎实推动国企改革"1+N"政策落实落地，在国有企业改革重要领域和关键环节实现了一系列重大进展，取得了一系列重要成果。中央企业首次实现了功能界定分类，全面完成了公司制改制，中国特色现代企业制度建设取得了实质性重大突破。

2020年9月，国资委党委书记、主任郝鹏在国资委召开的中央企业国企改革三年行动工作进行动员部署视频会议上要求，要深入学习贯彻习近平新时代中国特色社会主义思想，坚决贯彻落实党中央、国务院决策部署，切实把国企改革"三年行动"抓到位、见实效，在形成更加成熟更加定型的中国特色现代企业制度和以"管资本"为主的国资监管体制、推动国有经济布局优化和结构调整、提高国有企业活力和效率等方面取得明显成效。[①]

根据国资委实施"三年行动"的部署安排，在国企改革《三年行动方案》明确的国企改革七大方向，第一条就是完善中国特色现代企业制度。据国务院国资委秘书长新闻发言人彭华岗介绍，《三年行动方案》的重点在于：完善中国特色现代企业制度；加快建立健全市场化经营机制；积极稳妥分层分类深化混合所有制改革；优化国有资本布局；进一步完善

---

① 李锦：《关键历史阶段国企改革行动纲领——国企改革三年行动九个重大问题的思考》，《现代国企研究》2020年11月15日。

以"管资本"为主的国有资产监管体制；大力推进央企和地方国资骨干企业"双百行动""国资国企区域性综合改革试验"、百户科技型企业"科改示范行动"等专项工程；进一步加强党对国有企业的全面领导。

2020年10月，中共十九届五中全会审议通过的《中共中央关于制定国民经济和社会发展第十四个五年规划和二〇三五年远景目标的建议》提出"加快完善中国特色现代企业制度"，2021年3月《中华人民共和国国民经济和社会发展第十四个五年规划和2035年远景目标纲要》，在第十九章单列一节对"推动国有企业完善中国特色的现代企业制度"进行部署安排。

《三年行动方案》的出台意味着国企改革迎来新一轮的提速升级。就人事制度改革而言，《三年行动方案》重点强调了如下几个方面：一是推动党的领导融入公司治理更加深入有效，企业各治理主体权力与职责边界更加清晰，董事会普遍实现配齐建强，进一步完善中国特色现代企业制度。二是健全与社会主义市场经济相适应的市场化经营机制，推动各层级企业普遍推行经理层成员任期制以及契约化管理，推进用工市场化。在商业类国企所属具备条件的子企业加快推进职业经理人制度。三是完善按业绩贡献决定薪酬的分配机制，积极有序推进关键岗位核心人才的激励，灵活开展多种方式的中长期激励[①]。

（二）强调以改革引领高质量发展

《三年行动方案》下发后，国务院国有企业改革领导小组和国资委陆续召开了全国国有企业改革"三年行动"动员部署电视电话会议和地方国有企业改革领导小组办公室主任视频会议，对贯彻落实《三年行动方案》的各项工作进行动员部署。强调"三年行动"的重要性，明确了实施"三年行动"的具体要求。会议指出，各地国企改革领导小组办公室要紧密结合本地区改革实际，按照抓重点、补短板、强弱项的思路，突出重点任务，在完善中国特色现代企业制度、提升国有企业自主创新能力、优化和结构调整国有资本布局、推进混改进程、建立健全市场化经营机制、完善国资监管体制等重点领域和关键环节上取得新的突破。

---

① 李寒湜：《拓宽中长期激励途径　不断完善激励约束机制》，《国资报告》2021年3月1日。

2020年9月27日，国务院国有企业改革领导小组第四次会议及全国国有企业改革"三年行动"动员部署电视电话会议在北京召开。以"可衡量、可考核、可检验、要办事"为国有企业改革"三年行动"定准了基调。会议指出，习近平总书记高度重视国有企业改革工作，多次做出重要指示批示，必须深入学习和贯彻落实。会议强调，国有企业改革"三年行动"是未来三年落实国有企业改革"1+N"政策体系和顶层设计的具体施工图，是可衡量、可考核、可检验、要办事的。做好这项工作，对做强做优做大国有经济，增强国有企业活力、提高效率，加快构建新发展格局，都具有重要意义。会议明确了国企改革"三年行动"的总体目标，要通过实施国企改革"三年行动"，在形成更加成熟、更加定型的中国特色现代企业制度和以"管资本"为主的国资监管体制上取得明显成效；在推动国有经济布局优化和结构调整上取得明显成效；在提高国有企业活力和效率上取得明显成效，做强做优做大国有资本和国有企业，切实增强国有经济竞争力、创新力、控制力、影响力、抗风险能力。在实施国有企业改革"三年行动"过程中，将制定更详细的量化考核标准、指标体系，确保改革取得实效。国务院国资委将坚定不移狠抓国企改革的责任落实、重点举措、典型示范，切实提升改革综合成效。9月29日，国资委召开视频会议，对中央企业改革"三年行动"工作进行动员部署。强调中央企业要准确理解把握其重要意义和核心要义，在实施国企改革"三年行动"中作表率，切实把国企改革"三年行动"抓到位、见实效，切实增强国有经济竞争力、创新力、控制力、影响力、抗风险能力。

国务院国资委要求央企"集团公司和其所属的子公司要层层立下'军令状'，逐级压实责任、传导压力，做到一级抓一级、层层抓落实，确保上下贯通、'一竿子扎到底'要结合实际抓紧制定完善本企业的具体实施方案，确保可衡量、可考核、可检验"[①]。

国务院国有企业改革领导小组办公室要求各地抓紧制定完善本地区国有企业改革"三年行动"实施方案，向改革要动力、要红利、要效益。要分解"三年行动"的各项任务、压实责任，明确行动推进落实时间表、

---

① 《坚决落实党中央国务院决策部署　切实把国企改革抓到位见实效》，《国有资产管理》2020年11月8日。

责任人，立下军令状，建立第一责任人制度。

2020年，国有企业改革在实施"双百行动""科改示范行动"等专项工程的基础上，又启动实施"三年行动"，完善中国特色现代企业制度、落实董事会职责权限、推行经理层任期制和契约化管理、深化三项制度改革。《三年行动方案》的出台意味着国企改革迎来新一轮提速升级。随着四批210户混合所有制改革试点、"中央企业子企业和百余户地方国有骨干企业实施的国企改革行动"①、"国资国企区域性国资国企综合改革试验"、"百户科技型企业深化市场化改革提升自主创新能力专项行动"②等一系列改革举措的出台，从央企到地方国企试点的约千家企业陆续拉开了改革的序幕，加紧落实各项措施，稳步推进各项工作。

2020年年底召开的中央经济工作会议进一步强调要深入实施国企改革"三年行动"，中央和地方企业高度重视，迅速行动、努力推动国有企业改革向纵深发展，以改革创新引领国资国企高质量发展，力争在"三年行动"中有效解决一些短板和弱项问题，使国有企业治理体系更加成熟，国有企业改革的综合效能进一步得到提升，国有企业更加具有活力和效率，在构建新发展格局中展现新作为。

2021年2月，国务院国资委召开国企改革"三年行动"推进会。会议再次强调，各中央企业和地方国资委要认真落实好国务院国有企业改革领导小组第五次会议精神，精力集中做好改革的整体全面推进与督促落实落地工作，精心组织、挂图作战，狠抓责任落实，狠抓健全机制，狠抓督促考核，狠抓宣传引导，确保今年完成三年改革任务的70%以上③。

为确保国企改革"三年行动"落地见效，2021年国资委通过在线督办系统加强督导推动，并将"三年行动"的落实情况纳入业绩考核。中央企业逐条对照任务要求，抓紧抓实，确保在重要领域、关键环节取得实质性突破和进展④。

（三）确保改革措施落地取得实效

2021年1月召开的地方国资委负责人会议要求，将确保国企改革

---

① 简称"双百行动"。
② 简称"科改示范行动"。
③ 原诗萌：《国企改革呈现加速度》，《国资报告》2021年2月。
④ 周雷：《展望2021 国资国企改革发展怎么干》，《经济日报》2021年1月6日。

"三年行动"落实落地作为 2021 年工作的重中之重,进一步加强对全国国有企业改革的指导监督,全面开展改革成效评估评价,积极研究和协调解决新情况、新问题,确保改革扎实推进取得成效。会议强调,各地国资委要切实增强紧迫感、责任感、聚焦抓好国企"三年行动",坚定不移推动各项改革任务落实落地。2 月《黑龙江省国企改革三年行动实施方案(2020—2022 年)》正式印发。除黑龙江外,已有上海、重庆、天津、山东、安徽、内蒙古、山西、广西、江西、甘肃等省市区陆续印发了国企改革"三年行动"实施方案。

2021 年是国企改革"三年行动"的攻关之年、关键之年,国企改革"三年行动"方案明确了国企改革关键是要抓坚持、抓重点、补短板、强弱项,增强国有经济竞争力、创新力、控制力、影响力、抗风险能力,同时,对国有企业提升管理能力和水平提出了更高要求。国企改革《三年行动方案》实施以来,国资委围绕十个方面 50 项重点任务,持续加大政策创新、统筹协调、引导督促的工作力度,全力以赴推动改革落实落地。中央企业高度重视、迅速行动,建立健全组织体系和推进机制,形成了上下贯通、纵深推进的改革新局面,各项重点任务不断取得新成效。

党的十九大对国资国企改革的要求将进一步具体化,要在"三年行动"里加快落实落地,国有企业改革的综合效能将进一步得到提升,一些短板和弱项问题将得到有效解决,国有企业的治理体系将更加成熟定型,国有企业将更加具有活力和效率。

当前,由于国内外经济形势复杂多变,再叠加新冠肺炎疫情的影响,深入实施国企改革的紧迫性更强,遇到的困难也更大。党中央、国务院及其国资委都明确要求"全面推进国企改革'1+N'文件落地见效""深入推进综合性改革,力求在重点领域和关键环节取得实质性突破""提升国资国企改革综合成效"。

国企改革"三年行动"重在见行动、提实效,继 2020 年实现良好开局后,国企改革"三年行动"进入了"要办事"的关键期,"2021 年是国企改革三年行动的攻坚之年、关键之年,主要任务能否落地、是否见效直接决定着 2022 年能否全面实现预期目标"[①]。因此国企改革"三年行

---

① 周雷:《展望 2021 国资国企改革发展怎么干》,《经济日报》2021 年 1 月 6 日。

动",全力抓紧抓实成为2021年度主旋律,要更加聚焦重点任务,更加注重激发活力,更加突出基层创新,确保改革稳步推进,为2022年实现改革目标奠定扎实基础。

2022年是国企改革"三年行动"的收官之年,国务院国资委专门在网上做了一次大规模问卷调查,旨在从基层员工的角度了解对国企改革"三年行动"的看法,进一步验证改革的成效。国企广大基层员工通过网络、手机客户端的形式积极参与调查,10天之内,共回收有效答卷120万份。问卷统计分析结果显示:对国企改革三年行动和本企业的重点任务有所了解的占73.4%;对实际成效总体表示满意的占80.0%;[①] 86.7%的国有企业基层员工对本企业领导班子、中层干部的工作作风、履职状态和精神面貌表示满意;体现"工作业绩和能力导向"实行竞争上岗,优胜劣汰的选人用人工作得到了本企业83.2%的基层员工认可;国有企业基层员工对本企业实施的岗位晋升、薪酬绩效、中长期激励机制表示认可的占83.7%;认为实施国企改革"三年行动"以来,周围同事的工作积极性、主动性有显著提升的基层员工占87.6%的。[②] 总体而言,"基层员工对国企改革三年行动的了解、认可度较高,普遍认为成效显著,具有一定的满足感"。

2022年既是国企改革"三年行动"的攻坚之年,也是收官之年。受多种内外部复杂因素的影响,国有企业运营面临较大压力,深化国企改革特别是人事制度改革依然存在着很多困难和挑战。要确保"三年行动"务期必成,就需要进一步逐级压实责任,在总结以往的做法和经验的基础上,结合企业自身实际,坚持以问题为导向,补齐短板、靶向攻关、定点爆破、尽锐出战,推动各项改革走深走实,落地见效。

---

① 刘静:《一季度央企经济效益稳步增长》,《工人日报》2022年4月20日。
② 赵晓雯:《国企改革三年行动即将收官,上百万基层职工这样说》,中国网,http://news.china.com.cn/2022-04/19/content_78174331.html,2022年4月19日。

第 二 章

国有企业劳动用工制度改革

第一节　劳动用工制度改革的发展阶段

一　打破固定工制度，试行劳动合同制改革

中华人民共和国成立后国营单位逐步建立和形成了固定工制度。所谓固定工制度，即以中央集中管理为主，国家对社会用工实行统一招收、调配和管理。其特点是"统包统配"。计划经济时期国营单位实行这种"统包统配"的制度，包的范围越来越宽，包的人数越来越多，且统得过多过死，不但大学、中专毕业生、技校毕业生和户口在城镇的复员、退伍军人等由国家统一"包下来"安置工作，而且城镇普通高、初中毕业生和其他需要就业者，包括城镇刑满释放人员，也都由国家"包下来"分配工作。企业所需要的职工都要由国家劳动和人事部门统一确定招收指标，企业必须依据上级批准的招工指标，在上级主管部门指定的地区招收员工，在上级规定的劳动定额内使用员工，职工退出企业，包括调动、退休、离职、辞退、开除等也都要经过政府主管部门批准，企业不得自行增减人员和辞退员工。

这种"一次分配定终身"的用工制度虽然解决了"人人都有饭吃"的问题，对保证计划经济时期我国社会主义经济建设对劳动力的需要和稳定职工队伍起过积极作用，但是由于企业用人没有自主权，不论职工工作能力、态度和表现如何，企业没有辞退职工的权力，需要的人不能及时进来，不需要的人也不能及时调整出去。同时，企业缺乏人员交流渠道，想进来的人进不来，想调走的人也调不走。"铁饭碗"式的固定工制度表面上似乎保障了劳动者的就业权利，但劳动者没有自由择业的权利，很难变

换工作单位和工作岗位，不能很好地发挥自己的兴趣和特长。不仅如此，在企业里职工被分为国家干部、正式工、计划内临时工、计划外临时工、季节工等，劳动用工模式僵化，一个身份定终身，这种把职工分为"身份三六九等、人员不能流动、企业无自主权、同工不同酬"的用工制度，严重挫伤了职工的积极性。在这种情况下国营企业冗员充斥，管理者和劳动者缺乏积极性，企业的社会负担过重，缺乏创新和活力，生产效率低下。

1978年，按照《中共中央关于经济体制改革的决定》精神，围绕"搞活企业"这个中心，国营企业开始扩权让利的改革进程，开始实施以提高国营企业活力为目标的扩权让利改革，扩大企业自主权，其中之一就是扩大企业劳动用工自主权。

1980年8月中共中央转发全国劳动就业会议文件《进一步做好城镇劳动就业工作》，该文件认为，劳动制度上的"统包统配"是当时导致就业紧张的重要原因之一。提出解决办法之一是给企业根据生产需要增减劳动力的自主权。

1981年10月，中共中央、国务院发布《关于广开门路，搞活经济，解决城镇就业问题的若干决定》，该《决定》要求逐步改革国营企业的经济体制和劳动制度，有效地提高经营管理水平和经济效果。国营企业必须坚持体制改革的方向，招工用人要坚持实行全面考核，择优录用。要实行合同工、临时工、固定工等多种形式的用工制度，逐步做到人员能进能出。在中央文件的指导下，各地开始进行劳动用工制度的改革。1982年初，上海、南宁、安阳、安庆等十几个城市的16万名职工开始试行劳动合同制。[①] 劳动合同制尝试把用工合同制同经济责任制结合起来，内容是把用工期限和职工的责、权、利，用合同的形式规定下来。

1983年出台的《关于招工考核择优录用的暂行规定》对招工实行的范围、考核的内容、择优的标准、录用审批等均作出了规定。同年，《关于企业职工要求"停薪留职"问题的通知》明确在妥善管理的基础上，允许企业固定工保持工作关系，"停薪留职"从事个体经营活动。这些政策只是通过组织和动员各种力量来共同解决社会就业问题，但并未涉及国

---

① 赵守一：《劳动合同制势在必行》，《劳动工作》1983年第3期。

营企业用工模式的改革,劳动者对国家和企业的依附关系没有发生深层次的改变。

从1985年开始,作为完善承包制的配套改革重要内容之一,国家开始推行优化劳动组合①,推进劳动制度的改革。打破传统的固定工制度,对劳动者实行择优上岗,合同管理。

二 固定工与劳动合同工并存,用工方式"双轨制"

为了深化企业用工制度改革,1986年7月12日,国务院发布《国营企业实行劳动合同制暂行规定》,要求国营企业在国家劳动工资计划指标内招用常年性工作岗位上的工人,除国家另有特别规定者外,统一实行劳动合同制。企业招用一年以内的临时工、季节工,也应当签订劳动合同。以书面形式明确双方的责、权、利,将过去存在的终身固定劳动关系明确为契约化的合同用工关系,标志着"劳动契约化"的开始。同时发布的还有《国营企业招用工人暂行规定》《国营企业辞退违纪职工暂行规定》《国营企业职工待业保险暂行规定》三个文件,从1986年10月1日起实行。这些规定的实施是新中国成立以来我国劳动制度的重大改革,有助于消除传统劳动制度中包得过多、统得过死、能进不能出的弊端,逐步建立起一套能够适应社会主义商品经济发展要求的劳动制度。

自此,国营企业在用工制度上开始有了一定自主权,用工制度开始从过去的国家用工转向企业用工,企业和劳动者之间的关系不再是固定关系,而是由劳动合同来调整。但为了减少改革的阻力,《国营企业实行劳动合同制暂行规定》明确,劳动合同制只是在新招收的工人中实行,原有职工仍然维持原来的固定工制度不变,"老人老办法、新人新政策",即固定工与劳动合同工并存,实质上形成了企业内部用工方式的"双轨制"。劳动合同制使企业和劳动者有了一定的用工和工作的自主权,提高了人力资源的配置效率,提高了企业的效益。但这种用工上的"双轨制"也带来了一些新的矛盾和问题,影响了劳动合同制的效果发挥,这就要求进一步改革"双轨制",在全部职工中实行全员劳动合同制。

---

① 指20世纪80年代在国有企业尚没有解决人员退出机制的情况下,企业在内部实行人员调配和优化组合,以达到精简搞活的目的。

1988 年，我国通过对国营企业内部"优化劳动组合"，推行劳动合同制度，提高劳动效率，改善劳动管理。国营企业开始"普遍建立再就业服务中心，保障国营企业下岗职工基本生活"，并"加强劳动力市场建设，强化再就业培训"。

20 世纪 90 年代，开始出现亏损国营企业的职工大规模"分流"安置压力，为解决国营企业"人往哪里去"这一难题，保持社会稳定，国家采取了多种经营、内部下岗待业、进入托管中心实施再就业、再转向失业登记等一系列过渡性措施。

三 出台《劳动法》，逐步推行全员劳动合同制

1992 年 1 月 25 日，劳动部、国务院生产办公室、国家体改委、人事部、全国总工会联合发出《关于深化企业劳动人事、工资分配、社会保险制度改革的意见》提出，巩固完善劳动合同制。要坚持劳动合同制的方向，建立新型的社会主义劳动关系，保障企业和职工双方合法权益。逐步推行全员劳动合同制，在搞好优化（或合理）劳动组合的基础上，逐步扩大全员劳动合同制的范围。要通过全员劳动合同制，进一步打破新招合同制职工与原有固定职工、统配人员与非统配人员的身份界限。今后，新开工企业的职工，以及从其他单位调入实行全员劳动合同制企业的职工，都要实行劳动合同制。

国务院于 1992 年 2 月发布了《关于扩大试行全员劳动合同制的通知》，着手推行全员劳动合同制工作，明确扩大全员劳动合同制的地区、企业范围、社会保险待遇等内容，要求国营企业试行全员劳动合同制，包括企业干部、固定工人、劳动合同制个人和其他工人。明确劳动合同适用范围扩大到国家劳动工资计划指标内招用常年性工作岗位上的工人。7 月，国务院颁布《全民所有制工业企业转换经营机制条例》，赋予企业劳动用工权、人事管理权、工资与奖金分配权等 14 项经营自主权，并将实行劳动合同制列为转换国营企业经营机制的重要内容。[①] 明确赋予企业经营自主权和用人自主权，国家不再下达用人计划，真正确立起企业的用人

---

① 到 1994 年全国实行劳动合同制职工已达到全国职工总数的 40%。

主体地位。① 该《条例》进一步强调企业有劳动用工权、人事管理权、工资奖金分配权、内部机构设置权等方面权利。规定企业对管理人员和技术人员可以实行聘用制、考核制；对解聘和未聘的管理人员和技术人员，可以安排其他工作，包括工人岗位的工作；企业可以从优秀工人中选拔聘用管理人员和技术人员，企业有权根据实际需要在企业内部设置有效的专业技术职务。

1993 年《关于实施〈全民所有制工业企业转换经营机制条例〉的意见》对企业用工自主权提出 10 项可操作性规定，这一时期改革已涉及企业的产权关系、经营关系和劳动关系，劳动关系双方的利益主体身份逐渐明晰。

1994 年国务院颁布的《关于全面实行劳动合同制的通知》等，要求国有企业在各地区、各行业全面推行劳动合同制工作。国务院出台的《关于选择一批国有大中型企业进行现代企业制度试点的方案》中提出，改革企业劳动人事工资制度。取消企业管理人员国家干部身份，打破不同所有制职工之间的身份界限，建立企业与职工双向选择的用人制度。

为了进一步促进包括国有企业在内的劳动用人制度市场化，1994 年 7 月，第八届全国人大八次会议通过了《中华人民共和国劳动法》，按照《劳动法》的规定，"建立劳动关系应当订立劳动合同"企业用工的基本形式就是"劳动合同制"，职工都是合同制职工。即要实行全员劳动合同制，这是针对以往国营企业两种用工制度并存而采取的改革措施，即在全体职工中，推行劳动合同制。单位和职工的权利义务关系通过劳动合同确定，固定用人制度已变为契约化的用人制度，进一步与市场经济接轨。

为了加快国有企业管理体制改革，党和国家陆续出台了一系列法律法规和政策文件，主要包括 1993 年《关于建立社会主义市场经济的决定》《关于建立社会主义市场经济体制时期劳动体制改革总体设想》以及 1994 年颁布的《中华人民共和国劳动法》劳动部《关于全面实行劳动合同制的通知》等，要求国有企业在各地区、各行业全面推行劳动合同制工作，国有企业劳动关系的确立由行政手段向契约手段转变，劳动关系的管理逐

---

① 尹蔚民主编：《纪念人力资源和社会保障事业改革开放 30 年文集》，中国人事出版社 2009 年版，第 128 页。

步纳入法制化轨道。在劳动制度方面，普遍实行了全员劳动合同制；在人事制度方面，国有企业已基本取消了企业领导人员和管理人员的行政级别，实行企业经营管理人员竞聘上岗；在收入分配方面，企业根据经济效益和当地社会平均工资水平决定管理人员和职工的分配方式与分配水平，实行了以岗定薪、岗变薪变、工资能升能降的分配方式。企业经营管理人员能上能下、职工能进能出、收入能高能低的新机制初步形成，"大锅饭""铁交椅"先后被彻底打破，国有企业劳动、人事、分配制度发生了根本性的变化。原来在高度计划经济体制下形成的劳动关系模式彻底解体，以国家、用人单位、劳动者三方利益为基础重新构建的国有企业新型的劳动关系新格局逐步形成。

1999年9月19—22日，中国共产党第十五届中央委员会第四次全体会议在北京举行。全会审议通过了《中共中央关于国有企业改革和发展若干重大问题的决定》，标志着国有企业改革和发展以崭新的局面跨入21世纪。随着社会主义市场经济体制的发展，大多数国有大中型骨干企业逐步建立现代企业制度。国有企业的独立法人地位得到明确，进一步实行了以合同管理为核心、以岗位管理为基础的多种形式的聘任聘用制并根据新形势、新情况逐步完善竞聘上岗实施细则，突出岗位特点，丰富竞聘形式，加大空缺岗位竞聘力度，国有企业根据新形势新情况逐步完善竞聘上岗实施细则，突出岗位特点、丰富竞聘形式、加大空缺岗位竞聘力度，实现竞聘上岗的制度化、程序化、规范化。同时，拓宽选人视野，敢于打破单位限制、专业限制、地域限制、体制限制，按照企业发展战略和市场取向选人用人，为人才的脱颖而出开辟通道。

随着国营企业先后进行兼并破产、下岗分流、减员增效和实施再就业工程，国营企业职工有的以下岗和失业等方式被分离出原有的旧体制，这些下岗失业人员先后进入了市场化就业的领域；有的随着大批国营企业的民营化，原来国营企业的职工转入改制后的民营企业；有的仍保留在国营企业中，随着法人治理结构的建立和完善，由计划经济下的"国家职工""主人翁"变为市场经济下的"企业职工"和"劳动者"。在劳动制度方面，普遍实行了全员劳动合同制；在人事制度方面，国有企业已基本取消了企业领导人员和管理人员的行政级别，实行企业经营管理人员竞聘上岗；在收入分配方面，企业根据经济效益和当地社会平均工资水平决定管理人员和职工的分配方式与分配水平,实行了以岗定薪、岗变薪变、工资能升能降的分配方式。企业经营管理人员能上能下、职工能进能出、收入能高能低的新机制初步形成,"大锅饭""铁交椅"先后被彻底打破,国有企业劳动、人事、分配制度发生了根本性的变化,标志着国有企业存量劳动力所处的就业体制从根本上被市场化了。原来在高度计划经济体制下形成的劳动关系模式彻底被解体,以国家、用人单位、劳动者三方利益为基础重新构建的国有企业新型的劳动关系新格局逐步形成。

企业劳动用工制度的改革,是对新中国成立以来我国劳动制度进行的一次重大改革,从根本上动摇了固定用人制度和企业干部终身制,这些规定的实施,有助于消除传统劳动制度中包得过多、统得过死、能进不能出的弊端,逐步建立起一套能够适应社会主义商品经济发展要求的劳动制度。

四 建立职工择优录用、能进能出的市场化用工机制

2000年6月23日,中央办公厅印发了《深化干部人事制度改革纲要(2001—2010年)》提出:要建立健全企业内部人事管理制度,完善国有企业内部用人机制深化国有企业内部人事制度改革,落实企业用人自主权。"完善劳动合同制度。全面推行管理人员和专业技术人员聘任制"。

2001年《关于深化国有企业内部人事、劳动、分配制度改革的意见》指出:改革国有企业内部人事、劳动、分配制度(以下简称"三项制度"),是充分调动职工积极性、增强企业市场竞争力的一个关键因素。深化企业三项制度改革的目标是:把深化企业三项制度的改革作为规范建立现代企业制度的必备条件之一,建立与社会主义市场经济体制和现代企业制度相适应、能够充分调动各类职工积极性的企业用人和分配制度。建立管理人员竞聘上岗、能上能下的人事制度;建立职工择优录用、能进能出的用工制度;建立收入能增能减、有效激励的分配制度。在建立职工择优录用、能进能出的用工制度方面要求:保障企业用工自主权。企业根据生产经营需要,按照面向社会、条件公开、平等竞争、择优录用的原则,依法自主决定用工数量和招工的时间、条件、方式。除国家另有规定外,任何部门、单位或个人不得强制企业接受人员;规范劳动合同制度。企业与职工按照平等自愿、双向选择、协商一致的原则,签订劳动合同,依法确定劳动关系。企业职工中不再有全民固定工、集体工、合同工等身份界限，所有职工的权益依法受到保护。建立健全劳动合同管理制度，完善管理手段，依法做好劳动合同变更、续订、终止、解除等各项工作，对劳动合同实行动态管理，认真履行劳动合同。职工劳动合同期满，企业应根据考核情况和企业生产经营需要，择优与职工续签劳动合；优化劳动组织结构。根据企业生产经营需要，参照国内外同行业先进水平，科学设置职工工作岗位，测定岗位工作量，合理确定劳动定员定额标准，减员增效，不断提高劳动生产率；推行职工竞争上岗制度。企业中凡具备竞争条件的岗位都应实行竞争上岗。对在岗职工进行岗位动态考核，依据考核结果实行内部淘汰办法；对不胜任工作的人员及未竞争到岗位的人员，企业应对其进行转岗或培训；对不服从转岗分配或经培训仍不能胜任工作的职工，企业可依法与其解除劳动关系；加强以岗位管理为核心的内部劳动管理。依据国家有关法律法规和企业实际，建立健全企业内部劳动管理的配套规章制度，规范奖惩办法，严肃劳动纪律。对违反企业规章制度和劳动纪律的职工，应视情节轻重按规定予以处理；情节严重的，可以依法解除劳动关系。

随着改革的不断深入，国有企业人事制度改革逐渐进入攻坚破难的阶段，中央企业努力创新国有企业人事制度改革，更加深入地开展公开招聘、内部竞聘、人才市场猎取等市场化的选聘工作，并做好公开招聘上岗人员的后续管理工作，为国有企业人事制度改革的顺利进行奠定了坚实的基础。2003年国务院国资委开始面向全球公开招聘企业经营管理人员，受到社会各界的广泛关注，面向市场公开招聘企业领导人员和企业内部实行竞争上岗的工作取得切实成效，并在实践中逐步实现了竞聘上岗的制度化、程序化、规范化。同时，拓宽选人视野，敢于打破单位限制、专业限制、地域限制、体制限制，适应现代企业制度要求的公开招聘机制和岗位聘任制度得以健全发展和持续推进。按照企业发展战略和市场取向选人用人，为人才的脱颖而出开辟通道。

2007年6月29日，第十届全国人民代表大会常务委员会第二十八次会议通过《中华人民共和国劳动合同法》，2008年1月1日起施行。劳动合同法共分8章98条，包括：总则、劳动合同的订立、劳动合同的履行和变更、劳动合同的解除和终止、特别规定、监督检查、法律责任和附则。

2012年，十一届全国人大常委会第二十七次会议初次审议劳动合同法修正案草案，对有关劳动派遣的规定进行了集中修改。这一系列法律、法规的建设，对规范国有企业用工制度，维护企业和劳动者双方合法权益提供了坚实的法律基础与行为准则。

2015年8月，中共中央、国务院《关于深化国有企业改革的指导意见》，要求深化企业内部用人制度改革，建立健全企业各类管理人员公开招聘、竞争上岗等制度，对特殊管理人员可以通过委托人才中介机构推荐等方式，拓宽选人用人视野和渠道。建立分级分类的企业员工市场化公开招聘制度，切实做到信息公开、过程公开、结果公开。构建和谐劳动关系，依法规范企业各类用工管理，建立健全以合同管理为核心、以岗位管理为基础的市场化用工制度，真正形成企业各类管理人员能上能下、员工能进能出的流动机制。

第二节　构建与现代企业制度相适应的劳动关系

一　劳动关系进入规范化、法制化轨道

经过改革开放40多年的探索与实践，人们逐渐认识到劳动用工制度的实质就是企业和职工以一定的方式确立的某种性质的劳动关系。改革开放以来，国有企业劳动关系实现了从计划经济体制由国家对劳动者统包统配单一行政依附关系向市场化的契约关系转变。

1992年1月25日，劳动部、国务院生产办、国家体改委、人事部、全国总工会联合发文《关于深化企业劳动人事、工资分配、社会保险制度改革的意见》，该《意见》指出：要坚持劳动合同制的方向，建立新型的社会主义劳动关系，保障企业和职工双方合法权益。

1994年7月5日，第八届全国人民代表大会常务委员会第八次会议通过《中华人民共和国劳动法》，自1995年1月1日起实施。《劳动法》规定"劳动合同是劳动者与用人单位确立劳动关系、明确双方权利和义务的协议。建立劳动关系应当订立劳动合同"，"订立和变更劳动合同，应当遵循平等自愿、协商一致的原则，不得违反法律、行政法规的规定。劳动合同依法订立即具有法律约束力，当事人必须履行劳动合同规

定的义务"。

1994年8月24日,《劳动部关于全面实行劳动合同制的通知》要求各地要积极贯彻实施《中华人民共和国劳动法》规定的"建立劳动关系应当订立劳动合同"。这一重大举措,促进这一新的用人制度的建立和运行。北京、天津、山西等200多个市县经政府批准,全面开展了推行劳动合同制的工作,为建立新的劳动用人制度做好了准备。黑龙江、江西、江苏等省(自治区)的部分市县和一些企业也都在积极进行改革试点,全面实行劳动合同制的条件基本具备。国务院有关部门如电力、冶金、铁道、石油等行业开展的多种形式的劳动用人制度改革,为《劳动法》的贯彻实施创造了条件。该《通知》要求到1996年年底,除个别地区和少数特殊情况的企业外,应基本在全国范围内全面实行劳动合同制度。国家重点行业要结合现代企业制度的建立,加快本行业劳动合同制度的推行。

《劳动法》是为了建立和维护适应社会主义市场经济的劳动制度,促进经济发展和社会进步,根据宪法而制定的。[①] 这是一部调整劳动关系的基本法,顺应了当时计划经济向市场经济转轨时期劳动用工制度改革的需要,明确了劳动关系各个主体的法律地位,为我国国有企业劳动用工制度改革提供了法律依据。对全面施行劳动合同制度也起到了积极的推动作用。《劳动法》的颁布和实施标志着中国劳动用工制度进入一个依法用工的新的历史阶段。

1995年1月《中华人民共和国劳动法》正式实施后,我国全面建立了与市场经济相适应的劳动合同用工制度,劳动合同制度的实施范围扩大到各种所有制企业及其全体职工,国有企业劳动关系的确立由行政手段向契约手段转变,劳动关系的管理逐步规范化,纳入了法制化轨道。

二 依法保障劳动者权益

1994年2月8日,劳动部、人事部颁发《〈国务院关于职工工作时间的规定〉的实施办法》。规定中国境内的国家机关、社会团体、企业事业

---

① 根据2009年8月27日第十一届全国人民代表大会常务委员会第十次会议《关于修改部分法律的决定》第一次修正。根据2018年12月29日第十三届全国人民代表大会常务委员会第七次会议《关于修改〈中华人民共和国劳动法〉等七部法律的决定》第二次修正。

单位以及其他组织的职工从 1994 年 3 月 1 日起,实行每日 8 小时、平均每周工作 44 小时的工时制度。

《劳动法》规定,劳动者享有平等就业和选择职业的权利、取得劳动报酬的权利、休息休假的权利、获得劳动安全卫生保护的权利、接受职业技能培训的权利、享受社会保险和福利的权利、提请劳动争议处理的权利以及法律规定的其他劳动权利。劳动者应当完成劳动任务,提高职业技能,执行劳动安全卫生规程,遵守劳动纪律和职业道德。第四条用人单位应当依法建立和完善规章制度,保障劳动者享有劳动权利和履行劳动义务。

这一时期,劳动、人事、分配"三项制度"改革逐步深化。按照《劳动法》的规定,企业用工的基本形式就是劳动合同制,职工都是合同制职工。单位和职工的权利义务关系通过劳动合同确定,固定用人制度已变为契约化的用人制度,进一步与市场经济接轨。在规范企业劳动用工、确保经济转型期劳动者权益维护方面,国家通过劳动立法又陆续出台了《就业促进法》《劳动合同法》《劳动争议调解仲裁法》《职工带薪年休假条例》《集体合同规定》《企业最低工资规定》等十几部法律法规。

在很多方面都向劳动者提供了保护,如无固定期限合同、最低工资标准等规定。劳动制度改革进入了劳动关系规范化、法制化管理的阶段。同时,社会形成了配套的人才中介、劳动力市场,各级各类人才市场在企业人才资源配置,特别是企业经营管理人才资源配置方面发挥越来越重要的作用。企业内部实行竞争上岗的工作取得切实成效,干部和工人身份界限被取消,国有企业经营管理者能上能下、职工能进能出、工资能升能降的新机制不断得以深入推进和加强。

2005 年 12 月 19 日,由国务院办公厅转发的国资委《关于进一步规范国有企业改制工作实施意见》规定,国有企业实施改制前,原企业应当与投资者就职工安置费用、劳动关系接续等问题明确相关责任,并制定企业职工安置方案且须经职工代表大会或职工大会审议通过。

2006 年,国务院国有资产监督管理委员会在出台的《进一步规范国有企业改制工作的实施意见》中,再度强调要切实维护职工的合法权益。规范国企改制必须让职工有知情权、参与权。在国企改制中,职工的合法权益集中体现为知情权、参与权和成果分享权。保障职工的合法权益,有利于员工的积极参与，促进国企改革的成功。

2007年6月29日，《中华人民共和国劳动合同法》由第十届全国人民代表大会常务委员会第二十八次会议通过，自2008年1月1日起施行。劳动合同法共分8章98条，包括：总则、劳动合同的订立、劳动合同的履行和变更、劳动合同的解除和终止、特别规定、监督检查、法律责任和附则。该法的目的是完善劳动合同制度，明确劳动合同双方当事人的权利和义务，保护劳动者的合法权益，构建和发展和谐稳定的劳动关系。12月29日，《中华人民共和国劳动争议调解仲裁法》由第十届全国人民代表大会常务委员会第三十一次会议通过，自2008年5月1日起施行。该法的目的是公正及时解决劳动争议，保护当事人合法权益，促进劳动关系和谐稳定。

2012年12月28日，第十一届全国人民代表大会常务委员会第三十次会议决定对《中华人民共和国劳动合同法》作如下修改：将第六十三条修改为："被派遣劳动者享有与用工单位的劳动者同工同酬的权利。用工单位应当按照同工同酬原则，对被派遣劳动者与本单位同类岗位的劳动者实行相同的劳动报酬分配办法。用工单位无同类岗位劳动者的，参照用工单位所在地相同或者相近岗位劳动者的劳动报酬确定"。"劳务派遣单位与被派遣劳动者订立的劳动合同和与用工单位订立的劳务派遣协议，载明或者约定的向被派遣劳动者支付的劳动报酬应当符合前款规定。"将第六十六条修改为："劳动合同用工是我国的企业基本用工形式。劳务派遣用工是补充形式，只能在临时性、辅助性或者替代性的工作岗位上实施。""前款规定的临时性工作岗位是指存续时间不超过六个月的岗位；辅助性工作岗位是指为主营业务岗位提供服务的非主营业务岗位；替代性工作岗位是指用工单位的劳动者因脱产学习、休假等原因无法工作的一定期间内，可以由其他劳动者替代工作的岗位"。"用工单位应当严格控制劳务派遣用工数量，不得超过其用工总量的一定比例，具体比例由国务院劳动行政部门规定。"决定自2013年7月1日起施行。

三　构建和谐的劳动关系

劳动关系是生产关系的重要组成部分，是最基本、最重要的社会关系之一。劳动关系是否和谐，事关广大职工和企业的切身利益，党和国家历来高度重视构建和谐劳动关系，自劳动用工制度从固定工制度向合同工制度改革以来，中央和地方政府制定了一系列法律法规和政策措施，各级党委和政府认真贯彻落实党中央和国务院的决策部署，取得了积极成效，总体上保持了我国劳动关系的和谐稳定。

党的十八大明确提出构建和谐劳动关系。在新的历史条件下，努力构建中国特色和谐劳动关系，深刻认识构建和谐劳动关系的重大意义，切实增强责任感和使命感，把构建和谐劳动关系作为一项紧迫任务，摆在更加突出的位置，采取有力措施抓实抓好。

2013年中共十八届三中全会提出，"规范招人用人制度，消除城乡、行业、身份、性别等一切影响平等就业的制度障碍和就业歧视"。贯彻落实这一要求，应加快推进国有企业用工制度改革，全面建立符合社会主义市场经济和现代企业制度要求的新型劳动关系和用工制度。

2015年4月，中共中央、国务院印发《关于构建和谐劳动关系的意见》，目的是进一步切实保障劳动者合法权益，构建和谐劳动关系，推动中国特色和谐劳动关系的建设和发展，最大限度增加劳动关系和谐因素，最大限度减少不和谐因素，促进经济持续健康发展和社会和谐稳定。主要内容：一是依法保障职工基本权益。包括切实保障职工取得劳动报酬的权利完善并落实工资支付规定，健全工资支付监控、工资保证金和欠薪应急周转金制度；切实保障职工休息休假的权利完善并落实国家关于职工工作时间、法定节假日、带薪年休假等规定。切实保障职工获得劳动安全卫生保护的权利加强安全卫生执法监督，强化安全生产和职业卫生教育培训，最大限度地减少生产安全事故和职业病危害。切实保障职工享受社会保险和接受职业技能培训的权利努力实现社会保险全面覆盖，鼓励有条件的企业按照法律法规和有关规定为职工建立补充保险。加强职工职业技能培训。二是健全劳动关系协调机制。包括全面实行劳动合同制度；推行集体协商和集体合同制度；健全协调劳动关系三方机制。三是加强企业民主管理制度建设，包括健全企业民主管理制度；推进厂务公开制度化、规范化；推行职工董事、职工监事制度。四是健全劳动关系矛盾调处机制。包括健全劳动保障监察制度；健全劳动争议调解仲裁机制；完善劳动关系群体性事件预防和应急处置机制。该《意见》还强调加强构建和谐劳动关系的法治保障营造构建和谐劳动关系的良好环境。当前我国正处于经济社会转型时期，随着政治、经济体制改革的深入推进，出现了各种多元化的利益格局，劳动关系的主体及其利益诉求越来越多元化，劳动关系矛盾进入了凸显期和多发期，劳动关系面临着立体多元化，利益冲突明晰化、变动常态化的挑战，构建和谐劳动关系的任务艰巨繁重。

第三节　建立与完善职工社会保障体系

现代企业制度的一个基本特征是企业法人制度，企业是独立的商品生产者，具有自主经营权，有权自主地招录和辞退员工，做到人员的能进能出，这就需要改变以往职工入职即保障终身的做法，建立社会保障制度，由社会对职工提供基本生活和基本医疗保障，使企业保障转化为社会保障，摆脱国企过重的负担，获得平等的竞争市场机会。为保持社会稳定，国家采取了一系列建立社会保障体系的配套政策，在深化国企改革，促进下岗职工再就业过程中，社会保障制度的建立与完善具有重要的作用。

一　建立失业保险制度

1992年1月25日，国家体改委、国务院生产办公室、劳动部、全国总工会、人事部发布《关于深化企业劳动人事、工资分配、社会保险制度改革的意见》提出："工伤、医疗保险制度的改革要抓紧试点，为全面改革做好准备。""适当扩大待业保险范围，完善待业保险制度。"要紧密结合产业结构调整和企业搞活用工的需要，完善现行待业保险制度，有条件的地区可相应扩大待业保险范围，建立和完善全民企业全部职工和其他所有制企业职工的待业保险办法。

1993年4月，国务院颁发了《国有企业职工待业保险》《国有企业富余职工安置规定》，其中《国有企业富余职工安置规定》确定了"企业自行安置为主，社会帮助为辅，保障富余职工基本生活"的原则，对富余人员采取停薪留职、有偿解除劳动合同等多种方式进行安置。先后对国有企业内部和外部通过砸"三铁"、打破"大锅饭"，逐步实现了"政企分开"，国有企业劳动力从此开始了市场化配置，劳动就业制度、劳动力流动制度、工资收入分配制度和社会保障制度逐步开始实行，初步达到了提高企业生产效率的目的。

1993年11月，党的十四届三中全会通过的《中共中央关于建立社会主义市场经济体制若干问题的决定》指出，要在中国建立包括社会保险、社会救济、社会福利、优抚安置等全面多层次的社会保障制度。按照《决定》的精神，国家加强了对养老保险、医疗保险、失业保险和工伤保险等社会保障制度体系的建设。国务院陆续下达了有关建立企业职工基本养老保险制度、失业保险、下岗职工基本生活保障、城市居民最低生活保障等决定、条例和通知。相继出台了《基本医疗保险制度改革的决定》《失业保险条例》《城市居民最低生活保障条例》，初步建立了社会保障制度的基本框架，逐步形成了城镇下岗职工生活保障、失业保险金和居民最低生活费保障等的社会保障系统。

1997年国务院发布了《关于在若干城市试行兼并破产和职工再就业有关问题的补充通知》，中央提出了"鼓励兼并、规范破产、下岗分流、减员增效、实施再就业工程的方针"，要求将实施再就业工程与推进国有企业改革有机地结合起来。之后，国务院陆续下达了有关建立企业职工基本养老保险、失业保险、下岗职工基本生活保障、城市居民最低生活保障等决定、条例和通知，推进建立国有企业下岗职工基本生活保障及再就业制度，改革了职工养老保险制度、医疗保障制度、住房制度。

1997年后国务院陆续下达了有关建立企业职工基本养老保险制度、失业保险、下岗职工基本生活保障、城市居民最低生活保障等决定、条例和通知，初步形成了社会保障制度的基本框架，随着职工工资、医疗、保险、养老、失业等社会保障体系的逐步建立，符合现代企业制度要求的国有企业劳动用工和人事管理机制已基本形成。

1998年5月，党中央、国务院召开了国有企业下岗职工基本生活保障和再就业工作会议，对全面推进再就业工作作出了重大部署，并下发了中共中央、国务院关于切实做好国有企业下岗职工基本生活保障和再就业工作的通知，明确了相关政策。中央明确提出"要确保国有企业下岗职工基本生活，确保国有企业离退休人员养老金按时足额发放"的社会保障工作目标要求。同时，国务院相继出台了《基本医疗保险制度改革的决定》《社会保险费征缴暂行条例》《失业保险条例》和《城市居民最低生活保障条例》。

1998年起国有大中型企业普遍建立了再就业中心，下岗的企业职工在没有找到工作之前，都可以进入再就业服务中心，在领取基本生活费的同时，还可以得到企业采取多种形式对下岗职工进行的为提高就业技能的培训机会。

2002年9月，党中央和国务院召开全国再就业工作会议，下发中共中央、国务院关于进一步做好下岗失业人员再就业工作的通知，进一步健全和完善了相关政策。对企业下岗分流人员建立再就业服务中心，保障他们的基本生活，促进实现再就业。11月，国家经贸委、财政部等八部委联合颁发了《关于国有大中型企业主辅分离、辅业改制、分流安置富余人员的实施办法》，允许国有大中型企业可用非主业资产和闲置资产，破产企业可利用其有效资产等作为分流职工解除劳动合同的经济补偿金，促进企业在产权清晰的基础上转换企业经营机制，解除传统体制遗留的历史包袱的社会负担，使国有企业成为真正市场化的经济组织。鼓励有条件的国有大中型企业在进行结构调整、重组改制和主辅分离中，利用非主业资产、闲置资产和关闭破产企业的有效资产，改制创办面向市场、独立核算、自负盈亏的法人经济实体，多渠道分流安置企业富余人员和破产企业职工，减轻社会压力。

1998年以来，全国国有企业下岗职工达2700多万人，90%以上进入企业再就业服务中心，[①] 得到了基本生活保障。同时，先后有1800万下岗职工通过多种方式和渠道实现了再就业。

2005年，建立失业保险制度的工作稳步推进，国有企业下岗职工基本生活保障制度与之并轨。

二　建立基本养老保险制度

1991年的《国务院关于企业职工养老保险制度改革的决定》中明确提出，"随着经济的发展，逐步建立起基本养老保险与企业补充养老保险和职工个人储蓄性养老保险相结合的制度"，实行国家、企业、个人三方共同出资建立养老保险基金制度，基本养老金由社会养老统筹基金发放。从此，我国逐步建立起多层次的养老保险体系。文件发布以后，各地区、

---

① 张卓元、郑海航主编：《中国国有企业改革30年回顾与展望》，人民出版社2008年版，第350页。

各有关部门积极进行企业职工养老保险制度改革,在推进保险费用社会统筹、扩大保险范围、实行职工个人缴费制度和进行社会统筹与个人账户相结合试点等方面取得了一定的成效,对保障企业离退休人员基本生活,维护社会稳定和促进经济发展发挥了重要作用。

1992年1月25日,国家体改委、国务院生产办公室、劳动部、全国总工会、人事部发布《关于深化企业劳动人事、工资分配、社会保险制度改革的意见》提出:继续推进养老社会保险制度改革,要认真贯彻实施《国务院关于企业职工养老保险制度改革的决定》,"逐步建立国家基本保险、企业补充保险和个人储蓄性保险相结合的多层次养老保险体系,抓紧制定实施管理办法"。同时提出,基本养老保险所需资金按照国家、企业、个人三方共同负担的原则,由社会保险管理机构统一筹集,并随着职工工资的增长,实行个人交费制度。

1995年3月,国务院发布的《关于深化企业职工养老保险制度改革的通知》是继《国务院关于企业职工养老保险制度改革的决定》之后,有关社会保险制度的又一个重要的指导性文件,是党的十四届三中全会通过的《中共中央关于建立社会主义市场经济体制若干问题的决定》中有关建立健全社会保障制度内容的具体体现。主要内容为:企业职工养老保险制度改革的目标是:到20世纪末,基本建立起适应社会主义市场经济体制要求,适用城镇各类企业职工和个体劳动者,资金来源多渠道、保障方式多层次、社会统筹与个人账户相结合、权利与义务相对应、管理服务社会化的养老保险体系。基本养老保险应逐步做到对各类企业和劳动者统一制度、统一标准、统一管理和统一调剂使用基金;深化企业职工养老保险制度改革的原则是:保障水平要与我国社会生产力发展水平及各方面的承受能力相适应;社会互济与自我保障相结合,公平与效率相结合;政策统一,管理法制化;行政管理与保险基金管理分开;基本养老保险费用由企业和个人共同负担,实行社会统筹与个人账户相结合;为了保障企业离退休人员基本生活,各地区应当建立基本养老金正常调整机制;国家在建立基本养老保险、保障离退休人员基本生活的同时,鼓励建立企业补充养老保险和个人储蓄性养老保险。

1997年的《国务院关于建立统一的企业职工基本养老保险制度的决定》,明确了基本方向和实施办法,并成为在过渡阶段实行"新人新办法、老人老办法"的依据。

2005 年 12 月 14 日,国务院发布《关于完善企业职工基本养老保险制度的决定》主要内容包括:继续确保基本养老金按时足额发放,保障离退休人员基本生活;逐步做实个人账户,完善社会统筹与个人账户相结合的基本养老保险制度;建立养老金的正常增长机制,适时调整基本养老金水平;积极发展企业年金,建立多层次的养老保障体系。

三 建立基本医疗保险制度

职工基本医疗保险制度是依法对职工的基本医疗权利给予保障的社会医疗保险制度。我国从 1998 年开始建立城镇职工基本医疗保险制度。1998 年国务院发布《关于建立城镇职工基本医疗保险制度的决定》,提出了建立制度的主要任务、主要原则和主要内容。主要任务是,根据财政、企业和个人的承受能力,适应社会主义市场经济体制,建立保障职工基本医疗需求的社会医疗保险制度。主要原则是,包括国有企业在内的城镇所有用人单位及其职工都要参加基本医疗保险,实行属地化管理,基本医疗保险费由用人单位和职工双方共同负担。基本医疗保险基金实行社会统筹和个人账户相结合,基本医疗保险的水平要与社会主义初级阶段生产力水平相适应。主要内容是,基本医疗保险费由用人单位和职工共同缴纳。用人单位缴费率应控制在职工工资总额的 6% 左右,职工缴费率一般为本人工资收入的 2%;建立基本医疗保险统筹基金和个人账户。职工个人缴纳的基本医疗保险费全部计入个人账户,用人单位缴纳的基本医疗保险费分为两部分,一部分用于建立统筹基金,一部分划入个人账户,比例一般为用人单位缴费的 30% 左右。随着经济发展,用人单位和职工缴费率可做相应调整。

2019 年 3 月 25 日,《国务院办公厅关于全面推进生育保险和职工基本医疗保险合并实施的意见》发布。

2021 年 4 月 7 日,国务院确定建立健全职工基本医保门诊共济保障机制的措施,拓宽个人账户资金使用范围,减轻群众医疗负担,医保将有重大变化 。

2021 年 4 月 22 日,国务院办公厅发布《国务院办公厅关于建立健全职工基本医疗保险门诊共济保障机制的指导意见》,从五个方面提出了建立健全职工医保门诊共济保障机制的具体举措。

四　不断完善社会保障体系建设

党的十五届四中全会审议通过的《中共中央关于国有企业改革和发展若干重大问题的决定》中指出，"加快社会保障体系建设，是顺利推进国有企业改革的重要条件"。

2002年以后，随着职工工资、医疗、保险、养老、失业等社会保障体系的逐步建立，初步形成了社会保障制度的基本框架，经过多年努力，初步建立起包括下岗职工基本生活保障、失业人员的失业保险金、城镇居民最低生活费三条保障线在内的社会保障系统。

截至2006年，以城镇职工养老、医疗、失业保险为主要内容的社会保障制度基本建立。在失业保险方面，建立了面向城镇职工的失业保险制度，实现了国有企业下岗职工基本生活保障向失业保险并轨。在养老保险方面，形成了社会统筹与个人账户相结合的企业职工基本养老保险制度；在医疗保险方面，建立了基本医疗保险、企业补充医疗保障和商业医疗保障等多层次的保障制度。

2007年党的十七大报告明确，建立我国社会保障体系的重点和主要内容是建立与完善基本养老制度、基本医疗制度、最低生活保障制度。同时，建立基本医疗卫生制度，提出要全面推进城镇职工基本医疗制度建设。国家对加快社会保障体系建设的要求是继续完善养老、医疗等城镇社会保险制度，加强失业、工伤、生育保险制度建设。积极推动基本养老保险省级统筹，研究制定养老保险关系转移衔接的政策和办法，研究解决国有关闭破产企业退休人员的医疗保险问题。

党的十八大以来，党中央把社会保障体系建设摆上更加突出的位置，推动我国社会保障体系建设进入快车道。准确把握社会保障与国有企业改革之间的联系，充分认识建设和完善社会保障体系的现实意义，采取行之有效的措施，加快完善我国社会保障体系，对于解决国有企业深层次问题，不断深化国有企业改革具有重大意义。

第 三 章

国有企业工资分配制度改革

第一节　改革开放前工资制度改革追溯

中华人民共和国成立之初，我国的工资制度多样、复杂，几种工资形式同时并存。老解放区的职工，有的实行供给制，有的实行部分供给、部分工资制，有的则实行以食物为计算基础的货币工资制。新解放区的职工，除少数派往国营企业进行监管工作的干部和国家机关的工作人员，实行老解放区的供给制外，多数实行旧社会遗留下来的工资制度。

1950年4月，东北人民政府公布实行了八级工资制①。随后，在八级工资制的基础上，又推出新的计件工资和奖励制度。一年后，在劳动部、"全总"的推动下，华北、华东、中南、西北、西南等行政区，也先后实行了与实际情况相适应的八级工资制。

一　1952—1955年全国第一次工资改革

1950年，国家劳动部和全国总工会联合召开了全国工资改革准备会议，制定了《工资条例（草案）》，确定了改革工资制度的三条原则：一是要在尽可能的范围内，将工资制度改革尽量合理些，二是照顾现实，尽

---

① 东北地区分两类产业的八级工资标准方案。轻工一级75分（约折人民币15元），八级225分（约合45元）；重工一级90分（约合18元），八级270分（约合54元）。对井下和高温工种另加10%—15%的津贴。并划分出各技术工种的工资等级线，以便考工评级和培养技术工人（详见《东北地区劳动工资法令汇编》）。1951年5月，东北又将工资标准改为五类产业：第一类为煤矿、钢铁、有色冶炼业等，第二类为石油、电力、酸碱业等，第三类为机器制造、建材业等，第四类为纺织、造纸、制革、陶器业等，第五类为被服、制鞋、食品加工业等。此后几年，工资标准、产业分类曾有多次调整，而八级工资涉及的等级制度没有根本的改变。

可能地让广大职工群众拥护，三是考虑国家财政经济的承受能力和权衡工农之间的关系，不能过多地增加国家负担。1952 年前后，依据这些原则做了各方面的充分准备工作。1952 年开始，东北地区乃至全国，工资管理工作全移交给劳动部门负责。同时，工资工作还面临着在物价不稳定的情况下，如何稳定职工生活的问题，随着国民经济的恢复和发展，生产力水平不断提高，客观上要求建立比较系统、规范化的工资制度，以适应经济建设的要求，更好地贯彻执行社会主义按劳分配原则。

1952—1955 年，全国进行了第一次工资改革，逐步将以供给制为主的分配制度改为工资制。这项改革是以大行政区为单位进行的，虽然在时间上不一致，但基本都是遵照《工资条例（草案）》展开的。工资改革的主要内容是：

（一）统一以"工资分"作为全国统一的工资计算单位

"工资分"是以一定种类的数量为计算基础，用货币进行支付的工资计算单位。每一工资分，按照当时一般职工基本生活的实际需要，可以折合成粮食、布匹、食油、食盐和煤炭等五种食物。工资改革统一以"工资分"作为全国统一的工资计算单位，并统一规定了"工资分"所包含的实物的品种和数量。之所以不直接采取以货币为单位来支付职工的工资，是因为当时全国物价还存在一定程度的波动，各地区的物价水平不平衡，尤其是生活必需品，全国各地之间的价格水平差异比较大，所以，为了能够较好地保证职工的实际工资水平和满足基本的生活消费需求，国家采取了这一过渡性措施。采取这一措施，不仅保证了职工的工资收入不受物价变动的影响，在当时对于保障职工群众的生活，稳定政治局势，促进经济发展都具有重大的意义和积极的促进作用。同时，通过规定国家统一的"工资分"有利于国家统筹安排全国的工资基金，消除由于全国各地工资计算单位不一导致的对工资制度改革的不利影响，而且为统一工资标准创造了条件。

（二）建立工人的"八级工资制"和职员的"职务等级工资制"

国营企业大多数工人实行"八级工资制"，少数实行"七级工资制"。这主要是根据工人所从事的劳动和工作的复杂程度、工人的技术水平而确定的。在制定工人工资标准的同时，各个工种的每个工资等级都规定了相应的技术要求，这样就可以根据每个工人所掌握的实际知识、操作技能、再参照劳动者本人的综合条件评定工资。实行"八级工资制",较好地贯彻了按劳分配的原则,激发了广大工人学技术、学文化的热情,调动了生产积极性。

国营企业职员大多数实行职务等级工资制,将一职分为数级,各级之间相互交叉。少数实行职务工资制,按其职务规定若干个工资标准。企业职员实行的职务等级工资制和职务工资制,按产业分为若干类工资标准,同类产业内部又按不同企业的规模大小划分为若干个工资等级。

实行"八级工资制"的同时,为了体现产业之间的工资差别,各大行政区还分别规定了产业工资关系。根据各个产业在国民经济中所占的地位和重要程度、技术复杂程度、劳动条件和劳动强度,分别确定了产业的工资顺序。产业顺序的划分一般是矿山、冶金业为一类产业,机器制造和电力为二类产业,轻工、食品、纺织业为三类产业,并依照产业的顺序确定工资的比差。不仅如此,由于各大行政区在工资改革的具体方案上有所不同,所以在产业的分类、工资的比差、标准以及等级系数方面都不尽一致。

(三) 建立以超额完成任务为主的奖励工资制度

中华人民共和国成立之初,国营企业基本上没有奖励制度。1950年,在开展爱国主义劳动竞赛活动中,一些国营企业开始建立以超额奖励为主的奖励工资制度。一些国营企业采取和劳动竞赛相结合,发流动红旗和附加部分实物的办法。1952年年底,中央政府政务院财政经济委员会在总结各大行政区工资改革的经验基础上发出了《关于奖励工资制中若干问题的指示(草案)》,对实行奖励工资制的方针、原则做了比较全面、具体的规定。1953年调整了普通工人、技术工人和技术干部工资倒挂的现象,推行和改善计件工资制和计时奖励工资制度。

第一次全国性的工资制度改革,初步确立了全国国营企业在地区之间、产业之间以及企业内部各类人员之间的工资关系,尽管在对个人收入的分配上实际上存在平均主义的倾向,但提高了工资水平,使人民群众从实际生活水平的提高和社会保障制度的建立中,体会到新社会的好处。同时也协调统一了工资支付的计算单位,为国家的工资计划管理创造了条件,也为进一步的工资改革打下了良好的基础。

二 1956 年第二次工资制度改革

随着国民经济恢复阶段的结束，1953 年我国制定了发展国民经济的第一个五年计划，进入了有计划的、大规模的社会主义经济建设时期。为了更好地鼓励职工提高业务技术水平，激发员工的劳动热情，国务院决定当年进行全国统一的工资改革。"一五"计划中规定的工资工作方面的重要任务是：在生产力发展的基础上，适当增加工人、职员的工资和福利，加强对工资工作的统一管理，整顿和改革现行工资制度。1956 年 5 月，国务院召开工资会议，对工资改革方案进行了综合平衡。1956 年 6 月 16 日经国务院全体会议第 32 次会议通过，7 月 4 日发布的《国务院关于工资改革的决定》指出，"为了使工人的工资等级更加合理，各产业部门必须根据实际情况制定和修改工人技术等级标准，严格地按照技术等级标准进行考工定级，使升级成为一种正常的制度"。在此基础上，国务院又发布了《关于工资改革中若干具体问题的决定》《关于工资改革方案实施程序的通知》等项重要文件，全国进行了第二次工资制度改革。1956 年工资改革的主要内容是：

（一）取消"工资分"制度，直接以货币规定工资标准

作为保障职工基本生活需要的"工资分"制度虽然起到了一定的作用，但随着国家政权的稳固和国民经济的发展以及物价的基本稳定，已失去了存在的必要。针对有的地方物价上涨，"工资分"值也随着上涨，而物价下降时，"工资分"值却不能相应下降；有的企业相互间所处位置较近，但物价水平不一样，出现了许多不统一、不协调的现象，引起不少矛盾。工资改革决定取消"工资分"，实行直接货币工资标准。货币工资标准，根据各地区发展生产的需要、物价生活水平和现实工资状况规定，对于不同物价水平的地区可以通过统一的工资类别进行调整。

（二）进一步改革工人的工资等级制度

1. 在全国范围内按产业、按部门统一了工人的工资等级制度

全国按产业统一规定了工人的工资标准，工业工人一般实行"八级工资制"，即按照生产劳动的复杂程度和技术的熟练程度将工资分为八个等级，一级最低、八级最高，使得工人技术等级和工资等级一致，形成了大家熟悉的工人的技术等级和工资挂钩的"八级工资制"。个别产业如纺

织业,由于机械化程度较高,专业分工较细,工种之间的劳动差别不是太大,故实行了岗位工资制。对于邮政通信行业的生产工人实行按等分级的等级工资制,建筑企业的工人实行"七级工资制"。

2. 对企业的职员实行了职务工资制

企业的职员实行二十四级工资制。全国分为七类地区四类产业,每类产业又分四类企业。在企业内部又根据各类科室的技术复杂程度、对生产的重要性和职责繁简等因素,分为三类科室、四类职能人员,对每类职务分别规定了一定幅度的工资标准。

3. 较大幅度地提高了高级技术工人的工资标准

为了鼓励广大工人提高技术水平和加强技术熟练程度,此次改革较大幅度地提高了高级技术工人的工资标准,使熟练劳动和一般劳动、繁重劳动和轻便劳动在工资标准上有明显的差别,以克服工资待遇上的平均主义现象。据统计,调整后,工人的最高工资与最低工资的差距,由原来的平均2.8倍,扩大到平均3倍。

同时,各产业部门根据实际情况进一步修订了工人的技术等级标准,并且进一步强调要严格按技术等级标准考工升级。

(三)调整产业、地区、部门、企业之间各类人员的工资关系

在产业之间,根据各产业在国民经济中的地位和技术复杂程度以及劳动条件等因素,并参照以往的情况,排列出产业顺序,分别制定工资标准。由于当时国家正处于大规模的社会主义经济建设时期,生产资料的生产就显得比消费资料的生产重要,加之劳动强度、劳动条件等因素,所以在制定工资标准时,第一部类产业的工资标准要比第二部类的高,一般地说,重工业部门要比轻工业部门高,直接生产部门要比非直接生产部门工资多一些。

在地区之间,为了正确处理地区之间的工资关系,建立了工资区类别制度。工资区类别制度是体现地区工资关系的一种方式,主要是反映由于物价、地理自然条件等不同而造成生活条件艰苦程度不同的地区的工资差别。其目的是使物价不同的地区工作的职工付出等量的劳动,能够得到大体相等的消费品,并能补偿职工到艰苦边远地区工作需要多消耗的生活费用,以鼓励职工到艰苦边远地区工作。工资区类别是从"工资分"制度逐步演变而来的。全国划分为11类,各类工资区的工资标准是以一类工

资区的工资标准为基础，逐类大体递增3%确定的。同一等级的工资标准十一类地区比一类地区高30%。西北、西藏、四川甘孜地区等少数边远地区，除执行十一类工资标准外，另加生活费补贴。按照重点发展地区工资多增加，某些沿海地区的工资稍有增加的原则进行了调整，重点建设地区的工资标准有较大提高。这些政策的制定，保证了国家重点工业生产建设的劳动力供应，同时，对比较发达的沿海地区的工资标准也作了适当的提高，调动了这些地区职工的积极性。

在产业内部不同企业之间，按技术的复杂程度、劳动繁重程度和劳动条件规定了不同的工资标准。对于企业干部的工资关系，按直接生产部门干部的工资要比其他部门干部的工资有较多提高的原则，规定企业干部的工资要高于国家机关工作人员的工资，工程技术员的工资一般要高于管理人员，给高级工程师确定了较高的工资标准。企业干部职员的职务工资标准在全国分为七类地区，四类产业，每类产业中又分为四类企业，每个企业内部又划分为三类科室，四类职员。企业职员的所有职务划分为13类，每类职务划分为若干等级，分别规定不同的工资标准。

由此，企业实行的"八级工资制"在不同行业、不同地区略有差别，大致数额如下：学徒工14元；1级28元；2级35元；3级42元；4级51元；5级63元；6级76元；7级89元；8级104元。在当时物价水平很低的情况下，这样的水平定得比较适当。当时机关、工矿、学校每人1个月的伙食费不超过十元，所以那时的工人对工资待遇很满意。

国务院在《关于工资改革的决定》中还要求各企业主管部门根据企业生产的实际需要，制定统一的奖励办法，积极建立和改进新产品试制，节约原材料、节约燃料和动力、提高产品质量以及超额完成任务等奖励制度。

1956年的工资制度改革，在全国范围内统一了职工的工资标准，产业工资关系和地区工资关系得到了调整和改进，各类人员的工资关系也得到了改进和调整。基本上建立了符合"按劳分配"原则的工资制度。同时，为了鼓励到企业去工作，考虑到基层企业工作条件比较艰苦，规定了企业管理人员高于同级国家机关工作人员的工资标准，奠定了我国工资制度的基础，基本上符合当时的实际情况，也符合按劳分配的原则。这次改革，职工工资水平有了较大的提高，对于调动职工积极性，促进生产力发展起到了推动作用。但改革后仍存在着一些缺陷，比如，工资标准种类过多，工资制度过于繁杂，产业之间、企业之间、地区之间的工资关系也由于划分过细过繁，形成层次重叠，不利于工资管理工作。

三 1958—1966 年的工资工作

1958 年的"大跃进"到"文化大革命"七八年时间里，工资分配制度经历了曲折而复杂的变化过程。

1958 年的"大跃进"时期，理论上否定按劳分配原则，取消了计件工资和奖励制度。与此同时，企业实行的各种单项奖励也被取消。加之物价上涨，职工的工资水平下降，挫伤了职工的生产积极性。1959 年先后召开的全国工资计划会议和全国工资座谈会上，明确提出了要在发展生产力的基础上逐步改善职工的物质文化生活，适当增加工资福利，要坚持按劳分配原则，既要反对平均主义，又要反对高低悬殊。1959 年，国家给企业的部分职工调整了工资，工人的升级面未超过 30%，企业干部的升级面未超过 10%。同时，还对 1956 年制定的一些过于烦琐的工资标准和产业分类过细的问题做了调整和合并。1961 年的《工业七十条》对工业企业的工资奖励做了明确规定，强调企业实行何种工资形式，应根据具体需要来确定，工资级别的调整今后每年进行一次，企业全面完成和超额完成计划以后，所有干部可以获得奖金，并允许除综合奖外，设立必要的单项奖。1961 年以后，计件工资也重新得到了肯定。此后，1961 年和 1963 年两次调整了职工工资。1963 年以后主要依据工龄来定级，"八级工资制"被简单地理解为按技能、按工资分析，以后又变成按政治表现和资历分配，远离了与劳动绩效的关系，从此分配制度上的"大锅饭"开始了。1964 年，劳动部制定了《企业计价工资暂行条例（草案）》，对于克服和改进计价工资在实行过程中出现的缺陷，具有一定的促进作用。

为改进 1956 年工资制度的弊端，劳动部于 1965 年 3 月将新拟定的"一条龙"的工资改革方案，在一些地区和行业选点试行。新方案的特点是：采取"一条龙"的工资等级制度，将全国各行各业、各类人员都归到 25 个工资等级标准中去，行政人员占 25 个工资等级，科技人员占 20 个工资等级，工人占 12 个工资等级，从工资等级线上区分工资差别。同时，取消工资区类别，设想在全国各地实行同一的工资标准。"一条龙"

的工资改革方案试点后,由于"文化大革命"的发生而未全面推广,只在 1971 年进行过一次低工资职工的工资调整。

十年"文化大革命"期间,对工资工作的冲击和破坏是极其严重的。从思想上,歪曲和否定了按劳分配理论,按劳分配原则受到巨大冲击。从实际工作中,取消了奖励工资和计件工资,否定了行之有效的分配政策和分配形式,破坏了正常的晋级增资制度,导致职工工资水平的下降。在管理上,从工资管理机构到专业管理队伍,都受到了巨大的损失。

四 1977 年的工资调整

"文化大革命"结束以后的 1976—1978 年两年间,我国企业的工资工作经历了一段徘徊的阶段。1977 年全国进行了一次补偿性的工资调整。这次工资调整的主要内容是给 1966 年年底以前参加工作的二级工和 1971 年年底以前参加工作的一级工,升一级工资;给其他人员中工作多年、工资偏低的生产工作骨干和科研、技术人员升一级工资;对不属于上述升级范围,但工资偏低的职工,也适当给予调整。1963—1977 年的 14 年间,除了少数的等级职工升过级外,大多数职工未增加过工资,不少职工自 1956 年以来未增加过工资。这次工资调整,适当地补偿了多年来增加工资的"欠账",一定程度上改善了职工的生活景况,也扭转了职工工资水平持续下降的局面。这次工资调整带有明显的补偿性质,尽管如此,这次工资调整仍有其特殊的意义,即开始强调了按劳分配原则,明确提出将按劳分配,作为这次调整工资的基本原则,将劳动态度、贡献大小和技术高低作为确定职工增加工资与否的条件。

第二节 1985 年的企业工资制度改革

改革开放前,国营企业工资制度经历了新中国成立初期的实物供给制,以"八级工资制"为特征的等级工资制并一直延续到改革开放初期。随着改革的不断深入,"八级工资制"已适应不了形势发展的要求,改革势在必行。

一 工资制度改革的前期准备

(一) 企业逐步恢复计件奖励制度

按照党的十一届三中全会提出的"克服平均主义"的指导思想，1978年5月，国务院发出《关于实行奖励和计件工资制度的通知》，要求有条件的实行奖励和计件工资制。按照规定，企业可以按照职工标准工资总额10%—12%的比例在成本中提取奖励基金，奖给完成和超额完成生产任务的职工。对少数笨重体力劳动和手工操作的工种，试行有限计件工资制。至1979年基本上全面恢复了奖励制度，并在一些适于实行计件工资的企业实行了计件工资制。但实行中奖励制度并没有实现当初的设想，成为体现超额劳动的报酬，开始拉开的分配差距很快缩小，奖金在向"附加工资"演化，必须用一种新的分配方式取代原有的方式，浮动工资的出现正是适应了这种需要，浮动工资即报酬量随劳动成果量大小而增减，它不是一种确定的分配方式，而是一种新的分配观念和在这种观念指导下的分配行为。

(二) 企业的奖励基金按企业留成的一定比例提取

1979年7月，国务院颁发了《关于扩大国营工业企业经营管理自主权的若干规定》，同时颁发的还有《关于国营企业利润留成的规定》。企业实行的利润留成办法，开始改变财政统收统支的僵化状况，企业逐步有了一些生产经营的自主权。1980年1月，国务院批转国家经济委员会、财政部起草的《关于国营工业企业利润留成试行办法》，对企业利润留成办法做了进一步改进。企业实行利润留成办法以后，企业的奖励基金按企业留成的一定比例提取，改变了过去按职工标准工资总额的一定比例提取的办法，并核定了奖励基金占企业留利的比例，即规定了"封顶"线。企业有权自行安排使用留成中按比例提取的奖励基金，这种奖金随经济效益浮动的办法，有利于促进企业增加生产和利润。

(三) 试行工资总额包干浮动的办法

实行企业的奖励基金按企业留成的一定比例提取之后，企业内部实行的"上不封顶，下不保底"的浮动工资办法，受到了企业当年奖金额度最高不超过相当于两个月标准工资数额的限制。这种情况下，1981年有些企业开始试行工资总额包干浮动的办法，其基本思路是：确定工资总额包干基数，同时确定企业经济技术指标的基数，工资总额随经济技术指标的实际完成情况按一定比例浮动，并规定在生产规模不变的情况下，企业增减人员不增减工资总额包干基数。

(四) 按劳分配原则的积极探索和尝试

1. 1979 年的工资调整

1977 年的工资调整将被否定了十年之久的"按劳分配"作为工资分配的基本原则重新提出，确实是思想上的一大突破，但在如何贯彻按劳分配原则方面，当时的文件规定显得笼统和空泛，缺乏具体的手段和措施。1978 年 9 月，中共中央发出通知，要求各地区、各部门组织力量调查研究，提出工资改革意见。

1979 年中共中央、国务院批准《全国物价工资会议纪要》，决定给一部分职工升级，这是"文化大革命"之后第二次较大的工资调整。虽然仅隔一年，但与 1977 年的工资调整相比，在贯彻按劳分配原则方面进行了积极的探索和尝试。

第一，明确提出了反对平均主义。文件具体规定，"这次升级的重点应该是各行各业、各个方面劳动好、贡献大的职工"，而评价职工好坏、贡献大小的方法就是严格考核。文件提出，对工人要根据技术等级标准进行应知、应会和实际操作考核。经过考核，选优升级，一般升一级，表现突出，并有重大贡献的也可以升两级。对行政干部和工程技术人员，要根据职责条例和技术（业务）职称条例进行实际技术（业务）水平的考察。经过考核选优升级，表现突出并有重大贡献的，可以连升两级，这无疑是对平均主义分配方式的一次重大冲击。是对按劳分配原则在思想认识上的深化。第二，明确提出以贡献大小为分配的主要依据。文件规定"哪些职工可以升级，应当按照劳动态度、技术高低、贡献大小进行考核，并以贡献大小作为主要的考核依据"。劳动经济学的一般理论认为，劳动分为三种形态即潜在形态、流动形态和凝固形态。潜在形态主要表现为劳动技能，流动形态主要表现为在劳动过程中劳动者体力和脑力的消耗量，凝固形态主要表现为劳动成果。长期以来，在工资分配上没有区分这三种形态，或者虽然意识到三种形态的区别，但以何种形态作为分配的主要依据认识不明确。如果以学历、资历、文凭这种潜在的劳动形态作为决定分配的主要依据，就不能引导劳动者努力提高劳动数量和质量，如果以单纯的体力和脑力消耗量的大小这种劳动的流动形态作为分配的主要依据，那么在劳动成果还未实现社会效益情形下的分配，就有可能造成在社会上的有效劳动及社会劳动总财富没有增加，甚至减少的情况下，工人工资却不得不增长的状况。按劳分配的真谛在于按照凝固的劳动形态即被社会承认的劳动成果进行分配。职工的个人劳动必须整合为企业的劳动成果，成为最终的产品和服务，并且在社会运行中实现价值，才能参与分配。这次工资调整明确以凝固的劳动形态即劳动者的劳动成果为主要依据按贡献大小进行分配，实际上，也是潜在劳动形态和流动劳动形态的综合的、最终的反映，是对按劳分配原则的实质揭示，并将这一原则贯彻到具体分配过程中，表现了工资分配指导思想上的一次突进。第三，初步涉及了工资分配中两个层次的问题，即国家对企业的分配和企业对职工的分配问题。传统的工资分配理论都是以国家直接对全民所有制单位的职工进行分配，但企业经营有优劣之分，经济效益有高低之别，对社会的贡献有大小的不同，那么在工资分配上就不应该分配同样的份额。在1979年的调资文件中明确规定："各企业主管部门在分配基层单位的升级面时，要根据经营管理好坏、完成生产工作任务情况、对国家贡献大小区别对待"；"对经营管理好、完成生产工作任务好、对国家贡献大的单位，升级面应该大一些，反之，升级面应该小一些。对于因经营管理不善而亏损特别严重的企业，暂缓升级。"这就表明一方面企业的生产经营状况要体现在工资分配上，工资在企业之间的分配不再是平均的，另一方面，国家不再直接对职工个人的工资进行分配，由企业决定职工调整工资的对象和数额，也就是说，个人吃企业"大锅饭"而企业吃国家"大锅饭"的现象再也不能继续下去了。

尽管这些思想对企业以后工资改革的理论研究和实践都产生了积极的影响，但由于长期以来平均主义观念根深蒂固，许多人对全面贯彻按劳分配原则的思想准备不足，对应有工资分配的差距缺乏基本的心理承受，又由于当时许多必要的客观条件还不完全具备，使得这次工资调整的指导思想和有关规定并没有完全贯彻落实[1]。尽管如此，这次工资调整在工资改革前期准备阶段还是起到了一定积极的作用。

---

[1] 徐颂陶、刘嘉林等编著：《中国工资制度改革》，中国财政经济出版社1989年版。

2. 1983 年的企业工资调整

在党的十二大关于将全部经济工作转移到以经济效益为中心的轨道上来的方针指引下，为适应改革需要，1983 年国务院批转劳动部关于企业调资和工资制度改革的方案，再次进行了工资调整，工资调整的主要内容：一是强调工资调整同企业的经济效益相结合。二是强调工资调整与职工劳动贡献挂钩。三是调整工资与局部改革相结合。这次工资调整不同以往，强调以调资促生产，向提高效益要资金的指导思想，是改革开放以来工资理论研究成果的实践尝试，是局部的改革试点经验向全局扩展的探索。为了解决工资标准多乱繁杂的矛盾，还简化归并了工资标准，使企业工资标准体系有利于贯彻按劳分配原则，也有利于工资管理，对改善企业内部工资关系起到了一定的作用。

1983 年的《政府工作报告》提出，要"逐步改革工资制度，贯彻按劳分配原则，克服平均主义，使职工收入同社会经济效益、企业经营好坏和个人的劳动贡献密切结合起来"。

1984 年 5 月，六届全国人大二次会议的《政府工作报告》提出："当前经济体制改革的中心课题是要彻底改变'企业经营好坏一个样、职工干多干少一个样'的状况，做到'企业不吃国家的大锅饭'，'职工不吃企业的大锅饭'。要处理好国家和企业的分配关系，既要保证国家财政收入的稳定增长，又要使企业在经营管理和发展上有一定的财力保证和自主权。"

二 调整国家与企业在工资分配方面的关系

在高度集中的经济体制下，国家对企业实行统收统支的分配体制，随着改革的发展，人们对高度集中的工资管理体制的弊端认识日益深刻。为适应改革和发展的要求，就必须实行工资分级管理体制，给企业一定独立的经济利益，以发挥企业的生产积极性和主动性。这就需要从正确处理国家与企业的分配关系入手，解决企业的盈利分配问题。

（一）两步"利改税"

放权让利和责任制的普遍施行虽然起到了调动企业积极性和改善财政状况的效果，但也随之产生了企业之间在利润和奖金分配上的"苦乐不均"现象。实行利润留成制度，最困难的是利润留成比例和利润定额的确定问题。就留成比例而言，如果每个企业都按同样的比例留成，由于当时企业还不具备其他方面的自主权，企业的盈利水平并不完全取决于企业自身的主观努力，按照同一个比例留成，既是不合理的，也是不可行的，而且还有少数亏损企业，更无法采取利润留成的办法。利润定额的确定也同样存在类似问题。因此，最终只能采取一个企业一个比例或一个定额的办法，这不仅给管理带来了很大的困难，同时在确定留成比例和利润定额时，为了照顾到左邻右舍的关系，还必须充分考虑企业的盈利水平，企业盈利水平越高或上缴利润定额越高，留成比例越低，这就造成了当时所说的"鞭打快牛"问题，不能很好地起到激励先进的作用。尽管如此，比起以往的完全统收统支的分配制度还是大大前进了一步。由于利润包干同样需要确定每个企业利润上缴的基数，管理起来仍然十分繁杂，而且包干基数的确定仍然要考虑企业上年实际上缴利润的数额，上年实际上缴的数额越高，核定的上缴基数就越高，仍然不能解决"鞭打快牛"的问题。

为解决这个问题，在放权让利的同时，国家分别于1983年4月和1984年9月对国营企业出台了第一步"利改税"和第二步"利改税"改革方案。所谓"利改税"就是将国营企业以往上缴营业税后，以利润形式上缴国家的纯收入改为缴纳所得税，这一分配制度的改革，重新规范了国家和企业的分配关系。

1. 第一步利改税

1983年2月28日为进一步理顺国家与企业的关系，国务院批转了财政部《关于国营企业"利改税"试行办法（草案）的报告》。4月24日国务院批准颁发《关于国营企业利改税试行办法》国营企业开始实行第一步"利改税"办法，通过将利润分成以税收的形式固定下来，增强国营企业的经济自主权，增强其经营的主动性和积极性。这一时期国营企业经营权的改革还是在原有的计划经济框架内，不改变企业所有制形式，不改变隶属关系，不改变财政体制。

第一步利改税实行"利税并存"，实际上是企业向国家上缴税收和利润并存。即对于有盈利的国营大中型企业，首先要向国家上缴55%的所得税，税后利润再按利润留成或利润包干的办法在国家和企业之间分配；对有盈利的国营小企业，则按照八级超额累进税率向国家缴纳所得税，税后利润全部留给企业。实施第一步利改税，对于国营大中型企业来说，由于上缴所得税后的利润仍采取了利润留成和利润包干的分配办法，因此"鞭打快牛"的问题依然存在。第一步利改税实施一年多后，价格不合理形成利润水平悬殊所带来的企业之间苦乐不均问题仍未能解决；几种利润上缴形式的上缴比例和数额很难定得科学合理。为了有利于促进国营企业建立与健全经济责任制，进一步把经济搞活，正确处理国家、企业和职工三者利益，保证国家财政收入的稳定增长，中共中央和国务院作出决定，停止全面推行利润承包和加快"利改税"的改革，将国营企业原来给国家上缴利润的办法，改为按国家规定的税种和税率向国家缴纳税金，以便企业能够在更大程度上自负盈亏。

2. 第二步利改税

1984年6月22日至7月7日，在北京召开的全国第二步"利改税"工作会议研究部署由"利税并存"逐步过渡到完全"以税代利"。9月，国务院批转了财政部《关于在国营企业推行"利改税"第二步改革的报告》并颁布《国营企业第二步利改税试行办法》。第二步利改税的主要内容是，将国营企业以往上缴国家的利润部分全部改为上缴税收。企业在按照规定的税种税率向国家缴纳各种税款后，税后利润全部留给企业。也就是由"税利并存"逐步过渡到完全的"以税代利"，其中设置了"调节税"。税后利润归企业自行安排使用，奖金在税后利润中提取，可取消奖金封顶，增加激励。同时，为防止滥发奖金，通过征收奖金税实行工资奖金总额控制，使企业逐步做到"独立经营，自负盈亏"。第二步利改税从10月1日起实行，即全面地开始以税代利改革。

与第一步利改税相比，第二步利改税在广度和深度上都有所拓展，在全国范围内两次实行"利改税"，扩大了企业的自主权，高度集中的计划经济体制被逐步打破。对企业放权让利，激发了企业生产的积极性。将国营企业应当上缴国家财政的收入，主要通过税收的形式上缴国家，后来国家与企业的分配关系又经过了多次改革，从内资企业33%的所得税到内外资企业25%的统一所得税，从完全以税代利到建立国有资本经营预算制度，实行税利分流，改革不断走向深入，分配关系日益理顺。

1983年开始的两步"利改税"和扩大企业经营自主权是同步进行的。"利改税"也是在企业"扩权"的基础上，进而通过"让利"而调节国家与企业分配关系的一种方式。在利改税政策推行的同时，国家对企业逐步缩小了指令性计划，扩大了对企业计划指导和市场调节。实行利改税后，国家与企业的分配关系基本得到解决，这就为打破企业内部"大锅饭"创造了前提条件。但由于外部体制不配套，企业调节税的征收仍然存在着"鞭打快牛"的问题，不利于企业之间的公平竞争。由于第二步"利改税"方案出台时机是经济过热后的宏观经济整顿和紧缩，加之该方案设计中的一些缺欠，使得全国国营企业出现利润连续22个月滑坡的局面，由此导致该"利改税"方案由承包经营责任制所取代。

（二）奖励基金随企业经济效益浮动

1984年5月，国务院办公厅转发了劳动人事部《关于企业合理使用奖励基金的若干意见的通知》，明确规定奖金要同企业的经济效益挂钩，发放奖金可以不"封顶"。取消奖金"封顶"后，规定了企业奖金发放超过一定数额以后，要按超额累进的办法征收奖金税，首次在企业工资总量决定上引入了随经济效益浮动的弹性机制，标志着企业工资改革进入微观领域与宏观领域配套改革综合探索的新阶段。在企业向国家照章纳税以后，企业在奖金使用上有了更大的自主权，可以根据不同情况，分别采取按分计奖、计件工资、岗位津贴以及浮动工资或职务工资，可以用奖金给一部分职工浮动升级。为此，国家与企业的分配关系基本得到了解决，这就为宏观上建立政府与企业职责分开的工资管理体制创造了条件，同时，也为微观搞活打破企业内部的"大锅饭"创造了有利的条件。

1984年5月，国务院发布《关于国营企业发放奖金有关问题的通知》，该《通知》的主要内容是：取消奖金"封顶"实行奖金发放与企业经济效益挂钩。企业完成国家计划、税利比上年增长，奖金可以适当增加，反之则应减少或停发；取消奖金"封顶"后，为合理控制消费基金的增长，开征奖金税，实行分档累进的税率；企业在奖金分配使用上有自主权。可以采取计分发奖，计件超额工资等形式，也可以实行浮动工资、浮动升级的办法，还可以实行企业内部津贴，或者把奖金与基本工资绑在一起实行岗位工资、提成工资等符合企业特点的多种工资制度；企业奖励基金的提取办法是，在税后留利中，按照大部分用于生产，小部分用于职工福利和奖金的原则，由企业主管部门会同财政部门核定提取比例。实行奖金不"封顶"、征收奖金税的办法，首次在企业工资总量决定上，引入了随经济效益浮动的弹性机制，意味着工资分配职能不再仅仅表现为对个别劳动者的激励作用,奖励基金不再取决于以平均主义为特征的行政指令,而取决于企业向社会提供的有效劳动的数量和质量,这将促使企业关心最终劳动成果,标志着企业工资改革进入微观领域与宏观领域配套改革、综合探索的新阶段。①。

(三) 工资总额随经济效益挂钩浮动

1984 年实行的奖金不封顶、征收奖金税办法,在工资总量决定上引入了随经济效益浮动的弹性机制,但这只表现在奖金上,对工资总量的影响相当有限,因此,需要在理论和实践上,构建新的分配机制,并使之在工资总量决定上占主导地位。在这种客观要求下,企业工资总额同经济效益挂钩浮动的办法应运而生。最初的形式出现在煤炭企业和建筑施工企业。煤炭企业 1984 年开始试行"吨煤工资包干",即确定企业每生产一吨煤应该提取的工资额度,多产多提,少产少提。建筑施工企业试行的"百元产值工资含量包干",确定企业的产值工资率,企业工资总量随实际完成的建筑安装工程产值而浮动,也是同一性质的办法。与此同时,在一些加工企业中还出现了工资总额同经济效益指标挂钩的其他办法。这些办法的共同特征是建立起企业工资总额同企业生产经营成果之间的紧密联系。一般而言,企业工资总额同经济效益挂钩,主要有三种类型:一是同价值指标挂钩;二是同实物指标或工作量指标挂钩;三是同价值指标和实物指标双挂钩。

随着国营企业普遍实行的承包经营责任制,结合第二次利改税,工资改革着眼于实行打破两个"大锅饭"的重大改革。在全国推行了企业工资总额同经济效益挂钩的办法,实行分类分级工资管理体制。

三 工资制度改革的主要内容

随着改革的深入发展,原来机关、事业单位、企业统一的工资制度已不适应新经济体制模式的需要,1984 年 10 月 20 日中共十二届三中全会在北京召开,全会讨论并通过的《中共中央关于经济体制改革的决定》,阐明了加快以城市为重点的整个经济体制改革的必要性、紧迫性,规定了

---

① 徐颂陶、刘嘉林等编著:《中国工资制度改革》,中国财政经济出版社 1989 年版,第 104 页。

改革的方向、性质、任务和各项基本方针政策，是指导中国经济体制改革的纲领性文件。该《决定》要求从根本上改革高度集中的经济管理体制，建立一个充满生机活力的社会主义经济体制。根据中共中央确定的经济体制改革的方针和原则，工资管理体制改革进行了积极的探索。工资管理体制改革必须与经济体制其他方面的改革相互配套。首先要建立国家与企业、企业与职工两方面的正确关系，正确划分政府与企业在工资管理上的不同职能，实行政企职责分开；其次是正确贯彻按劳分配原则。该《决定》提出："今后还将采取必要的措施，使企业职工的工资和奖金同经济效益的提高更好地挂起钩来。在企业内部要扩大工资差距，拉开档次，以充分体现奖勤罚懒、奖优罚劣，充分体现多劳多得，少劳少得，充分体现脑力劳动和体力、复杂劳动和简单劳动、熟练劳动和非熟练劳动、繁重劳动和非繁重劳动之间的差别"。

为适应经济体制改革的需要，1985年年初，国务院根据《中共中央关于经济体制改革的决定》精神，颁布了《国务院关于国营企业工资制度改革问题的通知》，其中，明确了"国家对企业的工资实行分级管理的体制。国家负责核定省、自治区、直辖市，包括计划单列城市和国务院有关部门所属企业的全部工资总额及其随同经济效益浮动的比例。各个企业的工资总额和浮动比例，由省、自治区、直辖市和国务院有关部门在国家核定给本地区、本部门所属的工资总额和浮动比例范围内逐级核定"，开始对国营企业的工资制度进行全面改革。

（一）实行企业工资总额同经济效益挂钩

1985年，国务院发出了《关于国营企业工资改革问题的通知》。该《通知》要求，企业与国家机关、事业单位的工资改革和工资调整脱钩。从1985年开始，在国营大中型企业中，实行职工工资总额同企业经济效益按比例浮动的办法。企业实行工资总额随同本企业经济效益浮动办法以后，企业职工工资的增长应依靠本企业经济效益的提高，国家不再统一安排企业职工的工资改革和工资调整。企业之间因经济效益不同，工资水平也可以不同。允许具有相同学历、资历的人，随所在企业经济效益的不同，和本人贡献大小，工资收入出现差距。该《通知》规定"企业职工工资的增长应依靠本企业经济效益的提高"，企业上缴税利总额比上年增长1%，工资总额可随之增长3%—7%，最高不超过1%。上缴税利下降时，工资总额要相应下降。企业当年增发的工资总额超过国家核定的上年的工资总额7%以上的部分，计征工资调节税。自此，全国各地部分企业按规定要求，提倡重视生产效率和经济效益的提高，在多数大中型国营企业实行工资总额同经济效益挂钩的办法——"工效挂钩"。这一制度打破了国营企业原有工资分配制度，"挂钩"企业职工工资收入有了普遍提高。但由于挂钩指标核定方面的原因，"挂钩"的企业只占大中型国营企业的15%。为了使多数企业都能够增加职工工资，国务院决定不实行挂钩的企业，其奖金税的起征点由1984年规定的相当于两个半月的平均标准工资提高到四个月。也就是说，能够提取足量奖励基金的企业，可以增发一个半月的奖金不纳税。按当时的标准工资水平计算，大体相当于人均每月7.5元。虽然是提高了奖金税的起征点，但因为企业由此可能增加的奖金与物价上涨幅度以及国家机关、事业单位工资制度改革之后人员增加工资和离退休人员增加收入的额度有相当的差距，特别是企业职工的基本工资并不因奖金税起征点的提高而增加。

(二) 新拟定了全国大体统一的企业参考工资标准

1985年7月13日，经国务院批准，有关部门印发了《国营企业工资改革试行办法》，在印发这个试行办法的通知中，规定了企业工资套改的基本内容和政策。

为了适应工资制度改革的需要，劳动人事部拟定了《国营大中型企业工人工资标准表》和《国营大中型企业干部工资标准表》供各地区、各部门在企业工资改革中审批国营大中型企业工资标准时参考。这套工资标准与过去的企业工资标准体系比较，有如下特点：

一是简化了标准体系。1950年代中后期制定的企业工资标准，经过20年的时间，衍化成为一个十分庞杂的体系。据不完全统计，到1980年代，全国各类企业工资标准多达300多种，各种等级的标准工资额则为数更多。这不仅大大增加了企业工资管理上的难度，而且造成了职工之间同工不同酬的矛盾。新拟定的大体统一的企业参考工资标准，将原来庞杂的标准体系大大简化。全国企业工人只有11种工资标准，企业干部只有9种工资标准，使之前的各种矛盾得以缓解。二是新拟定的企业工人、干部工资标准相衔接，各工资等级之间还增设了副级。过去的企业工人、干部工资标准大多是分别制定的，两者之间一般没有明显的内在联系。根据企业人事劳动制度改革的需要,新拟定的企业参考工资标准,将工人与干部的工资标准相互衔接起来,比较适应企业干部、工人时常调换工作的实际情况。另外,新拟定的企业干部工资标准的 10 级到 17 级各等级之间增设了副级,对工人工资标准设置了两类等级序号,实际上就是工人"八级工资制"的副级。增设企业副级,有利于将复杂烦乱的工资额就近套入新拟定的工资标准时可以节省资金,更重要的是便于企业更加灵活地运用工资分配杠杆来调动职工的积极性,既适当拉开了分配档次,又能照顾到多数职工的积极性。三是适当提高了工资标准水平,并确认了企业领导干部工资等级线。原来各类企业工资标准水平参差不齐,各类企业干部的职务工资等级线也高低不一,在企业和职工之间人为地造成了一些矛盾。新拟企业参考工资标准在制定时参考了原来的各类企业工资标准水平的基础,本着适当提高原有水平、企业有能力负担增资资金的原则,统一安排了参考工资标准水平,使绝大多数原工资标准纳入新标准后水平都有所提高。同时,为了各地区、各部门便于合理安排所属企业各类干部的工资关系,新拟企业参考工资标准规定了中型以上企业领导干部职务工资等级线。另外,还明确了企业行政人员与工程技术人员均执行同一企业干部工资标准。

这次新拟定的企业工资标准体系由复杂混乱走向简明清晰,被称为"全国大体统一的参考工资标准",其明显的特征是具有参考性,它不像过去工资标准那样是完全指令性的,企业必须一成不变地照章执行。它的参考性表现在既有一定的弹性幅度,又只是为了企业内部分配提供了一个基础,允许企业在此基础上演化出多种分配形式和办法,而不对企业内部分配加以直接约束。它的统一性表现在,作为社会承认的工资标准,可以当作企业间职工调动工资处理和计算保险福利待遇的统一依据。

(三) 统一了工资区类别制度,重新调整了地区、产业关系

原来的企业工资标准体系,地区之间的工资关系,有的是按一定系数确定的,有的是按国家机关十一类工资区执行的,有的是按大行政区划分确定的,各类企业之间的地区工资关系混乱。1985 年企业工资改革将企业工资区类别简化,归并为七个工资区,即五类工资区至十一类工资区。每类地区规定 5 种工资标准,每种工资标准的起点工资均比下一类地区同种工资标准高 1 元。企业的新工资区类别制度既能大体反映地区之间的工

资关系，又便于工资管理。

原来的企业工资标准体系，产业之间的工资水平差距较大，相互关系也较模糊，新的企业参考工资标准对此作了较大的改进，将全国企业划分为三类产业，在一个地区内，企业共有 5 种工资标准，其中一类产业执行较高的 3 种，二类产业执行中间的 3 种，三类产业执行较低的 3 种，各产业之间标准适当交叉，每一种工资标准的起点工资额相差 1 元。

（四）企业内部工资分配方式

国营企业工资制度改革旨在打破"企业吃国家大锅饭""职工吃企业大锅饭"的现象。在改革之初，国家通过放权让利、恢复奖励金制度、利润留成、利润包干、利改税、承包、租赁等方式，努力打破企业吃国家"大锅饭"，理顺国家和企业之间的分配关系，激发企业的活力。同时，随着经济体制改革的深入发展，结合落实企业经营承包责任制和工资总额与经济效益挂钩的原则，企业内部分配制度的改革不断深化。

自 1978 年恢复计件奖励制度以后，1980 年开始在部分地区企业试行多种形式的盈亏包干责任制和计分工资、计件工资、浮动工资等办法，许多企业结合自身的生产经营特点，分别实行了岗位工资制、岗位等级工资制、结构工资制、提成工资制、定额工资制、计件工资制等多种分配形式，逐步把职工工资收入分配与企业的经济效益联系起来，职工的工资收入与本人所任职务、岗位、个人的劳动实绩和成果相联系，进一步体现了按劳分配的原则，对克服平均主义、调动职工积极性，起到了积极作用。[①]

1985 年 7 月印发的《国营企业工资改革试行办法》提出：企业内部的内部工资改革应贯彻按劳分配的原则，克服平均主义，并促进经济责任制的层层落实。采取什么分配方式，实行何种工资制度，由企业根据生产需要和实际情况自行制定，同时，要根据企业自己的资金负担能力，量力而行。企业内部工资改革主要有两项内容：一是适当调整企业工资标准；二是可以用一部分奖金进行企业内部分配的其他方面的改革，如升级、浮动升级等。规定实行工资总额同经济效益挂钩的企业内部工资制度改革的资金从核入工资总额基数的奖励基金及随经济效益提高而新增的效益工资

---

① 翁天真主编：《工资管理》，中国劳动出版社 1991 年版，第 75 页。

中支付，其他的企业从留利的奖励基金中支付，不得进入成本。之后，许多企业按照上述精神，结合本单位实际情况，进行了改革企业工资制度的探索，初步形成了企业基本工资制度多样化的格局。

四　工资制度改革的延续

工资制度改革以后几年中，历次《政府工作报告》都继续强调1985年国营企业工资改革方案。1986年12月，国务院发布了《关于深化企业改革增强企业活力的若干规定》提出：按照"七五期间"经济体制改革任务的要求，1987年要在深化企业改革、增强企业特别是大中型企业的活力方面迈出较大的步伐。为此，在工资方面作出如下规定，改进企业的工资、奖励分配制度，在国家规定的工资总额包括增资指标和政策范围内，对于企业内部工资、奖金分配的具体形式和办法，以及调资升级的时间、对象等，由企业自行决定，国家一般不再做统一规定。

国务院于1986年开始酝酿选择承包经营"两权分离"的国企经营模式，即企业包上缴国家利润，包完成技术改造任务，实行工资总额与经济效益挂钩，不同企业可以根据实际情况，确认其他承包内容。

1987年的《政府工作报告》指出："在国家与企业的分配关系上，今后国家只规定企业工资、奖金增长的限额、幅度同效益挂钩的定额和比例。企业内部的分配形式和办法由企业自主决定。企业可以根据各自的不同条件分别采取计时加奖励、计件工资、浮动工资、单位产品工资含量等不同的工资分配形式，把职工的劳动报酬同他们的劳动贡献紧密地结合起来，真正打破平均主义，搞好按劳分配。"党的十三大明确提出，社会主义初级阶段的分配方式不可能是单一的，必须实行按劳分配为主体的多种分配方式和正确的分配政策。1987年国家又试行地区、部门全部企业工资工效挂钩制。

1988年5月国务院机构改革，成立了劳动部和人事部，由劳动部和人事部分别管理企业与机关、事业单位的工资，形成了工资的分类管理体制；随着经济体制改革的深入发展，国营企业普遍实行的承包经营责任制和第二次利改税，在全国推行了企业工资总额同经济效益挂钩的办法，克服传统的工资管理模式所带来的与企业经济效益脱节的弊端，形成了国家对企业，企业对职工的分级的工资管理体制；这一时期工资制度改革的成果在于：工资改革着眼于实行打破两个"大锅饭"，开始将市场竞争机制引入工资分配领域，增强企业活力。

到1989年，多数国营企业实行了职工工资总额同经济效益挂钩、按比例浮动的办法。在工资分配上有了较多的自主权，符合经济体制改革的要求，促进了经济效益的提高。企业干部的工资制度，除石油化工系统采取结构工资制以外，绝大多数单位都实行职务等级工资制。经过改革，凡是经济效益好或者比较好的企业，几乎每年都安排一部分干部浮动升级，奖金也高一些。对于奖金水平高的企业，国家实行征收奖金税的办法加以调节。奖金税的起征点为全年企业职工四个半月的平均标准工资。1989年在国家机关、事业单位工作人员普调一级的同时，国营企业也采取了类似的升级办法。1989年前后，一些企业开始实行岗位结构工资制。同时，国家发布国营企业参考工资标准，内部分配形式逐渐灵活多样。这一时期，开始引入再分配调节手段，开征了工资调节税、奖金税和个人收入调节税。

1985—1991年，结合第二步利改税，突出了对企业经济效益的考核。在全国推行了企业工资总额同经济效益挂钩办法。主要内容是完善企业的经营机制，实行以"包死基数、确保上缴、超收多留、欠收自补"为主要内容的承包制，从而打破了"大锅饭"，调动了企业和职工的积极性，促进了企业生产的发展。

第三节 1992年及以后的企业工资制度改革

1992年1月25日，劳动部、国务院生产办公室、国家体改委、人事部、全国总工会联合发出《关于深化企业劳动人事、工资分配、社会保险制度改革的意见》。该《意见》指出：党的十一届三中全会以来，随着整个经济体制改革的推进，特别是企业内部各项制度改革的深入，企业劳动人事、工资分配、社会保险制度改革取得了一定成效，对调动广大职工积极性，转换企业经营机制，提高企业经济效益起到了积极作用。但从整体上看，企业内部"铁交椅""铁饭碗"和"铁工资"的弊端没有完全破除，影响了职工主人翁责任感和积极性的充分发挥。深化企业劳动人事、工资分配和社会保险制度改革，在企业内部真正形成"干部能上能下、职工能进能出、工资能升能降"的机制，成为当前转换企业经营机制的重要任务。《意见》指出，加快劳动计划体制改革，落实企业用人和工资分配自主权。国家对省、自治区、直辖市和计划单列市逐步实行按相关比例调控的弹性劳动工资计划。对实行工资总额同经济效益挂钩并进行劳动制度综合配套改革的企业，在保证劳动生产率不断提高和完成各项经济指标前提下，企业可以按照"增人不增工资、减人不减工资"的原则，经过地市以上劳动行政部门批准，根据国家现行招工政策和管理办法自主招用职工，到劳动部门备案并办理招工手续。未实行工资总额同经济效益挂钩或虽实行"工效挂钩"但未实行劳动制度综合配套改革的企业，劳动合同制职工终止、解除劳动合同和调动等原因而造成的企业缺员，在编制定员以内经劳动部门核准，允许企业根据生产需要自行补充人员。企业因职工自然减员而造成的缺员，除劳动部门按政策适当集中上收一部分指标外，也可由企业自行补充人员。

1992年10月，党的十四大明确提出，我国经济体制改革的目标是建立社会主义市场经济体制，使市场在国家宏观调控下对资源配置起基础性作用，计划经济体制开始全面向市场经济体制转轨，提出转换国营企业经营机制，加快市场体系的培育，深化分配制度和社会保障制度的改革，加快政府功能的转变。与此同时，中央明确指出要坚持按劳分配为主体，多种分配方式并存的原则，允许和鼓励资本、技术等生产要素参与收益分配，探索与现代企业制度相适应的收入分配制度。根据这一精神，确立了"市场机制决定、企业自主分配、职工民主参与、政府监控指导"这一企业工资分配制度改革目标。随着建立现代企业制度目标的确立，企业工资分配制度改革进入了目标明确、全方位推进的新阶段。

一　逐步实行岗位技能工资制

1992年1月25日，劳动部、国务院生产办公室、国家体改委、人事部、全国总工会联合发出《关于深化企业劳动人事、工资分配、社会保障制度改革的意见》，启动了工资制度改革。该《意见》提出，改进完善企业工资总额同经济效益挂钩方法，根据国民经济发展对企业经济效益的要求及生产经营特点，合理确定工效挂钩指标，逐步由单一指标挂钩过渡到复合指标挂钩，特别要注重国有资产保值、增值、技术进步要求和劳动生产率、资金利税率等综合经济效益指标。贯彻按劳分配原则，克服平均主义。该《意见》要求，落实企业内部分配自主权，贯彻按劳分配原则，克服平均主义。"在国家确定的工资总额范围内，在企业自愿的基础上，逐步实行岗位技能工资制。要以岗位的劳动责任、劳动强度、劳动条件和劳动技能等要素的测评为基础，以实际劳动贡献为依据确定劳动报酬，易岗即易薪"。具体分配形式和办法企业自主决定。"不论实行何种分配形式，都必须与职工劳动数量、质量紧密联系起来，合理拉开不同岗位的工资分配差距，特别是拉开苦、脏、累、险岗位、高技术岗位与一般岗位的工资差距，鼓励职工在一线生产岗位劳动。"落实企业用人和工资分配自主权。对实行工资总额同经济效益挂钩并进行劳动制度综合配套改革的企业，在保证劳动生产率不断提高和完成各项经济指标前提下，企业可以按照"增人不增工资、减人不减工资"的原则，根据国家现行招工政策和管理办法自主招用职工。

1992年根据劳动部《关于进行岗位技能工资制试点工作的通知》，国务院有关部委分别制定了本系统的工资制度改革方案和新的岗位技能工资标准，在一定范围内开始进行岗位技能工资制度试点，之后的一段时间里，国营企业普遍实行了岗位技能工资制。同时进行以岗位技能工资制为主要内容的内部分配改革允许和鼓励资本、技术等生产要素参与收益分配。

1993年的《政府工作报告》提出："企业工资制度改革要在总量控制和功效挂钩的前提下，实行符合企业特点的工资制度，体现按劳分配原则。"

1997年，为了促进适合市场经济的企业工资管理体制的构建，规定试点国企在地区工资指导线的范围内，在与经济效益挂钩的基础上，可以自主调整工资总额。

1993年提出的"破三铁"、1997年实施的"下岗分流、减员增效"和2000年以后推行的经营者年薪制和企业改制，对企业工资制度改革起到了积极的作用。

1994年，《国有企业经营者年薪制实行办法》公布。这期间国有企业实行的基本工资仍然是岗位技能工资制。

1996年8月，国务院颁发了《关于固定资产投资项目试行资本金制度的通知》。同时，全面加强企业管理，实行以按劳分配为主体的多种分配方式。

1992—1998年，国有企业开始转换经营机制，探索建立现代企业制度，工资改革进一步扩大并落实了企业内部分配自主权，部分企业进行了带有深层次含义的工资改革探索。

中共十五届五中全会通过的《关于制定国民经济和社会发展第十个五年计划的建议》再次强调，要"深化收入分配制度改革"，建立健全收入分配激励机制和约束机制。这为国有企业收入分配机制改革指明了方向。

二　改进完善企业工资总额同经济效益挂钩方法

1992年1月25日，劳动部、国务院生产办公室、国家体改委、人事部、全国总工会联合发出《关于深化企业劳动人事、工资分配、社会保险制度改革的意见》提出，要根据国民经济发展对企业经济效益的要求及生产经营特点，合理确定工效挂钩指标，逐步由单一指标挂钩过渡到复合指标挂钩，特别要注重国有资产保值、增值、技术进步要求和劳动生产率、资金利税率等综合经济效益指标。在审核新增工资和挂钩基数时，尽量剔除非劳动因素的影响，通过同行业企业之间的效益水平横向比较来确定和调整挂钩基数、浮动比例。工效挂钩要体现能升能降的原则，经济效益下降时，工资也相应下降。企业工资总额的增长不超过经济效益的增长，职工实际收入的增长不超过劳动生产率的增长，把长远利益与当前利益结合起来。

1992年的《政府工作报告》指出："继续贯彻按劳分配原则，完善工资总额同经济效益挂钩办法，积极妥善地进行以岗位技能工资制为主要形式的企业内部分配制度改革，进一步打破平均主义。"

1992年10月，党的十四大报告提出，"深化分配制度和社会保障制度的改革。统筹兼顾国家、集体、个人三者利益，理顺国家与企业、中央与地方的分配关系，逐步实行利税分流和分税制。加快工资制度改革，逐步建立起符合企业、事业单位和机关各自特点的工资制度与正常的工资增长机制"。

1993年4月26日，国家计委、国家体改委、经贸部出台了《国有工业企业工资总额同经济效益挂钩规定》。为了促进适合市场经济的企业工资管理体制的构建，规定试点国有企业在地区工资指导线的范围内，在与经济效益挂钩的基础上可以自由调整工资总额，改革工资总量管理方式实行工效挂钩。

1993年7月9日，国务院授权劳动部、财政部、国家计委、国家体改委、国家经贸委发布《国有企业工资总额同经济效益挂钩规定》明确工资总额同经济效益挂钩目前是向社会主义市场经济体制转换过程中，确定和调整企业工资总额的主要形式。

企业工资总额与经济效益挂钩的制度，简称"工效挂钩"。工效挂钩即企业工资总额在由政府有关主管部门为企业核定的工资基数和效益基数基础上，按企业实际实现效益的增长率来确定的一种办法。自此政府从决定每个职工的工资水平变成了决定每个企业的工资总额，企业内部对员工的激励有一定的自主权。实行工效挂钩的企业其企业工资总额的增长随企业的效益而变化，但必须坚持两个"低于"原则，一是坚持工资总额增长幅度低于企业经济效益增长幅度，二是职工实际平均工资增长幅度低于本企业劳动生产率增长幅度。

2004年4月5日，国务院国有资产监督管理委员会、国家税务总局根据《企业国有资产监督管理暂行条例》《国务院办公厅关于印发国务院国有资产监督管理委员会主要职责内设机构和人员编制规定的通知》规定，国务院国资委与劳动和社会保障部完成了国资委监管企业工资分配管理工作的交接。根据国有资产监管条例，国务院国资委为有效行使出资者职责，需要加强对其监管企业薪酬制度的管理。同时，在企业所得税制度改革之前，工效挂钩办法仍然是计税工资管理的一种重要形式。

2005年，国资委在中央企业推行工效挂钩、工资总额控制等政策措施。

2007年，央企开始上缴部分利润。

2008年，国资委在部分企业试行工资总额预算管理，将年度工资总额预算纳入企业全面预算管理体系中，建立以工资总额预算目标为中心的管理体系，管理方式探索由直接管理转向间接调控。

2009年，党的十七大针对收入分配领域存在的突出问题，强调要逐步提高居民收入在国民收入中的比重，提高劳动报酬在初次分配中的比重；初次分配和再次分配都要处理好效率和公平的关系，再分配更加注重公平。

2010年，为进一步加强中央企业收入分配调控，深化收入分配制度改革，国务院国资委印发了《中央企业工资总额预算管理暂行办法》，提出探索工资总额管理新机制。国资委在全面推进中央企业工资总额预算管理的基础上，改革原有的工资总额决定方式，由原先"工效挂钩"的管理模式转变为工效联动机制下预算管理模式，逐步实现对中央企业人工成本的统筹管理，进一步规范和完善了工资总额预算管理体系。

三　进一步落实国有企业内部分配自主权

1992年10月，党的十四大明确提出，我国经济体制改革的目标是建立社会主义市场经济体制，使市场在国家宏观调控下对资源配置起基础性作用。首次提出，在分配制度上也要兼顾效率与公平。

1992年1月25日，劳动部、国务院生产办公室、国家体改委、人事部、全国总工会联合发出《关于深化企业劳动人事、工资分配、社会保险制度改革的意见》指出：落实企业内部分配自主权，贯彻按劳分配原则，克服平均主义。具体分配形式和办法企业自主决定。国家对省、自治区、直辖市和计划单列市逐步实行按相关比例调控的弹性劳动工资计划。

2000年，为了深化企业内部分配制度改革，加快建立与现代企业制度相适应的工资收入分配制度，建立工资分配的激励和约束机制，国家劳动和社会保障部发布了《进一步深化企业内部分配制度改革的指导意见》。该《意见》提出：建立以岗位工资为主的基本工资制度提倡推行各种形式的岗位工资制，如岗位绩效工资制、岗位薪点、工资制、岗位等级工资制，企业可以根据生产经营特点争取灵活多样的工资支付形式、实行董事会、经理层成员按职责和贡献取得报酬的办法，要在具备条件的企业积极试行董事长、总经理年薪制。对科技人员实行收入激励政策；科技人员实行按岗位、按任务、按业绩确定报酬的工资收入分配制度。积极稳妥开展按生产要素分配的试点工作。探索、进行企业内部职工持股试点，积极试行技术入股，探索技术要素参与收益分配办法。

2001年《关于深化国有企业内部人事、劳动、分配制度改革的意见》提出要完善企业内部分配办法，主要为：建立以岗位工资为主的基本工资制度，明确规定岗位职责和技能要求，实行以岗定薪，岗变薪变。岗位工资标准要与企业经济效益相联系，随之上下浮动。允许企业采取形式多样、自主灵活的其他分配形式。无论哪一种形式，都应该坚持与职工的岗位职责、工作业绩和实际贡献直接挂钩，真正形成重实绩、重贡献的分配激励机制。

2013年2月3日，国务院批转发展改革委等部门《关于深化收入分配制度改革若干意见》。提出劳动报酬增长要和劳动生产率的提高同步，逐步形成合理有序的收入分配格局。

2015年8月，中共中央、国务院《关于深化国有企业改革的指导意见》明确实行与社会主义市场经济相适应的企业薪酬分配制度。企业内部的薪酬分配权是企业的法定权利，由企业依法依规自主决定，完善既有激励又有约束、既讲效率又讲公平、既符合企业一般规律又体现国有企业特点的分配机制。建立健全与劳动力市场基本适应、与企业经济效益和劳动生产率挂钩的工资决定和正常增长机制。推进全员绩效考核，以业绩为导向，科学评价不同岗位员工的贡献，合理拉开收入分配差距，切实做到收入能增能减和奖惩分明，充分调动广大职工积极性。探索实行混合所有制企业员工持股。支持对企业经营业绩和持续发展有直接或较大影响的科研人员、经营管理人员和业务骨干等持股。

四 允许和鼓励资本、技术等生产要素参与收益分配

1992年党的十四大明确指出要坚持按劳分配为主体，多种分配方式并存的原则，允许和鼓励资本、技术等生产要素参与收益分配，探索与现代企业制度相适应的收入分配制度。

1994年《国有企业经营者年薪制试行办法》公布。到1997年，100家企业领导导入年薪制。为了促进适合市场经济的企业工资管理体制的构建，规定试点国有企业在地区工资指导线的范围内，在与经济效益挂钩的基础上可以自由调整工资总额。

1996年8月，国务院颁发了《关于固定资产投资项目试行资本金制度的通知》。同时，全面加强企业管理，实行以按劳分配为主体的多种分配方式。

1997年3月，国务院发布了《关于在若干城市试行兼并破产和职工再就业有关问题的补充通知》。6月，国家体改委发布了《关于发展股份合作制企业的指导意见》，鼓励劳动合作和资本合作有机结合。同年，为了促进适合市场经济的企业工资管理体制的构建，规定试点国有企业在地区工资指导线的范围内，在与经济效益挂钩的基础上可以自由调整工资总额。

1999年，中共十五届四中全会通过《中共中央关于国有企业改革和发展若干重大问题的决定》明确指出："建立与现代企业制度相适应的收入分配制度，在国家政策指导下，实行董事会、经理层等成员按照各自职责和贡献取得报酬的办法；企业职工工资水平由企业根据当地社会平均工资和本企业经济效益决定；企业内部实行按劳分配原则，适当拉开差距，允许和鼓励资本、技术等生产要素参与收益分配。"

2000年，国家提出建立健全企业内部工资收入分配激励机制；积极稳妥开展按生产要素分配的试点工作；加强基础管理，建立健全企业内部工资收入分配约束机制；进一步转变政府职能，加强对企业内部分配的指导工作等。

2001年的《政府工作报告》指出："要提高国有企业高层管理人员、技术人员的工作报酬，充分体现他们的劳动价值。可以试行年薪制，但同时要严格地约束和监督，不能不管工作好坏、企业效率高低都照拿高薪，对不称职、渎职的人要有相应的制裁措施。对国有上市公司负责人和技术骨干，可以试行期权制，但不能把国有资产量化给个人。"

2003年国务院国资委成立后，制定了中央企业负责人薪酬办法，在中央企业推行工效挂钩、工资总额控制等政策措施。

2013年2月3日，国务院批转发展改革委等部门《关于深化收入分配制度改革若干意见的通知》。《通知》中指出"健全技术要素参与分配机制"，"加强知识产权保护，完善有利于科技成果转移转化的分配政策，探索建立科技成果入股、岗位分红权激励等多种分配办法，保障技术成果在分配中的应得份额。完善高层次、高技能人才特殊津贴制度。允许和鼓励品牌、创意等参与收入分配"。

2015年8月，中共中央、国务院《关于深化国有企业改革的指导意见》指出，实行与社会主义市场经济相适应的企业薪酬分配制度。企业内部的薪酬分配权是企业的法定权利，由企业依法依规自主决定，完善既有激励又有约束、既讲效率又讲公平、既符合企业一般规律又体现国有企业特点的分配机制。建立健全与企业经济效益和劳动生产率挂钩的工资决定和正常增长机制。推进全员绩效考核，以业绩为导向科学评价不同岗位员工的贡献，合理拉开收入分配的差距，切实做到收入能增能减、奖惩分明，充分调动广大职工的积极性。2015年国资委指出，严格落实工资总额和效益挂钩机制，企业工资总额增幅不得超过效益增幅，效益下降的企业工资总额必须下降，利润总额下降超10%以上，职工平均工资降幅原则上不得低于3%。

2016年11月7日，中央办公厅、国务院办公厅印发《关于实行以增加知识价值为导向分配政策的若干意见》。该《意见》提出，完善国有企业对科研人员的中长期激励机制，完善国有企业科研人员收入与科技成果、创新绩效挂钩的奖励制度。"国有企业科研人员按照合同约定薪酬，探索对聘用的国际高端科技人才、高端技能人才实行协议工资、项目工资等市场化薪酬制度。符合条件的国有科技型企业，可采取股权出售、股权奖励、股权期权等股权方式，或项目收益分红、岗位分红等分红方式进行激励。"

第四节 2018年新一轮的国企工资制度改革

2018年3月28日，十九届中央全面深化改革委员会第一次会议召开，中共中央总书记、国家主席、中央军委主席、中央全面深化改革委员会主任习近平主持会议并发表重要讲话，他强调，深化党和国家机构改革全面启动，标志着全面深化改革进入了一个新阶段，改革将进一步触及深层次利益格局的调整和制度体系的变革，改革的复杂性、敏感性、艰巨性更加突出，要加强和改善党对全面深化改革统筹领导，紧密结合深化机构改革推动改革工作。

改革开放以来，国家对国有大中型企业实行工资总额同经济效益挂钩办法，职工工资总额增长按经济效益增长的一定比例浮动，对促进国有企业提高经济效益、调动国有企业职工积极性发挥了重要作用。随着社会主义市场经济体制逐步健全和国有企业改革不断深化，现行国有企业工资决定机制存在着的市场化分配程度不高、分配秩序不够规范、监管体制尚不健全等问题逐步显现，难以适应改革发展需要。国有企业工资决定机制改革是完善国有企业现代企业制度的重要内容，是深化收入分配制度改革的重要任务，事关国有企业健康发展，事关国有企业职工切身利益，事关收入分配合理有序。

2018年5月25日《国务院关于改革国有企业工资决定机制的意见》发布，对国有企业工资制度改革提出了新的目标和要求。该《意见》要求按照深化国有企业改革、完善国有资产管理体制和坚持按劳分配原则、完善按要素分配体制机制的要求，以增强国有企业活力、提升国有企业效率为中心，建立健全与劳动力市场基本适应的、与国有企业经济效益和劳动生产率挂钩的工资决定和正常增长机制。该《意见》指出，改革国有企业工资决定机制，要坚持建立中国特色现代国有企业制度改革方向，坚持效益导向与维护公平相统一，坚持市场决定与市场监管相结合，坚持分类分级管理，完善国有企业工资分配监管体制，充分调动国有企业职工的积极性、主动性、创造性，进一步激发国有企业创造力和提高市场竞争力，推动国有资本做强做优做大，促进收入分配更合理、更有序。该《意见》明确改革的重点是国有企业工资总额分配。围绕这一重点，对工资总额决定机制、工资总额管理方式和监管体制机制以及完善企业内部工资分配管理等方面进行了改革完善，以此为契机，新一轮国企薪酬改革启动。

按照改革的指导思想和基本原则，这次改革的思路是：以国有企业工资总额分配为重点，兼顾内部分配，坚持问题导向和目标导向，按照工资分配市场化方向，改革企业工资总额确定办法和管理方式。进一步落实企业工资分配自主权。坚持分类分级管理，结合法人治理结构完善程度以及不同国有企业功能性质定位、行业特点，实行工资总额分类管理。按照企业国有资产产权隶属关系，健全工资分配分级监管体制，落实各级政府职能部门和履行出资人职责机构的分级监管责任，改进和加强监管，强化对企业工资分配的事前引导和事中事后监督；通过改革进一步优化完善国企分配机制。

一 改革国有企业工资决定机制

(一) 改革工资总额确定办法

《国务院关于改革国有企业工资决定机制的意见》明确国有企业工资

总额要按照国家工资收入分配宏观政策要求，综合考虑五大因素：企业发展战略和薪酬策略，年度生产经营目标和经济效益，劳动生产率的提高和人工成本投入产出率，职工工资水平市场对标情况以及政府职能部门发布的工资指导线。

（二）改革工资总额管理方式

《国务院关于改革国有企业工资决定机制的意见》对以往政府有关部门每年核定国有企业上年度工效挂钩方案的做法进行改革，明确对国有企业工资总额全面实行预算管理。

2008年，国务院国资委就启动了工资总额预算试点，在部分企业实行工资总额预算管理，将年度工资总额预算纳入企业全面预算管理体系中，建立以工资总额预算目标为中心的管理体系，管理方式探索由直接管理转向间接调控。

2010年、2012年国资委先后印发了《中央企业工资总额预算管理暂行办法》和《中央企业工资总额预算管理暂行办法实施细则》，进一步规范和完善了工资总额预算管理体系。到2014年实现了中央企业工资总额预算管理全覆盖。同期各地国资委也大胆实践，上下联动，国资委系统逐步构建起了与所监管企业实际相结合的工资总额预算管理制度体系。

该《意见》还明确工资总额预算方案由国有企业自主编制，按规定履行内部决策程序后，根据企业功能性质定位、行业特点并结合法人治理结构完善程度，分别报履行出资人职责机构备案或核准后执行。国有企业应严格执行经备案或核准的工资总额预算方案。执行过程中，因企业外部环境或自身生产经营等编制预算时所依据的情况发生重大变化，需要调整工资总额预算方案的，应按规定程序进行调整。履行出资人职责机构应加强对所监管企业执行工资总额预算情况的动态监控和指导，并对预算执行结果进行清算。

国有企业工资总额预算一般按年度进行管理。对行业周期性特征明显、经济效益年度间波动较大或存在其他特殊情况的企业，工资总额预算可探索按周期进行管理，周期最长不超过3年，周期内的工资总额增长应符合工资与效益联动的要求。

（三）实行工资总额分类管理

我国国有企业行业分布广泛，企业改革进展也不平衡，"实行工资总额分类管理"，① 是国有企业工资决定机制改革坚持的一项重要原则。

针对工资形成体制机制的健康发展，企业工资总额分类管理的相关改革工作一直在探索中。国务院国资委和地方国资委分别启动了工资总额备案制、周期预算等分类管理试点工作。例如，2014年，中粮作为投资公司试点，授权的18项权责中，工资总额由"审批"改为"备案"。

2017年5月，国务院办公厅转发的《国务院国资委以管资本为主推进职能转变方案》中提到的8项授权事项便包括职工工资总额审批。要求授权事项根据企业实际情况，授予落实董事会职权试点企业，国有资本投资、运营公司试点企业。对于国有资本投资运营公司的授权，工资总额由"审批"改为"备案"。从地方的情况看，山东省国资委不再审批省管企业工资总额，实行备案管理；江西省国资委已经将监管企业集团下属企业的工资总额下放给集团本部审核；重庆市国资委则全面下放工资总额管理权限。

《国务院关于改革国有企业工资决定机制的意见》提出，企业工资总额管理要根据企业功能性质定位、行业特点并结合法人治理结构完善程度，对其工资总额预算方案分别实行"备案制"或"核准制"。具体而言，对主业处于充分竞争行业和领域的商业类国有企业，工资总额预算原则上实行备案制。其中，未建立规范董事会、法人治理结构不完善、内控机制不健全的企业，经履行出资人职责机构认定，其工资总额预算应实行核准制。对其他国有企业，工资总额预算原则上实行核准制。其中，已建立规范董事会、法人治理结构完善、内控机制健全的企业，经履行出资人职责机构同意，其工资总额预算可实行备案制。也就是说，市场竞争越充分、内控机制越健全的企业，拥有的工资分配自主权越充分，原则上实行"备案制"。这从一定意义上讲，在工资决定机制改革更好地体现建立中国特色现代国有企业制度的要求的同时，也促使国有企业加快改革步伐、提升公司治理水平。

（四）建立正常的工资增长机制

该《意见》提出改革要坚持建立中国特色现代国有企业制度改革方

---

① 王静宇：《国有企业工资改革成为深化国企改革有力推手》，《中国经济时报》2018年6月15日。

向。国有企业的企业属性，决定了国有企业特别是主业处于充分竞争行业和领域的企业，在市场经济的竞争中必须以创造经济效益、提升市场竞争力为主要目标，不断提升市场竞争力。为此，企业经济效益的提升，劳动生产率的提高，是决定工资分配的关键因素。要"建立健全与劳动力市场基本适应、与经济效益和劳动生产率挂钩的工资决定和正常增长机制"。此次改革突出了国有企业工资分配的市场化方向。

1. 工资总额增长与劳动生产率挂钩

在社会主义市场经济体制下，劳动力市场的供需关系，反映某一类人才、岗位劳动的市场价格。该《意见》强调要"使工资水平是否合理更多由市场决定"。国有企业员工报酬也要符合劳动力市场要求，工资水平"同劳动力市场相适应"，可以为企业吸引人才，提升竞争力创造条件。

在工资形成机制中强调与"劳动生产率"挂钩，就是要再次确认以按劳分配为主的分配制度，其目的就是为了保障普通劳动者通过劳动获得合理收入，从而调动广大职工的积极性。劳动生产率提高，是劳动者的劳动贡献在具体企业的充分体现。国资委研究中心副研究员周丽莎认为：鼓励劳动者为提高经济效益和劳动生产率作出更大贡献，既能体现劳动的价值，也能促进国企发展和国有资产保值增值；既体现了市场的共性因素，也体现了企业个体的个性情况，更是符合市场经济发展规律和企业发展规律的充分体现。[①]

2. 工资增长与效益联动

该《意见》坚持效益导向，进一步完善了工资与效益联动机制。明确工资总额的增长仍以效益为中心，改变了过去国有企业工资总额增长同经济效益单一指标挂钩的办法，要求统筹考虑一揽子因素，合理确定工资总额。但这并不意味着弱化企业经济效益在确定工资总额中的作用，更不意味着国有企业职工工资可以不分情况地普遍上涨。该《意见》规定，"企业经济效益增长的，当年工资总额增长幅度可在不超过经济效益增长幅度范围内确定。其中，当年劳动生产率未提高、上年人工成本投入产出

---

① 李可愚、胡健：《国企薪酬改革新动向：确保工资正常增长　完善分配监管体制》，《每日经济新闻》2018 年 3 月 30 日。

率低于行业平均水平或者上年职工平均工资明显高于全国城镇单位就业人员平均工资的,当年工资总额增长幅度应低于同期经济效益增长幅度";"企业经济效益下降的,除受政策调整等非经营性因素影响外,当年工资总额原则上相应下降。其中,当年劳动生产率未下降、上年人工成本投入产出率明显优于行业平均水平或者上年职工平均工资明显低于全国城镇单位就业人员平均工资的,当年工资总额可适当少降"。企业按照工资与效益联动机制确定工资总额,原则上增人不增工资总额、减人不减工资总额。企业未实现国有资产保值增值的,工资总额不得增长,或者适度下降。即明确了企业经济效益增则工资增、企业经济效益降则工资降的挂钩联动原则。允许符合条件企业特别是主业处于充分竞争行业和领域的企业工资总额增长与经济效益增长同步,对主业不处于充分竞争行业和领域的企业,则继续实行工资总额和工资水平双重调控。工资决定机制改革更好地体现了建立中国特色现代国有企业制度的要求,有利于倒逼国有企业加快改革步伐、提升公司治理水平。

3. 分类确定工资效益联动指标

根据企业所处的行业,以及其功能性质定位,分门别类地设置与其实现效益相联动的指标,企业功能性质不同,考核重点不同,真正实现国有企业的工资总额与企业经济效益和市场竞争力相适应。对主业处于充分竞争行业和领域的商业类国有企业,应主要选取利润总额(或净利润)、经济增加值、净资产收益率等反映经济效益、国有资本保值增值和市场竞争能力的指标。对主业处于关系国家安全、国民经济命脉的重要行业和关键领域、主要承担重大专项任务的商业类国有企业,在主要选取反映经济效益和国有资本保值增值指标的同时,可根据实际情况增加营业收入、任务完成率等体现服务国家战略、保障国家安全和国民经济运行、发展前瞻性战略性产业以及完成特殊任务等情况的指标。对主业以保障民生、服务社会、提供公共产品和服务为主的公益类国有企业,应主要选取反映成本控制、产品服务质量、营运效率和保障能力等情况的指标,兼顾体现经济效益和国有资本保值增值的指标。对金融类国有企业,属于开发性、政策性的,应主要选取体现服务国家战略和风险控制的指标,兼顾反映经济效益的指标;属于商业性的,应主要选取反映经济效益、资产质量和偿付能力的指标。对文化类国有企业,应同时选取反映社会效益和经济效益、国有资本保值增值的指标。劳动生产率指标一般以人均增加值、人均利润为主，根据企业实际情况，可选取人均营业收入、人均工作量等指标。

（五）完善企业内部工资分配管理

该《意见》明确国有企业在经备案或核准的工资总额预算内，依法依规自主决定内部工资分配。在坚持落实国有企业内部薪酬分配法定权利的基础上，对完善企业内部工资总额管理制度、深化企业内部分配制度改革、规范企业工资列支渠道提出了原则要求。提出要深化企业内部分配制度改革，"国有企业应建立健全以岗位工资为主的基本工资制度，以岗位价值为依据，以业绩为导向，参照劳动力市场工资价位并结合企业经济效益，通过集体协商等形式合理确定不同岗位的工资水平"。明确要"合理拉开工资分配差距"向关键岗位、生产一线岗位和紧缺急需的高层次、高技能人才倾斜。在考虑企业发展和效益状况的同时，综合考虑劳动生产率的提高以及人工成本投入和产出的效率等因素，依据市场化的工资水平并结合政府职能部门发布的工资指导线以确定企业的工资总额及内部工资分配。加强全员绩效考核，使职工工资收入与其工作业绩和实际贡献紧密挂钩，切实做到能增能减。

国有企业应建立健全内部工资总额管理办法，根据所属企业功能性质定位、行业特点和生产经营等情况，指导所属企业科学编制工资总额预算方案，逐级落实预算执行责任，建立预算执行情况动态监控机制，确保实现工资总额预算目标。企业集团应合理确定总部工资总额预算，其职工平均工资增长幅度原则上应低于本企业全部职工平均工资增长幅度。

国有企业应调整优化工资收入结构，逐步实现职工收入工资化、工资货币化、发放透明化。严格清理规范工资外收入，将所有工资性收入一律纳入工资总额管理，不得在工资总额之外以其他形式列支任何工资性支出。

（六）健全工资分配监管体制机制

《国务院关于改革国有企业工资决定机制的意见》着眼于"充分发挥市场在国有企业工资分配中的决定性作用和更好发挥政府作用[1]"，在坚

---

[1] 中共中央办公厅、国务院办公厅印发《关于提高技术工人待遇的意见》，《中华人民共和国国务院公报》2018年4月10日。

持工资分配市场化方向的同时，强调进一步健全工资分配监管体制机制，有效规范工资收入分配秩序。

《国务院关于改革国有企业工资决定机制的意见》对建立工资分配监管体制机制做出安排。加强和改进政府对国有企业工资分配的宏观指导和调控，要求人力资源和社会保障部门会同财政、国资监管等部门，完善工资指导线制度，定期制定和发布劳动力市场工资价位、行业人工成本信息、工资指导线和非竞争类国有企业工资增长调控目标；落实履行出资人职责机构的国有企业工资分配监管职责，对做好所监管企业工资总额预算方案备案或核准工作、加强预算执行情况监控和清算等提出明确要求；完善国有企业工资分配内部监督机制，国有企业董事会应依照法定程序决定工资分配事项，加强对工资分配决策执行情况的监督，落实企业董事会对工资分配的监督责任，将企业职工工资收入分配的情况作为厂务公开的重要内容，定期向职工公开，接受职工监督。明确要"健全国有企业工资内外收入监督检查制度。人力资源社会保障部门会同财政、国资监管等部门，定期对国有企业执行国家工资收入分配政策情况开展监督检查，及时查处违规发放工资、滥发工资外薪酬等行为"。加强与出资人监管和审计、税务、纪检监察、巡视等监督的协同，建立工作会商和资源共享机制，提高监督效能，形成监督合力。同时提出，要"建立国有企业工资分配信息公开制度。履行出资人职责机构、国有企业每年定期将企业工资总额和职工平均工资等相关信息向社会披露，接受社会公众的监督"。

总体而言，国有企业工资制度改革根据经济体制和环境的变化，经历了一场从微观到宏观、从"一刀切"到"分类分级"、突出行业和企业特点、兼顾效率和公平的转变。此次改革国有企业工资决定机制是对国有企业工资分配制度的一次系统性改革。改革的出发点和落脚点在于适应国资国企改革进程，推动建立中国特色现代国有企业工资分配制度，使国有企业工资分配更加符合中国特色社会主义市场经济规律和企业发展规律。

二 央企工资总额决定机制和管理制度体系全面改革

在2018年5月国务院印发的《关于改革国有企业工资决定机制的意见》基础上，国务院国资委发布《中央企业工资总额管理办法》，自2019年1月1日起施行。根据此《办法》，中央企业工资总额决定机制和管理制度体系进行全面改革。

（一）工资总额决定采取"一适应、两挂钩"方式

按照此《办法》要求，国资委将进一步完善中央企业工资总额与经济效益挂钩决定机制。打破现行的工资增长与经济效益"单一挂钩"的方式，转变为"一适应、两挂钩"，主要按照效益决定、效率调整、水平调控三个环节决定中央企业工资总额预算。"一适应"是与劳动力市场基本适应，"两挂钩"是与企业经济效益和劳动生产率挂钩。具体地说：一是"效益决定"，即企业工资总额增长随着企业经济效益增长而增长。中央企业工资总额预算要与企业的年度业绩考核指标挂钩。中央企业可以根据功能定位，在工资总额与经济效益挂钩的前提下，选取与功能定位相匹配以及与主业相关性大的经济效益指标与工资增长挂钩。对于在一定时期内主要承担国家重大专项任务的中央企业，无论是公益类企业，还是商业类企业，都允许其工资总额中的一定比例与企业公益性业务和所承担特殊任务完成情况挂钩。允许实行这一做法的，还包括那些主业处于关系到国家安全以及国民经济命脉的重要行业，特别是关键领域的公益类和商业类企业。二是"效率调整"，即工资总额增长幅度根据企业效率水平的变动而浮动。企业的工资水平应随着企业的劳动生产率、人工成本投入产出率等指标的变化浮动。总体而言，企业的效益增了工资才能涨，效益降了工资总额原则上要适度降，但经济效益又不是唯一的决定因素，确定工资水平还要对标劳动力市场价位，并统筹考虑劳动生产率等效率指标，这就进一步丰富了工资与效益挂钩的内涵。

与此同时，收入分配的公平性也是改革的重要考量。此《办法》提出要进行水平调控，注重收入分配的公平、有序。依据国家有关部门发布的工资指导线，国资委将对非竞争类国有企业尤其是主业不属于充分竞争行业和领域的企业的工资进行调控，对有些工资整体水平偏高、过高，工资增长过快的行业与企业进行适当约束，确保国有企业职工工资的水平与增长幅度更加规范、合理。此外，此《办法》明确对中央企业承担重大专项任务、重大科技创新项目等特殊事项，要予以适度支持。此《办法》还特意明确：企业同口径增人不增工资总额、减人不减工资总额，这也意在引导企业提高效率。

(二) 工资总额实行分类、分级管理

按照《办法》要求,国资委将按中央企业功能定位对工资总额实行分类、分级管理。

1. 分类管理

分类管理即针对不同功能定位的中央企业的工资总额实行差异化的管理。主要分为三大类,一是备案制,二是核准制,三是"探索制"。

备案制:实行工资总额预算备案制的企业是主业处于充分竞争行业或主业处于充分竞争领域的商业类企业,国资委对这一类企业的管理由之前的事前核准转变为事前引导,并增加了事中监测和事后监督环节。实行工资总额预算备案制的企业由企业董事会依法依规自主决定年度工资总额预算。

核准制:实行工资总额预算核准制的企业是主业处于关系国家安全、国民经济命脉的重要行业和关键领域,以提供公共产品和服务为主的公益类中央企业以及主要承担重大专项任务的商业类中央企业。

探索制:实行工资总额预算探索制的企业既可以是混合所有制改革试点企业,也可以是开展国有资本投资或国有资本运营公司等试点的中央企业。对于这些企业实行工资总额预算探索制的管理方式,可以实现国资委工资总额管理工作与国企国资改革试点工作全面对接的部署。

2. 分级管理

分级管理就是将国资委作为出资人的依法调控和企业作为经营者的自主分配有机结合,做到各有分工,统分结合;各司其职、权责清晰。国资委负责政策制度的制定、负责工资总额的总量调控、负责执行情况的监督检查;国资委所属中央企业负责工资总额预算的分解落实、负责各项管理制度的具体操作执行,负责搞活内部自主分配。

(三) 进一步下放分配自主权

此《办法》依据中央关于简政放权、"放管服"改革要求,将适用备案制的范围大幅拓展,进一步改善了国资委调控和监管企业工资水平的方式,突出了企业的市场主体地位,强化了国资委以"管资本"为主,简政放权、加强监管的改革方向。此《办法》还明确,央企对其子企业的工资总额以及内部收入分配事宜应承担起主体责任,这是法定权利。只有这样,才能因地制宜、"一企一策",激发微观主体活力。

此《办法》明确，对于实施备案制管理的企业，如果治理、内控机制出现问题，严重违反了国家政策的有关规定，会被取消备案制管理资格，将其工资总额预算备案制再变更为核准制。此《办法》还明确，企业工资总额管理情况纳入各项监督检查范围，与审计、巡视等工作形成合力，切实保证监管到位。

此《办法》最大的亮点就是，坚持了市场化的工资分配方向、差异化的工资决定机制和管理方式，特别是强调了企业分配的自主权，较好地体现了中央《关于改革国有企业工资决定机制的意见》的改革要求，对促进中央企业实现高质量发展、推动国有资本做强做优做大具有非常重要的意义。

三 多地出台企业工资总额管理办法

（一）《中央企业工资总额管理办法》正式实施

2019年是全面实施新的《中央企业工资总额管理办法》的第一年，此次改革涉及面广、政策性强、影响力大，国资委采取积极措施，加快此《办法》中提到的工资决定机制的具体实施规程、备案制管理实施方案、周期制管理实施方案以及工资管理特殊事项清单等相关配套文件的正式出台，完善工资管理政策体系，积极为中央企业做好工资总额管理工作创造良好条件，推动新工资总额管理办法落地。同时国资委还要求各中央企业要按照国资委统一部署，科学编制申报年度工资总额预算方案，尽快完善企业各项规章制度、规范管理流程及分工责任，切实承担起搞好、搞活企业内部分配的职责，持续深化内部三项制度改革，构建市场化劳动用工和收入分配管理机制，不断增强自身活力与竞争力。

（二）部分省（市、区）国资委出台出资监管企业工资总额管理办法

在中央企业执行新的《中央企业工资总额管理办法》的同时，不少省（市、区）依据《国务院关于改革国有企业工资决定机制的意见》以及国家和地方有关收入分配政策规定，出台地方国资企业工资总额管理的政策文件。

2019年1月1日实施的北京市政府《关于改革国有企业工资决定机制的实施意见》明确提出改革工资总额确定办法：根据企业发展战略和薪酬策略、年度生产经营目标和经济效益，合理确定年度工资总额；按照

"效益增工资增、效益降工资降"的原则，确定企业年度工资总额上涨或下浮幅度。同期实施的《上海市人民政府关于本市改革国有企业工资决定机制的实施意见》明确指出，要完善工资总额确定办法，改革工资总额管理方式，实行工资总额预算管理。江西省依据《国务院关于改革国有企业工资决定机制的意见》《江西省关于改革国有企业工资决定机制的实施意见》出台的《省国资委出资监管企业工资总额管理办法》2019年正式实施。2019年5月《宁夏回族自治区属国有企业工资总额管理办法》、6月《安徽省省属企业工资总额管理办法》、7月《北京市市管企业工资总额管理办法》、8月《内蒙古自治区国资委出资监管企业工资总额管理办法（试行）》、9月《江苏省省属企业工资总额管理办法》相继出台，此外，辽宁省也于2019年制定了《辽宁省省属企业工资总额管理办法》。2020年3月河南省政府国资委印发了《河南省省管企业工资总额管理暂行办法》的通知。

（三）一些地方国资委出台所属国有企业工资总额管理办法

副省级城市和地（市）、县（市）也积极落实中央和上级政府的政策要求，从实际出发，出台相关文件，完善规范所属企业工资总额管理办法。

比如，2019年，江西萍乡市实施了《萍乡市市属国有企业工资总额管理办法》；福建厦门市出台《厦门市市属国有企业工资总额预算管理暂行办法》；山东菏泽市印发《菏泽市市属企业工资总额管理办法》；聊城市印发《聊城市市属国有企业工资总额管理办法》；江苏宿迁市出台《市属国有企业工资总额管理办法（试行）》；扬州市印发《扬州市市属国有企业工资总额管理办法（试行）》；安徽宣城市印发《宣城市属企业工资总额预算管理暂行办法》；吉林《长春市国资委出资企业工资总额管理暂行办法》出台；辽宁营口市制定市属国有企业《工资总额管理办法》；河北廊坊市印发《廊坊市国资委监管企业工资总额管理办法》。

2020年，江苏南京市印发《南京市国资委监管企业工资总额管理办法》；湖南常德市出台《常德市国资委监管企业工资总额管理办法（试行）》；山东淄博市出台《淄博市市属国有企业员工总额控制管理办法》；广西北海市出台《北海市国资委监管企业工资总额管理办法》、广东梅州市出台《市属国有企业工资总额管理办法（试行）》；浙江遂昌出台《遂昌县国有企业工资总额预算管理暂行办法》。

第五节　进一步做好中央企业控股上市公司股权激励工作

自2003年国资委成立以来，2006年印发了《国有控股上市公司（境外）实施股权激励试行办法》和《国有控股上市公司（境内）实施股权激励试行办法》。2008年印发了《关于规范国有控股上市公司实施股权激励制度有关问题的通知》，之后又先后印发多个文件，构建了国有控股上市公司规范实施股权激励的政策的总体框架体系。近年来，股权、期权激励、企业负责人任期激励、上市企业员工持股、岗位和项目分红激励和科技成果作价入股激励等一系列政策的出台，对于激发企业核心骨干员工积极性、提高国有股东价值，促进企业长期稳定发展发挥了积极作用。党的十八大以来，习近平总书记高度重视国有企业改革发展工作，提出了一系列新思想、新精神、新要求。党中央、国务院遵照习近平总书记"树立正向激励的鲜明导向"指导思想，高度重视正向激励工作，提出了明确的要求，做出了一系列战略部署。为深入贯彻党的十九大精神，不断强化正向激励导向，充分调动核心骨干人才的积极性，激发企业领导人员为国担当、为民尽责的责任感和使命感，推动中央企业实现高质量发展，国资委在深入研究、广泛征求中央企业和地方国资委意见的基础上，2019年10月印发了《关于进一步做好中央企业控股上市公司股权激励工作有关事项的通知》（以下简称《通知》），其核心内容体现在以下几个方面。

一　加大股权激励力度

《通知》加大了股权激励力度，进一步规范了中央企业控股上市公司股权激励对象、激励方式以及权益授予数量、授予价格、股权激励收益。

明确要求上市公司应当结合公司经营效益情况，依据本公司岗位薪酬体系以及业绩考核与薪酬管理办法，并参考市场同类人员薪酬水平等因素，科学设置激励对象的薪酬结构和薪酬水平以及权益授予价值与授予数量。在提高授予权益数量占比和提高权益授予价值的同时，不再调控股权激励对象实际获得的收益。

二　完善股权激励业绩考核有关要求

与股权激励挂钩的业绩考核，是促进企业提高经济效益，实现长期持续有效发展、实现股东回报的重要机制。但以往部分中央企业控股上市公司的业绩考核要求过于刚性，致使有些企业不愿意开展股权激励尝试。为此，《通知》结合中国经济进入新常态的特点提出，企业应建立更加科学的业绩考核体系，业绩考核目标应体现前瞻性、挑战性，在考虑公司经营趋势及所处行业发展周期的同时，通过与国际优秀企业和国内行业对标的方式，上市公司应当制定规范的股权激励管理办法，以业绩考核指标完成情况为基础对股权激励计划实施动态管理。

三　对中央企业控股科创板上市公司实施股权激励

设立科创板是落实党中央、国务院关于创新驱动发展决策部署的重要举措。为提高中央企业控股科创板上市公司实施股权激励的积极性，更好地将核心骨干人才的利益与公司生产经营及长远发展绑定，《通知》遵循了科创板的上市规则，不仅允许将持股5%以上的核心骨干人才纳入激励范围，而且允许尚未盈利的上市公司限制性股票的授予价格低于公平市场价格的50%，以支持上市公司实施股权激励。使得上市公司在核心骨干人才实现个人奖励收益的同时，能够保障股东投资收益的合理回报，促进企业长期健康发展。

四　健全股权激励管理体制

中央企业控股上市公司根据有关政策规定，制定股权激励计划，在股东大会审议之前，国有控股股东按照公司治理和股权关系，经中央企业集团公司审核同意，并报国资委批准。上市公司依据股权激励计划制定的分期实施方案，国有控股股东应当在董事会审议决定前，报中央企业集团公司审核同意。上市公司应当在年度报告中披露报告期内股权激励的实施情况和业绩考核情况。

中央企业集团公司在上市公司实施股权激励过程中，应当切实履行出资人职责，按照公司治理程序和资本市场信息披露规范，依法依规履职，认真指导所属各级控股上市公司规范实施股权激励。对上市公司股权激励分期实施方案进行审核把关,在上市公司年度报告披露后,将每期股权激励实施情况报告国资委。

国资委转变职能,加大对中央企业集团公司的授权放权力度,只审核股权激励整体计划,不再审核股权激励分期实施方案并依法依规对中央企业控股上市公司股权激励实施情况进行监督管理。

第六节　建立风险共担、利益共享的中长期激励机制

一　完善国有企业科技人才激励政策

国企是科技创新主力军,迫切需要在核心技术攻关、产业升级上寻求新的更大突破,加快实现创新驱动发展。科创板的设立,为国企在融资渠道、完善治理、强化激励等方面提供新机遇,在国资委倡导和支持下,已陆续有多家央企及央企基金投资的公司在科创板上市。

为进一步激发广大技术和管理人员的积极性和创造性,促进国有科技型企业健康可持续发展,2016年2月26日经国务院同意,财政部、科技部、国资委在中关村国家自主创新示范区股权和分红激励试点办法的基础上,制定了《国有科技型企业股权和分红激励暂行办法》。自2016年3月1日起在全国范围内实施。《暂行办法》明确了国有科技型企业可以开展股权或分红激励等中长期激励措施,具体范围包括转制院所企业、国家认定的高新技术企业、高等院校和科研院所投资的科技企业或国家和省级认定的科技服务机构。《暂行办法》进一步明确了国有科技型企业开展中长期激励的各方面细节,如股权激励方式可以采用分红权、股权出售、股权奖励、期权等方式;激励对象为与本企业签订劳动合同的重要技术人员和经营管理人员;激励总量方面,大型企业的股权激励总额不超过企业总股本的5%;中型企业的股权激励总额不超过企业总股本的10%;小、微型企业的股权激励总额不超过企业总股本的30%,且单个激励对象获得的激励股权不得超过企业总股本的3%等。《暂行办法》规定:企业可以通过向激励对象增发股份,向现有股东回购股份,现有股东依法向激励对象转让其持有的股权的方式解决激励标的股权来源;企业可以采取股权出售、股权奖励、股权期权等一种或多种方式对激励对象实施股权激励,但大、中型企业不得采取股权期权的激励方式。

2016年11月22日,国资委发布了《关于做好中央科技型企业股权和分红激励工作的通知》。《通知》提出,中央企业应当按照深化收入分配制度改革的总体要求,从所属企业规模、功能定位、所处行业及发展阶段等实际出发,结合配套制度完善情况,合理选择激励方式,优化薪酬资源配置。应当从经营发展战略以及自身经济效益状况出发,分类分步推进股权和分红激励工作。要坚持效益导向和增量激励原则,根据企业人工成本承受能力和经营业绩状况,合理确定总体激励水平。

2020年4月,国务院国有企业改革领导小组办公室正式启动实施"科改示范行动",支持引导一批国有科技型企业将深化市场化改革与提升自主创新能力有机融合、有序衔接、相互促进,打造一批国有科技型企业的改革样板和创新尖兵。"科改示范行动"是继国企改革"双百行动"、国资国企"综改试验"后又一国企改革专项工程,共选取了204户国有科技型企业,以打造一批国有科技型企业改革样板和自主创新尖兵,在此基础上复制推广成功经验。从"科创板"到"科改示范行动",科技型国企市场化改革吹响冲锋号。"科改示范行动"一系列改革"政策包""工具箱"和支持鼓励符合条件的科技型企业优先在科创板上市等利好政策,将有利于推动国有科技型企业实现科技突破,打造一批能够代表国家科技型企业创新最高水平的科技型"大国重器"。

2020年9月22日,国务院国有企业改革领导小组办公室在杭州召开"科改示范行动"现场推进会。国务院国有企业改革领导小组办公室副主任、国资委副主任翁杰明指出,"科改示范企业"不但要落实好面上改革要求,而且要充分认识到科技型企业人力资本相对更密集、涉及新兴产业或业务相对更多、增量改革的空间相对更大等特点,在各项重点改革任务上主动作为、引领创新、先行一步、取得突破,成为国企改革队伍中的"领头雁",更好带动面上改革向纵深推进。还进一步提出,要把"科改示范行动"作为重要突破口,在深化国企改革中发挥"牵一发而动全身"的重要作用。从会议释放的信号看,要通过实施完善治理、加大放权、强化激励等改革举措,尽快使"科改示范企业"成为"领头雁",更好地发挥"科改示范企业"在推动形成新发展格局中、在落实国企改革"三年行动"中以及破解改革重点难题问题上的引领示范带动作用。9月27日,国务院国有企业改革领导小组第四次会议及全国国有企业改革"三年行动"动员部署电视电话会议在北京召开。在创新引领方面，会议要求，要以创新为突破口，进行大胆充分的激励，在关键核心技术攻关、高端人才引进、科研成果转化应用等方面有更大作为。

2021年是"十四五"开局之年，在"力争到2021年底完成三年改革任务的70%以上"的目标引领下，从央企到地方国企，多项改革吹响冲锋号。其中，科技创新将成为重点发力领域。国资委积极履行出资人职责，制定完善一系列政策措施，全力支持中央企业科技创新。在中长期激励方面，进一步加大科技型企业的股权和分红权激励力度，对于攻关团队的个人持股比例、股权激励范围、收益分红比例等给予特殊支持；在工资总额方面，对关键核心技术攻关团队的工资允许实行单列管理。同时，鼓励中央企业灵活运用政策，通过推动技术成果作价入股，推动实施创新业务的员工跟投计划，实施科技成果转化为分红激励等方式，进一步推动体制机制的改革创新，激发企业的创新活力。截至2021年6月根据国资委提供的数据显示，已开展中长期激励的子企业占具备条件子企业总数的59.7%。

2021年6月印发的《关于系统推进中央企业科技创新激励保障机制建设的意见》，将分散的政策集中起来，聚焦"核心技术攻关""打造原创技术策源地""培育现代产业链链长"三个专项任务打造政策特区。围绕促进高水平科技自立自强，加快提升企业自主创新能力，推动国有企业打造原创技术"策源地"，着力突破一批关键核心技术，全方位推动国有企业转型升级创新发展，打造出关键核心技术人才精准激励的"政策高地"，各中央企业和各地普遍制定并落实年度考核加分、研发费用视同利润加回、资本金注入、工资总额单列等政策。

2021年11月10日，国务院国有企业改革领导小组办公室（以下简称"领导小组办公室"）召开媒体通气会，通报"科改示范企业"推动改革创新和发展情况。"科改示范行动"实施一年多来，领导小组办公室深入贯彻习近平总书记关于国有企业改革发展、自主创新和党的建设的重要论述，高标准、快节奏推进工作落实。200余户"科改示范企业"坚持市场化改革和提升自主创新能力"双轮驱动"，持续加大科研投入、灵活运用正向激励工具，强化对科技创新的激励机制支撑，加大人才引进力度、拓宽人才发展通道，强化对科技创新的人才队伍支撑；企业经营业绩持续向好，活力效率显著提升，科技人才队伍日益壮大，科技创新能力不断增强。

国资委对于中央企业的技术创新高度重视，要求各国有企业的科技创新薪酬激励机制更有针对性。进一步普遍开展"揭榜挂帅"，以成果论英雄。对关键核心科技人才，要大胆充分激励，用好用活工资总额单列、科技成果转化收益分享等政策，各中央企业对关键核心人才都要实现具有市场竞争力的薪酬分配激励制度，确保"留得住""引得来"。2022年3月国务院国资委专门在内部机构改革过程中宣布新成立科技创新局，在中央企业科技创新、奖励考核、内部分配等方面制定了相关的政策，并表示今后要继续加大这方面的工作力度，持续完善有利于创新的体制机制。

二 灵活开展多种方式的中长期激励

激励机制是提升企业活力和效率的动力源泉，新一轮深化改革以来，国务院国资委围绕完善薪酬决定机制、分类推进中长期激励、强化关键岗位核心人才激励等重点定政策、强推进，顶层设计体系日臻完善。中长期激励机制，包括超额利润分享、股权激励、分红激励等，国企改革"三年行动"将灵活开展多种方式的中长期激励作为健全市场化经营机制的重要抓手。

2020年9月29日，国资委召开视频会议对中央企业改革"三年行动"工作进行动员部署。国资委党委书记、主任郝鹏强调，要灵活开展多种方式的中长期激励，充分用好已有明确政策，并支持探索超额利润分享机制、骨干员工跟投机制，实施更加多样、更加符合市场规律和企业实际的激励方式。

2021年央企出台各种措施，显著提高中长期激励比例，强化正向激励，在考核分配、中长期激励、职级晋升、荣誉奖励等方面形成"政策包""工具箱"。推动企业统筹运用各类中长期激励政策，用好国有企业激励"工具箱"中较为丰富实用的方式方法，完善市场化薪酬激励机制，通过推动中长期激励机制激发改革动力。

据统计，截至2021年6月，中央企业共计开展了500个中长期激励实践，涉及13.7万名关键岗位核心人才，有效推动了收入能增能减。到同年5月初，省级国资委监管企业已开展中长期激励的子企业占具备条件的企业比例超过80%。7月,国务院国企改革领导小组办公室副主任、国务院国资委副主任翁杰明在国有企业强化正向激励专题推进会上表示,凝聚共识卸包袱,提炼经验出对策。进入国企改革三年行动"下半程",强化正向激励仍需加码推进,系统化构建正向激励体系。11月国务院国资委举行的国有企业强化正向激励专题推进会的信息显示,在国企改革三年行动中符合中长期激励条件的国企子企业只占全部子企业约6%左右,已开展中长期激励的子企业占具备条件子企业总数59.7%。国资委副主任翁杰明再次表示,国企改革强化正向激励,是健全市场化机制的重要措施。"目前,正向激励空间还很大。下半年,各单位要用好各种措施,激励政策宣贯落实要更加到位,突出做到正向激励'穿透+覆盖',显著提高这一比例。"

2022年1月17日,国务院国企改革领导小组办公室以视频方式召开国企改革三年行动专题推进会部署2022年重点改革工作,提出2022年国企改革三年行动计划还有两个重点任务,其中之一即扩大激励机制政策覆盖面和应用深度,完善企业内部分配机制。

国资委公布的信息显示:2022年年初,中央企业已开展过中长期激励的子企业占具备条件的子企业的85.9%,惠及27.6万人。覆盖范围和激励人数均创新高。不少企业和地方还结合实际探索开展了骨干员工跟投等措施。

关于2022年的工作重点,国资委提出,要紧紧围绕提高效率激发活力,推动市场化机制各项措施全面走深走实。在中长期激励方面,要用好用足三年行动方案中国有控股上市公司股权激励、国有科技型企业股权和分红激励、超额利润分享等中长期激励政策,扩大政策覆盖面和应用深度,完善企业内部分配机制,多干多得,向突出贡献者和一线"苦脏险累"骨干员工倾斜。

第四章

国有企业领导人员管理制度改革

第一节 国有企业领导人员管理体制变革

国有企业领导人员管理是企业人事管理的核心。国有企业领导人员肩负着经营管理国有资产、实现保值增值的重要责任。国有企业领导班子建设情况如何,经营管理者素质的高低,均关系到国有企业发展的全局。建设坚强有力的国有企业领导班子和建立一支高素质经营管理队伍,是保证国有企业改革发展的关键因素。

一 国有企业领导人员管理方式的变化

改革开放初期,国营企业领导人员一般由中央和省、地市委组织部门管理,也有的由企业主管部门管理。但总体来说,还是行政管理方式的领导体制。这种体制已经影响到企业经营自主权的落实,为此,中央组织部先后制定了《关于干部制度改革的意见》等文件,进行下放干部管理权限的试点。在此基础上,党中央1983年决定改革干部管理体制,改变权力过于集中的现象,并在1983年全国组织工作会议上印发了《关于领导班子"四化"建设的八年规划》《关于领导干部管理体制若干问题的规定》等文件修订稿。按照中央关于建立干部退休制度和干部队伍"四化"方针,推进企业领导干部的新老交替,对委任制的领导干部实行任期制或任期目标责任制,对企业中层以下的干部实行聘任制和选举制试点,打破了长期存在的企业领导职务和干部身份的终身制。

1987年党的十三大决定成立国家人事部后,此后,100多家中央企业的行政领导班子成员改由新成立的人事部党组管理,中央企业党组织领导人由中组部管理。

由第七届全国人民代表大会第一次会议于 1988 年 4 月 13 日修订通过的，自 1988 年 8 月 1 日起施行的《中华人民共和国全民所有制工业企业法》，规定政府不干预企业的生产经营，并给予企业生产经营 14 项权利，企业可以采取承包、租赁等经营责任制形式，并实行内部经济责任制；企业有权依照法律和国务院规定录用、辞退职工；企业有权决定机构数量及其人员编制。其中第七条规定，企业实行厂长（经理）负责制。明确了"厂长依法行使职权，受法律保护"。第八条规定，中国共产党在企业中的基层组织，对党和国家的方针政策、在本企业的贯彻执行实行保证监督。《中华人民共和国全民所有制工业企业法》产生于计划经济时期，那个时候企业是实现国家计划的生产单元，企业运作的是授予其经营的国有资产，企业没有法人财产权，相应地也就没有独立地位，政府在企业之外，管企业的人和事，政企不分、经营权和所有权不分，这是法律的本意。① 同年，中国的第一部《企业破产法》生效，这意味着国营企业开始要对自己的生产经营负责。

随着国营企业改革和国家行政体制与机构改革的深入，也带来了国营企业领导人员主管部门和企业干部人事管理方式的改革和变化。在 1993 年行政体制与机构改革中，中央成立大型企业工委，负责管理中央企业的党政领导人员。

1993 年 11 月，中共十四届三中全会通过的《中共中央关于建立社会主义市场经济体制若干问题的决定》提出，建立现代企业制度，"改革和完善企业领导体制和组织管理制度"。"实行公司制的企业，要按照有关法规建立内部组织机构"，从此国有企业改革进入转机建制、制度创新的新阶段。国有企业由单纯对行政主管部门负责，转向对出资人、债权人、市场和其他利益相关者负责。从"厂长经理负责制"的"一把手"体制向建立符合市场经济体制要求的公司治理结构转变。

1996 年，中央大型企业工委与中央国家机关党工委纪委中负责监督管理中央企业的有关部门合并，成立中央企业工委，负责中央企业党政领

---

① 陈清泰：《国企深层次体制问题最终要靠建立企业制度来解决》，《证券日报》2017 年 9 月 30 日。

导人员的管理工作。

1998年,中央企业工委与国家经贸委部分管理企业职能机构合并,成立国务院国有资产管理委员会,全面负责企业党政领导人员的管理监督工作。为了建立适应社会主义市场经济要求的现代企业制度,国务院机构在1998年进行了重大改革,企业集团成为国有企业的主要组织形式。对企业集团的管理则由相应的党政有关部门各司其职,如中央企业工委负责企业领导人任免,劳动人事部门负责工资和劳动管理,财政部门负责企业财务管理,计划部门负责投资审批,国有企业监事会负责监督管理,国家经贸委负责国有企业改革。

根据中共十五届四中全会提出"中央和地方党委对关系国家安全和国民经济命脉的重要骨干企业领导班子要加强管理"的精神,逐步完善中央特大型企业高管人员选聘任命制度,50多家中央特大型企业领导班子由中组部任命。1999年12月,党中央成立中央企业工委,负责国有重点骨干企业党的建设、领导班子管理、党风廉政建设和监事会的日常管理工作。

为应对21世纪国际国内形势对干部人事制度的新要求,2000年6月23日,中央办公厅印发了《深化干部人事制度改革纲要(2001—2010年)》,提出了2010年深化干部人事制度改革的基本目标,重点之一即完善国有企业领导人员管理体制和内部用人机制。提出:完善体制,健全制度,改进方法,建立与社会主义市场经济体制和现代企业制度相适应的国有企业领导人员管理制度。"完善国有企业领导人员管理体制",中央和地方党委要对关系国家安全和国民经济命脉的重要骨干企业领导班子加强管理,制定具体办法。"各级政府授权的投资机构(包括授权经营国有资产的大企业、企业集团、资产经营公司、控股公司,下同)的领导人员,原则上由哪一级政府授权,就由哪一级党委管理。政府授权的投资机构所属企业的领导人员,由投资机构管理"。"明确管理企业领导班子和领导人员的职责,避免一个班子多头管理"。取消国有企业和企业领导人员的行政级别,研究制定国有企业领导人员享受有关待遇的相关办法。

2002年,党的十六大报告提出,建立管资产和管人、管事相结合的国有资产管理体制后改为党委书记、董事长、总经理由中组部任命,其余高管人员由国务院国资委任命。为适应形势发展,按照现代企业制度要求，国有企业积极探索建立领导人员管理新体制，按照中共十六届三中全会的精神，坚持党管干部的原则，并同市场化选聘企业经营管理者的机制相结合，开展公开招聘和内部竞争上岗。

2003年，《企业国有资产监督管理暂行条例》颁布实施，国务院国资委和地方各级国资委相继挂牌成立，确立了在国有资产国家统一所有的前提下，由中央政府和地方政府分别代表国家履行出资人职责，享有所有者权益，权利、义务和责任相统一，管资产和管人、管事相结合的国有资产管理体制，国家对国有资产的监管进入新时期。国资委成立后国有重点大型企业监事会并入国监委，监事会主席改为国资委派出。

2008年10月28日，第十一届全国人民代表大会常务委员会第五次会议通过《中华人民共和国企业国有资产法》规定，"履行出资人职责的机构依照法律、行政法规以及企业章程的规定，任免或者建议任免国家出资企业的下列人员：任免国有独资企业的经理、副经理、财务负责人和其他高级管理人员；任免国有独资公司的董事长、副董事长、董事、监事会主席和监事；向国有资本控股公司、国有资本参股公司的股东会、股东大会提出董事、监事人选"。

2009年12月3日，中共中央办公厅发布印发《深化干部人事制度改革纲要》提出，深化国有企业人事制度改革，要坚持党管干部原则，以改革和完善企业领导人员管理制度为重点，逐步完善与公司治理结构相适应的企业领导人员管理体制，国有企业人事制度改革的主要任务是：健全中央和地方党委对国有重要骨干企业领导班子和领导人员的管理体制，积极探索建立符合现代企业制度要求的企业领导人员管理办法。

2012年8月《深化干部人事制度改革规划纲要（2010—2020年）》进一步提出，深化国有企业人事制度改革，要坚持党管干部原则，以改革和完善企业领导人员管理制度为重点，逐步完善与公司治理结构相适应的企业领导人员管理体制。健全中央和地方党委对国有重要骨干企业领导班子和领导人员的管理体制，积极探索建立符合现代企业制度要求的企业领导人员管理办法。

二 有序推进国有企业领导人员分类分层

2015年8月《中共中央、国务院关于深化国有企业改革的指导意见》

明确提出,"建立国有企业领导人员分类分层管理制度"。上级党组织和国有资产监管机构按照管理权限加强对国有企业领导人员管理,广开推荐渠道,依规考察提名,严格履行选用程序。根据不同企业类别和层级,实行选任制、委任制、聘任制等不同选人用人方式。2016 年被认为是国企改革的实施之年,国资委推出了多项措施推进改革,而作为国企改革的核心问题——国资委放权,从管人、管事、管资产转变为管资本,也在有序推进。

2016 年 12 月《关于开展市场化选聘和管理国有企业经营管理者试点工作的意见》由国务院国有企业改革领导小组审议通过。试点将落实董事会在经理层成员选聘、业绩考核、薪酬分配等方面职权;界定国资监管机构、企业董事会、企业党组织在经营管理者选聘和管理工作中的职责等。在具体举措方面,明确提出"三轨制",并提出"高薪要配高风险"。试点扩围的主要目标是,强化董事会功能,完善公司法人治理结构,将董事会、经理层由过去的"同纸任命"改为分层管理,形成分类分层的企业领导人员管理体制,有效解决经营管理者能上不能下、能进不能出的问题。实行聘任制和契约化管理,签订聘任协议和业绩合同,严格聘期管理和目标考核,其薪酬直接与考核结果挂钩,并充分体现"市场化来、市场化去"的原则。这意味着随着改革不断深化,央企、国企的一把手可能更多地从市场中产生,同时国企高管薪酬将与选聘方式挂钩,即政府任命的由政府定价,市场选拔的由市场定价。

第二节 改进国有企业领导人员选拔任用方式

一 市场化选聘国有企业领导人员

1995 年 8 月,中央组织部、国家经贸委和人事部印发《关于加强国有企业领导班子建设的意见》规定,要按照公开、平等、竞争、择优的原则选拔企业领导人,改变单一的委任制方式,根据企业情况,采取委任、聘任、选举、招标、考任的方式选拔企业领导人员。

为了贯彻党中央、国务院关于改革企业人事制度的一系列决定,中组部、人事部于 1988 年 5 月 21 日、1991 年 10 月 12 日先后出台了《关于全民所有制工业企业引入竞争机制，改革人事制度的若干意见》和《全民所有制企业聘用干部管理暂行规定》，提出要把竞争机制引入企业人事管理，对企业经营者实行公开招标选聘，并实行合同制管理；对不适合公开招聘的企业，也应在确定国家与企业之间、企业所有者与经营者之间的契约关系的同时，采用其他办法竞争产生企业经营者。同时明确提出，实行各种经营责任制的企业（除特大型企业外）的行政副职，均由企业经营者聘任，企业内部的各级管理人员实行逐级聘用，择优而任。还强调"必须坚决实行能上能下、打破干部领导职务终身制。企业经营者及各级管理人员受聘什么职务，就享受什么待遇，解聘或辞聘后一律不保留聘用期间的待遇"。该文件不仅充分肯定了聘用制改革的重要意义，还对聘用制干部的待遇、退休、退职、组织管理等问题作出了具体规定。[1] 2000年6月23日，中央办公厅印发了《深化干部人事制度改革纲要（2001—2010年）》在国有企业人事制度改革的重点和基本要求内容中明确提出，以建立健全适合企业特点的领导人员选拔任用、激励、监督机制为重点，把组织考核推荐和引入市场机制、公开向社会招聘结合起来，把党管干部原则与董事会依法选择经营管理者以及经营管理者依法行使用人权结合起来。改进国有企业领导人员选拔任用方式，"实行产权代表委任制和公司经理聘任制。各级政府授权的投资机构及所属企业的产权代表，由政府和投资机构按照法律和有关规定任命，经理由董事会聘任"，"通过组织推荐、公开招聘、民主选举、竞争上岗等多种方式产生国有企业领导人员人选，择优任用"。按照《中国共产党章程》《中华人民共和国工会法》相关规定，进一步完善企业党组织和工会组织负责人选举制度。

自2003年开始面向首次全球公开招聘企业经营管理人员，受到社会各界的广泛关注，按照中共十六届三中全会精神，坚持党管干部的原则，并同市场化选聘企业经营管理者的机制结合，国务院国资委把市场化选聘国有企业经营管理者作为企业干部人事制度改革的一个突破口，积极推动中央企业深化人事制度改革，加大竞争性选拔力度，之后又七次面向全球公开招聘中央企业高管，共为100多家企业招聘了138名高级经营管理者和高层次科研管理人才。2005年国务院国资委第三次公开招聘，组织25

---

[1] 徐颂陶、孙建立：《中国人事制度改革三十年》，中国人事出版社2008年版，第136页。

家中央企业面向海内外公开招聘，企业经营管理者正职央企的"一把手"，首次打破"行政任命"，标志着国有企业领导体制改革实现"历史性突破"。2006 年，先后分六批进行了公开招聘高级经营管理者的试点工作。2007 年，这项工作加快了步伐，共有 22 家央企的 22 个高级经营管理者职位面向海内外进行公开招聘，这项工作的开展与延续不仅为中央企业引进了一批优秀的经营管理人才，还初步建立了中央企业人才储备库。

2009 年《深化干部人事制度改革纲要（2010—2020 年）》提出，深化国有企业人事制度改革，"积极探索建立符合现代企业制度要求的企业领导人员管理办法。完善企业领导人员选拔方式，把组织选拔与市场化选聘结合起来"。通过积极探索党管干部和市场化选聘高层管理者相结合的有效方式，截至 2011 年年底，中央企业有 141 个高管职位在全球招聘，累计选聘各级经营管理人员 60 万人。这不仅扩大了中央企业选人用人的视野，招聘到了优秀的经营管理人才，更重要的是探索了党管干部原则与市场化配置企业经营管理者相结合的方式。

2013 年《中共中央关于全面深化改革若干重大问题的决定》提出，国有企业要合理增加市场化选聘比例，岗位聘任形式更加灵活。从 2014 年开始，国务院国资委在宝钢、新兴际华、中国节能、中国建材、国药集团五家中央企业落实了董事会选聘和管理经营层成员的职权。按照党组织推荐、董事会选择、市场化选聘、契约化管理的基本思路，新兴际华集团董事会选聘了总经理，宝钢、中国节能、国药集团选聘了 6 名副总经理。

《中共中央、国务院关于深化国有企业改革的指导意见》指出，根据不同企业类别和层级，实行选任制、委任制、聘任制等不同选人用人方式。董事会按市场化方式选聘和管理职业经理人，合理增加市场化选聘比例，市场化选聘的职业经理人，实行市场化薪酬分配机制。中共中央办公厅印发的《关于在深化国有企业改革中坚持党的领导加强党的建设的若干意见》指出，"充分发挥市场机制作用，进一步完善坚持党管干部原则与市场化选聘、建立职业经理人制度相结合的有效途径，扩大选人用人视野，合理增加市场化选聘比例"。

2015 年 10 月试点企业新兴际华集团已完成了总经理的市场化选聘工作，2016 年 1 月又完成了集团公司副总经理的市场化选聘；随后又完成二级公司经理层的市场化选聘、契约化管理，包括 6 名总经理、31 名经理层副职，并逐步延伸到三级以下全部企业。与此同时，市场化选聘改革也在多个省市落地，并且将继续扩围。

2016年12月，国务院国有企业改革领导小组审议通过了《关于开展市场化选聘和管理国有企业经营管理者试点工作的意见》，明确将扩大市场化选聘国有企业经营管理者试点范围和试点内容，为此，国资委和各省市分别选择3—5户企业进行试点，采取公开遴选、竞聘上岗、人才中介机构推荐等市场化方式，在各级履行出资人职责机构直接监管的国有独资、控股的一级企业进行。22个省（区、市）开展了经理层市场化选聘工作。

2017年国务院拟定了《关于开展市场化选聘和管理国有企业经营管理者试点工作的意见》，市场化选聘经营管理者试点范围和内容再扩大，在各级履行出资人职责机构直接监管的国有独资、控股的一级企业进行。同时，除了试点企业外，众多央企和地方也在积极跟进更多的国企经营者从市场中选聘。

2018年5月11日审议通过的《中央企业领导人员管理规定》（以下简称《规定》）强调，对中央企业领导人员的管理，必须准确把握市场规律，注重发挥市场机制作用。第一，要丰富和完善市场化选人方式，进一步扩大选人用人视野。明确将公开遴选作为选拔任用中央企业领导人员方式之一，明确对经理层成员的选拔任用可以采取竞聘上岗、公开招聘和委托推荐等方式。第二，明确提出对中央企业领导人员实行任期制（聘期制），对经理层成员可以实行聘任制，推进契约化管理。第三，合理增加经理层中市场化选聘职业经理人比例，稳妥推进职业经理人制度建设，有序推进董事会选聘经理层成员试点工作。第四，强化中央企业领导人员经营业绩考核，注重中央企业领导班子成员全覆盖，注重区别企业功能定位，注重行业对标。第五，强化市场化退出。对不适宜担任现职的中央企业领导人员进行组织调整，以及因企业发展战略调整、产业转型、兼并重组等需要对中央企业领导人员进行调整，任期（聘期）届满未连任（续聘）的自然免职（解聘），形成优胜劣汰、优进绌退的机制。2018年，经理层市场化选聘和契约化管理有序推进，中广核等5家中央企业统筹推进经理层成员企业化管理、职业经理人制度两项试点，其他部分中央企业和一大批下属子企业也开展了市场化选聘经理层试点，20多个省级国资委对所出资一级企业实行了经理层市场化选聘和契约化管理。

伴随着国企改革的深入，中央企业在党和国家政策文件指引下，不断推进中国特色国有企业制度建设，在中央企业所属企业经理层选聘上做出积极探索，2019年，组织中央企业所属企业开展市场化选聘经理层工作。

2020年，《"双百企业"推行经理层成员任期制和契约化管理操作指引》和《"双百企业"推行职业经理人制度操作指引》发布，从实际操作的角度来指导国有企业有效开展经理层人员的市场化选人用人改革。

2021年召开中央人才工作会议。中央国企改革三年行动提出"积极探索企业领导人员市场化选拔、考核和激励机制"。

二 推行经理层成员任期制和契约化管理

推行任期制和契约化管理，通过明确任职期限、签订并严格履行聘任协议和业绩合同等契约，强化经理层成员的责任、权利和义务对等，特别是突出强调考核结果不仅影响收入的"能增能减"，更要影响职务（岗位）的"能上能下"。这是对国有企业领导干部终身制的重大挑战，也是人事制度上的深刻变革。

2010年6月，中共中央、国务院印发《国家中长期人才发展规划纲要（2010—2020年）》提出，"采取组织选拔与市场化选聘相结合的方式选拔国有企业领导人员。健全企业经营管理者聘任制、任期制和任期目标责任制，实行契约化管理"。

2013年，中共十八届三中全会后，在推进国有企业经营管理者市场化选聘改革中，注重市场化选聘与契约化管理相衔接、激励约束相平衡、权责利尽可能相统一。

2015年8月24日，《中共中央、国务院关于深化国有企业改革的指导意见》就已经提出了推行企业经理层成员任期制和契约化管理等方面的要求，如"推行企业经理管理层成员任期制和契约化管理，明确责任、权利、义务、严格任期管理和目标考核""健全与激励机制相对称的经济责任审计、信息披露、延期支付、追索扣回等约束机制。严格规范履职待遇、业务支出，严禁将公款用于个人支出"。

2016年，国务院国企改革领导小组将相关制度改革试点统一列入"十项改革试点"协同推进。同年12月，中央全面深化改革领导小组审议通过《关于开展落实中央企业董事会职权试点工作的意见》，对落实经理层成员选聘权做出部署安排，推行契约化管理和职业经理人制度由此进入一个新发展阶段。

2017年，《国务院办公厅关于进一步完善国有企业法人治理结构的指导意见》提出，"国有独资公司经理层逐步实行任期制和契约化管理，根据企业产权结构、市场化程度等不同，有序推进职业经理人制度建设，逐步扩大职业经理人队伍，有序实行市场化薪酬，探索完善中长期激励机制"。

为深入贯彻落实党中央、国务院关于推行国有企业经理层成员任期制和契约化管理、建立职业经理人制度的决策部署，指导"双百企业"率先全面推进相关工作，结合中央企业和地方国有企业相关工作实践，在系统总结梳理相关政策和企业实践经验的基础上，按照2015年8月《中共中央国务院关于深化国有企业改革的指导意见》、2018年8月国资委《关于印发〈国企改革"双百行动"工作方案〉的通知》、2019年8月国务院国有企业改革领导小组办公室《关于支持鼓励"双百企业"进一步加大改革创新力度有关事项的通知》等文件要求，国务院国有企业改革领导小组办公室于2020年1月印发《"双百企业"推行经理层成员任期制和契约化管理操作指引》和《"双百企业"推行职业经理人制度操作指引》（以下简称"两个《操作指引》"）。贯彻落实推行职业经理人制度、经理层成员任期制和契约化管理的决策部署。两个《操作指引》重点明确了以下四个方面的内容：推行经理层成员任期制和契约化管理以及推行职业经理人制度的基本概念、实施范围以及各主体的相关职责；推行经理层成员任期制和契约化管理、推行职业经理人制度各项工作应遵循的基本操作流程，主要包括制定方案、履行决策审批程序、签订契约、开展考核、结果应用等；推行经理层成员任期制和契约化管理、推行职业经理人制度各环节的具体操作要点；推行经理层成员任期制和契约化管理、推行职业经理人制度推行过程中，严格任期、尽职履职、责任追究等监督管理的具体操作要点。

两个《操作指引》的出台，为"双百企业"全面推行经理层成员任期制和契约化管理、积极推行职业经理人制度提供了系统规范的操作指南，为完善国有企业领导人员分类分层管理制度，更好解决三项制度改革中的突出矛盾和问题，有效激发微观主体活力，加快培育一批国企改革尖兵，更好发挥"双百企业"的引领示范带动作用，提供了政策支撑。

三　有序推进职业经理人制度建设

2020 年 6 月《国企改革三年行动方案（2020—2022 年）》发布，按照国企改革三年行动的要求，国有企业要完善法人治理结构，全面推行职业经理人制度和经理层成员的任期制和契约化管理。要抓住经理人任期制、契约化这个"牛鼻子"，通过任期制、契约化的刚性约束，打破"铁交椅"，实现经理层的能上能下。9 月 29 日，国资委召开视频会议，对中央企业改革三年行动工作进行动员部署。国资委党委书记、主任郝鹏强调，要大力推行经理层成员任期制和契约化管理，具备条件的企业特别是商业类子企业，按照市场化选聘、契约化管理、差异化薪酬、市场化退出原则，加快推行职业经理人制度。

经理层成员任期制和契约化管理改革是国有企业改革三年行动的"标志性改革动作"，是改革的一个重要支点。从顶层设计来讲，中央对于建立健全国有企业的市场化经营机制，已经有明确的安排，其核心就是要使企业成为独立的市场主体，加快建立健全市场化经营机制，大力推进经理层成员任期制契约化管理和职业经理人制度。

2021 年是推动国企改革三年行动的攻坚之年、关键之年，中央企业和地方国有企业加快对经理层成员任期制和契约化管理进行部署，确保年底完成 70% 以上任务目标，到 2022 年 6 月底前全面推行。

2021 年 3 月，国资委出台《关于加大力度推行经理层成员任期制和契约化管理有关事项的通知》对国有企业推行经理层任期制和契约化管理的原则方向、实施范围、签约签订主体、任期管理、契约内容、刚性兑现薪酬等 10 个方面做了明确的工作要求。并指出要全面压实责任，倒排工期，挂图作战，把推行经理层成员任期制和契约化管理纳入本企业、本地区改革三年行动重点考核评估事项，加大督查督办和考核评估力度，保证 2021 年年底前完成 70% 以上，到 2022 年 6 月底前全面推行。7 号文是国有企业推行经理层任期制和契约化管理工作的核心文件依据，明确提到鼓励参照两个《操作指引》，结合实际制定完善本企业、本地区相关工作制度或方案,并规范有序组织实施。以此,中央企业和地方国有企业加快对经理层成员任期制和契约化管理进行部署。

2021年4月初,国务院国有企业改革领导小组办公室以视频会议方式召开"国有企业经理层成员任期制和契约化管理专题推进会",对推动国有企业全面推行经理层成员任期制和契约化管理进行再部署、再推进。会议指出,各中央企业要把推行经理层成员任期制和契约化管理作为重要抓手,敢下决心、敢出实招、敢出硬招,从任期管理、目标设置、契约签订到考核兑现、退出管理等各个环节,都要严格落实相关改革政策要求。会议强调,各中央企业和地方国资委要明确工作职责和目标任务,健全工作机制和督促考核机制,通过明确任职期限、签订并严格履行聘任协议,实现任期管理的规范化、常态化;要突出契约目标的科学性和挑战性,推动落实考核结果奖惩刚性兑现;要体现薪酬兑现的强激励、硬约束,坚持业绩导向,强化精准考核有效激励;要强调考核的刚性退出,实现经理层成员职务"能上能下"。

为完成《国企改革三年行动方案(2020—2022年)》对于到2022年时国有企业子企业全面推行经理层成员任期制和契约化管理的要求,全国各地的国有企业相继开展相关项目的试点和初期推行,逐渐从2020年年初"双百企业"试点的范围覆盖到所有国企。2021年6月有91.9%的中央企业、74%的地方一级企业已建立对子企业经理层成员任期制和契约化管理的制度,较2020年年底分别增长28.3%、19.7%。2021年8月底,96.9%的中央企业建立子企业经理层成员任期制和契约化管理制度,比2020年年底提高了30.3个百分点,已经与经理层签订了有关合同或契约的子企业占到了68.3%,比2020年年底提高了45.6%。10月,74.4%的中央企业各级子企业、61.7%的地方各级子企业与经理层签订了有关合同或契约,实现了管理人员能上能下。2021年年底"国企改革三年行动"时间过半,国资委发布的数据显示,"中央和地方国有企业公开招聘人数占比总体超过95%","92%的央企和74%的地方一级企业建立了子企业经理层成员任期制和契约化管理制"[①]。

---

① 国资委:《坚决打好打赢国企改革三年行动攻坚战》,《第一财经日报》2021年11月20日。

2022年1月，来自国企改革三年行动专题推进会的信息显示：经理层成员已签订契约的中央企业子企业和地方国有企业占比分别达到97.3%和94.7%，基本建立了中国特色现代企业制度下的新型经营责任制。中央企业、地方国有企业管理人员竞争上岗人数占比分别达到42.9%、37.7%，末等调整和不胜任退出人数占比分别达到4.5%、3.0%。2022年5月来自地方国企改革三年行动推进会的信息显示：各省级国资委监管企业各级子企业经理层签约率达到95%。

国资委有关人士表示，国企改革三年行动下一步要全面推行职业经理人制度和经理层成员的任期制和契约化管理，经理层任期制和契约化管理将在国企系统实现全覆盖、高质量，凡是有考核的单位，都将纳入契约化管理范围。将业绩目标与任期制契约化绑定，设置挑战性目标值并刚性落实薪酬激励，尤其要有严格的薪酬兑现和刚性退出措施。此外，还要在管理人员竞聘选聘、末等调整和不胜任退出上见行动。

第三节　加强国有企业领导人员管理

一　从严管理国有企业领导人员

2008年10月通过的《中华人民共和国企业国有资产法》规定："国家出资企业的董事、监事、高级管理人员，应当遵守法律、行政法规以及企业章程，对企业负有忠实义务和勤勉义务，不得利用职权收受贿赂或者取得其他非法收入和不当利益，不得侵占、挪用企业资产，不得超越职权或者违反程序决定企业重大事项，不得有其他侵害国有资产出资人权益的行为。"[①] 国有企业领导人员不得随意兼职，具体规定是"未经履行出资人职责的机构同意，国有独资企业、国有独资公司的董事、高级管理人员不得在其他企业兼职。未经股东会、股东大会同意，国有资本控股公司、国有资本参股公司的董事、高级管理人员不得在经营同类业务的其他企业兼职"，"未经履行出资人职责的机构同意，国有独资公司的董事长不得兼任经理。未经股东会、股东大会同意，国有资本控股公司的董事长不得

---

① 2008年10月28日第十一届全国人民代表大会常务委员会第五次会议通过的《中华人民共和国企业国有资产法》第4章第26条。

兼任经理。董事、高级管理人员不得兼任监事"。①

2009年12月，国资委发布《国有企业干部管理办法》，从制度上对国有企业干部管理进行了细致梳理，并提出了一系列要求。同时，中共中央办公厅、国务院办公厅印发《中央企业领导人员管理暂行规定》（以下简称《暂行规定》）。《暂行规定》从中央企业实际出发，着眼于建设"政治素质好、经营业绩好、团结协作好、作风形象好"的领导班子，以完善领导体制和健全选拔任用、考核评价和激励约束机制为重点，规范程序，明确要求，努力造就一支高素质的中央企业领导人员队伍，保证中央企业又好又快发展。《暂行规定》明确了中央企业领导人员的资格条件，不仅要有突出的工作业绩和良好的职业素养，还要有较高的政治素质；规定了中央企业董事会、经理班子和党委（党组）的职数，实行任期制，明确了董事、总经理和党委的任期；选拔中央企业领导人员主要采取组织选拔、公开招聘、竞争上岗等方式，任用中央企业领导人员可以采取委任制、聘任制、选任制；对中央企业领导班子和领导人员实行任期和年度考核评价；建立以考核评价为基础，与岗位职责和工作业绩挂钩，短期激励与中长期激励、精神鼓励与物质奖励相结合的中央企业领导人员激励机制；坚持以预防为主、事前监督为主，强化对中央企业领导人员的日常监督管理；健全了中央企业领导人员退出机制，明确了中央企业领导人员免职（解聘）、撤职、辞职、退休制度，对任期届满未被续聘的、考核评价中被确定为不称职等予以免职（解聘），对达到规定的退休年龄的，应当退休并及时办理退休手续。《暂行规定》是第一次以中央文件的形式对中央企业领导人员管理工作予以系统规范，是中央企业领导人员管理的基本规章。《暂行规定》颁布的实施，推动中央企业领导班子建设和领导人员管理迈上新的台阶。《暂行规定》印发实施以来，有力提升了中央企业领导人员管理工作的科学化、制度化、规范化水平，对加强中央企业领导人员队伍建设发挥了十分重要的作用。

2011年6月17日，中共中央组织部、中共中央统战部、国务院国有资产监督管理委员会、工业和信息化部、中华全国工商业联合会联合印发

---

① 2008年10月28日第十一届全国人民代表大会常务委员会第五次会议通过的《中华人民共和国企业国有资产法》第4章第25条。

《企业经营管理人才队伍建设中长期规划（2010—2020年）》明确提出，"要强化以市场化机制用人健全企业经营管理者聘任制、任期制和任期目标责任制，规范和完善经营管理人才劳动合同、聘任合同，全面实行契约化管理"。建立健全国有企业领导人员退出机制，使企业领导人员有序进退、正常更替，不断提高国有企业经营管理人才队伍的整体素质与活力。强化对各级经营管理人员的绩效考核和考核结果的运用，对考核结果达不到岗位目标要求、开拓进取精神不强、职工威信不高的，视情况及时予以调整；对不能胜任工作岗位的，按照规定及时予以解聘。通过强化绩效考核结果的运用，促进企业经营管理人才合理流动、优化配置。

2013年10月30日，中组部印发《关于进一步规范党政领导干部在企业兼职（任职）问题的意见》，进一步规范完善人事管理制度。

随着改革的不断深入，国有企业在发展中取得了巨大成就，但也出现了一些问题。有些国有企业的领导人员党性意识淡漠，责任意识不强，用人不守纪律，不讲规矩，有的甚至以改革为名，侵吞国有资产。针对国有企业领导人员管理失之于宽、失之于软的问题，2015年9月，中共中央办公厅印发的《关于在深化国有企业改革中坚持党的领导加强党的建设的若干意见》（以下简称《若干意见》）提出："坚持从严教育管理国有企业领导人员，强化对国有企业领导人员特别是主要领导履职行权的监督。"从教育、管理、监督三个方面明确提出了从严管理企业领导人员的具体内容、措施和要求。教育方面，加强党性教育和道德教育、法制教育、警示教育，引导企业领导人员自觉按照党对党员领导干部的要求严格要求自己。管理方面，加大企业领导人员交流力度，董事长（未设立董事会企业的总经理）在同一职位任职超过3个任期。同时还能任满1个任期以上的，一般应当进行交流。监督方面，强化权力集中、资金密集、资源富集、资产聚集等部门和岗位的监管。特别是加强对主要领导履职行权的监督约束，严厉查处利益输送、侵吞挥霍国有资产、腐蚀堕落等违纪违法问题。2015年发布的《中央管理企业主要负责人薪酬制度改革方案》《关于合理确定并严格规范中央企业负责人履职待遇、业务支出的意见》两份文件严格规范了央企负责人的收入。

近年来中央企业普遍建立中国特色现代国有企业制度，肩负着建设具有全球竞争力的世界一流企业的艰巨任务，一方面，中央企业领导人员管理实践方面取得了一些有益经验，需要总结推广，另一方面，对于巡视中发现的中央企业不同程度存在党的领导弱化、党的建设缺失、全面从严治党不力等问题，也需要综合施策；特别是在领导人员管理方面，需要强化从严从实导向，特别是需要培养造就、吸引凝聚、用好用活各方面优秀人才，领导人员管理制度需要更好地与之相适应，更好地体现企业特点。

2018年5月11日召开中央全面深化改革委员会第二次会议，审议通过了《中央企业领导人员管理规定》（以下简称《管理规定》）。9月，中共中央办公厅、国务院办公厅印发了《管理规定》，并发出通知，要求各地区各部门结合实际认真遵照执行。《管理规定》是在2009年11月，中共中央办公厅、国务院办公厅印发的《中央企业领导人员管理暂行规定》的基础上修订而成的。随着形势发展变化，中央企业领导人员管理工作面临很多新任务新挑战，在中国特色社会主义进入新时代和深化国有企业改革的关键时期，修订出台《管理规定》，对于坚持和加强党对中央企业的全面领导，完善适应中国特色现代国有企业制度要求和市场竞争需要的选人用人机制，提高中央企业领导人员管理工作质量，具有十分重要的意义。《管理规定》坚持问题导向，重点解决中央企业选人用人机制创新不够、领导人员管理失之于宽松软和领导人员管党治党意识不强、担当不够、"能上不能下"等问题。坚持简便易行、有效管用。从中央企业实际出发，该规范的严格规范，该简化的尽量简化，该留有空间的留有空间，提高制度的精准性、有效性和可操作性。通知要求，各级党委（党组）要根据《管理规定》精神，完善所管理的国有企业或者所属企业领导人员管理制度。要坚持从实际出发，注重精准性、有效性，不能简单上下套用，切忌盲目照搬照抄。要加强调研、检查和指导，及时研究新情况、解决新问题，切实建好、用好、管好国有企业领导人员队伍。《管理规定》共10章66条，分总则、职位设置、任职条件、选拔任用、考核评价、薪酬与激励、管理监督、培养锻炼、退出、附则，明确了中央企业领导人员管理的基本原则、基本要求和主要内容，覆盖了中央企业领导人员管理的全过程和各环节。主要内容是：加强中央企业领导人员管理，要坚持党管干部原则，充分发挥党组织在中央企业选人用人工作中的领导和把关作用，确保党对中央企业干部人事工作的领导权和对重要领导人员的管理权；要坚持发挥市场机制作用，从中央企业的市场主体属性出发，扩大选人用人视野，完善与市场竞争相适应的中央企业领导人员管理机制，激发和保护企业家精神，更好发挥企业家作用；要坚持德才兼备、以德为先，坚持严管和厚爱结合、激励和约束并重，完善适应中国特色现代国有企业制度要求和市场竞争需要的选人用人机制，建设对党忠诚、勇于创新、治企有方、兴企有为、清正廉洁的中央企业领导人员队伍。《管理规定》从进一步激励中央企业领导人员新时代、新担当、新作为出发，深入贯彻习近平新时代中国特色社会主义思想，贯彻落实党的十九大和十九届二中、三中全会精神，贯彻落实全国组织工作会议精神和全国国有企业党的建设工作会议精神，认真贯彻执行新时代党的组织路线，坚决落实党要管党、全面从严治党的方针，坚持党管干部的原则，坚持发挥市场机制作用。充分发挥党组织在选人用人工作中的领导和把关作用，确保党对中央企业干部人事工作的领导权和对重要领导人员的管理权，完善了有别于党政领导干部、充分体现中央企业特点的领导人员管理制度，是多年来特别是党的十八大以来，中央企业管理领导人员管理科学经验的科学总结和提升，是推进中央企业人事制度改革的重要成果，是新时期做好中央企业领导人员管理工作的基本遵循。

二 提出国有企业领导干部的"二十字"标准

随着形势发展变化，企业领导人员管理工作面临很多新任务新挑战。以习近平同志为核心的中共中央对党的建设、组织工作和国有企业改革发展提出了一系列新理念新思想新战略，党的十九大和全国组织工作会议、全国国有企业党的建设工作会议提出了许多新要求。习近平总书记2016年10月在全国国有企业党的建设工作会议上强调，"国有企业领导人员是党在经济领域的执政骨干，是治国理政复合型人才的重要来源，肩负着经营管理国有资产、实现保值增值的重要责任。国有企业领导人员必须做到对党忠诚、勇于创新、治企有方、兴企有为、清正廉洁"。

2018年5月中办、国办印发的《中央企业领导人员管理规定》再度明确重申和强调了"对党忠诚、勇于创新、治企有方、兴企有为、清正廉洁"的"二十字"要求，且鲜明地将"二十字"要求写进总则第一条，它既是新时期好干部标准在国有企业的具体化，更是选拔任用国有企业领导人员的根本标尺。围绕夯实党在经济领域的执政骨干力量，建设高素质专业化中央企业领导人员队伍，此《管理规定》提出了具体要求。在选拔任用的基本条件中将"二十字"要求逐一对应细化，"对党忠诚"强调政治品格，强化忠诚意识、强调中央企业领导人员必须旗帜鲜明讲政治，牢固树立"四个意识"，坚决维护习近平总书记的核心地位，坚决维护党中央权威和集中统一领导，坚决执行党和国家的方针政策；"勇于创新"强调企业家精神，必须具有强烈的创新意识和创新自信，敢闯敢试、敢为人先；"治企有方"强调专业素养，必须具有较强的治企能力，拓展国际视野、提高战略思维、善于把握市场经济规律和企业发展规律，懂经营、会管理、善决策；"兴企有为"强调价值贡献，必须具有正确的业绩观，勇担当，善作为，工作业绩突出；"清正廉洁"强调品行操守，必须具有良好的职业操守和个人品行，严守底线，廉洁从业。在考察工作中应当突出考察政治表现，全面考察人选素质、能力、业绩和廉洁从业等情况，防止"带病提拔"。从德才和贡献方面，打造高素质专业化的国有企业领导人员队伍。

三 强调发挥党组织的领导和把关作用

党管干部原则，是中国共产党干部工作的根本原则，是由中国共产党的执政地位和国有企业的国有资本性质决定的，是党在经济领域的执政骨干队伍，治国理政复合型人才的重要来源。国有企业领导人员管理必须始终坚持党管干部原则，这是党的全面领导在国有企业领导人员管理工作中的重要体现，是培育具有全球竞争力的世界一流企业，夯实中国特色社会主义重要物质基础和政治基础的根本保证，对企业领导人员管理工作的其他原则具有统领作用。针对企业领导人员的管理有些方面还简单参照党政领导干部的管理方式，发挥市场机制作用不够等问题。习近平总书记在全国国有企业党的建设工作会议上强调，培养造就大批高素质国有企业领导人员，要把坚持党管干部原则和发挥市场机制作用结合起来。

2018年5月全面深化改革委员会第二次会议，审议通过的《中央企业领导人员管理规定》的诸多环节科学体现了党管干部原则。比如，在选拔任用工作中，从提出工作方案到确定考察对象，从严格考察到集体讨论决定等各个环节，强调都要发挥党组织的领导和把关作用。再如，在董事会选聘经理层成员试点工作中，强调上级党组织要在确定标准、规范程序、参与考察、推荐人选等方面发挥作用等等。该《管理规定》结合企业实际，对选拔任用中央企业领导人员工作作出了具体规定。一是强调必须发挥党组织的领导和把关作用，突出政治标准和专业能力，坚持正确选人用人导向。二是强调大力发现培养选拔适应新时代要求的优秀年轻领导人员，用好各年龄段领导人员。三是将选拔任用工作程序统一规范为提出工作方案、确定考察对象、考察或者背景调查、集体讨论决定和依法依规任职。四是针对内部推选、外部交流、公开遴选、竞聘上岗、公开招聘、委托推荐等不同选拔方式，规范了考察对象产生方式。五是强调坚持实践标准，注重精准识人，全面考察人选素质、能力、业绩和廉洁从业等情况，防止"带病提拔"。六是提出实行任职承诺制度，新任中央企业领导人员应当就忠诚干净担当等作出承诺。在该《管理规定》的具体内容中，坚持党管干部原则体现为在选拔任用工作中，从提出工作方案到确定考察对象，从严格考察到集体讨论决定等各个环节，强调都要发挥党组织的领导和把关作用；在董事会选聘经理层成员试点工作中，强调上级党组织要在确定标准、规范程序、参与考察、推荐人选等方面发挥作用，强调上级党组织及其组织部门、纪检监察机关要加强对中央企业领导人员的日常管理、考核评价和监督执纪问责，始终把中央企业领导人员置于严格的管理监督之中。在企业领导人员交流培养工作中，强调上级党组织及其组织部门应当推进中央企业领导人员交流培养，中央企业领导人员脱产培训以组织调训为主，加强对中央企业领导人员的教育培训和实践锻炼。

2019年8月2日，国务院国资委下发《关于支持鼓励"双百企业"进一步加大改革创新力度有关事项的通知》，针对加强党的领导和党的建设问题提出，明确党委（党组）在决策、执行、监督各环节的权责和工作方式，使"双百企业"党委（党组）发挥领导作用制度化、规范化、具体化，确保"双百企业"党委（党组）把方向、管大局、保落实。

第四节　完善国有企业领导人员考核评价

一　制定领导人员综合考核评价办法

2000年6月《深化干部人事制度改革纲要（2001—2010年）》提出，

要完善国有企业领导人员考核办法。对国有企业领导人员实行年度考核和任期考核。根据岗位职责的特点，确定考核指标和考核标准，重点考核经营业绩和工作实绩。改进考核方法，研究制定国有企业领导人员业绩考核评价指标体系，在国有企业中逐步推广。建立国有企业领导人员的业绩档案。

2008年《中华人民共和国企业国有资产法》规定："国家建立国家出资企业管理者经营业绩考核制度。履行出资人职责的机构应当对其任命的企业管理者进行年度和任期考核，并依据考核结果决定对企业管理者的奖惩。"[1]

2009年12月中共中央组织部、国务院国资委党委联合下发了《中央企业领导班子和领导人员综合考核评价办法（试行）》。该《考评办法》明确对中央企业领导班子和领导人员进行综合考核评价，要注重体现科学发展观要求，将保护生态环境、节约能源资源、优化产业结构等科学发展内容作为考核要点及标准，增加了政治责任和社会责任方面的考核，引导企业实现全面协调可持续发展；要注重体现国有企业特点，在完成经济指标的同时，还要坚决贯彻执行党的路线方针政策，突出考评的业绩导向，在考评内容中赋予业绩50%的权重，并将国资委经营业绩考核和财务绩效评价结果直接运用到领导班子和领导人员考核评价内容中；要注重体现综合评价，对领导班子考核评价政治素质、经营业绩、团结协作和作风形象，对领导人员考评素质、能力和业绩。该《考评办法》还提出，要坚持党管干部原则和德才兼备、以德为先的用人标准，把出资人认可、职工群众认可和市场认可结合起来，运用多维度测评、定量考核与定性评价相结合等方法，力求客观公正、注重实绩、简便易行。同时，吸收360度考核的理念，形成了多维度的立体评价，探索建立了综合考核评价的量化评分体系。该《考评办法》的颁布实施，对国有企业领导人员管理监督和建设高素质的国有企业领导人员队伍发挥十分重要的作用，进而为国有企业实现科学发展提供坚强的政治保证和组织保证。

---

[1] 2008年10月28日第十一届全国人民代表大会常务委员会第五次会议通过的《中华人民共和国企业国有资产法》第4章第27条。

2011年6月17日中共中央组织部、中共中央统战部、国务院国有资产监督管理委员会、工业和信息化部、中华全国工商业联合会联合印发《企业经营管理人才队伍建设中长期规划（2010—2020年）》提出，要围绕企业发展战略目标，建立健全以岗位职责为基础，以品德、能力和业绩为导向，考核评价结果与人才培养、使用、激励相挂钩，充分体现科学发展观要求的企业经营管理人才考核评价机制。加强对企业领导人员的考核评价，建立和完善以聘期目标为依据的企业领导人员经营业绩考核制度，积极推行经济增加值考核，逐步强化考核指标与国际国内同行业企业对标，引导领导人员不断提高价值创造能力。坚持市场认可、出资人认可和职工群众认可的原则，建立和完善企业领导人员综合考核评价制度，在突出经营业绩的基础上，根据董事会成员、党组织负责人、经营管理者的不同岗位责任和履职特点，分层分类确定考核评价内容，综合考评领导人员的能力素质、履职行为和履职结果，强化考核评价结果的运用，坚持经营业绩考核结果与领导人员薪酬激励挂钩、综合考评结果与领导人员培养使用挂钩。要全面建立经营管理人才绩效考核评价体系，围绕企业发展战略实施的关键绩效指标，逐级分解落实企业改革发展任务，在此基础上建立健全以目标管理为重点、岗位职责为基础的经营管理人才绩效考核评价体系。考核评价结果作为经营管理人才选拔任用、薪酬分配和职业发展的重要依据。

中共中央组织部、国务院国资委党委高度重视中央企业领导人员考核评价工作，制定出台并修订完善了中央企业领导班子和领导人员综合考核评价办法，在实践中不断完善经营业绩考核体系，取得了很好的效果。但从近年来的工作实际看，仍然存在一些问题。比如，党建工作责任制落实情况考核刚刚起步，考核评价结果的运用还不够充分，经营业绩考核还没有做到根据岗位职责实现对每位班子成员的个性化考核等等。2018年5月11日审议通过的《中央企业领导人员管理规定》（以下简称《规定》）相比2009年11月印发的《中央企业领导人员管理暂行规定》增加了党建工作责任制落实情况考核与经营业绩个性化考核的相关内容，从综合、党建、业绩三个维度，进一步完善了中央企业领导人员考核评价体系，突出"抓改革、强党建、促发展"的导向，并结合中央企业实际，提出了一些具体措施。在综合考核评价方面，强调对中央企业领导班子重点考核评价政治素质、经营业绩、团结协作、作风形象和党建工作等情况，对中央企业领导人员重点考核政治表现、能力素质、工作业绩、廉洁从业和履行"一岗双责"等情况；在党建工作责任制落实情况考核方面，明确了考核对象、考核内容、考核周期、考核方式等，有利于促进中央企业党委（党组）和中央企业领导人员履行管党治党责任，发挥中央企业党委（党组）领导作用，推动中央企业改革发展和党的建设两手抓、两手硬；在经营业绩考核方面，强调实行经营业绩分类考核，按照中央企业功能定位、发展目标和责任使命，对标同行业先进企业，提高考核的针对性和有效性；强调区别中央企业领导人员岗位职责和履职特点，实现领导班子成员全覆盖。

二 实行领导人员年度考核和任期考核

2000年6月23日，中央办公厅印发了《深化干部人事制度改革纲要（2001—2010年）》提出，完善国有企业领导人员考核办法，"对国有企业领导人员实行年度考核和任期考核。根据岗位职责的特点，确定考核指标和考核标准，重点考核经营业绩和工作实绩"，"改进考核方法，研究制定国有企业领导人员业绩考核评价指标体系，在国有企业中逐步推广"，"建立国有企业领导人员的业绩档案"。

2005年，国务院国资委在实施"年度经营业绩考核"的同时，正式推出"任期经营业绩考核"，初步建立了年度考核与任期考核相结合、结果考核与过程评价相统一、考核结果与奖惩相挂钩的中央企业考评体系。

2009年12月，为深入贯彻落实《中央企业领导人员管理暂行规定》，中共中央组织部、国务院国资委党委联合下发了《中央企业领导班子和领导人员综合考核评价办法（试行）》，在国有企业逐步实施企业负责人经营业绩考核制度，国有资产保值增值责任层层得到落实，国有资产监管得到加强。

2016年12月国务院国有资产监督管理委员会发布的第33号令《中央企业负责人经营业绩考核办法》中明确指出，"构建年度考核与任期考核相结合、立足当前、着眼长远的考核体系"。其中规定，年度经营业绩指标是指利润总额、经济增加值等。而任期经营业绩考核指标则包括资本保值增值率和总资产周转率,以及一些符合企业中长期发展战略、反映可持续发展能力的指标。

三 完善中央企业负责人经营业绩考核办法

2000年6月23日,中央办公厅印发了《深化干部人事制度改革纲要(2001—2010年)》提出,改进考核方法,研究制定国有企业领导人员业绩考核评价指标体系,在国有企业中逐步推广,并建立国有企业领导人员的业绩档案。

国资委成立以来,始终把业绩考核作为国有资产监管的重要手段,充分发挥业绩考核在落实国有资本保值增值责任、做强做优做大中央企业中的引领作用和激励约束作用,紧紧围绕中央企业改革发展重点任务,不断探索完善中央企业负责人经营业绩考核制度。为切实履行企业国有资产出资人职责,维护所有者权益,落实国有资产保值增值责任。

2003年10月21日,国务院国有资产监督管理委员会第八次委主任办公会议审议通过《中央企业负责人经营业绩考核暂行办法》。

2004年,国务院国资委与中央企业负责人全部签订了经营业绩责任书。根据《中央企业负责人经营业绩考核暂行办法》对中央企业负责人经营业绩的考核指标为:年度经营业绩考核指标和任期经营业绩考核指标。年度经营考核指标主要包括基本指标(年度利润总额、净资产收益率)和分类指标。分类指标由国资委根据企业所处的行业特点,综合考虑反映企业经营管理水平、技术创新投入及风险控制能力等因素确定。

在2003年版基础上2006年12月30日第一次修订、2007年由国资委颁布实施的《中央企业负责人经营业绩考核暂行办法》,第三条明确:企业负责人的经营业绩实行年度考核与任期考核相结合,结果考核与过程评价相统一、考核结果与奖惩相挂钩的考核制度。经营业绩指标由基本指标和分类指标构成。分类指标由国资委根据企业所处行业特点,综合考虑反映企业经营管理水平、技术创新投入及考验控制能力等因素确定。

这之后出台了一些关于国有企业业绩经营考核办法的补充规定,进一步完善了对国有企业经营管理者的考核激励机制,加强了对国有企业负责人的监督和控制。

经 2009 年第二次修订，2012 年第三次修订国务院国资委发布自 2013 年 1 月 1 日起施行的《中央企业负责人经营业绩考核暂行办法》，规定了企业负责人经营业绩考核工作应当遵循的原则：按照国有资产保值增值和企业价值最大化以及可持续发展的要求，依法考核企业负责人经营业绩；按照企业的功能、定位、作用和特点，实事求是，公开公正，实行科学的差异化考核；按照权责利相统一的要求，坚持将企业负责人经营业绩考核结果同激励约束紧密结合，即业绩升，薪酬升；业绩降，薪酬降，并作为职务任免的重要依据，建立健全科学合理、可追溯的资产经营责任制；按照科学发展观的要求，推动企业加快转型升级，深化价值管理，不断增强企业核心竞争能力和可持续发展能力。

2016 年 12 月 15 日，国务院国资委发布第四次修订的《中央企业负责人经营业绩考核办法》。该《考核办法》规定了突出发展质量，坚持创新发展，重视国际化经营，健全问责机制的考核导向；还规定了分类考核原则：提出针对不同的功功能，企业应有不同的考核要求。准确界定企业功能，注重资本运营效率，根据国有资本的战略定位和发展目标，结合企业实际，对不同功能和类别的企业，突出不同考核重点，合理设置经营业绩考核指标及权重，确定差异化考核标准，实施分类考核；根据企业经营性质、发展阶段、管理短板和产业功能，设置有针对性的差异化考核指标。对主业处于充分竞争行业和领域的商业类企业，重点考核企业经济效益、资本回报水平和市场竞争能力，鼓励企业承担社会责任；对主业处于国家安全、国民经济命脉的重要行业和关键领域、主要承担国家重大专项任务的商业类企业，在保证合理回报和国有资本保值增值的基础上，加强对服务国家战略、保障国家安全和国民经济运行、发展前瞻性、战略性产业以及完成重大专项任务情况的考核；对公益类企业，坚持经济效益和社会效益相结合，把社会效益放在首位，重点评价产品服务质量、成本控制、营运效率和保障能力，相关评价指标引入第三方评价。但是，无论什么类型的企业，无论评价的内容是什么，在制定评价标准的时候，都可以与行业标杆相比较。

自 2003 年国务院国资委印发《中央企业负责人经营业绩考核办法》

以来，先后进行了四次修订①。从多年工作实践看，业绩考核作为国资监管的重要手段，对中央企业提高资产经营效率和管理水平，提升可持续发展能力，实现国有资产保值增值发挥了重大的作用。

2019年3月1日新修订的《中央企业负责人经营业绩考核办法》，自2019年4月1日起施行。指出，企业负责人经营业绩考核遵循原则为：坚持质量第一效益优先，坚持市场化方向，坚持依法依规，坚持短期目标与长远发展有机统一，坚持国际对标行业对标，坚持业绩考核与激励约束紧密结合。主要呈现以下四个特点：

（一）突出促进高质量发展考核

按照企业发展与国民经济发展速度相适应、与国民经济重要支柱地位相匹配、与高质量发展要求相符合的原则，确定企业经营业绩总体目标，多角度构建年度与任期相结合的高质量发展考核指标体系。

（二）突出分类考核和差异化考核

根据国有资本的战略定位和发展目标，结合企业发展实际情况，对不同功能和类别的企业，确定差异化考核标准，实施分类考核，设置合理的经营业绩考核指标及权重，突出不同的考核重点。对于混合所有制企业以及处于特殊发展阶段的企业，根据企业功能定位、改革目标和发展战略，考核指标、考核方式可以"一企一策"确定。

（三）突出与世界一流企业对标考核

进一步健全对标考核机制，强化国际对标，行业对标重点在指标设置、目标设定、考核计分和结果评级的应用。明确对具备条件的企业，运用国际对标、行业对标，确定短板指标纳入年度或任期考核。对国际化经营要求高的企业，加强国际资源配置能力、国际化经营水平等指标的考核。规定A级企业根据经营业绩考核得分，结合企业国际对标、行业对标情况综合确定，数量从严控制。

---

① 《中央企业负责人经营业绩考核暂行办法》2003年10月21日国务院国有资产监督管理委员会第八次委主任办公会议审议通过；2006年12月30日国务院国有资产监督管理委员会第46次委主任办公会议修订；2009年12月28日国务院国有资产监督管理委员会第84次委主任办公会议第二次修订；2012年12月26日国务院国有资产监督管理委员会第125次委主任办公会议第三次修订。

（四）突出强化正向激励考核

坚持业绩考核与激励约束紧密结合。坚持权责利相统一，建立与企业负责人选任方式相匹配、与企业功能性质相适应、与经营业绩相挂钩的差异化激励约束机制，加大正向激励力度，进一步激发和保护企业家精神。

第五节　改革国有企业领导人员薪酬分配制度

一　改革国有企业领导人员薪酬结构

1984 年，国营大中型企业开始试行厂长经理负责制。这一时期厂长经理的工资收入是按照传统的干部 24 级工资制度为基础，再加上奖励金，实际的工作收入水平和企业其他职工差距不大。1987 年全民所有制大中型工业企业普遍实行了承包经营责任制。1988 年 2 月 27 日国务院发布的《全民所有制工业企业承包经营责任制暂行条例》规定，负责承包经营的厂长经理的年收入视完成承包经营合同情况，可高于本企业职工年平均收入的 1—3 倍，贡献突出的可适当高一些。企业领导班子其他成员的收入要低于企业经营者。

随着国有企业干部人事制度改革的推进和劳动合同制的普遍实行，20 世纪 90 年代以来国有企业干部人事制度改革的重点聚焦于国有企业负责人。深化国有企业负责人薪酬制度改革，是深化国有企业改革和收入分配体制改革的重要组成部分，对建立健全国有企业薪酬分配激励和约束机制，促进企业持续健康发展和形成合理有序收入分配格局具有重要意义。

为了实现国有企业经营者责权利的统一，体现责任、风险、利益相一致的原则。1994 年《国有企业经营者年薪制试行办法》公布。到 1997 年，实施经营者年薪制的国有企业已突破 1 万家。

《2001 年政府工作报告》提出："要提高国有企业高层管理人员、技术人员的工资报酬，充分体现他们的劳动价值，可以试行年薪制。"对国有上市公司负责人和技术骨干，还可以实行期权制。

2003 年国务院国资委成立后，制定了中央企业负责人薪酬办法，在中央企业推行工效挂钩、工资总额控制等政策措施。

建立有效的中央企业负责人激励约束机制，完善中央企业业绩考核体系，是履行出资人职责的一项重要内容。为规范中央企业负责人薪酬管理，按照党的十六届三中全会精神，为切实履行出资人的职责，建立有效的中央企业负责人激励约束机制，促进中央企业改革发展和国有资产保值增值，根据《企业国有资产监督管理暂行条例》等有关法律法规，国资委于2004年制定了《中央企业负责人薪酬管理暂行办法》。该《暂行办法》明确企业负责人薪酬管理遵循如下原则：坚持激励约束相统一，薪酬与风险、责任相一致，与经营业绩挂钩；坚持短期激励与长期激励相结合，促进企业可持续发展；坚持效率优先、兼顾公平，维护出资人、企业负责人、职工等各方的合法权益；坚持薪酬制度改革与相关改革配套进行，推进企业负责人收入分配的市场化、货币化、规范化。以该《暂行办法》为起点，基本确立了中央企业负责人薪酬整体框架。明确企业负责人薪酬由基薪、绩效薪资和中长期激励单元三部分构成。基薪是企业负责人年度的基本收入，主要根据企业规模、经营管理难度、所承担的战略责任和所在地区企业平均工资、所在行业平均工资、本企业平均工资等因素综合确定。绩效薪金与经营业绩考核结果挂钩，以基薪为基数，根据企业负责人的年度经营业绩考核级别及考核分数确定，考核当年兑现60%，根据考核结果，由企业一次性提取，分期兑现，其余40%延期兑现。企业其他负责人的基薪由企业根据其任职岗位、责任、风险确定，应采取民主测评等多种方式合理拉开差距。该《暂行办法》还提出，要在管理规范的基础上，对中央企业的负责人实行中长期激励，即股票期权激励。之后又出台了《中央企业负责人薪酬管理暂行办法实施细则》。

2005年，在少数企业试行经理（厂长）年薪制、持有股权等分配方式。

2008年《中华人民共和国企业国有资产法》履行出资人职责的机构应当按照国家有关规定，对其任命的国家出资企业管理者进行考核、奖惩并确定其薪酬标准。

2009年9月16日，人力资源社会保障部会同中央组织部、监察部、财政部、审计署、国资委等单位联合下发了《关于进一步规范中央企业负责人薪酬管理的指导意见》（以下简称《意见》）。《意见》明确了企业负责人的薪酬结构主要由基本年薪、绩效年薪和中长期激励收益三部分构成。重点对基本年薪和绩效年薪作了规范，要求企业负责人的基本年薪按月支付，绩效年薪按照先考核后兑现的原则，根据年度经营业绩考核结果，由企业一次性提取，分期兑现。

2010年10月12日，中共中央、国务院印发《国家中长期人才发展规划纲要（2010—2020年）》提出，企业经营管理人才队伍建设的内容中提出："完善年度薪酬管理制度、协议工资制度和股权激励等中长期激励制度。"

2011年的《政府工作报告》提出："建立健全职工工资增长机制，严格执行最低工资制度，有效调节过高收入。加强对收入过高行业工资总额和工资水平的双重调控，严格规范国有企业、金融机构高管人员的薪酬管理。"

2013年2月3日，国务院批转发展改革委等部门《关于深化收入分配制度改革若干意见的通知》。《通知》中指出，收入分配制度是经济社会发展中一项带有根本性、基础性的制度安排，是社会主义市场经济体制的重要基石。改革开放以来，我国收入分配制度改革不断推进，与基本国情、发展阶段相适应的收入分配制度基本建立。同时，收入分配领域仍存在一些亟待解决的突出问题，收入分配秩序不规范，隐性收入、非法收入问题比较突出。要继续深化收入分配制度改革，在继续完善初次分配机制一节的内容中提出，要加强国有企业高管薪酬管理。对部分过高收入行业的国有及国有控股企业，严格实行企业工资总额和工资水平双重调控政策，逐步缩小行业工资收入差距。缩小国有企业内部分配差距，高管人员薪酬增幅应低于企业职工平均工资增幅。对非国有金融企业和上市公司高管薪酬，通过完善公司治理结构，增强董事会、薪酬委员会和股东大会在抑制畸高薪酬方面的作用。建立与企业领导人分类管理相适应、选任方式相匹配的企业高管人员差异化薪酬分配制度，综合考虑当期业绩和持续发展，建立健全根据经营管理绩效、风险和责任确定薪酬的制度，对行政任命的国有企业高管人员薪酬水平实行限高，推广薪酬延期支付和追索扣回制度。

中共中央政治局2014年8月29日召开会议，审议通过了《中央管理企业负责人薪酬制度改革方案》，该《方案》明确央企负责人薪酬将由之前基本年薪和绩效年薪两部分构成，调整为由基本年薪、绩效年薪、任期激励收入三部分构成。改革提及的央企负责人，是指中央企业中由中央管理的负责人，包括由国务院代表国家履行出资人职责的国有独资或国有控股企业中，由中央管理的企业董事长、党委书记（党组书记）、总经理（总裁、行长等）、监事长（监事会主席）以及其他副职负责人。下一步，将坚持分级分类管理，建立与中央企业负责人选任方式相匹配，与企业功能性质相适应的差异化薪酬分配办法。其他中央企业负责人、中央各部门所属企业和地方国有企业负责人薪酬制度改革，也要参照《中央管理企业负责人薪酬制度改革方案》精神积极稳妥推进。有关部门要加强统筹协调和指导监督，推动改革顺利实施。

2014年11月，党中央、国务院印发了《关于深化中央管理企业负责人薪酬制度改革的意见》，对国有企业特别是中央企业负责人薪酬制度改革进行了全面部署。《意见》指出："坚持国有企业完善现代企业制度的方向，健全中央管理企业负责人薪酬分配的激励和约束机制。"坚持激励和约束相结合，建立与企业功能性质相适应、与企业负责人经营业绩相挂钩的差异化薪酬分配办法。央企负责人的薪酬由基本年薪和绩效年薪两部分改为由基本年薪、绩效年薪、任期激励收入三部分构成。对组织任命的企业负责人，其基本年薪根据企业负责人岗位职责和承担风险等因素确定；绩效年薪以基本年薪为基数，根据年度考核评价结果，结合绩效年薪调节系数确定；任期激励收入根据任期考核评价结果确定。对市场化选聘的职业经理人，确定其薪酬也要考虑所在企业的不同功能性质、不同经营规模的区别以及本人承担的经营责任等方面的差异性，加强经营业绩考核。同时，实行契约化任期制管理，完善严格退出机制，对未完成约定目标任务、考核不合格的，予以解聘。

2015年《中央部门管理企业负责人薪酬制度改革方案》正式实施。中央部门管理企业负责人薪酬制度对不合理的偏高、过高收入进行调整，11月20日，随着央企高管薪酬改革的实施，地方国资委下属国企高管薪酬改革也在推进之中，根据薪酬改革划定的时间表，2016年大部分薪酬改革方案将落地，高管降薪约20%—30%。在限制薪酬的同时，扩大市场化选聘将成为下一步深化国企薪酬改革的重要内容

二 规范国有企业领导人员薪酬管理和履职待遇

自2002年国有企业开始推行年薪制，并规定高管年薪不得超过职工工资四倍以来，由于国企高管薪酬决定机制规则不清，在实际操作过程中

缺乏对国有企业高管薪酬标准等具体问题的明确规定导致一些国企高管薪酬过高、与绩效明显脱节、自定薪酬等问题比较突出甚至出现天价薪酬与企业亏损并存情况。一些国企高管过高的薪酬与普通员工低收入差距过大，不仅不利于调动员工的积极性，还会对实现企业的可持续发展。全社会收入分配状况产生不利影响。所以国企高管薪酬受到社会公众的普遍关注。

党中央、国务院高度重视规范国有企业负责人薪酬管理。按照中共中央、国务院关于加强国有企业负责人薪酬管理的要求，为建立健全中央企业负责人收入分配的激励和约束机制，经国务院同意，2009年9月16日，人力资源社会保障部会同中央组织部、监察部、财政部、审计署、国资委等单位联合下发了《关于进一步规范中央企业负责人薪酬管理的指导意见》（以下简称《意见》）。《意见》主要从适用范围、规范薪酬管理的基本原则以及薪酬结构和水平、薪酬支付、补充保险和职务消费、监督管理、组织实施等方面，进一步对中央企业负责人薪酬管理作出了规范。《意见》从我国实际出发，总结近年来改革的实践经验，借鉴国际上加强企业高管薪酬管理的做法，确定了规范中央企业负责人薪酬管理的五项基本原则：一是坚持市场调节与政府监管相结合；二是坚持激励与约束相统一；三是坚持短期激励与长期激励相兼顾；四是坚持负责人薪酬增长与职工工资增长相协调；五是坚持完善薪酬制度与规范补充保险、职务消费等相配套。通过加强对中央企业负责人薪酬管理，使中央企业负责人薪酬做到结构合理、水平适当、管理规范。为切实形成企业负责人绩效年薪与实际经营业绩紧密挂钩，《意见》要求加强对企业负责人经营业绩的考核，将年度业绩考核和任期业绩考核结合起来，根据不同行业和企业的生产经营特点科学设计体现经营盈利与风险控制的考核指标，合理确定经营目标，规范考核程序，严格考核管理，绩效年薪根据年度经营业绩考核结果确定，从而进一步建立健全中央企业负责人收入分配的激励和约束机制。兼顾调动中央企业负责人积极性和调控企业负责人与职工工资收入差距两个方面，从我国处于社会主义初级阶段的基本国情和实行社会主义市场经济的要求出发，《意见》规定企业主要负责人的基本年薪与上年度中央企业在岗职工平均工资相联系；绩效年薪根据年度经营业绩考核结果确定，从而进一步建立健全中央企业负责人收入分配的激励和约束机制。由于我国对股权激励等中长期激励的配套改革政策还在试行中，《意见》对中长期激励采取了更为谨慎的态度，仅仅作了"可审慎探索"的原则性规定。《意见》对企业负责人的补充保险和职务消费作出了原则规定。在补充保险方面，企业在依法参加基本社会保险的基础上，为负责人建立企业年金和补充医疗保险的，要按照国家有关规定确定缴费和待遇标准。在职务消费方面，要从严控制职务消费，企业要按有关规定建立健全职务消费管理制度。《意见》还明确了有关部门对中央企业负责人薪酬分配的监管职责，强调要对企业负责人薪酬制度实施过程和实施结果进行监督检查，及时对违规行为进行处理。《意见》指出，规范中央企业负责人薪酬分配是一项政策性很强的工作。各有关部门和中央企业要按照深入贯彻落实科学发展观的要求，从促进中央企业健康、持续发展出发，各司其职，密切配合，共同做好规范中央企业负责人薪酬管理工作。

《2011年政府工作报告》提出："建立健全工资正常增长机制，严格执行最低工资制度，有效调节过高收入，加强对收入过高行业工资总额和工资水平的双重调控，严格规范国有企业、金融机构高管人员的薪酬管理。"

2013年，国务院批转《关于深化收入分配制度改革的若干意见》，提出劳动报酬增长要和劳动生产率的提高同步，逐步形成合理有序的收入分配格局。然而，一些国有企业，特别是一些中央所属企业，由于承担的重要职责，具有独占资源和垄断地位，并得到国家政策的倾斜，获得了高额利润，其负责人往往具有双重身份，既拥有比较高的行政级别，又领取高薪酬。有的高管薪酬与其经营业绩不相符，经营状况不佳，甚至在企业出现巨亏而企业负责人却拿着几十万元、几百万元的年薪，直接加剧了社会分配不公，为此，国企高管收入与职工和其他社会群体收入差距成为公众热议的话题。据有关资料显示：2013年中国沪深股市上市公司主要负责人年平均薪酬水平为76.3万元，而央企负责人薪酬水平约是其两到三倍，与职工薪酬差距达到12倍。为此，在继续推进国有企业分类分级管理、健全公司法人治理结构、进一步建立健全现代企业制度以及推进收入分配制度改革的大背景下，重点对国有企业，特别是央企负责人的薪酬及履职待遇进行了调整和规范。

党的十八大以来，中央进一步完善国有企业领导人员管理制度，规范国有企业领导人员的薪酬制度和履职待遇。中共十八届三中全会通过的《中共中央关于全面深化改革若干重大问题的决定》中，有关国企主要负责人的薪酬待遇规定，位于"推动国有企业完善现代企业制度"的部分，明确"国有企业要合理增加市场化选聘比例，合理确定并严格规范国有企业管理人员薪酬水平、职务待遇、职务消费、业务消费"。这就是将规范国企薪酬制度作为实现公平与效率关系调整的切入点，体现于公平促进效率的政策倾向。

2014年8月18日，中央全面深化改革领导小组第四次会议，会议部署了央企主要负责人薪酬制度改革。在这次会议上中共中央总书记习近平明确要求，逐步规范国有企业收入分配秩序，对不合理的偏高、过高收入进行调整。他强调，除了国家规定的履职待遇和符合财务制度规定标准的业务支出外，国有企业负责人没有其他的"职务消费"，按照职务设置消费定额并量化到个人的做法必须坚决根除。8月29日中共中央政治局召开会议，《中央管理企业负责人薪酬制度改革方案》《关于合理确定并严格规范中央企业负责人履职待遇、业务支出的意见》两份文件获得审议通过。《中央管理企业主要负责人薪酬制度改革方案》指出，对行政任命的、履行国有资本监管者职责的企业负责人不合理的偏高、过高收入进行调整，旨在规范国有企业收入分配秩序，实现薪酬水平适当、结构合理、管理规范、监督有效。《关于合理确定并严格规范中央企业负责人履职待遇、业务支出的意见》指出，除了国家规定的履职待遇和符合财务制度规定标准的业务支出外，国有企业负责人没有其他的"职务消费"，按照职务设置消费定额并量化到个人的做法必须坚决根除。旨在合理确定并严格规范中央企业负责人的履职待遇和业务支出，这是多年来中央管理企业高管薪酬调整的一次大动作。

2014年11月，党中央、国务院印发了《关于深化中央管理企业负责人薪酬制度改革的意见》，对国有企业特别是中央企业负责人薪酬制度改革进行了全面部署。提出三方面的改革任务：一是坚持分类管理，建立与企业负责人选任方式相匹配的差异化薪酬分配制度；二是坚持激励与约束相结合，建立与企业功能性质相适应、与企业负责人业绩相挂钩的差异化薪酬分配办法。三是坚持统筹兼顾，合理确定企业负责人薪酬水平。该《意见》坚持统筹兼顾，合理确定企业负责人薪酬水平。无论对组织任命的国有企业负责人，还是对市场化选聘的职业经理人，都要在综合考虑有关群体工资水平的基础上，合理确定其薪酬水平，推动形成企业负责人与企业职工之间的合理工资收入分配关系，调节不同企业负责人之间的薪酬差距，进一步促进社会公平正义。

2015 年 1 月，《中央管理企业负责人薪酬制度改革方案》正式实施，规定高管薪酬不得超过在岗职工平均工资的 7.8 倍，致使畸高的央企高管薪酬迎来"限薪令"。从 2015 年开始的国企高管薪酬制度改革揭开了全面深化国企改革的序幕。主要针对的仍然是国企高管，建立了"业绩升、薪酬升，业绩降、薪酬降"的强激励硬约束机制。以中央企业为代表的国企高管的薪酬无论是数量、结构还是激励效果都发生了很大的变化①。同时，引入股权激励等创新导向的中长期激励方式，充分调动高级管理人员以及管理、技术骨干等核心人员的积极性和创造性等。

2016 年，国家人力资源与社会保障部公布了全国 25 个省市关于国有企业的限薪实施方案，规定公司高管的最高工资不得超过员工的 8 倍。限薪令的推出，限薪令最核心的内容是对行政任命的央企高管人员及其部分垄断性的高收入行业的央企负责人薪酬水平实施限高，由此来抑制央企高管获得畸高薪酬，缩短缩小央企内部分配差距。应该说"限薪""减薪"不是目的，对合理的薪酬进行调整，规范薪酬制度才是改革的初衷。

三 建立国有企业领导人员差异化薪酬分配制度

尽管 2003 年以后部分国有企业经营管理者实行了市场招聘，但是由上级组织或主管部门任命的依然占了绝大多数，然而与国家公务员不同的是，国有企业的领导人员要在市场竞争的环境下经营管理企业创造经济效益，且在他们在竞争性的企业和垄断性企业获利中的贡献亦有所不同，因而，有必要对国有企业领导人员分类分级管理，建立与企业负责人选任方式相匹配、与企业功能性质相适应的薪酬分配办法，实行差异化薪酬。

2014 年 11 月，党中央、国务院印发了《关于深化中央管理企业负责人薪酬制度改革的意见》提出：坚持分类管理，建立与企业负责人选任

---

① 陈晓东、高碃：《国有企业改革新路——高管薪酬制度改革的历史逻辑与政策效果》，中国财政经济出版社 2017 年版，第 79 页。

方式相匹配的差异化薪酬分配制度。对于党中央、国务院以及由各级党委、政府及其部门任命的企业负责人，重点是严格规范薪酬结构（由基本年薪、绩效年薪和任期激励收入构成），建立科学合理的薪酬形成机制，对不合理的偏高、过高收入进行调整。对通过市场化选聘的职业经理人，其薪酬结构和水平，由董事会按照市场化薪酬分配机制确定，可以采取多种方式探索完善中长期激励机制。

《中央管理企业负责人薪酬制度改革方案》于2015年1月1日实施，包括"完善制度、调整结构、加强监管、调节水平、规范待遇"五个方面的内容。最核心的内容是明确：中央管理企业负责人薪酬将采用差异化薪酬管控的办法，综合考虑当期业绩和中长期持续发展，重点对行政任命的中央企业负责人以及部分垄断性的高收入行业的中央企业负责人薪酬水平实行限高。从范围来看，改革将涉及72家央企，具体包括中石油、中石化、中国移动等由组织部门任命负责人的53家央企，以及其他19家金融、铁路等央企。改革实施后，央企高管的薪酬和福利都将得到约束，总收入将不超过其企业在职职工平均工资的7.8倍，且央企负责人须公开薪酬。[①] 可以说，这次央企负责人薪酬制度改革，触动利益最大的群体将是金融央企主要负责人。这是由于从2002年开始的以五大银行为首的国有银行改革，将国有银行彻底推向了市场，在资本市场框架内公开、透明运作，并严格接受市场的监督。改革使国有银行的高管薪酬大幅度提升，整个银行系统员工的薪酬也得以全面提升。但这些国有银行的主要负责人仍然属于中组部管理的干部，仍然享受相应级别的干部待遇，由此就形成了薪酬市场化、职务身份并未市场化的现象，金融领域的高管薪酬平均高于其他国有企业。通过改革应该明确两种身份的不同，针对不同身份采取不同的职务职责和薪酬体系，同时，应给部分人员自由选择身份的机会。

2015年8月24日，《中共中央、国务院关于深化国有企业改革的指导意见》提出"建立国有企业领导人员分层分类管理的制度"，并以此为基点，对国有企业负责人的薪酬提出分类管理的思路："对国有企业领导人员实行与选任方式相匹配、与企业功能性质相适应、与经营业绩相挂钩

---

① 姜涛：《外媒：中国72家央企高管正式降薪并将公开收入》，中国日报中文网，https://caijing.chinadaily.com.cn/2015-01/05/content_19238078.htm，2015年1月5日。

的差异化薪酬分配办法。"既要"与选任方式相匹配，又与企业功能性质相适应"，还要"与经营业绩相挂钩的"。该《指导意见》还指出："中央和地方各级政府及其部门任命的国有企业领导人员，要合理确定基本年薪、绩效年薪和任期激励收入。"建立科学合理的薪酬形成机制，与此同时，对于那些通过市场化选聘作为职业经理人的，可以采取多种方式来探索中长期激励机制，而他们的薪酬结构和水平，则应该采取市场化的薪酬分配机制由董事会来确定。并要健全与激励机制相对称的经济责任审计、信息披露、延期支付、追索扣回等约束机制。严格规范履职待遇、业务支出，严禁将公款用于个人支出。

在国企改革中，相对于资本的整合，分配制度改革阻力更大。某些薪酬结构不合理的情况在一定程度上对此前国企改革预期效果产生影响，改革受阻归根结底在于利益矛盾。作为社会热议的焦点，国有企业负责人差异化薪酬分配再度纳入"十项改革试点"中。开展企业薪酬分配差异化改革试点，目的是完善国有企业负责人薪酬分类管理制度、建立健全职业经理人薪酬管理制度。力争到2020年左右，全面形成与国有企业负责人选任方式相匹配、与企业功能性质相适应的负责人薪酬管理办法和业绩考核评价办法。[①] 与此同时，企业内部分配制度也要的根据员工所在岗位价值的大小以及不同类型员工贡献的多少进行差异化改革。

第六节　健全国有企业领导人员激励约束机制

一　国有企业领导人员任期经济责任审计

在国有企业实施"公司制"的过程中，其劳动人事制度改革的焦点主要集中在对企业高层经理，尤其是"第一把手"的行为激励和约束上。但在现实中随着所有权和经营权的分离，由于国家资产"所有者虚位"，导致对企业经理的监控弱化，经理人员的"职位消费"和"个人支出账户"无限扩张，造成国有资产流失。虽然国有企业也在努力探索有效的激励机制，试图将国有企业经营者报酬与企业的效益挂钩，并考

---

① 杨烨、林远、孙韶华：《国企改革政策落地释放多重红利》，《经济参考报》2016年2月26日。

虑与风险和企业长期绩效相联系。但在今后相当长的一段时间内，国有企业内部的劳动人事制度改革仍将聚焦于企业高层经理的激励约束机制的构建。

2000年3月，国务院颁发了《国有企业监事会暂行条例》。国有企业按照《中华人民共和国公司法》和《国有企业监事会暂行条例》建立健全监事会，依法行使职权。推行财务总监委派制度。建立国有企业重大决策失误追究制度。实行国有资产经营责任制和国有企业领导人员任期经济责任审计。

2000年6月23日，中央办公厅印发了《深化干部人事制度改革纲要（2001—2010年）》提出，健全国有企业领导人员激励机制，研究制定经营管理者收入与企业经营业绩挂钩的具体办法。对经营业绩和工作实绩突出，为企业发展作出重要贡献的领导人员，给予物质和精神奖励。探索年薪制、持有股权等分配方式。选择具备条件的企业先行试点，取得经验后逐步推开。有关部门要加强对推行年薪制、持有股权等分配方式改革的指导和监督。

2000年12月，审计署印发《国有企业及国有控股企业领导人员任期经济责任审计暂行规定实施细则》。国资委按照2003年召开的中共十六届三中全会精神，制定的中央企业负责人年度、任期考评办法，中央企业负责人薪酬管理办法等多种形式的激励、监督方式，加强了对企业经营管理者的业绩考核，建立健全了企业领导人员的定期考核制度，并将考核结果与奖惩、薪酬挂钩，实现了对企业领导人员的激励与监督。

2005年，《国务院关于2005年深化经济体制改革的意见》中提出，加快推进国有大型企业股份制改革，支持具备条件的企业逐步实现主营业务整体上市，以建立健全国有大型公司董事会为重点，抓紧健全法人治理结构、独立董事和派出监事会制度。4月，国资委下发《企业国有产权向管理层转让暂行规定》，规定中小型国有企业及国有控股企业的国有产权可以向管理层转让。同年，国资委在中央企业推行工效挂钩、工资总额控制等政策措施，在少数企业试行经理（厂长）年薪制、持有股权等分配方式，并制定了中央企业负责人薪酬管理暂行办法，建立和完善了中央企业负责人考评体系。

二 出台股权激励试行办法

作为长期激励机制的股票期权,是指公司赋予高级经营管理人员等激励对象的一种权利。获得这种权力的人可以在一定时期内以事先约定的价格购买一定数量的本公司股票。

2006年1月开始实施的新《公司法》对国有独资公司和国有控股公司的治理结构中股东会、董事会和监事会的组成等方面作出了一些特别的规定。同年,《国有控股上市公司(境外)实施股权激励试行办法》《国有控股上市公司(境内)实施股权激励试行办法》相继出台,股权激励制度进一步在国有境内上市企业中放开。

为进一步规范实施股权激励,国资委于2008年出台了《关于规范国有控股上市公司实施股权激励制度的有关问题的通知》,从实施条件、业绩指标、激励收益、规范管理等方面进行指导。在加大国有企业经营管理者激励的同时,按照有关法律完善企业负责人的监督约束机制。根据《中华人民共和国公司法》和《国有企业监事会暂行条例》建立健全监事会,依法行使职权,推行财务总监委派制度。建立国有企业重大决策失误追究制度。实行国有资产经营责任制和国有企业领导人任期经济责任审计。凡是由于企业领导人员失职、渎职给企业造成重大损失的,要依法追究其责任,并不得继续担任或易地担任国有企业领导职务。同年,国资委发布了《关于中央企业履行社会责任的指导意见》,加强对重点国有企业领导人履行社会职责的要求。

2015年,《中共中央国务院关于深化国有企业改革的指导意见》提出:健全与激励机制相对称的经济责任审计、信息披露、延期支付、追索扣回等约束机制。严格规范履职待遇、业务支出,严禁将公款用于个人支出。

三 完善中长期激励措施

中长期激励主要是指对企业经营发展做出突出贡献和在企业未来发展中具有关键或核心作用的人员激励。企业领导人员中长期激励方式包括股票激励、股票增值权、限制性股票、虚拟股票、业绩、股票激励等,将企业业绩增长与企业领导人利益绑在一起,利益共享,风险共担,用以避免企业领导人忽视企业长期利益，追逐短期获利行为，损害企业长远发展。

随着企业改革的不断深入，建立企业经营者长期激励约束机制，减少经营者短期行为，成为企业体制改革中非常突出和紧迫的任务。

2015年《中共中央国务院关于深化国有企业改革的指导意见》提出："对市场化选聘的职业经理人实行市场化薪酬分配机制，可以采取多种方式探索完善中长期激励机制。"2016年3月中共中央印发的《关于深化人才发展体制机制改革的意见》提出："完善国有企业经营管理人才中长期激励措施。"根据《关于国有控股混合所有制企业开展员工持股试点意见》的规定，参照员工持股试点方案规范操作，对持股条件、持股比例、入股价格、出资方式、持股方式、股权分红、股权管理、股权流转及岗位变动调整股权等操作细节，国有企业正在积极探索国有企业经营管理者持股有效模式。2017年《国务院办公厅关于进一步完善国有企业法人治理结构的指导意见》提出："有序推进职业经理人队伍建设，逐步扩大职业经理人队伍，实行市场化薪酬，探索完善中长期激励机制，研究出台相关指导意见。"

第七节　完善企业领导人员管理监督体系

一　注重国有企业领导人员履职行为监管

1988年3月25日至4月13日在北京举行的七届全国人大第一次会议通过的《中华人民共和国全民所有制工业企业法》第八条规定，"中国共产党在企业中的基层组织，对党和国家的方针政策，在本企业的贯彻执行，实行保证监督"。

1994年开始，国有企业改革进入建立现代企业制度时期，国有企业的领导体制开始按照公司制企业的治理结构来规范，形成股东（大）会、董事会、经理层、监事会组成的决策机构，辅助决策机构、执行机构和监督机构相互独立、逐级授权、权责分明、各司其职、相互制约的纵向授权模式。在国有企业领导体制方面，不仅要解决公司治理机构的股东会、董事会、经理层和监事会权力配置问题，还要解决公司治理机构与企业基层党组织、职工代表大会的关系问题。在实践中，多数企业采取了董事长兼总经理和党委书记的做法，这又使加强对国有企业领导人员权力的监督变得非常重要。

1996年，中央大型企业工委与中央国家机关党工委纪委中负责监督管理中央企业的有关部门合并，成立中央企业工委，负责中央企业党政领导人员的管理工作。为了加强对国有企业的监督，1998年5月，国务院发出《关于印发国务院向国有重点大型企业派出稽察特派员方案的通知》。7月，国务院发布《国务院稽察特派员条例》实行国有企业稽察特派员制度。国务院设稽察特派员总署，工作机构设在人事部。稽察特派员由国务院派出，代表国家对国有重大型企业行使监督权力。其职责之一就是稽察企业主要负责人贯彻执行有关法律法规和国家政策情况。

同年中央企业工委与国家经贸委部分管理企业职能机构合并，成立国务院国有资产管理委员会，全面负责企业党政领导人员的管理监督工作。

1999年中共十五届四中全会通过了《中共中央关于国有企业改革和发展若干重大问题的决定》提出，继续试行稽察特派员制度，同时要健全和规范监事会制度。明确国有独资和国有控股公司的"董事会和监事会都要有职工代表参加"

2000年3月，国务院发布《国有企业监事会暂行条例》取代了《国务院稽察特派员条例》，稽察特派员改称监事会主席。

2000年6月，中央办公厅印发关于《深化干部人事制度改革规划纲要（2001—2010年）》提出，要"强化国有企业领导人员监督约束机制"。加强党组织监督和职工民主监督，坚持和完善民主评议企业领导人员和厂务公开等制度。

2003年3月16日，国务院国资委成立，此后国有重点大型企业监事会由国务院国资委代管。

中央层面，从2005年开始加强对国有企业负责人的管理，2005年8月出台了《国家公务员、国有企业负责人不得投资煤矿》，明确了企业负责人不能参与的投资事项。

2009年12月，国资委发布《国有企业干部管理办法》，从制度上对国有企业干部管理业务进行了细致梳理，也提出了一系列要求。同时，中共中央办公厅、国务院印发了《中央企业领导人员管理暂行规定》。为深入贯彻落实《暂行规定》，中共中央组织部、国务院国资委党委联合下发了《中央企业领导班子和领导人员综合考核评价办法（试行）》，在国有企业逐步实施企业负责人经营业绩考核制度。

为规范国有企业领导人员廉洁从业行为，促进国有企业科学发展，依据国家有关法律法规和党内法规，制定了《国有企业领导人员廉洁从业若干规定》，财政部、监察部、审计署、国资委颁布了《国有企业领导人员职务消费行为监督管理实施细则》。

2015年6月，《关于在深化国有企业改革中坚持党的领导加强党的建设的若干意见》和《关于加强和改进企业国有资产监督防止国有资产流失的意见》相继出台。8月《中共中央、国务院关于深化国有企业改革的指导意见》提出，要"加强对国有企业领导人员尤其是主要领导人员的日常监督管理和综合考核评价，及时调整不胜任、不称职的领导人员，切实解决企业领导人员能上不能下的问题"。9月中央办公厅印发《关于在深化国有企业改革中坚持党的领导加强党的建设的若干意见》，坚持从严教育管理国有企业领导人员，强化对国有企业领导人员特别是主要领导履职行权的监督。

习近平总书记反复强调，要把制度建设摆在党的建设的重要位置，向制度建设要长效，从严管理监督中央企业领导人员，首先要从制度规范入手，在标准上严格起来，在内容上系统起来，在措施上完善起来，在环节上衔接起来。针对一段时间以来中央企业领导人员管理上存在的宽松软问题，在总结实践经验基础上，2018年印发的《中央企业领导人员管理规定》，专门就管理监督作出了明确规定，强调要完善中央企业领导人员管理监督体系，进一步明确各管理监督主体的基本要求，把党内监督、监督监察同出资人监督、审计监督、职工民主监督、舆论监督贯通起来，优化监督资源、增强监督合力、提高监督效能。该《规定》强调上级党组织及其组织部门、纪检监察机关要全方位、多角度、近距离了解识别中央企业领导人员，加强日常管理监督，把管思想、管工作、管作风、管纪律统一起来，做到真管真严、敢管敢严、长管长严。该《规定》提出中央企业党委（党组）应当以党章为根本遵循，加强和规范党内政治生活，增强党内政治生活的政治性、时代性、原则性、战斗性，营造风清气正的良好政治生态。该《规定》对中央企业"三重一大"事项集体决策和中央企业领导人员兼职，出国管理，配偶、子女及其配偶经商办企业等，都作出了明确规定。

二 实行对违规违纪行为的责任追究

责任追究是企业领导人在履行职责过程中,发生失职、渎职、失误、违法或其他个人原因,对企业发展或工作造成不良影响或损失时,对当事人的追究与处理。

《中华人民共和国企业国有资产法》规定"国有独资企业、国有独资公司和国有资本控股公司的主要负责人,应当接受依法进行的任期经济责任审计"。

2000年3月,国务院颁发了《国有企业监事会暂行条例》。向部分国有大型企业派出监事会。① 8月,国务院任命的首批36位国有重点大中型企业监事会主席被派到中央管理的100家国有企业。按照《中华人民共和国公司法》和《国有企业监事会暂行条例》建立健全监事会,依法行使职权。推行财务总监委派制度。建立国有企业重大决策失误追究制度。实行国有资产经营责任制和国有企业领导人员任期经济责任审计。凡是由于企业领导人员失职、渎职给企业造成重大损失的,要依法追究其责任,并不得继续担任或易地担任国有企业领导职务。

2008年《中华人民共和国企业国有资产法》规定:"国有独资企业、国有独资公司、国有资本控股公司的董事、监事、高级管理人员违反本法规定,造成国有资产重大损失,被免职的,自免职之日起五年内不得担任国有独资企业、国有独资公司、国有资本控股公司的董事、监事、高级管理人员;造成国有资产特别重大损失,或者因贪污、贿赂、侵占财产、挪用财产或者破坏社会主义市场经济秩序被判处刑罚的,终身不得担任国有独资企业、国有独资公司、国有资本控股公司的董事、监事、高级管理人员。"接受委托对国家出资企业进行资产评估、财务审计的资产评估机构、会计师事务所违反法律、行政法规的规定和执业准则,出具虚假的资产评估报告或者审计报告的,依照有关法律、行政法规的规定追究法律责任。违反《中华人民共和国企业国有资产法》规定,构成犯罪的,依法追究刑事责任。

2009年,中共十七届四中全会明确提出,完善党政主要领导干部和

---

① 金碚:《中国国有企业发展道路》,经济管理出版社2013年版,第68页。

国有企业领导人员经济责任审计。2010年10月12日，《中共中央办公厅、国务院办公厅印发实施党政主要领导干部和国有企业领导人员经济责任审计规定》，并于12月8日向社会公布。《规定》的颁布实行，把组织监督、纪检监督和审计监督有机结合起来，是新时期，加强领导干部管理和监督的有效措施，使党内监督制度更加完善，监督手段更加有效。体现了审计监督与组织监督、纪检监督的统一性。规定明确，审计对象包括国有和国有控股企业的法定代表人。国有企业领导人员经济责任审计的主要内容是本企业财务收支的真实、合法和效益情况，有关内部控制制度的建立和执行情况，履行国有资产出资人经济管理和监督职责情况。有关部门和单位应该根据干部管理监督的相关要求，运用经济责任审计结果，将其作为考核、任免、奖惩被审计领导干部的重要依据，并以适当方式将审计结果运用情况反馈审计机关。经济责任审计结果报告应当归入被审计领导干部本人档案。

《党政主要领导干部和国有企业领导人员经济责任审计规定实施细则》经中央经济责任审计工作部际联席会议审议通过，于2014年7月27日由中央纪委机关、中央组织部、中央编办、监察部、人力资源社会保障部、审计署、国资委联合印发。

2017年4月24日《国务院办公厅关于进一步完善国有企业法人治理结构的指导意见》明确提出，要"强化责任意识，明确权责边界，建立与治理主体履职相适应的责任追究制度"。董事、监事、经理层成员应当遵守法律法规和公司章程，对公司负有忠实义务和勤勉义务；要将其信用记录纳入全国信用信息共享平台，违约失信的按规定在"信用中国"网站公开。董事应当出席董事会会议，对董事会决议承担责任；董事会决议违反法律法规或公司章程、股东会决议，致使公司遭受严重损失的，应依法追究有关董事责任。经理层成员违反法律法规或公司章程，致使公司遭受损失的，应依法追究有关经理层成员责任。执行董事和经理层成员未及时向董事会或国有股东报告重大经营问题和经营风险的，应依法追究相关人员责任。企业党组织成员履职过程中有重大失误和失职、渎职行为的，应按照党组织有关规定严格追究责任。

三 加强国有企业领导人员党风廉政建设

20世纪90年代以来，国有企业的在不同程度、不同范围内存在着以权谋私、权钱交易、利益输送和变相瓜分侵吞国有资产现象腐败现象，1999年12月，党中央成立中央企业工委，负责国有重要骨干企业党的建设、领导班子管理、党风廉政建设和监事会的日常工作。

由于国有企业在国民经济中占有的支配性和主导性地位，国有企业腐败现象的影响才更加恶劣，它不仅破坏社会主义市场经济的经济环境和经济秩序，还削弱了党的执政基础，所以，根治国企腐败现象，既是关系国民经济健康运行和长远发展的重大经济问题，也是关系社会主义制度前途命运的重大政治问题。

为规范国有企业领导人员廉洁从业行为，依据国家有关法律法规和党内法规，2004年中央纪委、中央组织部、监察部、国务院国资委联合发布的《国有企业领导人员廉洁从业若干规定（试行）》，对于加强国有企业党风建设和反腐倡廉工作，发挥了重要作用。

为了促进国有企业领导人员廉洁从业惩处违反廉洁自律要求的行为，中华人民共和国监察部、中华人民共和国人力资源和社会保障部、国务院国有资产监督管理委员会联合制定的《关于国有企业领导人员违反廉洁自律"七项要求"政纪处分规定》国务院国资委于2008年10月28日通过。自2009年3月1日起施行。

随着国有企业反腐倡廉建设不断深入，《国有企业领导人员廉洁从业若干规定（试行）》的有关内容已经不能完全适应新形势需要，为规范国有企业领导人员廉洁从业行为，加强国有企业反腐倡廉建设，维护国家和出资人利益，促进国有企业发展，中央决定予以修订。2009年7月中共中央办公厅、国务院办公厅印发了《国有企业领导人员廉洁从业若干规定》。该《规定》依据国家有关法律法规和党内法规制定，适用于国有独资企业、国有控股企业（含国有独资金融企业和国有控股金融企业）及其分支机构的领导班子成员。在第二章"廉洁从业行为规范"中明确：国有企业领导人员应当切实维护国家和出资人利益。不得有滥用职权、损害国有资产权益的行为；国有企业领导人员应当忠实履行职责。不得有利用职权谋取私利以及损害本企业利益的行为；国有企业领导人员应当正确行使经营管理权，防止可能侵害公共利益、企业利益行为的发生。国有企业领导人员应当勤俭节约，依据有关规定进行职务消费。国有企业领导人员应当加强作风建设，注重自身修养，增强社会责任意识，树立良好的公众形象。并如上方面对不得有的行为，做了列举。《规定》是规范国有企业领导人员廉洁从业行为的基础性法规，对于加强国有企业反腐倡廉建设、维护国家和出资人利益、促进国有企业科学发展、保障职工群众合法权益具有重要作用。

党的十八大以来，中央加大对国企的巡视和监管力度，暴露出国企存在的以权谋私、权钱交易、利益输送等腐败现象和变相瓜分侵吞国有资产现象相当严重。国有企业在国民经济中占有支配性和主导性的地位，因而国有企业的腐败现象带来的绝对不仅仅是国有资产的大量流失和人民群众利益的受损的问题，而是削弱党的执政基础，破坏社会主义市场经济正常秩序。是关系到改革开放的全局、关系到中国特色社会主义制度的重大政治问题。

由于国有企业其所有权归中央和地方政府所有，由各级政府的国资委负责管理监督，由党的组织部门按照党管干部的原则派出企业领导，这样的体制安排就使国有企业领导人员的腐败现象和党政机关领导干部的腐败现象同样，在造成国有资产流失的同时，还严重损害了党和政府的形象以及在人民群众中的威信。所以，深入开展党风廉政建设和反腐败斗争、贯彻落实中央八项规定以及在选拔任用干部等各项人事制度要求的指示精神，根治国企腐败现象，既是关系国民经济健康运行和长远发展的重大经济问题，也是关系社会主义制度前途命运的重大政治问题。

2017年5月发布的《国务院办公厅关于进一步完善国有企业法人治理结构的指导意见》明确提出："国有企业董事、监事、经理层中的党员每年要定期向党组（党委）报告个人履职和廉洁自律情况。上级党组织对国有企业纪检组组长（纪委书记）实行委派制度和定期轮岗制度，纪检组组长（纪委书记）要坚持原则、强化监督。"

第五章

国有企业公司治理机制变革

第一节 建立现代企业制度

一 推进国有企业公司制改制

改革开放以来,为了激发国营企业活力,我国国营企业改革先后经历了放权让利、承包制等多种尝试。1986年12月,国务院颁布的《关于深化企业改革增强企业活力的若干规定》,决定在推行多种形式的承包制的同时,对少数国营企业进行股份制试点。到1991年年底,全国约有3220家不同类型的企业进行了股份制试点,其中大部分是职工内部持股。

1992年5月,国家体改委等五部门印发了《股份制企业试点办法》,这是中华人民共和国成立以来第一个关于股份制试点的全国性文件。之后又陆续出台了《股份有限公司规范意见》《有限责任公司规范意见》以及股份制企业财务制度、人事管理制度等14个引导股份制企业试点的配套文件。

1992年10月召开的党的十四大正式提出建立社会主义市场经济体制和国有企业建立现代企业制度的目标。主要是推行公司股份制改革。这一举措对我国国有企业的发展有着重大深远的影响。建立现代企业制度的目标是产权清晰、权责明确、政企分开、管理科学。而股份制的实质也是实现所有权与经营权的分离,使公司成为一个不依赖所有者或者股东的独立的法人。

1993年3月,八届全国人大一次会议通过了宪法修正案,将"在社会主义市场经济公有制基础上实行计划经济"改为"实行社会主义市场经济",将"国营企业"改为"国有企业",这在法律上将国家所有和国家经营分开。这在法律上肯定了市场经济是中国改革的目标模式,在法律上明确将国家所有与国家经营分开。

1993年11月,中共十四届三中全会通过《中共中央关于建立社会主义市场经济体制若干问题的决定》,该《决定》是我国建立社会主义市场经济体制的总体规划,是我国进行经济体制改革的行动纲领。第一次把社会主义市场经济确立为中国经济体制改革的目标模式。建立社会主义市场经济体制,就是要使市场在国家宏观调控下对资源配置起基础性作用。该《决定》明确指出:"以公有制为主体的现代企业制度是社会主义市场经济体制的基础";还首次提出"建立现代企业制度,是发展社会化大生产和市场经济的必然要求,是我国国有企业改革的方向",进一步勾画了市场经济体制基本框架,明确了建立现代企业制度的目标和步骤。该《决定》强调"国有企业实行公司制,是建立现代企业制度的有益探索",要求进一步转换国有企业经营机制,建立适应市场经济要求的现代企业制度,并提出"产权清晰、权责明确、政企分开、管理科学"的十六字方针,旨在使企业成为自主经营、自负盈亏、自我发展、自我约束的法人实体和市场竞争主体。该《决定》还提出了法人财产权的概念,要求企业拥有法人财产权,这是对两权分离理论的进一步发展,从此,国有企业改革进入了以产权改革为核心、建立现代企业制度的新阶段。

所谓现代企业制度,就是适应社会化大生产和市场经济客观要求的一种现代企业的财产制度或资本组织形式,它由企业法人制度、有限责任制度、公司法人治理结构等一系列现代企业的基本制度构成。其基本特征如下:一是产权关系明晰。企业中的国有资产所有权属于国家,企业拥有包括国家在内的出资者投资形成的全部法人财产权,成为享有民事权利、承担民事责任的法人实体。二是企业以其全部法人财产依法自主经营、自负盈亏、照章纳税,对出资者承担资产保值增值的责任。三是出资者按投入企业的资本额享有所有者的权益及资产受益、重大决策和选择管理者等权利。企业破产时,出资者只以投入企业的资本额,对企业债务负有限责任。四是企业按照市场需求组织生产经营,以劳动生产率和经济效益为目的,政府不直接干预企业的生产经营活动,企业在市场竞争中优胜劣汰,长期亏损,资不抵债的,应依法破产。五是建立科学的企业领导体制和组织管理制度，调节所有者、经营者和职工之间的关系，形成激励和约束相结合的经营机制。

从本质上看，现代企业制度就是规范的现代公司制度，因此建立现代企业制度的提出，又开启了以公司制改革为核心的国有企业改革的征程。

1993年12月，八届全国人大五次会议通过《中华人民共和国公司法》，借鉴总结了"两权分离"和"政企分开"的改革探索经验，确定了企业股东和经营者之间"委托—代理"的制衡关系，为国有企业公司制改造提供了法律依据。通过一系列改革，公司制成为国企改革的主要形式，企业的股权也逐步实现了多元化，国营企业变成了"国有及国有控股企业"。国家与国有企业之间的关系开始向以现代产权制度为基础的委托代理关系转变。以此为标志，国有企业改革不再限于经营权的调整，而是由扩大企业经营权逐步触及企业的产权制度改革层面。

为贯彻落实中共十四届三中全会精神，1993年12月，国务院建立了现代企业制度试点工作协调会议制度，由国家经贸委和国家体改委等14个部委、局参加。

1994年以中共十四届三中全会决议和《公司法》为依据并经国务院原则同意的形成了《关于选择一批国有大中型企业进行现代企业制度试点的方案》。该《方案》提出："国有企业实行公司制，是建立现代企业制度的有益探索。公司制企业以清晰的产权关系为基础，以完善的法人制度为核心，以有限的责任制度为主要特征。"该《方案》强调，建立现代企业制度应着重解决企业法人制度。即国有出资人按照持股比例依法享有股东权利，以出资额为限对企业承担有限责任。企业享有法人财产权，以全部法人财产独立享有民事权利、承担民事责任、依法自主经营、自负盈亏。企业对出资人承担资产保值责任；建立科学、规范的公司内部组织管理机构。股东会、董事会、经理层和监事会各司其职，有效行使决策、监督和执行权。以该《方案》出台为标志，国有企业建立现代企业制度试点工作启动，国务院选择了100家国有企业进行建立现代企业制度试点，加上各地方的试点企业，中央和地方共有2500多家企业，按照现代企业制度的要求进行试点，国有企业建立公司制度的试点在全国正式推开。到1997年，三年的试点工作取得阶段性成果，一大批国有企业进行了公司制改造，为推进国有企业公司制改革提供了有益的经验。① 到 1998 年年底，全国共确定了近 3000 家企业进行建立现代企业制度试点。试点企业在改革产权制度、规范法人治理结构等方面都取得了一定进展，初步建立了现代企业制度的基本框架，建立了现代企业的法人治理结构，企业管理和内部制度建设有所增强，促进了企业投资主体的多元化和经营机制的转换。

随着国有企业公司制、股份制改革取得明显进展，国有企业的组织形态和产权结构发生了重大的变化，具备条件的国有大中型企业中，单一投资主体的一般改组为独资公司，多个投资主体的一般改组为有限责任公司和股份制公司，少数成为上市股份有限公司。小型国企中有的实行承包经营、租赁经营，有的改组为股份合作制，还有的出售给集体或个人。与此同时，国家进行了各项配套改革，包括转变政府职能、调整企业负债结构、建立社会保障制度、减轻企业办社会负担、解决企业富余人员、促进存量国有资产优化配置和合理流动、发展和规范各类中介组织等。

在推进现代企业制度试点的同时，1995 年 9 月 25—28 日十四届五中全会召开，会议明确指出："要着眼于搞好整个国有经济，通过存量资产的流动和重组，对国有企业实施战略性改组。这种改组要以市场和产业政策为导向，抓好大的，放活小的，把优化国有资产分布结构、企业结构同优化投资结构有机结合起来，择优扶强、优胜劣汰。"抓好大的，放活小的，即"抓大放小"。抓好一批大型国有企业。同时，从实际出发，采取改组、联合、兼并、租赁、承包和股份制、出售等形式，放开、放活国有小企业。

1997 年 9 月，党的十五大和十五届一中全会对国有企业改革和发展提出了"三年两大目标"的明确要求，提出要"加快推进国有企业改革"，要调整和完善所有制结构，探索公有制的多种实现形式，从战略上调整国有经济布局和结构，对国有经济实施战略性改组。要用三年左右的时间，使大多数国有大中型亏损企业扭亏增盈，摆脱困境，力争到 2000 年，使大多数国有大中型骨干企业初步建立现代企业制度。

1998 年，亚洲金融危机爆发，改变了全球经济增长的态势，中国经

---

① 李保民、刘勇：《十一届三中全会以来历届三中全会与国企国资改革》（中），《产权导刊》2014 年第 57 期。

济进入需求不足的经济周期，宏观经济的变化给国有企业的运行环境带来了极大的变化，很多行业、产品都出现了产能过剩、价格下滑的情况，国有企业的财务状况陷入了谷底，全国国有企业盈亏相抵后，实现利润只有213.7亿元。国企改革由此进入了三年攻坚阶段。在这一背景下，中共中央、国务院出台了多项加快国有企业改革与重组的措施：推进劣势企业的破产关闭，实施债权转股权，实施国债投资项目贷款贴息，推进企业重组上市。加上"抓大放小"的改革，使得国有企业的经营战线得到了收缩，经营效益大为好转。通过上述措施，在全国国有企业广大干部职工的共同努力下，国有企业三年脱困的目标基本实现。

1997年党的十五大报告以及1999年中共十五届四中全会通过的《中共中央关于国有企业改革和发展若干重大问题的决定》提出国有企业改革的基本方向、主要目标和指导方针，到2010年国有企业改革和发展的目标是：适应经济体制与经济增长方式两个根本转变和扩大对外开放的要求，基本完成战略性调整和改组，形成比较合理的国有经济布局和结构，建立比较完善的现代企业制度，经济效益明显提高，科技开发能力、市场竞争能力和抗御风险能力明显增强，使国有经济在国民经济中更好地发挥主导作用。该《决定》为国企改革作出具体部署，提出：从战略上调整国有经济布局，坚持有进有退，有所为有所不为，坚持"抓大放小"，继续对国有企业实施战略性改组。"抓大放小"是中共中央针对我国国有企业现状制定的对国有经济实行战略性改组的重大决策，一方面要集中力量抓好一批国有大型企业和企业集团，使其发挥稳定经济、参与国际国内市场竞争和贯彻国家产业政策等的骨干作用，另一方面要放开放活量大面广的国有小企业，使之寻找更为适合自身特点的组织形式、经营方式和发展模式，在市场竞争中发展壮大。这一阶段以提高国有经济的控制力、影响力和带动力为目标，在布局上将国有资本向关系国家安全和国民经济命脉的领域集中，在结构上通过股份制改造、引入战略投资者、重组上市等方式实现国有企业产权多元化。要求从整体上发挥国有经济的主导作用，建立和完善现代企业制度，加强和改善企业管理，提高国有经济的控制力，使国有经济在关系国民经济命脉的重要行业和关键领域占支配地位。这标志着国企改革全面进入了"国有经济布局战略调整"的新阶段。

1999年，国家加快国有企业的改制和战略改组，按照建立现代企业制度的目标，对一批大型企业进行了规范的公司制改造，全国进行建立现代企业制度试点的 2770 户企业，绝大部分实现了公司制改革；国务院批准试点的 520 户企业中的 514 户国有企业，有 430 户进行了公司制改革，改制企业都依法设立了股东会、董事会、监事会和经理层，初步形成了公司法人治理结构，到 20 世纪末，大多数国有大中型企业已初步建立现代企业制度。

2001 年 3 月，九届全国人大四次会议通过了《国民经济和社会发展第十个五年计划纲要》。按照发展社会主义市场经济的需要，确立以经济结构的战略性调整为主线。提出进一步深化国有大中型企业改革，基本完成产权清晰、权责明确、政企分开、管理科学的现代企业制度的建设。健全责权统一、运转协调、有效制衡的公司法人治理结构。对国有大中型企业进行规范的公司制改革。

2005 年，国企现代企业制度建设基本结束，很多改制成功的国企通过辅业剥离、以优质资产组建公司的方式轻装上市。

2007 年，党的十七大报告《高举中国特色社会主义伟大旗帜，为夺取全面建设小康社会新胜利而奋斗》报告提出，深化国有企业公司制股份制改革，健全现代企业制度，优化国有经济布局和结构，增强国有经济活力、控制力、影响力。深化垄断行业改革，引入竞争机制，加强政府监管和社会监督。加快建设国有资本经营预算制度。完善各类国有资产管理体制和制度。

2008 年，国资委发布《关于中央企业履行社会责任的指导意见》。多年来，中央企业不断建立健全企业社会责任管理体系，在履行社会责任方面做出表率。2008 年，在国有企业创造的利润当中，央企占到 80%。部分中央企业管理水平已经达到甚至超过了国外的世界 500 强企业。

2011 年，党的十一届全国人大四次会议批准《中华人民共和国国民经济和社会发展第十二个五年规划纲要》。《纲要》提出，围绕"做强做优、世界一流"的核心目标，深化国有企业改革，促进国有资本向关系国家安全和国民经济命脉的重要行业和关键领域集中。推动具备条件的国有大型企业实现整体上市，不具备整体上市条件的国有大型企业要加快股权多元化改革有必要保持国有独资的国有大型企业要加快公司制改革，完善企业法人治理结构。

2015年,国企改革进入关键期,迈出实质性步伐。公司制股份制改革成效显著,全国国有企业改制面已达80%,法人治理结构不断完善,2015年建设规范董事会的中央企业增加11户,总数达到85户①。《中共中央、国务院关于深化国有企业改革的指导意见》提出到2020年"国有企业公司制改革基本完成"的目标。按照这一部署,各级国资委在相关部门的配合、支持下,加快推进国有企业的公司制改革。

2018年3月,十三届全国人大一次会议《政府工作报告》确认,中央企业集团和子企业、地方国企基本完成公司制改制,现代企业制度不断健全,实现了国有企业改革历史性突破,为全面深化改革奠定体制机制基础。

公司制是现代企业制度的有效组织形式,是建立中国特色现代国有企业制度的必要条件。国资委将公司制改制作为重中之重,解决了长期以来难以解决的制度障碍,率先完成中央企业改制任务。2019年3月,国务院国资委宣布,央企的公司制改革已全面完成,超过96%的地方国资委出资企业完成改制。公司制改革实现了历史性突破。在国资委看来,其重大意义具体体现在三个方面,一是责任更加明确,有助于企业真正成为自主经营、自负盈亏、自担风险、自我约束、自我发展的独立市场主体;二是改革空间进一步打开,为股份制、多元化、混改、上市等改革打下了基础;三是有效推动了完善公司治理、转换经营机制。

二 构建现代企业公司治理结构

1993年,中共十四届三中全会审议通过的《中共中央关于建立社会主义市场经济体制若干问题的决定》确定的国企改革的方向是建立现代企业制度,国有企业建立现代企业制度首先是建立公司制,公司制是现代企业制度的有效组织形式,我国国有企业改革将推进公司制改制作为建立中国特色现代国有企业制度的必要条件。这一时期我国对国有企业继续采取扩大企业自主权、实行经济责任制、两步"利改税"、承包经营责任制、转换经营机制等不同形式的改革。各地在落实企业自主权、转换经营

---

① 《超20项国企改革落实措施将密集出台,员工持股启动》,《中国经营报》2016年4月2日。

机制中，越来越认识到国有企业产权关系不清晰已经成为转换经营机制的最大障碍。企业在实践中围绕着"产权清晰、权责明确、政企分开、管理科学"的要求，以其全部法人财产，依法自主经营，自负盈亏，并对政府不直接干预企业的生产经营活动等进行了有益的探索。这个阶段的改革是按照建立现代企业制度的方向，围绕企业制度创新展开的，从此国有企业改革进入转机建制、制度创新的新阶段。

1993年12月，国家颁布了《公司法》，确定公司设立股东会、董事会、监事会，分别行使决策权、经营权、监督权，从而对企业法人治理结构作出了制度安排。[①]

1994年以后，国有企业改革进入建立现代企业制度时期，国有企业的领导体制开始按照公司制企业的治理结构来规范，逐步形成股东（大）会、董事会、经理层、监事会组成的决策机构、辅助决策机构、执行机构和监督机构相互独立、逐级授权、权责分明、各司其职、相互制约的纵向授权模式。按照《公司法》的规定，法人治理结构由四个部分组成：股东会或者股东大会是公司的最高权力机构，由公司股东组成，所体现的是所有者对公司的最终所有权；董事会是公司的决策机构，由公司股东大会选举产生，对公司的发展目标和重大经营活动作出决策，维护出资人的权益；监事会，是公司的监督机构，对公司的财务和董事、经营者的行为发挥监督作用；经理是经营者、执行者，是公司的执行机构，由董事会聘任。公司法人治理结构的四个组成部分，都是依法设置的，它们的产生和组成、行使的职权、行事的规则等，亦依法而言，所以说，公司法人治理结构是以法制为基础，按照公司本质属性的要求形成的。

1999年9月，中共十五届四中全会通过了《中共中央关于国有企业改革和发展若干重大问题的决定》，明确公司制是现代企业制度的一种有效实现形式，第一次明确强调"公司法人治理结构是公司制的核心"，第一次明确强调"董事会要维护出资人权益，对股东会负责"，第一次提出处理"新三会"和"老三会"关系的新思路，第一次明确"党委书记和董事长可以由一人担任，董事长、总经理原则上分设"，第一次提出"建立与现代企业制度相适应的收入分配制度，实行董事会、经理层等成员按

---

① 徐颂陶、孙建立：《中国人事制度改革三十年》，中国人事出版社2008年版，第106页。

照各自职责和贡献取得报酬的办法"。① 继续试行稽察特派员制度，同时要健全和规范监事会制度。第一次明确国有独资和国有控股公司的"董事会和监事会都要有职工代表参加"。

2001年8月，中国证监会发布《关于上市公司建立独立董事制度的指导意见》，要求上市公司在2003年6月30日前，董事会中应当至少包括三分之一独立董事。

2003年国资委成立，标志着国有资产出资人的法定地位的确立，国资委的基本职能是在已经改制的公司（包括国有独资公司、国有控股公司和国有参股公司）中代表国家行使所有者权力，建立起所有者和经营者之间的制衡关系，这将使企业的公司治理更加有效。同时，国有企业监事会由国资委代表国务院派出，监事会的日常工作由国资委负责。

根据《公司法》的相关规定，有限责任公司和股份有限公司的治理结构是由股东大会、董事会和经理以及监事会构成的按照权力机构、业务执行机构和监督机构的权力分立和制衡体制建立的制度体系。公司董事会由股东大会选任和更换，公司经理由董事会选聘。但由于国有企业国有股绝对控股，公司选任机制形同虚设，且大部分国有企业公司董事会成员由上级行政部门任命，董事会、经理以及股东会的相互制衡机制很难出现，股权过度集中造成公司治理机制的失败。不仅如此，由于国有企业一股独大，国家往往是国有企业的唯一股东或最大股东，国家的股东权由政府和资产管理部门代为行使。而资产管理部门行政管理机构的性质限制了其不能有效地履行出资人的职责，所有权和经营权分离带来了较为严重的委托—代理问题，股东对于企业的实际控制人和经营者缺乏有效的监督和控制，导致"内部人"控制严重。又由于国有股绝对控股，国有企业中的大多数监督管理人员都来自行政机关，考核方式仍然采用的是行政考核，造成政企不分的局面。国有资产主体缺位以及国有股一股独大，不仅导致委托—代理问题严重，还导致政企不分。由于信息不对称和监督不到位，会影响公司运营效率，进而导致投资者和国家利益受到损失。

2003年10月，中共十六届三中全会提出，"大力发展国有资本、集体资本和非公有资本等参股的混合所有制经济，实现投资主体多元化，使

---

① 牛效龙：《改革开放30年：中国国有企业劳动人事制度的变迁与展望》2008年第10期。

股份制成为公有制的主要实现形式"。在这个框架下，中央又正式提出建立"归属清晰、权责明确、保护严格、流转顺畅"的现代产权制度。按照这一思路，国有企业不断深化公司制改革，进一步完善法人治理结构。同时，分类分层推进国有企业混合所有制改革，积极引入各类投资者实现股权多元化，提升国有资本经营效率和效益。

2004年，国务院国资委开始探索国有企业董事会建设，希望通过做实董事会，解决好出资人机构监管和企业自主经营之间的问题，但是经过一段时间后国有企业董事会的职权仍然未完全按照《公司法》落实，部分重要职权仍然由国资委作为出资人机构在行使。经理层向董事会负责，负责企业的日常经营管理。《企业国有资产监督管理暂行条例》规定，经理层的任免和薪酬确定，由董事会决定，但实际有时还在由出资人机构行使。国有企业监事会比普通公司监事会作用更实，力度更大。我国国有企业的法人治理，比较特殊的地方在于，除了传统三会（股东会、董事会、监事会），还存在另外三会（党委会、工会、职代会），而且后三会，特别是党委会，在发挥着实质性决策作用。除此之外，国有企业的外部监督机制，包括外部审计、巡视、纪检监察等机制，也在发挥重要作用。

2006年1月开始实施的新《公司法》对国有独资公司和国有控股公司的治理结构中股东会、董事会和监事会的组成等方面作出了一些特别规定。

我国国有企业的法人治理机制，遵循《公司法》厘定的基本模式，又有着自身的特色。股东会是公司的权力机构。"国有独资公司不设股东会，由出资人机构依法行使股东会职权。以管资本为主改革国有资本授权经营体制，对直接出资的国有独资公司，出资人机构重点管好国有资本布局、规范资本运作、强化资本约束、提高资本回报、维护资本安全"①。而非国有独资企业和公司，则仍然通过股东会行使股东权利，出资人机构根据本级人民政府授权对国家出资企业依法享有股东权利。董事会是法人治理的核心机构。

---

① 国务院办公厅印发《关于进一步完善国有企业法人治理结构的指导意见》国办发〔2017〕36号。

三 进一步完善国有企业法人治理结构

公司制作为现代企业制度的主要实现形式,从完善现代企业制度的改革要求来看,在公司制的企业制度之下,国有企业改革必然延伸到法人治理结构建设这个核心层面,2013年11月,中共十八届三中全会通过的《中共中央关于全面深化改革若干重大问题的决定》发布,该《决定》在推动国有企业完善现代企业制度中要求,"健全协调运转、有效制衡的公司法人治理结构"。而健全公司法人治理结构,核心就是推进董事会建设。2015年8月《中共中央、国务院关于深化国有企业改革的指导意见》指出,健全公司法人治理结构,重点是推进董事会建设。"建立健全权责对等、运转协调、有效制衡的决策执行监督机制,规范董事长、总经理行权行为,充分发挥董事会的决策作用、监事会的监督作用、经理层的经营管理作用、党组织的政治核心作用,切实解决一些企业董事会形同虚设、'一把手'说了算的问题,实现规范的公司治理。"

2015年9月13日,中共中央、国务院正式印发了《关于深化国有企业改革的指导意见》。该《指导意见》将国有企业公司制改革基本完成,法人治理结构更加健全,确定为2020年国有企业改革取得决定性成果的主要目标之一。

通过扎实落实国企改革"1+N"政策,中国特色现代企业制度建设已经取得了实质性重大突破,央企首次实现功能界定分类,全面完成公司制改制。国有企业在推进公司制改制的同时,在建立健全市场化经营机制方面进行了富有成效的多样化探索。加强和改进董事会建设,增强董事会决策能力和整体功能,统筹推进落实董事会职权、突出董事会的决策者地位,界定了董事会、监事会、经营层和党组织职权范围。

国企改革的一项重要任务就是持续完善中国特色现代企业制度。2016年年底的中央经济会议强调,要推进国企国资改革,并明确了2017年的四项重点工作,其中,首要的是要加快形成有效制衡的公司法人治理结构。

2017年3月5日《政府工作报告》提出,加快推进国企国资改革。"要以提高核心竞争力和资源配置效率为目标,形成有效制衡的公司法人治理结构、灵活高效的市场化经营机制。今年要基本完成公司制改革。"随着国有企业改革的不断推进,多数国有企业已初步建立现代企业制度,但从实践情况看，现代企业制度仍不完善，部分企业尚未形成有效的法人治理结构，权责不清、约束不够、缺乏制衡等问题较为突出，一些董事会形同虚设，未能发挥应有作用。针对国有企业公司治理问题，为改进国有企业法人治理结构，完善国有企业现代企业制度，根据《中共中央、国务院关于深化国有企业改革的指导意见》等文件精神，2017年5月3日国务院办公厅发布《关于进一步完善国有企业法人治理结构的指导意见》定义了国有企业法人治理的基本框架，即健全以公司章程为核心的企业制度体系，充分发挥公司章程在企业治理中的基础作用，依照法律法规和公司章程，严格规范履行出资人职责的机构（以下简称出资人机构）、股东会（包括股东大会，下同）、董事会、经理层、监事会、党组织和职工代表大会的权责，强化权利责任对等，保障有效履职，完善符合市场经济规律和我国国情的国有企业法人治理结构[①]。该《意见》提出，完善国有企业法人治理结构是全面推进依法治企、推进国家治理体系和治理能力现代化的内在要求，是新一轮国有企业改革的重要任务。要"从国有企业实际情况出发，以建立健全产权清晰、权责明确、政企分开、管理科学的现代企业制度为方向，积极适应国有企业改革的新形势新要求，坚持党的领导、加强党的建设，完善体制机制，依法规范权责，根据功能分类，把握重点，进一步健全各司其职、各负其责、协调运转、有效制衡的国有企业法人治理结构"。明确提出，到2020年，党组织在国有企业法人治理结构中的法定地位更加牢固，充分发挥公司章程在企业治理中的基础作用，国有独资、全资公司全面建立外部董事占多数的董事会，国有控股企业实行外部董事派出制度，完成外派监事会改革的改革目标。

2017年7月国务院办公厅正式对外发布《中央企业公司制改制工作实施方案》，该《方案》指出，2017年年底前，除了中央金融和文化企业之外中央企业要全部改制为有限责任公司或股份有限公司，这一方案的出台旨在建立健全公司法人治理结构的基础上，形成的市场化的经营机制。国资委提供的材料显示，中央企业集团层面，国资委于2017年11月30日前，完成了全部68家需改制全民所有制中央企业集团改制方案的批复。截至2017年年底，除个别企业由于特殊原因未完成改制外，其余企业均

[①] 《关于进一步完善国有企业法人治理结构的指导意见》（国办发〔2017〕36号）。

已全部完成工商变更登记，取得了新的营业执照，成为按照《公司法》登记的公司制企业。中央企业子企业层面，列入公司制改制计划的近2500户全民所有制子企业，98%已完成或正在办理工商变更登记；按照"瘦身健体、提质增效"要求列入清理计划的1100多户全民所有制子企业，40%完成清理注销。①

国务院国有企业改革领导小组办公室在2019年7月的国企改革"双百行动"媒体通气会上表示，自2018年8月"双百行动"启动以来，"双百企业"在改革的重要领域和关键环节迈出实质性步伐，取得了显著成就。"双百企业"的企业法人治理结构更加完善。302户"双百企业"（占比76.65%）设立了董事会，董事会获得授权放权事项2138项，主要涉及职工工资分配权、重大财务事项管理权、中长期发展决策权、经理层成员企业薪酬管理权、经理层成员业绩考核权和经理层成员选聘权。

根据国资委的实施"三年行动"的部署安排，在2020年的七大改革方向中，"完善中国特色现代企业制度"位列第一条。2020年9月，国资委党委书记、主任郝鹏在中央企业改革三年行动动员部署视频会上强调，要"形成更加成熟更加定型的中国特色现代企业制度和以管资本为主的国资监管机制、推动国有经济布局优化和结构调整，提高国有企业活力和效率等方面取得明显成效"。2020年10月，《中共中央关于"十四五"规划和二〇三五年远景目标的建议》提出，加快完善中国特色现代企业制度。2021年3月，《国家"十四五"规划和2035年远景目标纲要》，在第十九章单列一节对"推动国有企业完善中国特色现代企业制度"进行部署安排。

第二节　推进董事会建设

一　建立董事会试点工作

公司制作为现代企业制度的主要实现形式，从完善现代企业制度的改革要求来看，在公司制的企业制度之下，国有企业改革必然延伸到法人治理结构建设这个核心层面，而健全公司法人治理结构，核心就是推进董事

---

① 周雷：《展望2021 国资国企改革发展怎么干》，《经济日报》2021年1月6日。

会建设。董事会是公司治理的核心。因此完善公司法人治理结构，加强董事会的建设，是促使公司发展壮大、提高公司核心竞争力的重要途径。

2004年2月，国务院国资委为了进一步推进国有企业加快建立现代企业制度，完善国有企业法人治理结构，进一步规范地行使出资人权利，决定选择宝钢等7家国有独资的中央企业进行建立和完善国有独资公司董事会试点工作。6月，国务院国资委下发了《关于中央企业建立和完善国有独资公司董事会试点工作的通知》，中央企业建立和完善董事会工作迈出新的步伐。

建立和完善董事会，是事关中央企业改革发展全局的一项重要任务。较早提出加强董事会建设的政策有2004年《关于中央企业建立和完善国有独资公司董事会试点工作的通知》和《关于国有独资公司董事会建设的指导意见（试行）》两个文件，旨在推进央企股份制改革，完善公司法人治理结构，加快建立现代企业制度，适应新的国有资产管理体制的要求。以此为基础，国有企业董事会建设正式拉开序幕。此后，又相继出台各项政策文件，推动国企董事会建设不断深入。

2005年，《国务院关于2005年深化经济体制改革的意见》中提出，加快推进国有大型企业股份制改革，支持具备条件的企业逐步实现主营业务整体上市，以建立健全国有大型公司董事会为重点，抓紧健全法人治理结构、独立董事和派出监事会制度。2005年作为第一批董事会试点单位，宝钢集团等共6家企业完成了建立规范董事会的工作。

2006年，中央企业进一步扩大了董事会试点工作范围，到2006年年底，已有17家中央企业开展了董事会试点，共选派65名外部董事，其中有14家试点企业的外部董事达到或者超过了董事会成员的半数，实现了决策层与执行层分离。

在逐步扩大中央企业董事会试点范围的同时，董事会试点工作更加规范和深入。

2007年19家试点企业各项工作有序推进，17家企业的外部董事达到或者超过董事会成员的半数，3家企业进行了外部董事担任董事长的探索，绝大多数董事履职良好并初步建立了外部董事人才库。

自2004年国资委启动董事会试点工作以来，到2014年已有58家中央企业成立董事会，通过试点有效调动了董事会积极性，促进了董事会作用的发挥。

二 推进董事会应建尽建

早在 2004 年中央企业就已开展试点工作规范董事会建设，董事会的建设和独立董事制度的推进，实现了决策权与执行权分权制衡。之后，国资委围绕加强党的领导、外部董事选聘管理、报酬待遇、履职支撑以及董事会和董事评价等出台了一系列制度办法，形成了中央企业董事会建设"1+N"制度体系，促进董事会建设制度化、规范化、科学化。同时，一系列有力有效措施渐次落地，例如，深入开展落实董事会职权试点，开展公司治理示范企业创建活动，体系化加强董事履职培训，成立中央企业专职外部董事党委，全面推行外部董事召集人制度，持续优化完善中央企业外部董事人才库，建立服务中央企业二级企业和地方国有一级企业董事会建设的外部董事人才储备库，各中央企业和各地国资委普遍加强外部董事履职支撑服务，有的还在外部董事专职化等方面进行了创新性探索。为促进中央企业董事会功能作用有效发挥，国资委聚焦董事会规范高效运行，持续加强对中央企业董事会工作的指导监督和考核评价。[1] 推动董事会定战略、作决策、防风险的功能作用充分发挥，[2] 外部董事队伍建设得到明显加强。

在央企推进规范化董事会建设，是国务院国资委成立后，优化国企治理结构，完善现代企业制度的重要抓手。2015 年下发的《深化国有企业改革的指导意见》提出，健全公司法人治理结构，重点在推进董事会建设。国资委成立以来大力推进外部董事占多数的规范董事会建设，截至 2016 年初，已经有 85 户中央企业建立了规范董事会。

2019 年 3 月 9 日国务院国资委发言人在十三届全国人大二次会议记者招待会上介绍：83 家中央企业建立了规范的董事会，1.5 万家中央企业所属的二级、三级单位都建立了规范的董事会。与此同时，各省国资委也加大了改革力度，各省级国资委出资企业中超过 90% 的企业建立了规范

---

[1] 刘静：《央企董事会建设取得重大进展》，《工人日报》2021 年 10 月 19 日。
[2] 王璐：《央企董事会建设从"试点探索"进入"全面推进"》，《经济参考报》2021 年 10 月 19 日。

董事会。

《国有企业改革三年行动方案》在完善中国特色现代企业制度方面提出，未来将更加深入贯彻"两个一以贯之"，推动董事会应建尽建，落实董事会职权，进一步理清企业党委、董事会、经营管理层在企业法人治理结构中的责任和职权界限，加快建立责权明晰、运转协调、制衡有效的公司治理机制。

2020年10月27日在广州召开的"双百行动"现场推进会上，国务院国资委副主任翁杰明介绍：在400余户"双百企业"中，八成以上建立了董事会，实现外部董事占多数。

2021年6月，国资委召开中央企业改革三年行动推进会。国资委发布的数据显示，应建董事会的子企业有93%已经建立，其中外部董事占多数的企业超过60%。央企集团全部制定了党委（党组）讨论前置事项清单。结合国资委通过在线督办系统，对99家中央企业，37个地方重点改革任务进展进行的统计分析看，按照董事会"应建"标准，94.7%的中央企业子企业、98.2%的地方一级企业，97.9%的地方各级子企业已建立董事会，基本实现全覆盖。在已建董事会范围内，70.7%的中央企业子企业、49.4%的地方国有企业董事会实现了外部董事占多数，较2020年年底分别增长21.7%、24.9%。[①]

2022年3月国务院国企改革领导小组办公室召开的完善公司治理机制、提升运转质量效能专题推进会。会议指出，作为中国特色现代企业制度的重要内容，董事会实现应建尽建、落实董事会职权迈出实质性步伐，外部董事占多数制度普遍推行。截至目前，1.29万户中央企业子企业、2.63万户地方国有企业及子企业已设立董事会。1421户中央企业重要子企业中，95.2%制定了落实董事会职权具体实施方案。中央企业子企业、地方国有企业子企业实现外部董事占多数的比例分别达到99.6%、96.7%[②]。全部中央企业集团公司、地方一级企业、绝大多数中央企业和

[①] 杜雨萌：《国资委：央企中长期正向激励空间较大 下半年要提高符合条件的子企业比例》，《证券日报》2021年7月31日。

[②] 《国企改革三年行动重点任务：完善公司治理机制取得重要阶段性成果》，人民网，http://www.people.cn/，2022年3月31日。

地方重要子企业均制定了"前置研究讨论重大经营管理事项清单",党组织与董事会之间的权责边界更加清晰、决策程序更加规范。经理层行权履职机制不断完善。96.9%的中央企业集团公司、98.5%的地方一级企业建立了董事会向经理层授权的管理制度。国有企业各级子企业经理层成员实现任期制和契约化管理的占比超过95%。加强董事会建设,完善公司治理机制取得重要阶段性成果。

三 明确董事会职权

董事会是公司制企业的决策机构,在企业公司治理中起着至关重要的作用。特别是在国有独资公司的中央企业,不设股东会,由国务院国资委行使股东会职权,国资委可以授权公司董事会行使股东会的部分职权,所以在中央企业董事会应处于核心地位。为有效发挥董事会的核心作用,明确界定董事会职能与权力十分重要。

《公司法》明确给予有限公司董事会十大权力。依据《公司法》和《企业国有资产监督管理暂行条例》,国务院国资委在《关于国有独资公司董事会建设的指导意见》中对董事会的职权有明确的规定。

一般而言,董事会具有制定公司战略目标,保证公司战略目标实现和经营决策的有效性以及对高管团队进行选拔、监督和激励的职权的两大职责。但由于国有独资公司的特性,国有独资公司董事会不仅享有一般有限公司董事会的权力,在很大程度上还代表股东享有出资人的权力,因而,中央企业董事会还应具有风险控制的职责,董事会应通过科学的决策,防范国有资产经营中的重大风险,防止国有资产流失。

2015年8月24日《中共中央、国务院关于深化国有企业改革的指导意见》提出,重点推进董事会建设,建立健全权责对等、运转协调、有效制衡的决策执行监督机制,规范董事长行权行为,充分发挥董事会的决策作用。"要切实落实和维护董事会依法行使重大决策、选人用人、薪酬分配等权利",包括中长期发展战略规划制定、高级管理人员选聘、业绩考核、薪酬管理、工资总额备案制管理和对重大财务事项的管理。

2017年5月《国务院办公厅关于进一步完善国有企业法人治理结构的指导意见》明确:董事会是公司的决策机构,要对股东会负责,执行股东会决定,依照法定程序和公司章程授权决定公司重大事项,接受股东会、监事会监督，认真履行决策把关、内部管理、防范风险、深化改革等职责，并对各类企业的董事长以及董事的职责进行了分述。"国有独资、全资公司的董事长、总经理原则上分设，应均为内部执行董事，定期向董事会报告工作"；"国有独资公司的董事长作为企业法定代表人，对企业改革发展负首要责任，要及时向董事会和国有股东报告重大经营问题和经营风险。国有独资公司的董事对出资人机构负责，接受出资人机构指导，其中外部董事人选由出资人机构商有关部门提名，并按照法定程序任命"；"国有全资公司、国有控股企业的董事由相关股东依据股权份额推荐派出，由股东会选举或更换，国有股东派出的董事要积极维护国有资本权益；国有全资公司的外部董事人选由控股股东商其他股东推荐，由股东会选举或更换；国有控股企业应有一定比例的外部董事，由股东会选举或更换"。

党的十九大对深化国有企业改革提出了明确任务和新的更高要求，提出要形成有效制衡的公司法人治理结构和灵活高效的市场化经营机制。在全面完成公司制改革的基础上积极推进股份制改革，引入各类投资者实现股权多元化，探索建立优先股和国家特殊管理股制度。"全面推进规范董事会建设，切实落实董事会职权"，改革外部董事管理制度，严格董事选聘和履职管理，使董事会真正成为企业的决策主体。按照党的十九大的要求，2018年混改企业董事会建设加快推进，陆续启动落实中央企业董事会职权的试点工作，以推进董事会建设为重点，完善公司法人治理结构，实现权利和责任对等。

2020年9月29日，国资委召开视频会议，对中央企业改革三年行动工作进行动员部署。会议强调：中央企业党委（党组）要把方向、管大局、保落实，结合不同层级、不同类型企业实际制定党委（党组）前置研究讨论重大经营管理事项清单，厘清各治理主体权责边界；董事会要定战略、作决策、防风险，全面依法落实董事会各项法定权利；经理层要谋经营、抓落实、强管理，全面建立董事会向经理层授权的管理制度，充分发挥经理层经营管理作用。

四 建立外部董事制度

作为深化国有企业改革、完善现代企业制度的核心工作，国资委成立以来大力推进外部董事占多数的规范董事会建设,在 2004 年发布的《关于国有独资公司董事会建设的指导意见(试行)》(国资发改委〔2004〕229 号)中,明确提出要建立外部董事制度。试点初期外部董事不少于 2 人,随着公司法人治理结构的不断完善,逐步提高外部董事的占比,建立有效制衡的决策监督机制。2004 年国务院国资委制定了《国有独资公司董事会试点企业外部董事管理办法》,规定了外部董事的条件、聘任、权利与义务、评价及报酬等。为了鼓励外部董事在董事会中占多数,国资委对外部董事超过了董事会全部成员的半数的试点企业授予多项自主权利。

截至 2006 年年底,正式启动的 17 家试点企业中,外部董事在董事会中占有多数的企业达 14 家,占试点企业的 82%。

为进一步加强董事会试点中央企业外部董事队伍建设,促进董事会规范有效运作,2009 年国务院国资委发布了《董事会试点中央企业专职外部董事管理办法(试行)》,明确董事会试点企业的外部董事管理制度对外部董事的管理方式、任职条件、选拔和聘用、评价和薪酬、退出机制进行了详细规定。

2015 年 8 月《中共中央、国务院关于深化国有企业改革的指导意见》提出:"进一步加强外部董事队伍建设,拓宽来源渠道。"2017 年,为改进国有企业法人治理结构,完善国有企业现代企业制度,国务院办公厅出台了《关于进一步完善国有企业法人治理结构的指导意见》,从理顺出资人职责等五个方面规范了各个治理主体的权利和责任。它提出,加强董事队伍建设。明确要求国有独资、全资公司全面建立外部董事占多数的董事会。"建立完善外部董事选聘和管理制度,严格资格认定和考试考察程序,拓宽外部董事来源渠道,扩大专职外部董事队伍,选聘一批现职国有企业负责人转任专职外部董事。"开展董事任前和任期培训,做好董事派出和任期管理工作。定期报告外部董事履职情况。国有独资公司要健全外部董事召集人制度,召集人由外部董事定期推选产生。外部董事要与出资人机构加强沟通。

经过多年的实践探索,外部董事制度已经成为国有企业公司治理的一种制度性安排,在减少内部人控制、防范决策风险等方面发挥了积极作用。随着规范董事会建设的深入,以及从央企集团和地方国有企业一级公司向二级、三级公司加快推进,对外部董事的要求,无论是数量还是质量都明显提高。

2020年以来国资委对80家中央企业董事会、董事以及22名中央企业专职外部董事开展年度评价，为企业选优配强外部董事92人次，及时调整了不适宜、不胜任人员9人，遴选95名人选，充实外部董事人才库。①

五 加强董事会内部的制衡约束

2006年，为充分发挥职工董事在董事会中的作用，出台了《国有独资公司董事会试点企业职工董事管理办法（试行）》。明确在中央企业建立董事会试点的国有独资公司董事会成员中，至少有1名职工董事。同时对职工董事的任职条件、选聘、权责利、退出等进行了详细规定，职工董事代表职工参加董事会行使职权，享有与公司其他董事同等权利，承担相应义务。

2009年，《董事会试点中央企业职工董事履行职责管理办法》出台，从职工董事的特别职责、工作条件、履职管理等方面进行界定，进一步发挥职工董事在董事会中的作用。

2015年8月，中共中央、国务院《关于深化国有企业改革的指导意见》指出，"加强董事会内部的制衡约束。国有独资、全资公司的董事会和监事会均应有职工代表"，董事会外部董事应占多数，落实一人一票表决制度，董事对董事会决议承担责任。改进董事会和董事评价办法，强化对董事的考核评价和管理，对重大决策失误负有直接责任的要及时调整或解聘，并依法追究责任。

2017年5月，国务院办公厅发布《关于进一步完善国有企业法人治理结构的指导意见》提出，要规范董事会议事规则，"董事会要严格实行集体审议、独立表决、个人负责的决策制度，平等充分发表意见，一人一票表决"。董事会应当设立提名委员会、薪酬与考核委员会、审计委员会等专门委员会，为董事会决策提供咨询，其中薪酬与考核委员会、审计委员会应由外部董事组成。改进董事会和董事评价办法，完善年度和任期考

---

① 刘青山、殷丰收：《坚持"两个一以贯之" 中国特色现代国有企业制度更加健全》，《国资报告》2020年第9期。

核制度，逐步形成符合企业特点的考核评价体系及激励机制。建立规范透明的重大事项信息公开和对外披露制度，保障董事会会议记录和提案资料的完整性，建立董事会决议跟踪落实以及后评估制度，做好与其他治理主体的联系沟通。

第三节　落实董事会职权

落实董事会职权就是将所有权和经营权分离，明确董事会权责，重点在决策权责，把应该由董事会决策的权力交还给董事会，包括选人的权力，选聘经营班子的权力，真正在落实职权的同时同步落实责任，有效调动董事会积极性，促进董事会作用的发挥。"建立健全权责对等、运转协调、有效制衡的决策执行监督机制，规范董事长、总经理行权行为，充分发挥董事会的决策作用、监事会的监督作用、经理层的经营管理作用、党组织的政治核心作用"[①]，实现规范的公司治理。同时，发挥好党委会领导作用、董事会决策作用、经理层经营管理作用，实现各司其职、有效制衡、协同治理。

落实董事会职权，就要明确政府不得干预企业自主经营，股东不得干预企业日常运营，确保企业治理规范、激励约束机制到位。"切实落实和维护董事会依法行使重大决策、选人用人、薪酬分配等权利，保障经理层经营自主权，法无授权任何政府部门和机构不得干预。"落实董事会对经理层成员等高级经营管理人员选聘、业绩考核和薪酬管理等职权，维护企业真正的市场主体地位。具体而言，要落实的董事会职权主要是做好以下几方面的工作。

首先是充分授权。在国务院以及国务院国资委印发的相关文件中，都有比较明确地对董事会具体授权的规定。国务院印发的《改革国有资本授权经营体制方案》明确授权国有资本投资公司、国有资本运营公司董事会负责经理层选聘、业绩考核和薪酬管理；国务院国资委印发《关于深化落实中央企业董事会职权试点工作的通知》，将中长期发展决策权、经理层成员业绩考核权等授予 5 家试点企业董事会。其次是理清职责边

---

① 中共中央、国务院《关于深化国有企业改革的指导意见》，2015 年 8 月 24 日。

界，建立党委（党组）、董事会、经理层各司其职、各负其责、协调运转、有效制衡的公司治理机制，其中，关键要处理好党委（党组）"把方向、管大局、保落实"与董事会"定战略、做决策、防风险"之间的关系。最后是充分发挥外部董事作用，国资委研究制定了《中央企业外部董事选聘和管理办法》，进一步加强外部董事队伍建设，拓展外部董事来源渠道，严格外部董事履职管理，使董事会真正成为企业的决策主体。

一 开展落实董事会职权试点工作

国资委成立以来在中央企业范围内开展了落实董事会职权试点工作。通过试点有效调动董事会积极性，促进董事会作用的发挥。

国务院国资委于2014年在中央企业范围内开展了落实董事会职权试点工作，选择了中国节能环保集团公司、中国建筑材料集团有限公司、中国医药集团总公司、新兴际华集团有限公司4家企业作为开展落实董事会职权的试点企业。按照初步计划，该项试点工作在原有中央企业落实董事会职权试点工作的基础上，继续落实董事会长期发展战略规划、高级管理人员选聘、业绩考核、薪酬管理、工资总额备案制管理和重大财务事项管理6项职权是本次试点的主要内容。

落实国有企业董事会职权试点，旨在进一步明确国资委与董事会的职责权限，依法落实董事会选择经营者、考核权、奖惩权、投资权、决议权、并购重组和决定人员的进入退出的相关职权，完善董事会功能，增强董事会的独立性、权威性和有效性，促进董事会规范有效运作。

2015年国资委指导宝钢、中国节能、国药集团由企业董事会选聘了5名副总经理，指导新兴际华由董事会选聘了总经理，实行聘任制和契约化管理。

2016年2月，国务院国有企业改革领导小组研究决定，开展"十项改革试点"，其中之一即落实董事会职权试点。国资委向试点企业董事会授予中长期发展战略规划、高级管理人员选聘、业绩考核、薪酬管理、工资总额备案制管理和重大财务事项管理六项职权，通过试点有效调动董事会积极性，促进董事会发挥作用。

2016年，由国务院国资委牵头，会同有关部门、地方国资委研究制订《关于落实董事会职权试点工作意见》。国务院国资委和地方国资委根据意见要求，制订完善相关具体措施；试点企业结合本企业实际情况，按照意见要求制订具体的实施方案。截至 2017 年初，102 家中央企业中，已有 83 家中央企业建立了规范的董事会，4 家中央企业开展了落实董事会职权试点，外部董事人才库增加到 389 人，专职外部董事增加到 33 人。

二 强调分类开展授权放权

国企改革的重点之一，就是要建立现代企业制度，而落实董事会职权，核心就是实现所有权和经营权分离，而这次试点更是在此前基础上的一次深化，把应该由董事会决策的权力交还给董事会，包括选人的权力，选聘经营班子的权力，真正在落实职权的同时同步落实责任，有效调动董事会积极性，促进董事会作用的发挥，为企业下一步深化改革奠定基础。

2017 年 4 月国务院办公厅印发了《关于开展落实中央企业董事会职权试点工作的意见》，根据文件规定，国资委将授予企业董事会 6 项权力，包括中长期发展决策权，经理层成员选聘权，经理层成员业绩考核权，经理层成员薪酬管理权，职工工资分配管理权，重大财务事项管理权。

2017 年 5 月国务院办公厅发布《关于进一步完善国有企业法人治理结构的指导意见》，指出完善国有企业法人治理结构是全面推进依法治企、推进国家治理体系和治理能力现代化的内在要求，是新一轮国有企业改革的重要任务。[①] 该《指导意见》提出，董事会是公司的决策机构，要对股东会负责，执行股东会决定，依照法定程序和公司章程授权决定公司重大事项，接受股东会、监事会监督，认真履行决策把关、内部管理、防范风险、深化改革等职责。"国有独资公司要依法落实和维护董事会行使重大决策、选人用人、薪酬分配等权利。"进一步明确要加强董事会建设，落实董事会职权。增强董事会的独立性和权威性，落实董事会年度工作报告制度；董事会应与党组织充分沟通，有序开展国有独资公司董事会选聘经理层试点，加强对经理层的管理和监督。要求国有独资、全资公司要用 3 年的时间：全面建立董事会并使其外部董事占多数，国有控股企业要实行外部董事由相应机构派出的制度，同时，还要完成改革国资企业外

---

① 国务院办公厅《关于进一步完善国有企业法人治理结构的指导意见》2017 年 5 月 3 日。

派监事会等目标任务。该《指导意见》还从理顺国企企业出资人职责的角度和其他规定的方面,规范了各个治理主体的权利和责任。

国资委披露的数据显示,截至 2017 年 6 月,在 102 家中央企业中建立了规范的董事会的已达 83 家,占比超过 80%。4 家中央企业开展了落实董事会职权试点;中央企业外部董事人才库已经达到 417 人,专职外部董事增加到 33 人。各省(区、市)国资委所监管一级企业中有 88% 已经建立了董事会①。

2017 年党的十九大报告提出:国企改革的目标是"培育具有全球竞争力的世界一流企业""一流的公司必须有一流的董事会"。落实董事会职权,首先要准确界定董事会在公司治理中的定位,进而明确与董事会治理定位相对应的职权内容。正因为如此,国务院先后发布了多个文件,强调以管资本为主加强国有资产监督,实现"授权与监管相结合、放活与管好相统一"。

2019 年 4 月 28 日,国务院正式对外发布《改革国有资本授权经营体制方案》,对改革国有资本授权经营体制作出部署和安排,明确了国资委、财政部或其他部门机构,根据国务院委托作为授权主体,依法科学界定职责定位,依据股权关系对国家出资企业开展授权放权。该《方案》明确,对国企实行分类管理,对不同类型的企业给予不同程度不同范围的授权放权。要对国家出资企业按照企业的功能实行分类管理、分类授权、分类放权,并在定期实施的评估效果基础上,采取扩大、调整或收回权限等措施动态调整监管方式。与此同时,出资人代表机构对于国有资本投资、运营公司可以依据其所具备的治理水平和管理基础,结合企业所处的发展阶段和所在的行业特点等,分期、分批地向具备条件的企业授权和放权。授权和放权的内容包括企业战略与规划、企业员工招聘与选用、企业工资总额分配方案、股权激励方案以及大财务事项管理等,授权放权内容亦可根据企业实际情况增加;对于那些非试点的其他商业类和公益类企业,出资人代表机构要依据股权关系参与公司治理,并充分落实企业经营决策自主权。对其中已完成公司制改制的企业、在规范董事会运行的基础

---

① 王晓易:《破解政企分开难题,国企落实董事会职权改革试点将范围扩大》,《第一财经日报》2017 年 6 月 11 日。

上,要逐步落实董事会职权,维护董事会应享有的重大决策、人事任免、考核分配权利;对集团公司下属各级企业的生产经营具体事项不干预,主要通过集团公司层面实施监管。

2019年6月3日,国务院国资委印发了《国务院国资委授权放权清单(2019年版)》,该《清单》结合企业的功能定位、治理能力、管理水平等企业改革发展实际,分别针对各中央企业、综合改革试点企业、国有资本投资、运营公司试点企业以及特定企业相应明确了授权放权事项。同时,集团公司要对所属企业同步开展授权放权,做到层层"松绑",全面激发各层级企业活力。该《清单》明确了21项对各中央企业的授权放权事项。在落实在董事会职权方面,明确对于国有资本投资、运营公司试点企业,国资委授权董事会,可根据落实国家战略需要、国有经济布局结构调整方向、中央企业中长期发展规划以及企业五年发展战略和规划,在已批准的主业范围以外,新增1—3个拟培育发展的新业务领域,国资委同意后,即按主业进行管理并视发展成熟情况,纳入主业管理。对于非主业投资国资委授权董事会可提出年度投资比例限额,幅度在5%—15%的范围内。对综合改革试点企业的,国资委授权董事会审批企业五年发展战略和规划,并将战略规划报告上报国资委。企业的年度投资计划国资委授权董事会按照《中央企业投资监督管理办法》要求批准实行,报国资委备案即可。企业主业范围内的计划外新增股权投资项目授权董事会决定,当总投资规模变动超过10%时,须向国资委报告,并应及时调整年度投资计划。

三 建立健全配套制度

加强董事会建设,落实董事会职权,是国企改革三年行动的重要部署之一,也是在既有试点经验基础上的再实践、再深化、再推广。具体而言,就要从现在试点的五家中央企业集团以及各省选择的试点企业,向更多的国企一级公司扩展;中央企业和地方国企要层层落实董事会职权,而不能只停留在总部一级;目前试点企业确定的六项职权,还需要结合"权责法定、权责透明、协调运转、有效制衡"的总体要求,以及董事会"定战略、做决策、防风险"的功能定位,持续优化和深化。

2021年5月19日召开的落实董事会职权专题推进会指出,落实董事会职权是按照中央要求开展的一项深层次改革,要着力建立健全配套制度,有序组织实施,规范落实各项职权。这里所说建立健全配套制度,就是要从授权主体和行权客体两个方面,对于落实董事会职权进行制度建设和机制建设。

2021年9月,国务院国资委印发了《中央企业董事会工作规则(试行)》,对进一步加强董事会建设提出要求,做出规定。该《规则(试行)》与《关于中央企业在完善公司治理中加强党的领导的意见》配套,是全面落实习近平总书记坚持党对国有企业的领导必须"一以贯之"、建立现代企业制度必须"一以贯之"[1]的重要指示要求的基本制度规范,与之后出台的《中央企业董事会和董事评价办法》《关于进一步落实中央企业董事会考核分配职权的实施意见》等配套文件,对于加快完善中国特色现代企业制度、促进制度优势更好转化为治理效能,具有十分重要的意义。

国资委中央企业董事会建设研讨班于2021年10月在京举行。会议认为,全国国企党建会五年多来,央企集团全面完成党建工作进入公司章程,书记、董事长由同一人担任,央企董事会建设取得重要进展和明显成效,央企集团层面82家建立了董事会,子企业层面建立了董事会的占96.9%,其中实现外部董事占多数的为78.8%。董事会制度体系更加健全,有效发挥科学、民主、依法决策的功能作用,企业依法治理水平和风险防控能力明显提升。

2022年1月17日召开的国企改革三年行动专题推进会的有关信息显示,国企公司制改革基本完成,央企占比97.7%,地方企业占比99.9%[2]。央企董事会建设取得明显成效和重大进展,全面制定了前置事项清单并落地见效。中央企业集团层面全部建立了董事会,子企业建立了董事会的占98.2%,70%以上的集团公司制定了以《公司法》为依据的董事会授权制度,99.3%的央企和94.2%的地方国企子企业层面实现了外部董事占多数,在符合条件的二级、三级子企业中实现外部董事占多数为89.9%。

---

[1] 刘志强:《改革向纵深推进、国企活力更足》,《人民日报》2022年2月27日。
[2] 刘志强:《国企改革三年行动取得重要阶段性成果》,《人民日报》2022年1月18日。

2022年是国企改革三年行动收官之年，地方国企改革扎实推进，公司制改革基本完成，5月7日国资委"地方国企改革三年行动推进会"数据显示，地方一级、二级企业基本建立了董事会，其中已建董事会外部董事占多数的企业超过90%。

第四节　发挥监事会作用

一　国有企业监督机构的建立

党的十五大明确提出，建立有效的国有资产管理、监督和运营机制，保证国有资产的保值增值，防止国有资产流失。中共十五届二中全会和九届全国人大一次会议通过的《国务院机构改革方案》中正式提出建立稽察特派员制度。为了加强对国有企业的监督，1998年5月，国务院发出《关于印发国务院向国有重点大型企业派出稽察特派员方案的通知》。7月，国务院颁发《国务院稽察特派员条例》，规定了稽察特派员由国务院派出，对国务院负责，代表国家对被稽察企业行使监督权力。

稽察特派员以财务监督为核心，通过检查账目、稽察核实企业财务状况和经营成果，评价企业及其经营者的业绩，预防和制止国有资产的流失。原国家人事部负责承办国务院监管的大型企业领导人员的任免事宜，承办国务院向重点大型企业派出稽察特派员的管理工作。

1999年12月第九届全国人民代表大会常务委员会第十三次会议对《公司法》进行了部分修改，增加了国有独资公司设立监事会的规定，并对监事会的人员组成、职权等进行了规定。

1998年4月起，国务院分批任命了38位稽察特派员。人事部从中央国家机关有关部门和在京国有重点大型企业中遴选出160名稽察特派员助理。经国务院批准，接受稽察的国有重点大型企业涉及25个行业，共301家。截至2000年12月底，完成了对62家国有重点大型企业的稽察工作。

二　国务院向国有企业外派监事会

中共十五届四中全会通过了《中共中央关于国有企业改革和发展若干重大问题的决定》，确定要继续试行稽察特派员制度，同时要健全和规范监事会制度。全国人大常委会通过了修订后的《公司法》规定，国有企业监事会主要由国务院或者国务院授权的机构、部门委派的人员组成。

2000年3月国务院发布《国有企业监事会暂行条例》，向193家国有重点骨干企业派出监事会。明确规定国有独资公司监事会由国务院派出，对国务院负责，监事会主席由稽察特派员担任。8月，国务院任命的首批36位国有重点大中型企业监事会主席被派到中央管理的100多家国有企业。

中央政府明确规定，监事会日常管理工作由国有企业监事会办公室（中央企业工委）负责，新成立的监事会成员由监事会主席、专职监事、兼职监事组成。原稽察特派员和稽察特派员助理分别转任监事会主席和专职监事，兼职监事则由企业职工代表选举产生。

监事会制度是稽察特派员制度的发展和完善，党和国家的有关国有企业监督管理的决议、法律法规，为稽察特派员制度向监事会制度过渡奠定了基础。监事会的派出方式、工作目的、工作性质、工作方式、工作纪律和行为规范来自于两年多稽察特派员制度实践经验。

三　国务院授权国资委外派监事会

2003年4月，中共十六届二中全会后，国务院国有资产监督管理委员会（国资委）成立。在中央层面实现了政府的公共管理职能与国有资产出资人职能的分离。表明国有资产管理体制创新进入了实质性运作阶段。6月《企业国有资产监督管理暂行条例》出台，进一步明确了中国企业国资管理新体制的基本框架。

监事会设置和管理的变化在于国有企业监事会由国务院授权国资委派出，监事会的日常管理工作由国资委负责。原来对监事会主席和专职监事的管理由中央企业工委管理转变为国资委。自此之后，监事会的规模有所扩大，监事会的成员有所增加。

监事会的设立和作用的发挥是国有企业公司治理结构中的重要内容。我国国有企业借鉴国外政府监管国有企业的经验，从实施稽察特派员制度开始，到外派监事会，不断完善国有企业监事会制度，逐渐形成了适应社会主义市场经济体制的政府监督管理国有企业的有效方式，在一定程度上解决了国有资产出资人与国有企业经营者之间信息不对称的问题，对贪污腐败和国有资产流失的现象发生发挥了震慑作用，促进了国有资产的保值增值。

第五节　进一步完善国有企业法人治理结构

一　规范公司各治理主体的权责

2003年10月，中共十六届三中全会通过《中共中央关于完善社会主义市场经济体制若干问题的决定》要求，"按照现代企业制度要求，规范公司股东会、董事会、监事会和经营管理者的权责，完善企业领导人员的聘任制度。股东会决定董事会和监事会成员，董事会选择经营管理者，经营管理者行使用人权，并形成权力机构、决策机构、监督机构和经营管理者之间的制衡机制"。

2017年5月3日，国务院办公厅发布《关于进一步完善国有企业法人治理结构的指导意见》，该《意见》明确：股东会是公司的权力机构。股东会主要依据法律法规和公司章程，通过委派或更换董事、监事（不含职工代表），审核批准董事会、监事会年度工作报告，批准公司财务预决算、利润分配方案等方式，对董事会、监事会以及董事、监事的履职情况进行评价和监督。出资人机构根据本级人民政府授权对国家出资企业依法享有股东权利。国有独资公司不设股东会，由出资人机构依法行使股东会职权。出资人机构依据法律法规和公司章程规定行使股东权利、履行股东义务，有关监管内容应依法纳入公司章程。董事会是公司的决策机构，要对股东会负责，执行股东会决定，依照法定程序和公司章程授权决定公司重大事项，接受股东会、监事会监督，认真履行决策把关、内部管理、防范风险、深化改革等职责。经理层是公司的执行机构，依法由董事会聘任或解聘，接受董事会管理和监事会监督。总经理对董事会负责，依法行使管理生产经营、组织实施董事会决议等职权，向董事会报告工作，董事会闭会期间向董事长报告工作。监事会是公司的监督机构，依照有关法律法规和公司章程设立，对董事会、经理层成员的职务行为进行监督。明确了党组织在国有企业法人治理结构中的法定地位，明确党组织在企业决策、执行、监督各环节的权责和工作方式，使党组织成为企业法人治理结构的有机组成部分。充分发挥党组织的领导核心和政治核心作用支持董事会、监事会、经理层依法履行职责。

该《意见》明确要求，要依照法律法规和公司章程，严格规范履行出资人职责的机构（以下简称出资人机构）、股东会（包括股东大会，下同）、董事会、经理层、监事会、党组织和职工代表大会的权责，强化权利责任对等，保障有效履职。

二　坚持党管干部原则，董事会、经理层依法行使用人权

坚持党管干部原则，是党对国有企业全面领导的重要体现，是夯实中国特色社会主义重要物质基础和政治基础的根本保证。

2015年，中共中央、国务院《关于深化国有企业改革的指导意见》提出，"坚持党管干部原则与董事会依法产生、董事会依法选择经营管理者、经营管理者依法行使用人权相结合，不断创新有效实现形式"。中共中央办公厅印发《关于在深化国有企业改革中坚持党的领导加强党的建设的若干意见》提出："进一步完善坚持党管干部原则与市场化选聘、建立职业经理人制度相结合的有效途径。"

2016年11月2日，中共十八届六中全会通过的《关于新形势下党内政治生活的若干准则》提出，"选人用人必须强化党组织的领导和把关作用"。习近平总书记在党的十九大报告中指出，党的干部是党和国家事业的中坚力量。要坚持党管干部原则，党管人才原则。因此，无论是制定干部工作的路线、方针、政策，还是对干部的推荐和选拔，党委研讨都应前置于经理层，依据党委决定，由企业组织部门严格标准、健全制度、完善政策、规范程序，确保每个环节的规范操作。在国有企业的重要人事任免上，企业党委必须全程参与、严格把关。

进一步健全完善国有企业干部管理和选人用人管理体制，选好人用好人。一方面，明确企业党组织在干部管理权限上的政治领导责任，另一方面，也要明确董事会在选人用人方面的法定职权。具体而言，企业党组织在选人用人方面主要履行"确定用人标准、研究推荐人选、严格组织考察、完善评价体系、加强监督管理"的职责，重点做到"五管"即"管原则、管标准、管程序、管机制和管监督"；把好"五关"，即管原则，把好导向关，管标准，把好资格关，管程序，把好规则关，管机制，把好政策关，管监督，把好调整关。

2017年5月3日国务院办公厅发布《关于进一步完善国有企业法人治理结构的指导意见》提出，"积极探索党管干部原则与董事会选聘经营管理人员有机结合的途径和方法"，"在董事会选聘经理层成员工作中，上级党组织及其组织部门、国有资产监管机构党委应当发挥确定标准、规范程序、参与考察、推荐人选等作用。积极探索董事会通过差额方式选聘经理层成员"。

坚持党管干部原则，首先要明确国有企业上级党组织及其组织部门，国有资产监管机构党委在市场化选聘经营管理者工作中的职责权力。党委应发挥确定标准、规范程序、参与考察、推荐人选等作用，"党管干部"的关键是确定选拔标准、程序，监督预评审过程。董事会应发挥出主导者作用，有序推进市场化选聘经营管理者工作，与国有企业党组织充分沟通，广泛听取意见。最终将党管干部原则与董事会市场化选聘企业经营管理者机制进行有机统一。

三 建立健全以党组织为核心的监督体系

2015年6月5日，习近平总书记主持召开中央全面深化改革领导小组第十三次会议。会议指出："防止国有资产流失，要坚持问题导向，立足机制制度创新，强化国有企业内部监督、出资人监督和审计、纪检巡视监督以及社会监督，加快形成全面覆盖、分工明确、协同配合、制约有力的国有资产监督体系。"

2015年《关于深化国有企业改革的指导意见》明确指出需要强化企业内部监督，明确监事会、审计、纪检监察、巡视以及法律、财务等部门的监督职责；建立健全高效协同的外部监督机制，强化出资人监督；实施信息公开加强社会监督，完善国有资产和国有企业信息公开制度；严格责任追究等，建立和完善重大决策评估、决策事项履职记录、决策过错认定标准等配套制度等。同时，也需要加强对职业经理人的日常监督管理，强化廉洁从业、行使权力等的监督。

2017年《国务院办公厅关于进一步完善国有企业法人治理结构的指导意见》提出："监事会是公司的监督机构，依照有关法律法规和公司章程设立，对董事会、经理层成员的职务行为进行监督。"要提高专职监事比例，增强监事会的独立性和权威性。对国有资产监管机构所出资企业依法实行外派监事会制度。外派监事会由政府派出，负责检查企业财务，监督企业重大决策和关键环节以及董事会、经理层履职情况，不参与、不干预企业经营管理活动。"健全以职工代表大会为基本形式的企业民主管理制度，支持和保证职工代表大会依法行使职权，加强职工民主管理与监督，维护职工合法权益"，还要"充分发挥纪检监察、巡视、审计等监督作用"。

国有企业应建立完善以国有企业党组织为领导核心和政治核心的监督体系。董事会应当履行主体职责，全面负责监督管理工作；监事会要依法依规进行监督。党组织要依照《中国共产党章程》《中国共产党党内监督条例（试行）》《国有企业领导人员廉洁从业若干规定》进行监督；国有企业审计、纪检监察、法律、财务等部门按照监督职责，加强内部制度和流程控制；还要充分发挥纪检监察、巡视、审计等监督作用，总之，要健全完善多部门联动监督体系，加强沟通，信息共享，优势互补、有效监督。同时要实施信息公开，通过信息网络平台，充分发挥媒体舆论监督作用，接受政府和社会公众的有效监督。

目前，国有企业普遍构建起中国特色现代企业制度的整体框架，按照部署，国资国企系统要坚持"两个一以贯之"，深度推进加强党的领导与完善公司治理相统一[①]；推动董事会配齐建强高效运转；统筹协调国资出资人、国资监管和党建工作职责，构建完善的一体化监督体系。

第六节　形成中国特色的国有企业公司治理机制

一　明确党组织在公司法人治理结构中的地位

中国共产党历来高度重视国有企业党的建设，先后作出了一系列重大部署，发挥党组织在国有企业中的作用由来已久。各地区、各有关部门和各国有企业按照中央精神，积极探索，大胆实践。

2004 年，国务院国资委发布的《关于国有独资公司董事会建设的指导意见（试行）》明确规定，建立董事会的同时，要加强党的建设。公司党委（党组）主要负责人应当进入董事会；非外部董事中的党员可依照

---

① 刘志强：《国企改革三年行动取得重要阶段性成果》，《人民日报》2022 年 1 月 18 日。

《中国共产党章程》有关规定进入党委（党组）；党委（党组）书记和董事长可由一人担任。2004年10月31日，中共中央组织部、国务院国资委党委发布的《关于加强和改进中央企业党建工作的意见》，提出的要求是党组织参与企业重大问题决策，要坚持和完善"双向进入、交叉任职"的企业领导体制。党组织对重大问题要集体研究，由进入董事会、监事会、经理班子的党委成员通过多种方式分别反映党组织的意见和建议，使党组织的主张在企业决策中得到重视和体现，并把法人治理结构的决策结果反馈给党组织，实现决策的科学民主。

在2010年7月，中共中央办公厅、国务院办公厅印发了《关于进一步推进国有企业贯彻落实"三重一大"决策制度的意见》，要求所有国有和国有控股企业（含国有和国有控股金融机构）实施"三重一大"决策制度，凡属重大决策、重要人事任免、重大项目安排和大额度资金运作（简称"三重一大"）事项必须由领导班子集体作出决定，而这里的领导班子包括了党委（党组）、董事会、未设董事会的经理班子。特别是其中的关键点在于，董事会、未设董事会的经理班子研究"三重一大"事项时，应事先与党委（党组）沟通，听取党委（党组）的意见。该《意见》中关于"三重一大"事项的主要范围，包括："重大决策事项，主要包括企业贯彻执行党和国家的路线方针政策、法律法规和上级重要决定的重大措施，企业发展战略、破产、改制、兼并重组、资产调整、产权转让、对外投资、利益调配、机构调整等方面的重大决策，企业党的建设和安全稳定的重大决策，以及其他重大决策事项。重要人事任免事项，是指企业直接管理的领导人员以及其他经营管理人员的职务调整事项。主要包括企业中层以上经营管理人员和下属企业、单位领导班子成员的任免、聘用、解除聘用和后备人选的确定，向控股和参股企业委派股东代表，推荐董事会、监事会成员和经理、财务负责人，以及其他重要人事任免事项。重大项目安排事项，是指对企业资产规模、资本结构、盈利能力以及生产装备、技术状况等产生重要影响的项目的设立和安排。主要包括年度投资计划，融资、担保项目，期权、期货等金融衍生业务，重要设备和技术引进，采购大宗物资和购买服务，重大工程建设项目，以及其他重大项目安排事项。大额度资金运作事项，是指超过由企业或者履行国有资产出资人职责的机构所规定的企业领导人员有权调动、使用的资金限额的资金调动和使用。主要包括年度预算内大额度资金调动和使用，超预算的资金调动和使用，对外大额捐赠、赞助，以及其他大额度资金运作事项。"

2012年，党的十八大通过的《中国共产党章程（修正案）》规定，国有企业和集体企业中党的基层组织，围绕企业生产经营开展工作。保证监督党和国家的方针、政策在本企业的贯彻执行；支持股东会、董事会、监事会和经理（厂长）依法行使职权；全心全意依靠职工群众，支持职工代表大会开展工作；参与企业重大问题的决策；这就是说，国有企业党组织作为党的基层组织，主要是"保证监督"党和国家的方针、政策在本企业的贯彻执行这一政治任务，而在企业决策方面，只是"参与企业重大问题的决策"，而且"支持股东会、董事会、监事会和经理（厂长）依法行使职权"，这一点列在了"参与企业重大问题的决策"的前面，这表明企业职权还是由三会行使，党组织只是"参与"进来。

坚持党的领导，是中国特色社会主义最本质的特征，也是国有企业的独特优势。2015年，国有企业正处于全面深化改革的新的历史时期，在协调推进"四个全面"战略布局的伟大进程中，必须毫不动摇地坚持党对国有企业的领导，毫不动摇地加强国有企业党的建设。2015年6月5日习近平总书记主持召开中央全面深化改革领导小组第十三次会议指出，"把国有企业做强做优做大，不断增强国有经济活力、控制力、影响力、抗风险能力，要坚持党的建设与国有企业改革同步谋划、党的组织及工作机构同步设置，实现体制对接、机制对接、制度对接、工作对接，确保党的领导、党的建设在国有企业改革中得到体现和加强"。2015年8月24日，中共中央、国务院发布的这一轮改革的核心文件《关于深化国有企业改革的指导意见》把全面加强企业党的建设列为到2020年国有企业改革取得决定性成果的主要目标之一，提出"充分发挥企业党组织的政治核心作用。把加强党的领导和完善公司治理统一起来"。开始明确要求，"将党建工作总体要求纳入国有企业章程，明确国有企业党组织在公司法人治理结构中的法定地位，创新国有企业党组织发挥政治核心作用的途径和方式"。坚持和完善双向进入、交叉任职的领导体制，符合条件的国有企业党组（党委）领导班子成员可以通过法定程序进入董事会、监事会、经理层，董事会、监事会、经理层成员中符合条件的党员可以依照有关规定和程序进入党组（党委）；经理层成员与党组织班子成员适度交叉任职;"董事长、总经理原则上分设,党组(党委)书记、董事长一般由一人担任"。2015年9月,中共中央办公厅印发了《关于在深化国有企业改革中坚持党的领导加强党的建设的若干意见》(以下简称"《若干意见》"),对在深化国有企业改革中坚持党的领导、加强党的建设提出要求、作出部署。《若干意见》指出,"把建立党的组织、开展党的工作,作为国有企业推进混合所有制改革的必要前提"。《若干意见》指出,坚持党的建设与国有企业改革同步谋划,充分发挥党组领导核心作用、党委政治核心作用、基层党组织战斗堡垒作用和党员先锋模范作用;坚持党管干部原则,从严选拔国有企业领导人员,建立适应现代企业制度要求和市场竞争需要的选人用人机制;"把加强党的领导和完善公司治理统一起来,明确国有企业党组织在公司法人治理结构中的法定地位"。当前,国有企业改革正处于攻坚期和深水区,党的领导只能加强,不能削弱。《若干意见》强调,各地区各有关部门党委(党组)和各国有企业党组(党委)要切实加强对国有企业党建工作的领导和指导,不断完善党委(党组)抓、书记抓、各有关部门抓,一级抓一级、层层抓落实的党建工作格局,确保党的领导、党的建设在国有企业改革中得到充分体现和切实加强。《若干意见》的出台,对于加强国有企业党的建设,保证国有企业改革发展的社会主义方向,提升国有企业的制度优势和竞争优势,促进国有企业做强做优做大,具有十分重要的战略意义和现实意义。

建立中国特色国有企业制度是国有企业的改革方向,是现代企业制度的重大理论和创新实践,其核心在于党组织是公司法人治理结构的重要组成部分,就在于充分发挥党建工作与公司治理两个优势。《若干意见》强调,把加强党的领导和完善公司治理统一起来明确。企业党组织在公司法人治理结构中的法定地位,明确要求各国有企业应当在章程中明确党建工作总体要求,将党组织的机构设置、责任分工、工作任务纳入企业的管理体制、管理制度、工作规范,明确党组织在企业决策、执行、监督各环节的权责和工作方式以及与其他治理主体的关系,使党组织成为公司法人治理结构的有机组成部分,使党组织发挥领导核心作用和政治核心作用,组织化、制度化、具体化。

2017年5月3日国务院办公厅发布《关于进一步完善国有企业法人治理结构的指导意见》提出,坚持党的领导、加强党的建设是国有企业的独特优势。要落实全面从严治党战略部署，把加强党的领导和完善公司治理统一起来，明确国有企业党组织在国有企业法人治理结构中的法定地位，发挥国有企业党组织的领导核心和政治核心作用，保证党组织把方向、管大局、保落实，到2020年，党组织在国有企业法人治理结构中的法定地位更加牢固。

要将党建工作总体要求纳入国有企业章程，明确党组织在企业决策、执行、监督各环节的权责和工作方式，使党组织成为企业法人治理结构的有机组成部分。要充分发挥党组织的领导核心和政治核心作用，领导企业思想政治工作，支持董事会、监事会、经理层依法履行职责，保证党和国家方针政策的贯彻执行。

2017年，党的十九大通过的《中国共产党章程（修正案）》相比党的十八大通过的，增加了非常重要的内容，第33条第2款规定，"国有企业党委（党组）发挥领导作用，把方向、管大局、保落实，依照规定讨论和决定企业重大事项"。将"参与"变成了"决定"。直接明确了党组织的"领导作用""决定企业重大事项"，从"参与"到"决定"，发生了质的变化。

2019年12月30日，中共中央发布的《中国共产党国有企业基层组织工作条例（试行）》第3章中第11条关于国有企业党委主要职责的界定提到"国有企业党委发挥领导作用，把方向、管大局、保落实，依照规定讨论和决定企业重大事项"，"研究讨论企业重大经营管理事项，支持股东（大）会、董事会、监事会和经理层依法行使职权"。

2020年12月30日，中央深改委通过了《关于中央企业党的领导融入公司治理的若干意见（试行）》，把公司治理机制由"各司其职、各负其责、协调运转、有效制衡"改为"权责法定、权责透明、协调运转、有效制衡"。在2021年的工作安排中，围绕党的领导融入公司治理的问题，各央企均提出了新的思考和举措，按照新的定位，推进党的领导融入公司治理法治化、制度化、规范化、程序化。

2021年5月，中共中央办公厅印发《关于中央企业在完善公司治理中加强党的领导的意见》，该《意见》立足于在完善公司治理中加强党的领导，明确了中央企业党委（党组）在决策、执行、监督等各环节的权责和工作方式。对中央企业进一步把加强党的领导和完善公司治理统一起来、加快完善中国特色现代企业制度作出部署、提出要求。该《意见》提出，中央企业党委（党组）是党的组织体系重要组成部分，在公司治理结构中具有法定地位，在企业发挥把方向、管大局、促落实的领导作用。同时，该《意见》在明晰中央企业党委（党组）讨论和决定重大事项的职责范围，规范党委（党组）前置研究讨论重大经营管理事项的要求和程序，明确党委（党组）在董事会授权决策和总经理办公会决策中发挥作用的方式，强化党委（党组）在执行、监督环节的责任担当，以及加强党委（党组）自身建设等方面，作出了制度性安排。

二 坚持"两个一以贯之"把党的领导有机融入公司治理

坚持党的领导是我国国有企业法人治理结构的特色，其目标是要建立中国特色的现代企业制度，既要坚持党的领导的政治要求，又要按照市场经济规律和公司治理原则来运行，因此，要认真研究解决党的领导在现代企业制度中的管理形式，坚持党的领导和公司治理的有机结合。

2016年10月，习近平总书记在全国国有企业党的建设工作会议提出的"两个一以贯之"的重要论断，为国有企业加强党的全面领导和完善公司治理指明了方向。"两个一以贯之"具体内容分别是：坚持党对国有企业的领导是重大政治原则，必须一以贯之；建立现代企业制度是国有企业改革的方向，也必须一以贯之。

落实"两个一以贯之"，首先要明确党组织在公司治理中的法定地位，必须要把加强党的领导和完善公司治理统一起来，将党组织内嵌到公司治理结构中，各公司制企业将党建工作要求纳入公司章程，在工作实践中，探索党的领导融入企业经营发展关键环节的实现形式，从而确保企业的发展方向不偏离，持续强化企业发展的抗风险能力，激发企业内生动力。其次是建立中国特色现代企业制度。中国特色现代国有企业制度脱胎于中国特色社会主义制度和社会主义市场经济体制，"特"就特在把党的领导融入公司治理各环节，把企业党组织内嵌到公司治理结构之中，明确和落实党组织在公司法人治理结构中的法定地位，按照党章规定履行职责，发挥领导核心和政治核心作用，把方向、管大局、保落实，确保党的领导落实到企业改革发展的全过程，做到组织落实、干部到位、职责明确、监督严格。

2020年印发的《国企改革三年行动方案》全面贯彻落实"两个一以贯之"的重要论断,将完善中国特色现代企业制度,坚持"两个一以贯之",形成科学有效的公司治理机制摆在了八项重点任务的首位,从职能职责定位、制度建设等角度,强调提出了具体明确的贯彻落实要求。2020年9月,在中央企业改革三年行动工作动员部署会上,国资委再次强调了贯彻落实"两个一以贯之"的相关要求。下一步,在中央企业改革实践层面的重要任务就是制定相关政策文件,建立健全党的领导融入公司治理的制度规范。

2021年是国企改革三年行动攻坚之年,是承上启下的关键之年,国资委在历次会议上,不断强调要更加聚焦重点任务,推动党的领导融入公司治理更加深入有效,企业各治理主体权责边界更加清晰,董事会普遍实现应建尽建,配齐建强。

目前,国有企业普遍构建起中国特色现代企业制度的整体框架,按照部署,国资国企系统要坚持"两个一以贯之",深度推进加强党的领导与完善公司治理相统一,切实提升董事会建设和运行质量;进一步在完善公司治理中加强党的领导组织化、制度化、具体化,推动董事会配齐建强高效运转;把国资委全面履行出资人职责、国有资产监管职责和企业党的建设工作职责三者统一起来,深入实施专业化、体系化、法治化监管,构建完善业务监督、综合监督、责任追究三位一体监督体系,持续深化经营性国有资产集中统一监管。

三 完善"前置清单",提升董事会建设和运行质量

2019年12月30日中共中央发布《中国共产党国有企业基层组织工作条例(试行)》。在该《条例(试行)》第四章"党的领导和公司治理中"第十三条指出:"明确党组织研究讨论是董事会、经理层决策重大问题的前置程序。"第十五条规定"国有企业重大经营管理事项必须经党委(党组)研究讨论后,再由董事会或者经理层作出决定。研究讨论的事项主要包括:贯彻党中央决策部署和落实国家发展战略的重大举措;企业发展战略、中长期发展规划,重要改革方案;企业资产重组、产权转让、资本运作和大额投资中的原则性方向性问题;企业组织架构设置和调整,重要规章制度的制定和修改;涉及企业安全生产、维护稳定、职工权益、社

会责任等方面的重大事项；其他应当由党委（党组）研究讨论的重要事项"。上述规定对国有企业党委的研讨事项范围有了相对清晰的界定，但也提到党委要结合实际制定研讨的事项清单，并要厘清与其他治理主体（董事会、监事会、经理层等）的权责。因此，在制定出符合企业实际的事项清单前，需要对其他治理主体的权责进行一定的分析，从而明确国有企业党委研究讨论重大经营管理事项的具体范围及决策步骤。

2020 年，国企改革进入深水区，董事会建设作为国企法人治理结构改革中最重要的一环，是国有企业建立中国特色现代国有企业制度的关键枢纽。《国企改革三年行动方案》出台，国资委将推动董事会应建尽建，进一步理清党委（党组）、董事会、经理层等各治理主体的权责边界，落实董事会职权，加快建立各司其职、各负其责、协调运转、有效制衡的公司治理机制。

完善中国特色现代企业制度，形成科学有效的公司治理机制，核心关键是要解决党的领导融入国有企业法人治理问题，将制定国企党委前置研究事项清单作为落实国企改革三年行动的第一要义，是确保中国特色现代企业制度各治理主体达到"权责法定、权责透明、协调运转、有效制衡"要求，实现国有企业公司治理机制有效运行、持久稳固的重要前提保证。

2021 年 5 月《关于中央企业在完善公司治理中加强党的领导的意见》印发，以清单方式明确了中央企业党委前置研究讨论决定的 16 项重大事项，为国企党组织议事决策提供了新的权威性规范和制度遵循。该《意见》立足于在完善公司治理中加强党的领导，明确了中央企业党委（党组）在决策制定、管理执行、监管督查等各环节的权责和工作方式，既体现了党对企业的领导，又体现了公司治理中发挥董事会的作用。对此，国务院国资委党委委员、秘书长彭华岗进一步阐释说，为使党委真正发挥把方向、管大局、促落实作用，党委（党组）研究讨论企业的重大问题应该清单化，重大问题党委（党组）要前置研究讨论，但是并不代表前置决策，要加强董事会建设，集团公司、各级子公司、国有全资公司、国有独资公司、国有控股公司、国有绝对控股公司、国有相对控股公司需要探索差异化治理机制，切实提高公司治理的效果。国有独资公司外部董事要占到一半以上，保证决策的科学性。各中央企业、省属国企应根据自身情况，在政策要求和示范文本基础上，加紧细化制订适用于本企业的党委

（党组）前置研究讨论重大经营管理事项清单。

2021年6月，国企改革三年行动时间过半的关键节点之时，国资委在长春召开中央企业改革三年行动推进会，总结工作成效。国资委发布的数据显示，央企集团层面100%制定党委（党组）讨论前置事项清单，超过93%的子企业实现了董事会应建尽建，其中6成以上实现了外部董事占多数。结合国资委通过在线督办系统，对99家中央企业、37个地方重点改革任务进展进行的统计分析看，按照董事会"应建"标准，94.7%的中央企业子企业、98.2%的地方一级企业、97.9%的地方各级子企业已建立董事会，基本实现全覆盖。在已建董事会范围内，70.7%的中央企业子企业、49.4%的地方国有企业董事会实现了外部董事占多数，较2020年年底分别增长21.7%、24.9%。①

2021年9月国务院国资委印发了《中央企业董事会工作规则（试行）》，围绕把加强党的领导和完善公司治理统一起来，对进一步加强中央企业董事会建设提出要求、作出规定。该《规则（试行）》与《关于中央企业在完善公司治理中加强党的领导的意见》相配套，是全面落实习近平总书记关于坚持党对国有企业的领导必须"一以贯之"、建立现代企业制度必须"一以贯之"的重要指示要求的基本制度规范，与之后出台的《中央企业董事会和董事评价办法》《关于进一步落实中央企业董事会考核分配职权的实施意见》《中央企业党委（党组）前置研究讨论重大经营管理事项清单示范文本》等，对于加快完善中国特色现代企业制度、促进制度优势更好转化为治理效能，具有十分重要的意义。

2021年10月国务院国资委在京举办中央企业董事会建设研讨班。会议认为，全国国企党建会五年多来，党的领导在完善公司治理中全面加强，中央企业集团全面完成"党建入章"，全部实现党委（党组）书记、董事长"一肩挑"，专职副书记应配尽配并进入董事会。中央企业董事会建设取得重要进展和明显成效，中央企业集团层面实现董事会应建尽建，其中82家建立了外部董事占多数的董事会，96.9%符合条件的子企业建立了董事会，其中78.8%的子企业实现外部董事占多数。董事会制度体系更加健全，科学决策、民主决策、依法决策作用有效发挥，企业风险防

---

① 杜雨萌：《国资委：央企中长期正向激励空间较大》，《证券日报》2021年7月31日。

控能力和管理水平明显提升。国务院国资委主任郝鹏表示,中央企业董事会建设已经从"试点探索"进入"全面推进",从"集团层面为主"拓展到"覆盖重要子企业",从"有没有"转向"好不好"的新阶段,取得了实质性重大进展和明显成效。①

根据国资委的实施"三年行动"的部署安排,在2020年的七大改革方向中,"完善中国特色现代企业制度"位列第一条。2020年9月,国资委党委书记、主任郝鹏在中央企业改革三年行动动员部署视频会上强调,要"在形成更加成熟更加定型的中国特色现代企业制度……等方面取得明显成效"。2020年10月,《中共中央关于制定国民经济和社会发展第十四个五年规划和二〇三五年远景目标的建议》提出,加快完善中国特色现代企业制度 。2021年3月,《国家'十四五'规划和2035年远景目标纲要》,在第十九章单列一节对"推动国有企业完善中国特色现代企业制度"进行部署安排。

2022年1月17日召开的国企改革三年行动专题推进会的信息显示,2021年国企公司制改革基本完成,中央党政机关和直属事业单位所管理企业中公司制企业占比97.7%,地方国有企业中公司制企业占比99.9%。各中央企业、各地国资委和地方国有企业挂图作战、跑表计时,实现三年改革任务70%的年度目标,取得一系列重要阶段性成果。中央企业董事会建设取得重大进展和明显成效,前置事项清单全面制定并落地见效,全部中央企业集团公司和地方一级企业、绝大多数中央企业和地方重要子企业制定了清单,进一步厘清党组织与董事会之间的权责边界。中央企业及98.2%的子企业实现董事会应建尽建,超70%的集团公司制定董事会授权制度,中央企业和地方国有企业子企业层面完成外部董事占多数的比例分别达到99.3%、94.2%、89.9%符合条件的二级、三级子企业实现外部董事占多数。

2022年是国企改革三年行动收官之年,3月30日国务院国企改革领导小组办公室以视频形式召开"完善公司治理机制、提升运转质量效能"专题推进会。会议强调,针对目前公司治理中的短板弱项,要优化完善

---

① 《央企董事会建设从"试点探索"进入"全面推进"》,《经济参考报》2021年10月19日。

"前置清单",提升董事会建设和运行质量,积极推进董事会向经理层授权,加强统筹沟通、完善会议机制,有效发挥党组织、董事会、经理层等各治理主体作用,完善权责法定、权责透明、协调运转、有效制衡的公司治理机制。5月7日国务院国资委主任郝鹏在举行的"地方国企改革三年行动推进会"上表示,地方国企改革扎实推进,解决了一批长期想解决而没有解决的问题,公司制改革基本完成,数据显示,地方一级企业及重要子企业全面完成党组织前置研究事项清单制定工作,一级企业及各级子企业基本实现董事会应建尽建,已建董事会企业90%以上实现外部董事占多数。完善中国特色现代企业制度、健全市场化经营机制等改革重点领域取得实质性突破。

第六章

国有企业职业经理人制度建设

第一节 建立国有企业职业经理人制度

一 建立国有企业职业经理人制度的必要性

全国职业经理人考试测评标准化技术委员会发布的《职业经理人相关术语》（GB/T26999-2021）中的职业经理人术语定义为："职业经理人（professional managers）：受聘于企业，担任不同层级的领导和管理职务，承担相应的义务和责任，从事经营管理活动，以此为职业的人。"

随着我国20世纪90年代社会主义市场经济体制改革的进行，尤其是1994年《公司法》的施行，对经营管理人才的需求日益强烈，加入WTO后，中国企业开始面对激烈的国际竞争环境，对高水平、高素质的职业经理人的需求越来越迫切，也在呼唤着中国的职业经理人。

中共中央、国务院发布的《关于深化国有企业改革的指导意见》把推行职业经理人制度作为新时期深化国有企业改革的重大政策措施，指出"推行职业经理人制度"。将在国有企业中推行职业经理人制度，作为深化国有企业改革的重要举措，落实国企国资改革要求、完善现代企业制度和引入市场化经营机制的关键环节，成为深化选人用人机制改革，提升企业经营管理水平，不断增强国有经济活力、影响力、抗风险能力的有效途径。

随着社会主义市场经济体制的不断完善，现代企业制度的逐步形成，特别是公司制、股份制、混合所有制改革的不断深入，国有企业在产权制度、法人治理结构等方面都取得突破，国有企业对职业经理人的需求量越来越大，职业经理人制度建设提到了议事日程。

党的十九大报告第一次明确提出"培育具有全球竞争力的世界一流企业",这是党中央关于新时代国企深化改革的新要求。显而易见,打造一支具有全球竞争力的职业经理队伍,才是培育具有全球竞争力世界一流企业的关键所在,这就对加快推进国企职业经理人制度建设提出了更为迫切的要求。

二 建立国有企业职业经理人制度面临的难点

国有企业建立职业经理人制度的难点,是在人事管理方面实现"去行政化"。国企中高级领导人的选拔任用不能再套用党政机关干部的管理模式,而是需要建立与现代企业制度相适应的市场化选人用人机制。最为根本的是要改变以行政级别为参照的人才评价标准,建立科学合理的人才市场价值评价体系。国企职业经理人的聘用、管理和退出机制都应当遵循市场化规律,扫清"体制内循环"和"能上不能下"积弊,建立员工对业绩负责、企业领导人对出资人负责的管理责任体系。具体而言,就是要完善双向流动的人力资源通道,逐步将不能适应市场竞争的员工分流出去,同时引进能够胜任岗位职责的优秀人才。

不仅如此,建立职业经理人制度,还涉及职业经理人的选拔评价标准、资质资格鉴定、业绩评价方式,薪酬确定办法等一系列问题,难免会遇到任期目标难以确定、契约难以执行,业绩难以评价的难题。因此,必须建立和完善有效的市场化选聘机制、任期机制、考核机制、责任机制及责任追究机制、激励机制和监督约束机制。

三 建立职业经理人制度的基础和先决条件

职业经理人制度是现代市场经济的产物,是现代企业制度的重要组成部分。完善并有效运转的公司法人治理结构是实行职业经理人制度的基础。

建立职业经理人制度,首先要按照现代企业制度的要求,完善公司法人治理结构,规范企业股东会、董事会、监事会和经理层的权责,明晰董事会及其董事长与职业经理人的权利事项和权利边界,形成权力机构、决策机构、监督机构和经营者之间的制衡机制。这就是推行职业经理人制度必须具备的先决条件。

我国国有企业法人治理结构具有特殊性，国有企业在推进职业经理人制度的过程中，党委会与董事会是非常重要的两个角色，要进一步明确国务院国资委党委、央企本部党委在确定重大事项方面的领导地位，充分发挥党委会的政治领导作用，由企业党委决定方向和确定重大原则，在坚决贯彻党委会领导地位的同时，坚持党管干部原则与董事会依法产生、董事会依法选择经营管理者、经营管理者依法行使用人权相结合，不断创新有效实现形式。董事会作为国有企业出资人的代表机构，董事长人选来自国有资本出资人的推荐，代表国有资本出资人的意志和利益。经过建立现代企业制度的改革，大多数国有企业包括国有独资企业，大都建立起了公司法人治理结构，但公司的董事会、经理层、监事会的权利事项和权利边界还比较模糊，经营决策权和执行权没有明确分开。实行职业经理人制度，就是要把执行权落实到职业经理人，董事会应严格履行出资人职责，落实履职清单，尊重企业的市场主体地位，维护企业的经营管理自主权。在对职业经理人进行任期制契约化管理过程中不随意变更目标和考核标准，不干预企业正常经营行为，职业经理人要有充分的权力负责经营管理，并以契约的形式得到确认，根据完成目标兑现薪酬激励。

第二节　国有企业职业经理人制度的政策与实践

一　中央出台的职业经理人有关政策

随着国有企业改革的不断深入，现代企业制度的逐步建立与完善，国有企业职业经理人的改革方向逐渐清晰。党和政府高度重视职业经理人制度建设工作，将职业经理人制度建设作为建设中国特色现代国有企业制度的重要内容，21世纪以来，特别是党的十八大以来，先后出台一系列相关政策文件引导并不断推进职业经理人制度的建立。

2001年，中组部、国家经贸委关于印发《"十五"期间全国企业经营管理人员培训纲要》的通知中提出："逐步建立工商管理职业资格证书制度，要制定职业经理人员的素质标准。"这是在国家正式文件中，第一次提出"职业经理人员"这个称谓。

中共中央办公厅、国务院办公厅于2002年6月下发《关于印发〈2002—2005年全国人才队伍建设规划纲要〉》的通知。《纲要》要求

"努力建设高素质、职业化的企业经营管理人才队伍"。明确提出要"建设一支职业经理人队伍。全面实行企业经营管理者聘任制,加速企业经营管理者的市场配置,实行企业经营管理者任期制和任期目标责任制,建立符合企业特点的考评制度,建立有效的监督约束机制"。这是职业经理人一词首次在党中央、国务院的文件中出现,以此为标志,我国开始初步探索职业经理人制度。

2003 年 12 月《中共中央国务院关于进一步加强人才工作的决定》提出:"企业经营管理人才的评价重在市场和出资人认可。发展企业经营管理人才评价机构,探索社会化的职业经理人资质评价制度。"这个文件第一次提出"企业经营管理人才的评价重在市场和出资人认可"的标准,要求"探索社会化的职业经理人资质评价制度"。职业经理人队伍正规化建设正式开始起步。

2010 年 6 月中共中央、国务院印发《国家中长期人才发展规划纲要(2010—2020 年)》第一次明确地将职业经理人的发展规划纳入了国家人才规划,提出了:"适应产业结构优化升级和实施'走出去'战略的需要,以提高现代经营管理水平和企业国际竞争力为核心,以战略企业家和职业经理人为重点,加快推进企业经营管理人才职业化、市场化、专业化和国际化,培养造就一大批具有全球战略眼光、市场开拓精神、管理创新能力和社会责任感的优秀企业家和一支高水平的企业经营管理人才队伍"的发展目标。

2013 年 11 月,中共十八届三中全会拉开了新一轮全面深化改革的历史序幕。全会通过的《中共中央关于全面深化改革若干重大问题的决定》在有关推动国有企业完善现代企业制度的内容中提出,国有企业要健全协调运转,有效制衡的公司法人治理结构,"建立职业经理人制度,更好发挥企业家作用"。这是党中央明确决定在国有企业建立职业经理人制度。

2015 年 8 月《中共中央、国务院关于深化国有企业改革的指导意见》明确提出,"推行职业经理人制度,实行内部培养和外部引进相结合,畅通现有经营管理者与职业经理人身份转换通道,董事会按市场化方式选聘和管理职业经理人,合理增加市场化选聘比例,加快建立退出机制"。"对市场化选聘的职业经理人实行市场化薪酬分配机制,可以采取多种方式探索完善中长期激励机制。"9 月,《中共中央办公厅印发〈关于在深化国有企业改革中坚持党的领导加强党的建设的若干意见〉的通知》提出:"坚持党管干部原则,从严选拔国有企业领导人员,建立适应现代企业制度要求和市场竞争,需要的选人用人机制","进一步完善坚持党管干部原则与市场化选聘、建立职业经理人制度相结合的有效途径"。同时《国务院关于国有企业发展混合所有制经济的意见》提出:"推行混合所有制企业职业经理人制度,按照现代企业制度要求,建立市场导向的选人用人和激励约束机制,通过市场化方式选聘职业经理人依法负责企业经营管理,畅通现有经营管理者与职业经理人的身份转换通道。职业经理人实行任期制和契约化管理,按照市场化原则决定薪酬,可以采取多种方式探索中长期激励机制。严格职业经理人任期管理和绩效考核,加快建立退出机制。"可见,随着国企改革"1+N"文件的陆续出台,从政策层面,国有企业职业经理人制度改革方向逐步清晰。

2016年3月中共中央印发的《关于深化人才发展体制机制改革的意见》提出,"合理提高国有企业经营管理人才市场化选聘比例,畅通各类企业人才流动渠道,完善国有企业经营管理人才中长期激励措施","研究制定在国有企业建立职业经理人制度的指导意见"。《2016年政府工作报告》指出,"推进股权多元化改革,开展落实企业董事会职权、市场化选聘经营者、职业经理人制度、混合所有制、员工持股等试点"。《中华人民共和国国民经济和社会发展第十三个五年规划纲要》提出,大力推进国有企业改革,"建立国有企业职业经理人制度","完善差异化薪酬制度和创新激励"。

2017年,《国务院批转国家发展改革委关于2017年深化经济体制改革重点工作意见的通知》提出:"启动国有企业职业经理人薪酬制度改革试点。"

2017年5月国务院办公厅发布《关于进一步完善国有企业法人治理结构的指导意见》提出,"充分发挥企业家作用,造就一大批政治坚定、善于经营、充满活力的董事长和职业经理人"。与此同时,"根据企业产权结构、市场化程度等不同情况,有序推进经理人制度建设,逐步扩大职业经理人队伍","国有独资公司要积极探索推行职业经理人制度,实行内部培养和外部引进相结合,畅通企业经理层成员与职业经理人的身份转换通道"。该《指导意见》为国有企业职业经理人制度发展提供了顶层设计和方针指引。我国的职业经理人队伍建设进入了发展的快车道。

2018年，中共中央办公厅、国务院印发的《关于分类推进人才评价机制改革的指导意见》提出，"建立社会化的职业经理人评价制度"。

2019年1月人力资源和社会保障部《关于充分发挥市场作用，促进人才顺畅有序流动的意见》提出，"合理增加国有企业经理层中市场化选聘职业经理人比例，畅通现有国有企业经营管理者与职业经理人身份转换通道"。《2019年政府工作报告》进一步明确："完善公司治理结构，健全市场化经营机制，建立职业经理人等制度。"将职业经理人制度再度列入政府年度工作任务中。推行职业经理人制度，既是在公司治理层面政企分开的重要举措，也是国有企业领导人员管理体制机制的重大转变。

2019年4月，国务院印发《改革国有资本授权经营体制方案》，在选人用人、股权激励、完善公司治理、充分发挥企业党组织的作用等方面，针对职业经理人有关工作提出明确要求。并明确"积极探索董事会通过差额方式选聘经理层成员，推行职业经理人制度，对市场化选聘的职业经理人实行市场化薪酬分配制度，完善中长期激励机制"。在6月印发的《国务院国资委授权放权清单（2019年版）》对职业经理人市场化选聘和市场化薪酬分配制度作了进一步明晰。明确提出，"支持中央企业所属企业按照市场化选聘、企业化管理、差异化薪酬、市场化退出的原则，采取公开遴选，竞聘上岗，公开招聘，委托推荐等市场化方式选聘职业经理人，合理增加市场化选聘比例，加快建立职业经理人制度"。

2019年8月，国务院国有企业改革领导小组办公室印发《关于支持鼓励"双百企业"进一步加大改革创新力度有关事项的通知》，就双百企业推进综合性改革过程中遇到的共性问题，明确提出9条针对性、操作性的政策措施。在市场化用人机制方面，《通知》明确提出，推动"双百企业"全面推行经理层成员任期制和契约化管理，加快建立职业经理人制度，对市场化选聘的职业经理人实行市场化薪酬分配机制，并采取多种方式探索完善中长期激励机制。为国有企业职业经理人制度改革打通"最后一公里"。11月，国务院国资委印发的《中央企业混合所有制改革操作指引》中提出，"建立市场化选人用人机制，实现管理人员能上能下。推动混合所有制企业在更大范围实行经理层成员任期制和契约化管理，具备条件的建立职业经理人制度，积极探索建立与市场接轨的经理层激励制度"。国企积极探索与市场接轨的职业经理市场选任制,并完善与之配套的任期制、授权机制、差异薪酬制、中长期激励机制等相关机制,让国企混改更具活力。①

2020年2月,在系统总结梳理相关政策和企业实践经验的基础上,国务院国有企业改革领导小组办公室印发了《"双百企业"推行经理层成员任期制和契约化管理操作指引》和《"双百企业"推行职业经理人制度操作指引》,从实操的角度来指导国有企业有效开展经理层人员的市场化选人用人改革,为"双百企业"及其他国有企业推行经理层成员任期制和契约化管理以及建立职业经理人制度,提供了系统规范的操作指南。《"双百企业"推行职业经理人制度操作指引》明确,职业经理人是指按照"市场化选聘、契约化管理、差异化薪酬、市场化退出"原则选聘和管理的,在充分授权范围内依靠专业的管理知识、技能和经验,实现企业经营目标的高级管理人员。同时提出"双百企业"职业经理人可以采取竞聘上岗、公开招聘、委托推荐等方式产生,并明确了选聘标准、人选来源、选聘程序、契约签订、考核实施、薪酬水平、市场化退出等具体操作要点。对于履职监督和责任也明确了要求。对于在推行职业经理人制度过程中,需要重点关注的组织人事关系管理、出国(境)管理、保密管理等问题,《操作指引》也提出了规范性要求。

2020年6月,中央全面深化改革委员会审议通过《国企改革三年行动方案(2020—2022年)》,该《方案》在健全市场化经营机制的内容中提出:"到2022年国有企业子企业全面推行执行经理层成员任期制和契约化。优先支持商业类子企业按照市场化选聘、契约化管理、差异化薪酬、市场化退出原则,加快推行职业经理人制度。"

二 地方出台的职业经理人有关政策

在推进国有企业深化改革过程中,全国各地方也积极响应中央有关精神,湖南、浙江、海南、天津市、黑龙江陆续出台针对职业经理人制度建设的专项政策,北京、上海、广西、深圳等地结合自身情况,围绕职业经理人市场化选聘和职业经理人制度建设等方面出台相关政策,积极引导和

---

① 李希勇:《积极稳妥推进国企混改》,《光明日报》2019年3月20日第2版。

推进职业经理人制度的有关工作的开展。2016 年，湖南省印发的《湖南省省属监管企业实行职业经理人制度指导意见（试行）》明确了职业经理人的选聘和退出、考核评价和激励约束等方面的具体内容和有关流程。它提出，在建立现代企业制度、完善省属监管企业法人治理结构、规范董事会建设的基础上，探索建立职业经理人制度，按照市场化、职业化、专业化、契约化方式对经理层成员进行选聘与管理，逐步在竞争类省属监管企业实施职业经理人制度。之后出台的正式版《湖南省省属监管企业实行职业经理人制度指导意见》中指出，坚持以经营业绩为主要评价内容，实行经营业绩与聘任直接挂钩，实行经营业绩与市场化薪酬直接挂钩，实行经营业绩与职业生涯、职业声誉直接挂钩机制。2016 年，浙江省出台《关于推进省属企业职业经理人制度建设的试行意见》，明确了职业经理人制度的适用范围以及职业经理人基本资格条件、选聘渠道方式、日常管理、考核评价、激励约束和退出方面的具体要求。2019 年浙江省国资委出台《浙江省属企业负责人经营业绩考核与薪酬核定办法》规定，"对市场化选聘的职业经理人，由董事会实行契约化管理，按市场化机制规范业绩考核与薪酬管理，建立退出等机制"。在《浙江省国资委以管资本为主推进职能转变方案》中明确，"按照市场化选聘、契约化管理、差异化薪酬的原则，探索推进职业经理人制度"。2016 年，江西省将职业经理人制度写入《江西省国民经济和社会发展第十三个五年规划纲要》，并提出："深化国有企业改革，推动国有企业完善现代企业制度，建立国有企业职业经理人制度，完善差异化薪酬制度。"江西省将建立国有企业职业经理人制度纳入江西省"十三五"规划，表明建立职业经理人制度是一项长期性、艰巨性的工作。2018 年，江西省出台《关于印发江西省省属国有企业高质量发展行动方案（2018—2020 年）的通知》，并配套实施五个行动计划。该通知要求，"大力推进职业经理人制度试点，建立灵活高效的市场化经营机制和激励约束机制"。

北京市在 2017 年《关于进一步完善市属国有企业法人治理结构的实施意见》的基础上，2018 年出台《进一步深化国资国企改革，推动高质量发展三年行动计划（2018—2020 年）》，提出"加快完善中国特色现代国有企业制度，完善市管企业法人治理结构，具备条件的各级子企业全部建立现代企业制度；健全市场化经营机制，有序推进职业经理人制度"。

2017年，海南省印发《海南省属国有企业推行职业经理人制度指导意见（试行）》，确定了推行职业经理人制度的基本原则、主要目标以及职业经理人范围和企业应具备的条件，明确了职业经理人选聘和涉及契约化管理、薪酬、考核激励等方面的职业经理人的管理内容，涉及职业经理人制度的诸多方面，具有很强的指导性。2017年，天津市国资委党委、天津市国资委联合印发的《关于营造企业家创业发展良好环境的实施意见》中明确提出，"推行职业经理人制度，积极推进国有企业去行政化改革，企业领导人员不再比照行政级别，加快向真正企业家的制式转换。畅通现有经营管理者与职业经理人身份转换通道"。2018年天津出台的《天津市市管企业职业经理人管理暂行办法》对选聘工作程序、聘任和任期、综合考核评价、薪酬激励、管理约束以及退出的全流程做了具体要求，为职业经理人管理提供了专项政策支撑。2019年天津市为天津渤海化工集团、天津农村商业银行、天津津联投资控股等市管企业面向全国公开选聘总经理、行长等职位的职业经理人。

2018年，河北省印发的《关于进一步深化国有企业改革的实施意见》提出：完善国有企业领导人员管理制度，"按照老人老办法，新人新办法"的原则，推进混合所有制企业实行职业经理人和市场化选聘经营管理者制度。职业经理人要面向市场公开选聘，薪酬由董事会根据人才市场价格和经营业绩确定，对没有完成任期目标的，按照契约解除聘任合同。2019年，河北省在出台的《河北省国有资本投资、运营公司改革试点实施方案》中明确：重点推进职业经理人制度，逐步扩大职业经理人队伍，探索实施市场化薪酬，完善中长期激励机制，对职业经理人实行"去行政化"管理。2018年，黑龙江省出台《关于全省国有企业开展市场化选聘职业经理人试点的指导意见》，明确提出改变原来省属国有企业总经理由组织部选人，董事会聘用的方式，该由从市场选择，董事会聘用。

2019年，江西省政府出台的《关于印发江西省国有资本投资运营公司改革实施方案的通知》要求，"建立职业经理人制度，建立考核结果与经理人员薪酬、奖惩、任用协调联动的年考核评价机制"。同年，江西省国资委出台的《关于加强和改进省出资监管企业人才工作的实施意见》提出，"稳步推进职业经理人制度，以现有经营管理者转化为市场化选聘经理人相结合的方式，选择符合条件的子企业开展职业经理人制度试点"。从规划到方案再到配套计划，以至于开展试点，江西省的一系列行动，有力地推动了国有企业职业经理人队伍建设。2019年7月，广西出台《自治区直属企业试行职业经理人制度的指导意见》和《广西壮族自治区人民政府国有资产监督管理委员会监管企业试行职业经理人薪酬制度改革的指导意见（暂行）》，以解决国有企业经理层高级人才引进瓶颈问题和国有企业负责人薪酬改革难题。9月又出台了《国有企业混合所有制改革操作指引》，提出"探索建立职业经理人制度，对市场化选聘的职业经理人签订聘任和业绩合同，明确聘任期限和业绩目标要求，建立与业绩考核紧密挂钩的激励约束和引进退出机制"。广西壮族自治区密集出台职业经理人相关政策，为推进职业经理人制度营造了良好的政策环境。

上海市积极推进市场化导向的选人用人和管理机制，全面推行国有企业领导人员任期制契约化管理，合理提高市场化选聘比例。2019年出台的《上海市分类推进人才评价机制改革实施方案》明确提出，"健全以市场和出资人认可为重要标准的企业经营管理人才评价体系，突出对经营业绩和综合素质的考核，建立社会化的职业经理人评价制度"。

从以上国家和地方出台的政策及制度的情况看，目前从职业经理人的选聘、身份转化、考核、薪酬、激励、退出等方面基本上有了较为明确的规定，有的已经形成了国有企业建立职业经理人制度的指导意见，由点到面，逐步健全。总体而言，职业经理人制度突破了现有体制将企业的经营管理者从原有的国家行政干部级别制变成了相应企业高管的层级制；由政府任命制变成董事会聘任制；在职业经理人解除（终止）聘任关系的同时，依法解除（终止）劳动关系，更加强调市场化的选聘和退出，从企业人的身份变成了社会人的身份。

三 职业经理人制度的试点推进

党的十八大以来，新一轮国企深化改革中，中央明确提出建立职业经理人制度，国资委成立以来就面向社会公开招聘央企高管。中共十八届三中全会提出要让市场在资源配置中起决定性作用。从2014年的"四项改革试点"到2016年的"十项改革试点"，国资委开始将职业经理人制度建设作为中央企业深化改革的重大措施进行试点推进。

在完成国资国企改革的顶层设计后，2016年2月，国务院国有企业改革领导小组研究决定开展"十项改革试点"。其中多项内容涉及职业经理人制度。明确提出:"在市场化选聘经营管理者试点基础上,探索推行职业经理人制度。"从市场化选聘经营管理者试点的单位中,优先选择2至3家主业处于充分竞争领域且实施市场化选聘经营管理者的商业类企业试点。同时,鼓励中央企业选择部分条件成熟的二级、三级公司开展试点。"对市场化选聘的职业经理人,实行市场化薪酬分配机制,建立科学合理的业绩考核评价体系。"李克强总理在当年3月5日召开的十二届全国人大四次会议上做的《政府工作报告》中提出:加强供给侧结构性改革;大力推进国有企业改革;开展落实企业职业经理人制度等试点。由此,我国职业经理人制度进入逐步推广阶段。

2017年,《国务院批转国家发展改革委关于2017年深化经济体制改革重点工作意见的通知》提出:"启动国有企业职业经理人薪酬制度改革试点。"

从几年来的试点情况来看,涌现出了一批以新兴际华为代表的成功试点企业。新兴际华集团凭助落实董事会职权的政策试点机遇,在集团经理层市场化选聘的基础,自上而下地授权二级公司董事会完成所有二级、三级公司职业经理人市场化选聘、契约化管理。2015年10月,新兴际华成为第一家由董事会成功选聘总经理并实现经理层团队身份市场化转化的中央企业。国家开发投资公司将经理层的选聘和管理等70项决策权授予国投电力董事会,推动国投电力探索任期制,实行契约化管理,推动建立职业经理人制度。中化集团、中粮集团、华润集团、中远海运集团等企业也积极在所属二级、三级企业推行职业经理人制度。值得提及的是,南方电网在未获得国资委相关改革试点授权的情形上,通过自主探索,积极引入职业经理人制度,充分尊重子公司南网能源公司董事会依法选择经营管理者的权利,由南网能源公司董事会主导制定方案,开展选拔面试,选聘职业经理人,实行契约化管理和任期制,薪酬水平与绩效及行业水平挂钩。

中央企业及其下属公司和地方骨干企业的经理层成员市场化选聘和职业经理人制度建设工作主要以"双百行动"形式推进。"双百行动"是按照国务院国有企业改革领导小组的有关工作部署,由国务院国资委组织开展的国企改革专项行动之一。国务院国有企业改革领导小组办公室在2019年7月的国企改革"双百行动"媒体通气会上表示,自2018年8月

"双百行动"启动以来,167家"双百企业"在企业本级层面推行了经理层成员任期制和契约化管理,占全部"双百企业"的42.39%。81家"双百企业"在企业本级层面开展了职业经理人选聘,占全部"双百企业"的20.56%,共选聘职业经理人620人;137家"双百企业"在所属各级子企业层面开展了职业经理人选聘占全部"双百企业"的34.77%,共选聘职业经理人2162人,激励约束机制进一步优化。2018年,"双百企业"本级领导班子成员或建立职业经理人制度的管理层中,薪酬最高者与最低者的薪酬平均倍数为1.84倍;接近80%的"双百企业"领导班子中薪酬最高者与最低者的平均倍数超过1.2倍,真正拉开了差距。[①] 2020年4月,国务院国有企业改革领导小组办公室发布信息,截至2019年末,中央企业所属"双百企业"累计改革任务完成率达到55.14%,中央企业所属"双百企业"在本级层面和子企业层面开展职业经理人选聘的比例分别达到22.18%和33.07%。

在中央企业职业经理人制度试点工作推进的同时,各省、自治区、直辖市地方国企职业经理人试点工作也逐步展开且推进力度更大。2017年,河北省资产管理有限公司面向社会公开招聘4名河北省属企业高级经营管理者,作为河北省国资委确定的市场化选聘经营管理者和推行职业经理人制度首个试点企业将企业全部经营层人员列入试点范围,实现"身份市场化、管理契约化"。2018年年底,河南省国资委在郑州煤炭机械集团股份有限公司、河南国控租赁公司、银鸽纸业、河南投资集团、河南国控租赁公司、河南机械装备投资集团等10家企业,进行建立职业经理人制度和队伍建设试点,并通过市场为上述企业选聘了职业经理人,基本形成了按标准、第三方评价、市场化选聘的可借鉴的"河南模式"。山东省在山东重工、齐鲁证券和再担保公司开展职业经理人制度建设,主要做法是:市场化选聘职业经理人、按照市场定价确定薪酬标准,建立职业经理人有效退出机制等,取得了初步经验。浙江省在四家省属企业本级层面,通过以企业为主、充分授权的方式,选聘9名职业经理人;在部分省属企业的

---

① 《"双百行动"在央企和各地国资国企系统已产生明显"辐射"效应》,国资小新,国务院国有资产监督管理委员会官网,http://www.sasac.gov.cn/n2588025/n2588119/c11905422/content.html,2019年8月5日。

二级、三级企业探索职业经理人试点工作。湖南省在省属二级企业开展职业经理人试点工作，根据经理人职业特点和市场规律，不断优化和完善选聘程序与手段，力争使从市场引进的职业经理人更加符合企业发展的要求。海南海汽运输集团股份有限公司作为海南省第一家推行职业经理人制度的国企试点单位，率先打破"委任制"模式，推行职业经理人制度改革，从体制上解决了董事会和经理层"同纸任命"的问题。不仅如此，山西、河北、四川等多省省属国企挂出的市场化招聘职业经理人公告也引起了社会舆论的关注。到 2018 年已有 22 个省（区、市）开展了经理层市场化选聘工作。

第三节　推行国有企业职业经理人制度

一　董事会按市场化方式选聘和管理职业经理人

职业经理人制度，在任期制和契约化管理的基础上，更加突出落实董事会选人用人权，因此，在国有企业推进职业经理人制度建设过程中，必须首先建立授权制度，明确董事会依法选聘和管理职业经理人，要在坚决贯彻党委会领导地位的同时，积极进行董事会建设，明确董事会的权、责、利，使董事会有更大的管理权力和管理灵活度，通过市场化规则，选聘企业真正需要的经营管理者，明确在职业经理人解除（终止）聘任关系的同时，依法解除（终止）劳动关系，更加强调市场化的选聘和退出。此外，在职业经理人薪酬方面强调"业绩与薪酬双对标"原则，由董事会与职业经理人根据一系列相关因素协商确定，从而实现职业经理人的责权利统一，调动其积极性、创造性和活力。

企业党组织要切实落实"管原则、管标准、管程序、管机制和管监督"的原则，坚持董事会依法行使用人权与党管干部原则相契合。党组织在确定标准、规范程序、参与考察、推荐人选等方面把好关。

2017 年 4 月，国务院办公厅印发了《关于开展落实中央企业董事会职权试点工作的意见》。根据文件规定，国资委将经理层成员选聘权、经理层成员业绩考核权、经理层成员薪酬管理权等权利授予企业董事会。因此，国有企业董事会按市场化方式选聘和管理职业经理人，将成为国有企业深化改革的目标和重点。

2022年3月，国务院国企改革领导小组办公室召开完善公司治理机制、提升运转质量效能专题推进会的信息显示，各中央企业、各地国资委和地方国有企业董事会建设和运行质量得到提升，董事会向经理层授权，加强统筹沟通、完善会议机制积极推进，党组织、董事会、经理层等各治理主体作用有效发挥，权责法定、权责透明、协调运转、有效制衡的公司治理机制不断完善，这无疑为董事会市场化选聘职业经理人创造了有利的条件。

二 推行企业经理层成员任期制和契约化管理

推行经理层成员任期制和契约化管理的中央文件主要包括《"双百企业"推行经理层成员任期制和契约化管理操作指引》（以下简称《操作指引》）以及《关于加大力度推行经理层成员任期制和契约化管理有关事项的通知》（以下简称"7号文"）。

《操作指引》所指的对象是"双百企业"，但对于有条件推行经理层成员任期制和契约化管理的国有企业是全面适用的。对国有企业推行经理层任期制和契约化管理的原则方向、实施范围、签约签订主体、任期管理、契约内容、刚性兑现薪酬等10个方面均有明确工作要求，是国有企业推行经理层任期制和契约化管理工作的核心文件依据。

7号文明确提到鼓励参照《操作指引》，结合实际制定完善本企业、本地区相关工作制度或方案，并规范有序组织实施。《操作指引》所称的经理层职员任期制和契约化管理是指对企业经理层成员实行的，以固定任期和契约关系为基础，根据合同或协议约定开展年度和任期考核，并根据考核结果兑现薪酬和实施聘任（或解聘）的管理方式。具体包括，"双百企业"的总经理（总裁、行长）、副总经理（副总裁、副行长）等财务负责人和公司章程规定的其他高级管理人员。提到鼓励未纳入国企改革"双百行动"的中央企业所属各级子企业和地方国有企业（含所属各级子企业），参考《操作指引》积极推进相关工作；《操作指引》印发前，已根据党中央、国务院有关文件精神和政策规定，在本企业或本地区推行经理层成员任期制和契约化管理的，可以按照"孰优"原则参考《操作指引》完善相关工作。由国有企业的控股股东及其党组织按照企业经理层成员管理权限和企业领导人员管理有关规定，结合企业发展战略、市场化程度等实际情况，综合研判后自行决定是否参考《操作指引》推行相关工作，对指引中的具体规定可以根据实际进行适当调整。

对市场化选聘的职业经理人实行聘任制，就是通过劳动合同确立劳动关系，通过聘任合同明确职业身份和聘用期限，通过业绩合同严格任期管理和目标考核，建立与业绩考核紧密挂钩的激励约束和引进退出机制。职业经理人任期制，打破了以往国有企业经理层成员不犯错误不"下"、不到年龄不"退"的终身制，实现了"能上能下"。对市场化选聘的职业经理人实行契约化管理就是按照法律程序，以任职合同的形式约定职业经理人担任职务任期内的工作目标、指标和奖惩措施以及在完成上述任务、目标过程中契约双方的权利、责任和义务，并根据经理层成员年度和任期考核结果兑现薪酬和实施聘任（或解聘）。契约化和任期制紧密结合，使职业经理人明确责任、目标、权利、义务实现管理的法制化和规范化。

据统计，截至2019年末，"双百企业"在本级层面和子企业层面推行经理层成员任期制和契约化管理的比例分别达到45.91%和45.14%。

三　实行市场化的薪酬激励约束机制

对于董事会采用市场化方式聘用，契约化方式管理的职业经理人，根据市场化原则建立并实行市场化的薪酬分配机制。薪酬水平和激励强度应紧密结合企业的功能定位和发展战略，结合所处行业、企业规模和盈利能力等要素分析并结合考核结果确定。2016年1月国务院国资委主任张毅在中央企业、地方国资委负责人会议上表示，中央企业市场化选聘的职业经理人将实行市场化薪酬分配机制，职业经理人的薪酬标准由岗位市场价值决定，收入高低取决于经营业绩、岗位贡献、责任风险，激励方式灵活多样，还可以采取多种方式探索完善中长期激励机制。

实行市场化薪酬分配要将任期考核结果与职务任免、激励约束相挂钩，将考核结果作为是否续任的主要依据。在国资委、发改委和人社部联合举行的新闻发布会上，国资委副主任张喜武明确指出"对职业经理人，主要考核经营业绩指标完成情况"。对市场化选聘的职业经理人，确定其薪酬要考虑所在企业的不同功能性质、不同经营规模的区别以及本人承担的经营责任等方面的差异性，加强经营业绩考核。按照绩效考核结果，落实收入能升能降的"强激励、硬约束"机制，合理拉开工资分配差距，综合运用股权激励、员工持股、跟投等不同的激励路径及相关激励工具，建立风险共担、利益共享的中长期激励机制。同时，实行契约化任期制管理，完善严格退出机制，对未完成约定目标任务、考核不合格的，予以解聘。整体上市公司探索建立符合企业自身发展规律的激励机制，并同步建立约束机制，包括业绩挂钩、财务审计、信息披露、延期支付和追索回扣等内容。

当前，国有企业职业经理人市场化薪酬制度还在探索中，如何吸引职业经理人，如何留住职业经理人，用好职业经理人，是我国国企改革的一项重要课题。

四 实行内部培养与外部聘任相结合的选聘方式

由于我国职业经理人才市场尚未成熟，加之外部引进职业经理人尚缺乏成熟的激励、约束以及市场化退出等配套机制，因而市场化引进职业经理人还存在着一定难度。对于某一企业而言，又可能因为思想观念、企业文化等因素影响，容易造成引进来的经理层成员水土不服的现象，所以加强内部人才培养，畅通国有企业职业经理人身份转换渠道，鼓励企业内部经营管理人员参与职业经理人的竞争和选拔，仍在很长时间内是职业经理人队伍的主要来源渠道。

中共十四届三中全会后，国有企业加强领导班子建设，加大对企业领导班子培训、考核、调整的力度，使一批优秀的管理人才走向领导岗位。党的第十五届四中全会颁布了《中共中央关于国有企业改革和发展若干重大问题的决定》，指出为保障在激烈的市场竞争过程中的生存与发展，我国国有企业必须要顺应时代的潮流，必须要培养一大批优秀的企业家，以保障我国国有企业在激烈的市场竞争之中立于不败之地。具体而言，国有企业的"企业家"必须要学习金融、法律、市场营销等专业知识，接受定期培训，保持终身学习的习惯，及时更新专业知识，以领导我国国有企业走向繁荣。该《决定》对培训企业经营者提出了基本的要求"采取多种形式加强教育培训，全面提高经营者素质。继续举办和规范工商管理培训，改进培训内容和方法，提高质量"。

2000年6月23日，中央办公厅印发了《深化干部人事制度改革纲要》，在国有企业人事制度改革相关内容中提出，"健全国有企业领导人员培训培养制度，制定国有企业领导人员教育培训规划"。改进培训内容和方法，提高培训质量。加强对企业领导人员培训工作的管理，明确培训管理部门的职责任务，避免多头培训。加强培训基地的建设，形成科学的培训网络。建立国有重要企业后备领导人才培养制度。对后备人才实行动态管理。

2010年6月，中共中央、国务院印发《国家中长期人才发展规划纲要（2010—2020年）》。在企业经营管理人才队伍建设的内容中提出了企业经营管理人才队伍建设的发展目标，"到2020年，企业经营管理人才总量达到4200万人，培养造就100名左右能够引领中国企业跻身世界500强的战略企业家；国有及国有控股企业国际化人才总量达到4万人"，"建立企业经营管理人才库，培养和引进一批科技创新创业企业家"，"实施企业经营管理人才素质提升工程"。在主要举措上提出，"依托知名跨国公司、国内外高水平大学和其他培训机构，加强企业经营管理人才培训，提高战略管理和跨文化经营管理能力"。

2015年，《中共中央国务院关于深化国有企业改革的指导意见》提出："推行职业经理人制度，实行内部培养和外部引进相结合。"《关于在深化国有企业改革中坚持党的领导加强党的建设的若干意见》指出，"实行内部培养和外部引进相结合，推进职业经理人队伍建设。推行经理层成员任期制和契约化管理，明确责任、权利、义务，严格任期管理和目标考核，加快建立市场化退出机制"。

五　实现企业管理层人员向职业经理人的身份转换

现有的国有企业经理层人员是由企业上级干部管理部门选拔，用行政任命方式产生，其身份是国家干部并拥有相应的行政级别，实行职业经理人制度，必须进行企业管理层人员身份转换，通过现有经营管理者身份转换，实现企业高层管理模式的转变，取消干部级别，实行任期制；由上级干部部门任命转换为由企业的董事会采用市场化方式选聘，同企业董事会签订履职契约，实行契约化管理，更加充分地实现责权利的对等，通过对企业高级管理者的管理机制的转变，有力地促使企业经营管理者更好发挥作用，积极地助力企业发展。

2015年，《中共中央国务院关于深化国有企业改革的指导意见》提出:"推行职业经理人制度,畅通现有经营管理者与职业经理人身份转换通道,董事会按市场化方式选聘和管理职业经理人,合理增加市场化选聘比例,加快建立退出机制。"在中央层面首次明确了企业管理层人成员要实现向职业经理人的身份转换。2015年《国务院关于国有企业发展混合所有制经济的意见》进一步明确,推行混合所有制企业职业经理人制度。畅通现有经营管理者与职业经理人的身份转换通道。职业经理人实行任期制和契约化管理,按照市场化原则决定薪酬,严格职业经理人任期管理和绩效考核,加快建立退出机制。

六 加快建立职业经理人退出保障机制

习近平总书记指出,国有企业要在破解"能上不能下"上积极探索。建立职业经理人制度旨在打破"能上不能下"的僵局,但实际上仍然是"上的多,下的少",职业经理人制度的核心是"选聘市场化、管理市场化、退出制度化",建立与业绩考核紧密挂钩的激励约束和引进退出机制。

在国资委、发改委和人社部联合举行的新闻发布会上,国资委副主任张喜武明确指出,对职业经理人,聘任关系终止后,一并解除劳动合同,自然回到人才市场,充分体现"市场化来、市场化去"的原则。

实行职业经理人制度,职业经理人和企业之间是双向选择的关系,然而目前的有关规定文件的内容仅限于企业领导人员的辞职、免职(解聘)、退休制度,而没有从职业经理人的角度就主动离职、降职、调岗等职业经理人的退出行为,建立退出的标准和办法以及有效的配套措施,给职业经理人的正常流动造成了很多困难。不仅如此,以往国企干部身份的企业经营管理者,由于目前我国职业经理人市场并未发育健全,又缺乏退出保障,也很难做到"能者上、平者让、庸者下"。因而,国有企业推行职业经理人制度,既要切实落实董事会选人用人权,也要更加注重职业经理人退出政策和制度的建立,关注职业经理人的自身权益维护。

第四节 营造职业经理人制度的社会环境

一 大力培育职业经理人才市场

规范的职业经理人市场是一个职业经理人求职推荐、资质评价认证、信用考评、用人选人、职业经理人薪酬谈判定价、流动配置服务的组织体系和运行机制。我国国有企业实行所有权与经营权分离，随着国有企业市场化选聘经营管理者范围的扩大，特别是现代企业法人治理结构不断完善，企业人事管理体制方面的障碍被破除，国有企业对职业经理人才市场的需求将越来越迫切。培育企业经营管理者人才市场，运用市场机制配置经营管理者人才资源，让企业经营管理者与企业在市场上互相选择、优胜劣汰，这是国有企业改革和发展的必然要求和必要趋势。2000年6月23日，中央办公厅印发的《深化干部人事制度改革纲要（2001—2010年）》，提出："加快培育企业经营管理者人才市场，逐步建立企业经营管理人才评价推荐中心等中介机构。组织、人事等部门要加强对人才评价推荐机构的指导，发挥人才评价推荐机构在国有企业人力资源配置中的重要作用。"

二 构建职业经理人资质评价标准

国有企业建立职业经理人制度，首要的是建立选聘标准。中共中央组织部、人事部《印发〈关于贯彻落实"十一五规划"纲要，加强人才队伍建设的实施意见〉的通知》提出，加快培养一批具有职业素养、创新精神、市场意识和经营管理能力的职业经理人。《国家中长期人才发展规划纲要（2010—2020年）》中指出，国有企业引入职业经理人，必须明确职业经理人资质评价标准，包括职业素养、职业能力、职业知识与技能、职业经历与经验、职业岗位适配度等方面内容。职业素养包括政治素质、职业道德、职业作风、职业心理等方面，职业能力包括经营管理的能力及其行业专业能力等方面。

2004年，国务院国资委所属的职业经理研究中心与当年的国家人事部所属的全国人才流动中心共同开展了职业经理人队伍建设和社会化的职业经理人资质评价制度的研究工作。经过大量的企业走访、专家座谈和深入的调查研究并借鉴国内外职业经理人制度的研究成果与职业经理人制度的实践经验，开发出了以职业经理人"八大能力"为核心的。职业经理资质标准体系和培训体系，以及"五位一体"的职业经理评价体系，为促进职业经理人素质能力提升，推进职业经理人队伍建设，探索社会化职业经理人评价制度进行了有益探索。

中国职业经理人协会也对职业经理人资质评价标准进行了深入研究探索，提出了"六个维度，不对称分级评价"的职业经理人资质评价标准，可以为国有企业职业经理人资质评价提供服务。

三 开展职业经理人社会化评价

2003年12月印发的《中共中央国务院关于进一步加强人才工作的决定》提出："企业经营管理人才的评价重在市场和出资人认可，发展企业经营管理人才评价机构，探索社会化的职业经理人资质评价制度。"

2010年6月，中共中央、国务院发布的《国家中长期人才发展规划纲要（2010—2020年）》提出："完善以市场和出资人认可为核心的企业经营管理人才评价体系，积极发展企业经营管理人才评价机构，建立社会化的职业经理人资质评价制度，加强规范化管理。"这为职业经理人培养和职业经理人资质评价体系建立指明了具体的方向。同期，《企业经营管理人才队伍建设中长期规划（2010—2020年）》也要求，"积极发展企业经营管理人才评价机构，建立和完善社会化的职业经理人资质评价制度，加强规范化管理"。

市场化选聘职业经理人，涉及职业经理人的选拔评价标准、资质资格鉴定，经营业绩评价，薪酬及股权确定等一系列问题。需要建立经营者的任期、经营标的、考核指标和考核机制，责任机制、责任追究机制、激励机制和监督、约束机制。还有必要引入职业经理人资质评价市场化，在职业经理人选聘、考核评价中，要充分发挥和应用市场第三方评价机构的专业化评价经验和优势。对职业经理人职业资质即职业素养、职业能力和职业知识与技能等方面进行评价，提高评价考核的科学化、适用化水平。

从近年来各地的实践看，建立高级企业经营者市场和人才资质评价中心等中介组织是实现这一转变的有效途径。一般而言，高级企业经营者市场由各级地方党委组织部归口管理，并负责向国有独资公司和国有资产控股公司推荐经营者，与人事部门的人才市场和劳动部门的劳务市场相配套，形成完整的人才市场；企业经营者资质评价中心设立专门评审委员会，评审委员会主任由组织部门领导担任，成员由从事经济管理、企业管理、人力资源管理、法律专家等组成，主要是通过各种途径，收集、整理、储备各类经营者人才的信息，建立人才信息库；建立科学、规范的经营者人才评价标准体系，客观公正地评价各类经营者人才的任职资格，颁发任职资格证书；接受有关部门和企业的委托，按照不同企业的任职条件和资格要求，向企业董事会推荐适合担任企业经营班子正、副职领导的人选。

第七章

国企混改进程中的人事制度改革

第一节　国有企业混合所有制改革的背景、目的和意义

一　国有企业混合所有制改革的背景

混合所有制改革是20世纪90年代提出的，1997年党的十五大确立了公有制为主体、多种所有制经济共同发展的经济制度，首次提出"混合所有制"的概念。1999年9月《中共中央关于国有企业改革和发展若干重大问题的决定》指出，国有大中型企业尤其是优势企业，宜于实行股份制的，要通过规范上市、中外合资和企业互相参股等形式，改为股份制企业，发展混合所有制经济，重要的企业由国家控股。2002年11月，党的十六大报告指出，"国有企业是我国国民经济的支柱。要深化国有企业改革，进一步探索公有制特别是国有制的多种实现形式，大力推进企业的体制、技术和管理创新，除极少数必须由国家独资经营的企业外，积极推行股份制，发展混合所有制经济"。2003年，国企进行了以股份制为主要形式的现代产权制度改革。这个时期是我国经济体制转型基本完成，社会主义市场经济体制基础已经确立，统一开放、竞争有序的现代市场企业初步形成，现代企业制度初步建立，在新的国有资产管理体制下，以中央企业和大企业为主体，发展混合经济为主要内容的改革。

2013年，中共十八届三中全会通过的《中共中央关于全面深化改革若干重大问题的决定》，制定了我国在新的历史发展阶段全面推进改革开放事业的宏伟蓝图，专门提出要积极发展混合所有制经济。更加明确了"国有资本、集体资本、非公有资本等交叉持股、相互融合"的混合所有制经济是基本经济制度的重要实现形式。国有资本有规模优势、技术优势

和管理优势，非国有资本有较强活力和创造力，积极稳妥推进国企混改，有利于让各种所有制资本依法平等使用生产要素，公平参与市场竞争，实现各种所有制资本取长补短、相互促进、共同发展，更好地发挥各种所有制资本的优势，夯实社会主义基本经济制度的微观基础并进一步完善基本经济制度，从而促进经济持续增长，促进我国经济转型发展。

我国正处于社会主义初级阶段，必须毫不动摇地巩固和发展公有制经济，毫不动摇地鼓励、支持、引导非公有制经济发展。发展混合所有制经济，就是要始终坚持"两个毫不动摇"，实现各种所有制资本取长补短、相互促进，实现各种所有制经济互利共赢、共同发展。做到更好坚持和完善基本经济制度。在混合所有制改革中，既要大胆"引进来"，鼓励民营企业参与国有企业改革，也要积极"走出去"，支持国有资本帮助促进民营企业发展，按照市场经济规律和企业发展规律，实现平等互利、优势互补，达到双赢效果。发展混合所有制经济，为深化国企改革进一步指明了方向。

国有企业进行混合所有制改革的目的在于寻找国有经济同市场经济相结合的形式和途径，通过引入民营资本和灵活的市场机制，创新管理管理体制，激发国有企业的活力和竞争力。从1997年到2013年时隔16年，国有企业在建立现代企业制度、改制上市和董事会试点等多项举措实施之后，进一步明确将混合所有制改革作为深化国有企业改革的重要举措。

混合所有制改革具有较强探索性和挑战性，涉及面广、政策性强、影响广泛、社会关注度高，本轮国有企业改革开始后国务院、国资委等相继出台多项措施支持混合所有制改革，混合所有制企业成为国有企业的主要实现形式和国有企业中最有活力的部分。

二 国有企业混合所有制改革的重要意义

（一）有利于优化国有资本配置提高运行效率

以往国有企业不同程度地存在着运行效率不高，投入与产出不协调，没有实现资源利用效率的最大化的问题。作为国企改革重要突破口的混合所有制改革，通过"混合"打破现行国有独家控制企业的体制，增强企业经营决策的约束力，有利于提高国有资本配置和运行效率；有利于放大国有资本功能，实现国有资本保值增值；有利于国有企业更加敏锐地捕捉市场需求、发现市场机会,更高效灵活地组织配置要素资源,有利于优化国有经济布局,提高国有经济竞争力。要通过混合所有制改革,坚定不移把国有资本做强做优做大,不断增强国有经济的活力、控制力、影响力和抗风险能力,主动适应和引领经济发展新常态。

(二)有利于建立健全混合所有制企业治理机制

经过多年股份制改造,虽然一批国有企业通过改制发展成为股份制企业,但无论是股份制改革,还是改制上市公司,法人治理和监管体制都尚未完善,没有实现国有企业体制机制的转变,特别是在人事管理体制方面,多数国有企业甚至上市公司的公司治理远未实现市场化,原因在于股权结构"一股独大",政府干预仍无处不在。"完善治理、强化激励、突出主业、提高效率"的混合所有制改革十六字方针,明确了推进混合所有制改革的核心目的就是改进公司治理。完善治理和强化激励都直接属于改进公司治理范畴,突出主业和提高效率,则是通过改进公司治理达到的目的。

国企混改的核心任务之一,就是在引入非国有资本的基础上,形成各种产权主体有效制衡的企业法人治理结构,建立完善的现代企业制度,通过优化法人治理结构、监督机制等手段,解决企业内部权利的制衡与监督、竞争力增强和效率提升等问题,打造一个符合现代企业治理的有竞争力、能够培养竞争力和创新力的治理体系。

(三)有利于激发企业相关各方创新发展的积极性

国企混改要坚持双赢、共赢的原则,一方面要保证国有资产不流失,并且追求国有资产最大限度的保值增值,另一方面也要保证非国有股东以及其他利益相关者的各种权益不受损害。因此要以保护产权、维护契约、有效监管为基本导向,切实保护混合所有制企业各类出资人的权益,调动各类资本参与发展混合所有制经济的积极性。不仅如此,在强调约束经营管理者行为的同时,还要调动经营管理者和核心员工的积极性,要加大市场化选聘和差异化薪酬的推进力度,鼓励大胆探索,创新发展。

(四)有利于培育具有全球竞争力的世界一流企业

2017年10月召开的党的十九大在强调加快完善社会主义市场经济体制时提出,经济体制改革必须以完善产权制度和要素市场化配置为重点,实现产权有效激励、要素自由流动、价格反应灵活、竞争公平有序、企业优胜劣汰。习近平总书记所作的党的十九大报告提出，要完善各类国有资产管理体制，改革国有资本授权经营体制，加快国有经济布局优化、结构调整、战略性重组，切实保障国有资本规范有序运行，促进国有资产保值增值，推动国有资本做强做优做大，有效防止国有资产流失。深化国有企业改革，发展混合所有制经济，不断增强国有经济活力、控制力、影响力和抗风险能力，培育具有全球竞争力的世界一流企业。根据这一精神，发展混合所有制经济是新时代深化国企改革的关键抓手和重要突破口，而培育具有全球竞争力的一流企业是深化国企改革和发展混合所有制经济的主要方向和基本目标。

三 探索国有企业混合所有制改革的实现方式

《2015年政府工作报告》提出"有序推进混合所有制改革"。国务院《关于落实政府工作报告》中有关重点工作部门分工的意见提出，有序实施国有企业混合所有制改革，鼓励和规范投资项目引入非国有资本参股。依据党的十八届三中全会精神，2015年8月24日，中共中央、国务院印发的《关于深化国有企业改革的指导意见》指出，"推进国有企业混合所有制改革，以促进国有企业转换经营机制，放大国有资本功能，提高国有资本配置和运行效率，实现各种所有制资本取长补短、相互促进、共同发展"。它是新时期指导和推进国有企业改革的纲领性文件，也是新一轮国企混改中具有顶层设计意义的文件。该《指导意见》对国有企业发展混合所有制经济提出了具体的措施。推进国有企业混合所有制改革，对通过实行股份制、上市等途径已经实行混合所有制的国有企业，要着力在完善现代企业制度、提高资本运行效率；鼓励非国有资本投资主体通过出资入股、收购股权、认购可转债、股权置换等多种方式，参与国有企业改制重组或国有控股上市公司增资扩股以及企业经营管理；鼓励国有资本以多种方式入股非国有企业，以公共服务、高新技术、生态环保、战略性产业为重点领域，对发展潜力大、成长性强的非国有企业进行股权投资；探索实行混合所有制企业员工持股，坚持试点先行，在取得经验基础上稳妥有序推进，通过实行员工持股建立激励约束长效机制。

党的十八大后，国有企业混合所有制改革进入新的阶段，呈现出步伐加快、领域拓宽的良好态势，国资委和中央企业按照党中央、国务院的决策部署，坚持正确的工作方向，积极稳妥推动混合所有制改革，创造了一批可复制、可推广的典型经验，取得了积极的进展和显著的成效。为贯彻党的十八大和十八届三中、四中全会精神，按照"四个全面"战略布局要求，落实党中央、国务院决策部署，推进国有企业混合所有制改革，促进各种所有制经济共同发展，2015年9月出台的《国务院关于国有企业发展混合所有制经济的意见》提出，要分类、分层推进国有企业混合所有制改革，鼓励各类资本参与国有企业混合所有制改革。该《意见》人作为《中共中央国务院关于深化国有企业改革的指导意见》的配套文件，提出了国有企业发展语言所有制经济的总体要求、核心思路、配套措施和组织实施的工作要求。

（一）分类推进国有企业混合所有制改革

根据国有企业所承担的责任和具有的职能分类，稳妥推进主业处于充分竞争行业和领域的商业类国企混改；有效探索主业处于重要行业和关键领域的商业类国企混改；引导公益类国有企业规范开展混改。具体而言：第一，主业处于充分竞争行业和领域的商业类国有企业，原则上都要实行公司制股份制改革，按照市场化、国际化要求，以增强国有经济活力、放大国有资本功能、实现国有资产保值增值为主要目标，以提高经济效益和创新商业模式为导向，充分运用整体上市等方式，积极引入其他国有资本或各类非国有资本，实现股权多元化。国有资本可以绝对控股、相对控股、也可以参股。第二，对主业处于关系国家安全、国民经济命脉的重要行业和关键领域、主要承担重大专项任务的商业类国有企业，要保持国有资本控股地位，支持非国有资本参股。第三，对自然垄断行业，实行以政企分开、政资分开、特许经营、政府监管为主要内容的改革。第四，以保障民生、服务社会、提供公共产品和服务为主要目标的公益类国有企业，可以采取国有独资形式，还可以通过购买服务、特许经营、委托代理等方式，鼓励非国有企业参与经营。在水电气热、公共交通、公共设施等提供公共产品和服务的行业和领域，根据不同业务特点，推进具备条件的企业实现投资主体多元化。

（二）分层推进国有企业混合所有制改革

探索在集团公司层面推进混改，在国家有明确规定的特定领域，坚持国有资本控股，形成合理的治理结构和市场化经营机制；在其他领域，鼓励通过整体上市、并购重组、发行可转债等方式，逐步调整国有股权比例，积极引入各类投资者，形成股权结构多元、股东行为规范、内部约束有效、运行高效灵活的经营机制。

引导子公司层面有序推进混改对国有企业集团公司二级及以下企业，以研发创新、生产服务等实体企业为重点，引入非国有资本，加快技术创新、管理创新、商业模式创新，合理限定法人层级，有效压缩管理层级。明确股东的法律地位和股东在资本收益、企业重大决策、选择管理者等方面的权利，股东依法按出资比例和公司章程规定行权履职。

鼓励地方从实际出发推进混合所有制改革，各地区认真贯彻落实中央要求，区分不同情况，制定完善改革方案和相关配套措施。

(三) 鼓励各类资本参与国有企业混合所有制改革

混合所有制改革的本质是实现企业股权多元化，政策允许各类资本参与国有企业混合所有制改革。

鼓励非公有资本参与国企混改。非公有资本投资主体可通过出资入股、收购股权、认购可转债、股权置换等多种方式，参与国有企业改制重组或国有控股上市公司增资扩股以及企业经营管理。非公有资本投资主体可以货币出资，或以实物、股权、土地使用权等法律法规允许的方式出资。

支持集体资本参与国企混改明晰集体资产产权，发展股权多元化、经营产业化、管理规范化的经济实体。允许经确权认定的集体资本、资产和其他生产要素作价入股，参与国有企业混合所有制改革。

采取多种方式鼓励各类资本参与国企混改引入外资参与国有企业改制重组、合资合作，鼓励通过海外并购、投融资合作、离岸金融等方式，充分利用国际市场、技术、人才等资源和要素，发展混合所有制经济，深度参与国际竞争和全球产业分工，提高资源全球化配置能力。

推广政府和社会资本合作 (PPP) 模式优化政府投资方式，通过投资补助、基金注资、担保补贴、贷款贴息等，优先支持引入社会资本的项目。以项目运营绩效评价结果为依据，适时对价格和补贴进行调整。组合引入保险资金、社保基金等长期投资者参与国家重点工程投资。鼓励社会资本投资或参股基础设施、公用事业、公共服务等领域项目，使投资者在平等竞争中获取合理收益。

鼓励国有企业通过投资入股、联合投资、并购重组等多种方式，与非国有企业进行股权融合、战略合作、资源整合，发展混合所有制经济。在公共服务、高新技术、生态环境保护和战略性产业等重点领域，以市场选择为前提，以资本为纽带，充分发挥国有资本投资、运营公司的资本运作平台作用，对发展潜力大、成长性强的非国有企业进行股权投资。支持国有资本与非国有资本共同设立股权投资基金，参与企业改制重组。

探索完善优先股和国家特殊管理股方式。国有资本参股非国有企业或国有企业引入非国有资本时，允许将部分国有资本转化为优先股。在少数特定领域探索建立国家特殊管理股制度，依照相关法律法规和公司章程规定，行使特定事项否决权，保证国有资本在特定领域的控制力。

探索实行混合所有制企业员工持股。坚持试点先行，在取得经验基础上稳妥有序推进，通过实行员工持股建立激励约束长效机制；优先支持人才资本和技术要素贡献占比较高的转制科研院所、高新技术企业、科技服务型企业开展员工持股试点，支持对企业经营业绩和持续发展有直接或较大影响的科研人员、经营管理人员和业务骨干等持股。

第二节 有序推进混合所有制改革

一 开展不同领域国企混改试点示范

改革开放以来，国企改革取得许多重大进展，总体上已与市场经济相融合，但在布局结构和治理结构层面仍然存在一些问题亟待解决。

2013年11月9日，中共十八届三中全会明确了公有制和非公有制的同等地位，全会通过的《中共中央关于全面深化改革若干重大问题的决定》制定了我国在新的历史发展阶段全面推进改革开放事业的宏伟蓝图。该《决定》明确提出，"公有制为主体、多种所有制经济共同发展的基本经济制度，是中国特色社会主义制度的重要支柱，也是社会主义市场经济体制的根基"，"国有资本、集体资本、非公有资本等交叉持股、相互融合的混合所有制经济，是基本经济制度的重要实现形式"，允许更多国有经济和其他所有制经济发展成为混合所有制经济。由此，将发展混合所有制经济提至议事日程。积极发展国有资本、集体资本、非公有资本等交叉持股、相互融合的混合所有制经济是十八届三中全会精神贯彻到国资改革领域的一大亮点。

《2014年政府工作报告》进一步提出"加快发展混合所有制经济"。国企民企融合成为新一轮国资国企改革重头戏。混合所有制经济在我国出现和发展，主要源于国有企业改革，源于寻找国有制同市场经济相结合的形式和途径。发展混合所有制经济有利于国有资本放大功能、保值增值、提高竞争力，有助于"走出去"，是国资国企改革的重要支撑。

2014年7月，国务院国资委在中央企业选择中国建材集团、国药集团开展混合所有制改革试点。[①]

2015年9月出台的《国务院关于国有企业发展混合所有制经济的意见》提出，开展不同领域国企混改试点示范，"结合电力、石油、天然气、铁路、民航、电信、军工等领域改革，开展放开竞争性业务、推进混合所有制改革试点示范"。在基础设施和公共服务领域选择有代表性的政府投融资项目，开展多种形式的政府和社会资本合作试点，加快形成可复制、可推广的模式和经验。

国务院批转国家发展改革委《关于2016年深化经济体制改革重点工作意见》指出：要研究提出公有制经济之间股权多元化改革方案。开展混合所有制企业实行企业员工持股试点。同年，国务院国有企业改革领导小组研究决定开展国有企业十项改革试点。试点内容之一即混合所有制企业员工持股。主要探索实行员工持股的企业类型，实行员工持股的主要方式，以及员工怎样转股退股等。8月，国务院国资委等三部门印发了《关于国有控股混合所有制企业开展员工持股试点的意见》，明确了试点原则、试点条件、企业员工入股范围、出资方式、入股价格、持股比例、股权结构、持股方式以及企业员工股权管理等相关内容，明确规定开展试点企业须是主业处于充分竞争行业和领域的商业类企业，股权结构合理。不仅如此，企业需要具备市场化的试点条件，即公司治理结构健全，建立市场化的劳动人事分配制度和业绩考核评价体系，形成管理人员能上能下、员工能进能出、收入能增能减的市场化机制，且营业收入和利润90%以上来源于所在企业集团外部市场，这些规定为国有控股混合所有制企业员

---

① 到2017年年底，两家集团各自70%、90%的营业收入都来自混合所有制企业。

工持股指明了改革方向。9月，国家发展改革委网站公布3篇一批中央企业混合所有制改革试点，包括东航集团、联通集团、南方电网、哈电集团、中国核建、中国船舶等，正式拉开了民航电信等垄断行业央企混改的序幕。12月《中央企业实施混合所有制改革有关事项的规定》提出，拟实施混合所有制改革的企业，应当在本企业功能界定和分类的基础上，做好改革的必要性、可行性研究。中央企业制定混合所有制改革方案，方案要重点明确企业在转换经营机制，完善现代企业制度，提高资产配置和运行效率等方面的措施和目标。

2016年下半年，国企改革重组的步伐明显加大，动作频频，社会各界的期望也越来越高。截至2016年年底，中央企业集团及下属企业中混合所有制企业占比达到68.9%，一半以上的省级地方监管企业及各级子公司中混合所有制企业数量占比也超过了50%。到2017年年底，国务院国有资产监督管理委员会监管的中央企业及各级子企业中，混合所有制户数占比达69%，省级国有企业混合所有制户数占比达56%。①

二 混合所有制改革是国企改革的重要突破口

2016年年底召开的中央经济工作会议强调，"混合所有制改革是国企改革的重要突破口"，要按照完善治理、强化激励、突出主业、提高效率的要求，在电力、石油、天然气、铁路、民航、电信、军工等领域迈出实质性步伐。

2017年被称为国企混合所有制改革落地实施元年。1月，国企改革领域出现标志性事件，中国铁路总公司和云南白药集团股份有限公司接连发出混合所有制改革的声音。国企改革尤其是地方国企改革，呈现出全面提速的状态。国企改革进入深水区，混合所有制改革步伐势进一步加快。3月5日《2017年政府工作报告》提出，推动国有企业调整重组和混合所有制改革。深化混合所有制改革，在电力、石油、天然气、铁路、民航、电信、军工等领域迈出实质性步伐。10月，党的十九大报告指出："深化国有企业改革，发展混合所有制经济，培育具有全球竞争力的世界一流企

---

① 何玉长：《新中国国有企业改革新思想研究（1949—2019）》，中国财经出版传媒集团、经济科学出版社2019年版。

业。"发展混合所有制经济是新时代深化国企改革的关键抓手和重要突破口，而培育具有全球竞争力的世界一流企业是深化国企改革和发展混合所有制经济的主要方向和基本目标。根据这一精神，集团公司层面开展混合所有制改革，既符合中央要求和改革方向，也是实现具有全球竞争力的世界一流企业的重要途径。积极探索中央企业集团公司层面开展混合所有制改革的可行路径，国务院国资委审核中央企业申请改革试点的方案，按程序报国务院批准后开展试点，鼓励探索解决集团层面混合所有制改革后国有股由谁持有等现实问题的可行路径。积极支持各地省属国有企业集团公司开展混合所有制改革。11月，国家发展改革委等八部门联合下发《关于深化混合所有制改革试点若干政策的意见》，就混合所有制改革试点中的国有资产定价机制、职工劳动关系、土地处置和变更登记、员工持股、集团公司层面开展混合所有制改革、试点联动、财税支持政策、工资总额管理制度、关于军工企业国有股权控制类别和军工事项审查程序等方面相关政策问题作出回应。该《意见》指出，积极探索中央企业集团公司层面开展混合所有制改革的可行路径，国务院国资委审核中央企业申请改革试点的方案，按程序报国务院批准后开展试点，鼓励探索解决集团层面混合所有制改革后国有股由谁持有等现实问题的可行路径。积极支持各地省属国有企业集团公司开展混合所有制改革。该《意见》要求，要加强各项试点联动，有效协同攻坚，发挥政策合力。国有企业混合所有制改革、落实董事会职权、市场化选聘经营管理者、剥离企业办社会职能和解决历史遗留问题等各项国有企业改革试点核心任务关联性较高，要进一步加强混合所有制改革试点与其他国有企业改革试点之间的联动。到2017年年底，中央企业在产权层面已与社会资本，实现了较大范围的混合，超过三分之二的企业引进各类社会资本实现了混合所有制。

2016年以来，国家先后选取了四批试点单位开展混改试点，前三批共50家（第一批9家，第二批10家，第三批31家，第四批160家），国有企业，涵盖了部分央企和地方国企，实现了电力、石油、天然气、铁路、民航、电信、军工七大重要领域全覆盖。

三 不断深化国有企业混合所有制改革

党的十九大后，新时期深化国有企业改革的重点任务之一即发展混合所有制经济。"积极推进国有企业,特别是那些主业处于充分竞争行业或领域的商业类国有企业进行混合所有制改革。"国资委按照完善治理、强化激励、突出主业、提高效率的要求,"有效探索重点领域混合所有制改革试点"。在引导子公司层面改革的同时,探索在集团公司层面推进混合所有制改革。探索混合所有制企业优先股、特殊管理股份制度,推动三批试点任务落地见效,加快形成可复制、可推广的制度性经验,与此同时,进一步加强对地方国企混改的协调指导,推动形成国有企业混合所有制改革新局面。

《2018年政府工作报告》提出"稳妥推进混合所有制改革";国务院国资委继续探索重点领域混合所有制改革,大力推动国有企业改制上市,根据不同企业功能定位,逐步调整国有股权比例。在系统总结国有控股混合所有制企业员工持股试点经验的基础上,扩大试点范围。同时,追求混改方案的执行和实际效果,推动各项改革举措落地见效。10月,刘鹤副总理在全国国有企业改革座谈会上指出,要突出抓好混合所有制改革,放大国有资本功能,提高国有资本配置效率,并强调国有资本投资运营公司下属企业原则上应该是混合所有制企业或者上市公司。11月,国务院国资委对开展国企改革"双百行动"进行动员部署,首次提出以健全企业法人治理结构、完善市场化经营机制、积极稳妥推进股权多元化和混合所有制改革、健全激励约束机制、解决历史遗留问题和加强党的领导党的建设为核心的"五突破一加强",充分显示国企"混改"已经开始注重实质效果,要在"混"的基础上,进行深层次的"改"。

《2019年政府工作报告》在"加快国资国企改革"部分,提出"积极稳妥推进混合所有制改革"。在全国"两会"新闻发布会上,国务院国资委表示,推进混合所有制改革和股权多元化是国资国企改革的重点领域。结合央企混改实践,国务院国资委2019年10月31日在发布的《中央企业混合所有制改革操作指引》中,明确中央企业所属各级子企业通过产权转让、增资扩股、首发上市(IPO)、上市公司资产重组等方式,引入非公有资本、集体资本实施混合所有制改革,相关工作参考操作指引。该《操作指引》首次明确央企混改的基本操作流程,指出国企改革不仅仅是"混资本",更重要的是"改机制"。在"混资本"相关环节,该《操作指引》明确了资产审计评估、通过产权市场实施混改和通过股票市场实施混改等方面工作的操作要点,并重点对混合所有制企业公司治理和管控方式、三项制度改革、激励约束机制等"改机制"相关环节的操作做出了安排。

继21家国有资本投资运营公司试点后,2019年国企混改又推出第四批160家混改试点企业。其中,中央企业107家,地方企业53家。混改的规模超过了前三批混改试点企业之和。第四批试点不局限于电力、石油、天然气、铁路、民航、电信、军工七大重要领域的国有企业,也包括具有较强示范意义的其他领域国有企业,以及已经实现股权层面混合、拟进一步在完善治理上深化改革的国有控股企业。从行业领域看,第四批试点既有传统制造业领域的试点企业,也有互联网、软件及信息技术服务、新能源、新材料和节能环保等战略性新兴产业的试点企业。从企业层级看,中央企业主要集中在二级、三级企业,其中,二级企业55家,三级企业50家;地方企业以一级、二级企业居多,其中,一级企业14家,二级企业32家。从资产规模看,第四批试点企业的资产总量超过2.5万亿元,中央企业资产规模约1.7万亿元,地方企业资产规模约0.8万亿元。其中,资产规模超过10亿元的企业共有99家,占第四批试点总量的61.8%。第四批试点不局限于以上七大重要领域的国有企业,行业涵盖通信、民航、公用事业、电力电气、装备制造、国防军工、金融等行业等,包括具有较强示范意义的其他领域国有企业,以及已经实现股权层面混合、拟进一步在完善治理上深化改革的国有控股企业,进一步印证了国企混改已由"政策"向"行动"转变。意味混合所有制改革既是加速进入批量落地期,也是窗口机遇期,要坚定不移、规范有序地推进混改,更加注重混改的质量和效果,坚持"两个一以贯之",把混合所有制改革工作向纵深推进。

从分批试点企业混改的具体做法看,主要有开放式改制重组、引入战略投资、引入基金、整体上市或核心资产上市四个重要手段。开放式改制重组是通过业务、资产以及债务等要素的重新组合,优化业务和资源配置、减轻包袱、提高国企竞争力;引入战略投资者是通过引入国内外具有丰富的投资以及整合经验的专业的行业/财务投资者;引入基金即设立各种产业发展基金和国企改革重组基金等参与国有企业改革;整体上市或核心资产上市既是混合所有制最重要的实现形式之一,也是混改目标高度一致。在推进国企混改的实践过程中，混改本着"一企一策"原则，不同层级的企业混改要求不同。根据实际情况，多采用"以一为主，多种组合"的方式。

总体看，上述相关改革试点进展良好，截至 2020 年，国务院审议通过的第四批混改试点名单，共有 160 家企业，资产总量超过 2.5 万亿元。无论是中央企业集团公司国有全资股权多元化改革，还是地方国有企业集团公司混合所有制改革，都在改进集团公司体制机制，提升集团整体治理水平和管理水平，进而提高集团的经营效率和效益取得了一定的成效，这也是深化国有企业混合所有制改革的意义所在。通过各项试点，国有企业积极探索混合所有制改革有效方法，加快形成可复制、可推广的经验，起到以点带面的作用，达到了预期效果。

2020 年 6 月 30 日，习近平总书记主持召开中央深改委第十四次会议，审议通过了《国企改革三年行动方案（2020—2022 年）》，确定了一系列重点任务，提出要积极稳妥分层分类深化混合所有制改革，积极推动深度发挥非国有股东的积极作用，注重改机制。《国企改革三年行动方案》，对加快落实混改做出新的部署，提出新的要求。《国企改革三年行动方案》的出台，对混改落实起到加速作用。一方面，混改范围将进一步扩大，另一方面，改革内容也将进一步增容，即从单一的混改，走向以混改为主线、以混促改，推进综合改革的新阶段。

在《国企改革三年行动方案（2020—2022 年）》指引下，地方层面迈出了更大的步伐。2020 年，天津市国资委共计划推出 60 户精品国企混改项目，内蒙古自治区国资委则明确了 47 个国企混改项目。随后吉林省也公布了国企混改实施方案。

《2021 年政府工作报告》再次强调了"深化国有企业混合所有制改革"。1 月 18 日，国务院国资委以视频方式召开地方国资委负责人会议暨地方国有企业改革领导小组办公室主任会议，会议强调，积极稳妥深化混合所有制改革，始终把握推进混改正确方向，着力优化混改企业股权结构，通过混改深度转换经营机制，切实加强混改企业党的建设；立足充分激发动力活力，健全完善企业选人用人机制，不断激发员工干事创业动力，加快形成利益共享、风险共担的长效机制，加快健全市场化经营机制等①。8月30日，国务院国有企业改革领导小组办公室以视频方式召开推动混合所有制企业深度转换经营机制专题推进会，以习近平新时代中国特色社会主义思想为指引，指导国有企业把握好混合所有制改革方向，着力推动混合所有制企业深度转换经营机制。会议指出，近年来，各级国资监管机构和广大国有企业坚持"三因三宜三不"原则，通过增资扩股、改制上市、并购投资、合资新设、产权流转等多种方式，积极稳妥、分层分类推进混合所有制改革，取得了积极进展。混改工作稳步推进，机制转换逐渐深入，制度体系日益完善，国有资本功能有效放大，党的建设明显加强。会议强调，要把深化混合所有制改革的工作重点放到"转机制"上，重点在选好战略投资者、完善公司治理、提高上市公司质量、放大和拓展国有资本功能、探索更加市场化的差异化管控、集成运用市场化机制各项措施、全面加强党的领导和党的建设等方面，采取有力有效措施，确保增强活力动力，提高效率效益。会议要求，各中央企业和各地国资委要全面准确落实中央精神，实施更加规范高效的治理型管控，加强梳理评估和效果评价，防止国有资产流失，提升混改工作实效。

2022年3月11日通过的《政府工作报告》中，有关国企改革是这样表述的，"完成国企改革三年行动任务，加快国有经济布局优化和结构调整"，"深化混合所有制改革"，加强国有资产监管，促进国企聚焦主责主业、提升产业链供应链支撑和带动能力。

从2020年以来，《政府工作报告》的口径连续三年定位为"深化混合所有制改革"，意味着这个词已经定型了。混合所有制改革既是国企改革的重要手段，也是国企改革三年行动以及"十四五"国企改革的重要任务。随着《国企改革三年行动方案》的出台，国企混改一定会以更大范围、更大力度进一步向纵深推进。国企改革尤其是国企混改，是实现国企与民企共同发展的最佳路径，随着国企混改的持续推进，将带给民营企业更多发展机会。另外，国企的改革发展也会有效推动总体经济形势的好转，进而带动民营企业发展环境的改善。

---

① 刘丽靓：《国资委：各地要积极稳妥深化混合所有制改革 着力优化混改企业股权结构》，《中国证券报》2021年1月18日。

第三节　国企混改人事制度改革的主要内容

2015年9月出台的《国务院关于国有企业发展混合所有制经济的意见》提出，要分类、分层推进国有企业混合所有制改革，其中有关人事制度改革的内容有如下方面：

一　进一步确立和落实企业市场主体地位

发展混合所有制经济要以企业为主体，充分发挥市场机制作用，把引资本与转机制结合起来，把产权多元化与完善企业法人治理结构结合起来，"政府不得干预企业自主经营，股东不得干预企业日常运营"，正确处理政府与市场的关系，维护企业真正的市场主体地位，让市场在资源配置中起决定性作用。落实董事会对经理层等高级经营管理人员的选聘、业绩考核和薪酬管理等职权，确保企业治理规范，激励约束机制到位。

二　健全混合所有制企业法人治理结构

发展混合所有制经济，明确要求国企尽可能引入非国有资本，最好是引入非国有资本作为战略投资者，以利于建立规范的公司法人治理结构，形成新的机制。2015年发布的《国务院关于国有企业发展混合所有制经济的意见》指出，建立健全混合所有制企业治理机制。该《意见》要求，通过深化国有企业混合所有制改革，推动完善现代企业制度，健全企业法人治理结构。"混合所有制企业要建立健全现代企业制度，明晰产权，同股同权，依法保护各类股东权益。规范企业股东（大）会、董事会、经理层、监事会和党组织的权责关系，按章程行使权力，对资本监管，靠市场选人，依规则运行，形成定位清晰、权责对等、运转协调、制衡有效的法人治理结构。"

三　推行混合所有制企业职业经理人制度

按照现代企业制度要求，通过市场化方式选聘职业经理人依法负责企业经营管理，对职业经理人实行任期制和契约化管理，完善市场导向的职业经理人的选聘、绩效考核和激励约束机制，严格职业经理人任期管理和绩效考核，按照市场化原则决定薪酬，探索采取多种方式的中长期激励。畅通现有经营管理者与职业经理人的身份转换通道，加快建立退出机制。

四 探索实行混合所有制企业员工持股

2015年8月出台的《中共中央、国务院关于深化国有企业改革的指导意见》提出，"员工持股主要采取增资扩股、出资新设等方式"，"优先支持人才资本和技术要素贡献占比较高的转制科研院所、高新技术企业和科技服务型企业开展员工持股试点，支持对企业经营业绩和持续发展有直接或较大影响的科研人员、经营管理人员和业务骨干等持股"。①

五 完善混改涉及的人事制度配套政策

混合所有制改革作为国企改革的重要内容之一，在国企混改试点推进过程中遇到了很多共性的具体问题。不同程度配套政策的缺乏需要进一步厘清细节，如果不加以及时解决，势必会削弱试点效果和影响国企混改的深入开展。针对国企混改中存在的问题，2018年9月，国家发改委等八部委对外发布了《关于深化混合所有制改革试点若干政策的意见》。该《意见》明确，集团公司层面开展混合所有制改革，既符合中央要求和改革方向，也是实现具有全球竞争力的世界一流企业的重要途径，要"积极探索中央企业集团公司层面开展混合所有制改革的可行路径"，"鼓励探索解决集团层面混合所有制改革后国有股由谁持有等现实问题的可行路径"，"积极支持各地省属国有企业集团公司开展混合所有制改革"。该《意见》对混改试点中出现的国有资产定价机制、职工劳动关系、土地处置和变更登记、员工持股、集团公司混改、试点联动、财税支持、工资总额、军工审查程序九大问题给予了回应。

（一）关于职工劳动关系问题

该《意见》要求有关部门要加强协调指导，督促混改试点企业要严格按照《劳动合同法》和《国务院关于国有企业发展混合所有制经济的意见》涉及职工劳动关系调整的相关规定，依法妥善解决混改涉及的国有企业职工劳动关系调整，社会保险关系接续等问题，确保职工队伍稳

---

① 《国务院关于国有企业发展混合所有制经济的意见》（国发〔2015〕54号）。

定。同时，细化了国企混改时职工劳动关系的处理原则："职工劳动合同未到期的，应当依法继续履行，可按有关规定与职工变更劳动合同，改制前后职工的工作年限应合并计算"；"企业依法与员工解除劳动合同的，应该支付经济补偿"；"混合所有制改革，企业要形成市场化劳动用工制度，实现员工能进能出"。

（二）关于员工持股问题

《意见》要求："坚持依法合规、公开透明、立足增量、不动存量、同股同价、现金入股、以岗定股、动态调整等原则，积极推进混合所有制改革试点企业员工持股，有效实现员工与原实现企业与员工利益的风险绑定，强化内部激励，完善公司治理。"同时，明确试点企业数量不受《关于国有控股混合所有制企业开展员工持股试点的意见》规定的数量限制，并要求有关部门要抓紧研究制定重点领域混合所有制企业员工持股试点的意见。

（三）关于工资总额管理制度问题

该《意见》提出，集团层面混改试点企业，要比照落实董事会职权试点相关政策，实行工资总额备案制。鼓励集团公司对下属混改试点企业采取差异化工资总额管理方式，以激发企业内生活力。该《意见》要求，重视建立健全与混合所有制企业相适应的市场化薪酬机制，有效发挥薪酬激励效用，支持符合条件的混改试点企业实行更加灵活的工资总额管理制度。对于集团层面混合所有制改革试点企业，要比照落实董事会职权试点相关政策，实行工资总额备案制。鼓励集团公司对下属混合所有制改革试点企业采取差异化工资总额管理方式，充分激发企业内生活力。这些举措不仅有效地解决了当前混改遇到的问题和困难，还释放了政府坚决推进国企混改的强烈信号，表明国家将以国企混改试点为引领，进一步发挥试点作用，以点带面，推动国企全面混改。

第四节　国企混改要"混"资本更要"改"机制

2018年国有企业按照中央"1＋N"系列文件的各项要求，积极推进各项改革试点工作。作为本轮国有企业改革的重要"突破口"，混改已经由点及面迅速铺开进入了新的阶段，重心由产权的"混"转向注重形成新经营机制的"改"。

2019年10月31日国务院国资委印发的《中央企业混合所有制改革操作指引》是结合中央企业混合所有制改革实践制定的，明确了央企混改基本操作流程，"混资本"和"改机制"相关环节操作要点。11月11日，国资委又发布了《关于进一步做好中央企业控股上市公司股权激励工作有关事项的通知》，央企混改和央企上市公司股权激励基本操作流程和操作要点更加细化。14日，国务院国资委正式对外公布《关于加强中央企业内部控制体系建设与监督工作的实施意见》，从优化内控体系、强化集团管控、完善管理制度以及健全监督评价体系等方面，对央企建立健全内控体系提出具体可操作性的要求。

一 健全有效制衡的法人治理结构

混合所有制改革的一个重要目的是建立健全混合所有制企业公司治理机制。首先，要优化法人治理结构，要合理确定混改企业的股权结构，保障非国有股东的平等权利，要以董事会建设为核心，引入民营董事、外部董事，构建多元化董事会结构，真正实现利益有序制衡；其次，要实现公司治理下的授放权与差异化管控。那么其重点就不仅仅在于混合本身，混合的程度，混合的方式，其混合之后的具体公司治理结构和职业经理人制度的推进等等则极为重要。

法人治理结构的核心是划分董事会及其董事长与职业经理人的权利事项和权利边界。2018年国务院国资委副主任翁杰明在谈到对国有企业混合所有制改革的几点认识体会时说，国有企业混合所有制改革要规范各治理主体之间的权责关系，混改后要发挥新组建董事会的功能作用，充分落实董事会的权力，完善重大事项的决策机制。同时，按照现代企业制度的要求，建立由董事会决定管理经理班子的选聘、考核与管理，加快完善企业法人治理结构，规范企业股东会、董事会、监事会和经营管理层的责权，建立起产权清晰、权责明确、决策民主、管理科学的现代企业制度。

要以董事会建设为核心，引入民营董事、外部董事，构建多元化董事会结构，规范各类治理主体权责关系，逐级实现充分、规范、有序的授权放权和行权，全面推进依法治企，形成"三会一层"定位清晰、运转有序、有效制衡、"形神兼备"的法人治理结构，真正做到定位清晰、权责对等、运转有序、有效制衡。

要推进授放权体系的真正落实，实现公司治理体系与能力的优化。落实董事会按照市场化机制对经理层成员等高级经营管理人员选聘、业绩考核和薪酬管理等职权，维护企业真正的市场主体地位。

二 逐步完善职业经理人制度

混改企业要"按照市场化选聘、契约化管理、差异化薪酬"的原则，推进市场化选聘经理层、职业经理人和薪酬差异化改革试点。以契约关系为基础，建立市场化的选聘、激励、约束、流动、退出机制和配套的培养、评价、绩效管理体系，实现职业经理人能上能下、能进能出。探索职业经理人管理与党管干部原则有机结合的机制，党委管方向、管原则、管程序。通过组织推荐、公开招聘、民主选举、竞争上岗等多种方式产生国有企业领导人员人选，择优任用。严格规范招聘程序和条件，推行公开招聘制度，实行经理层成员的任期制和契约化，建立健全以任期目标为依据，全面反映企业经济责任、政治责任、社会责任以及企业领导人员履职表现、廉洁从业情况的综合考核评价机制。严格任期管理和目标考核，通过建立健全考核制度将考核结果与奖惩、薪酬挂钩。进一步健全以考核评价为基础，与岗位职责和工作业绩挂钩，精神激励与物质激励并重，短期激励与中长期激励相结合的企业领导人员激励机制。规范和完善企业领导人员薪酬管理办法，健全企业领导人员监督约束机制。

2017年，国务院转批国家发展改革委《关于2017年深化经济体制改革重点工作意见的通知》提出："研究制定改革国有企业工资决定机制的意见，启动国有企业职业经理人薪酬制度改革试点。"同年，《国务院办公厅关于进一步完善国有企业法人治理结构的指导意见》提出，"建立规范的经理层授权管理制度，对经理层成员实行与选任方式相匹配、与企业功能性质相适应、与经营业绩相挂钩的差异化薪酬分配制度"，"有序实行市场化薪酬，探索完善中长期激励机制"。

2018年《关于改革国有企业工资决定机制的意见》进一步明确了："对党中央、国务院和地方党委、政府及其部门任命的国有企业领导人员，合理确定基本年薪"以及对市场化选聘的职业经理人实行市场化薪酬分配机制等内容。

在完善企业法人治理结构和坚持"党管干部"原则的同时，逐步完善职业经理人的选聘任用、激励约束、绩效考核和退出机制。只有通过建立有效的职业经理人的市场化选聘机制与退出，才能让职业经理人真正对自己人生事业负责，从而对企业负责。党的十八届三中全会明确提出建立职业经理人制度，更好发挥企业家作用。这也就是说提倡企业家精神，将企业交给具有企业家精神、有责任担当，信守契约的企业家队伍。与此同时，需要完善的市场及其配套制度提供有效的人才发现、流动机制，提供人才自由、有序流动的环境。

三 切实推动劳动人事制度的市场化改革

混合所有制改革，"混"不是最终目的，积极稳妥推进国企混改，未来要更加关注混改后企业机制的转换问题。"混改不是目的，转换企业经营机制，提升企业经营效率才是改革的目的。"①

国企混改既要"混"资本，更要"改"机制，要以"混资本"促"改机制"。如果说"混"是所有制改革的一种手段的话，那么"改"才是达到优化管理关系，创新经营机制，激发员工活力，实现国有企业可持续发展的有效路径。

国企混改要着力转换企业经营机制，在活力与效益的提升上去下功夫。在推进改革中，引入市场化经营机制，要在劳动人事分配机制方面率先突破，全面推行劳动合同管理，完善和落实市场化的劳动用工制度。严格按照绩效考核结果，合理拉开工资分配差距，完善适应市场化要求的薪酬体系，实现薪酬能高能、低能增能点。向关键岗位和紧缺急需的高层次、高技能人才倾斜，综合运用股权激励、员工持股、跟投等不同的激励路径及相关激励工具，建立风险共担、利益共享的中长期激励机制。在此过程中，特别需要注意管理层激励机制与约束机制的有效配合，短期、中期与长期激励机制的有机衔接，从而有效激发混改企业管理层、骨干员工的动力、能力、活力。

国企混改特别是要在推进市场化选聘职业经理人、中长期激励机制建

---

① 《我国将实施国企改革三年行动》，新华社，http：//www.gov.cn/zhengce/2020 - 05/23/content_5514069.htm，2020 年 5 月 23 日。

立、深化劳动人事分配制度制度改革、完善现代企业人事管理制度等方面取得实质性进展。

第五节　有序开展国有控股混合所有制企业员工持股

一　员工持股是国企混改的重要举措

员工持股是国企混合所有制改革的重要内容之一，也是备受关注的混合所有制实现形式。员工可通过持股转化身份，兼具公司的劳动者和所有者的双重身份，有利于建立和完善劳动者与所有者的利益共享机制，实现人才与企业的共创共享，提高员工的凝聚力，提高企业效率、效益与市场竞争力。

新一轮国企改革中，"探索实行混合所有制企业员工持股"作为重要内容被明确写入2015年8月出台的《中共中央、国务院关于深化国有企业改革的指导意见》提出，"探索实行混合所有制企业员工持股"，"坚持试点先行，在取得经验基础上稳妥有序推进，通过员工持股建立激励约束长效机制"。"员工持股主要采取增资扩股、出资新设等方式"，"优先支持人才资本和技术要素贡献占比较高的转制科研院所、高新技术企业、科技服务型企业开展员工持股试点，支持对企业经营业绩和持续发展有直接或较大影响的科研人员、经营管理人员和业务骨干等持股"。9月，《国务院关于国有企业发展混合所有制经济的意见》提出，探索实行混合所有制企业员工持股。坚持激励和约束相结合的原则，通过试点稳妥推进员工持股。混合所有制企业实行员工持股要按照混合所有制企业实行员工持股试点的有关工作要求组织实施。要完善相关政策，健全审核程序，规范操作流程，严格资本评估，建立健全股权流转和退出机制，确保员工持股公开透明，严禁暗箱操作，防止利益输送。

二　通过试点稳妥推进员工持股

为了贯彻2013年中共十八届中央委员会第三次全体会议通过的《中共中央关于全面深化改革若干重大问题的决定》中关于"允许混合所有制经济实行企业员工持股，形成资本所有者和劳动者利益共同体"的文件精神以及落实《国务院关于进一步促进资本市场健康发展的若干意见》

提出的"允许上市公司按规定通过多种形式开展员工持股计划"的要求，经国务院同意，中国证监会依照《公司法》《证券法》相关规定，出台了《关于上市公司实施员工持股计划试点的指导意见》，决定在上市公司开展员工持股计划实施试点。

2016年，国务院国有企业改革领导小组研究决定开展国有企业十项改革试点，内容之一即混合所有制企业员工持股，主要探索实行员工持股的企业类型、实行员工持股的主要方式，以及员工怎样转股退股等。

8月2日，国务院国有资产监督管理委员会、财政部、中国证券监督管理委员会印发《关于国有控股混合所有制企业开展员工持股试点的意见》，明确了试点原则、试点条件、企业员工入股范围、出资方式、入股价格、持股比例、股权结构、持股方式以及企业员工股权管理等相关内容，进一步明确了混改中员工持股的要求和具体措施，以期不同角度探索员工持股的有效模式。该《试点意见》明确规定开展试点企业必须具备以下条件：首先，开展试点的企业其主业必须是处于充分竞争的行业，或者是主业处于充分竞争的领域，而且必须是属于商业类企业；其次，股权结构要合理，非公有制资本股东所持股份应符合相应的规定，并且要有非公有资本股东推荐的董事在公司董事会中。不仅如此，企业需要具备"市场化"的试点条件，即公司治理结构健全，建立市场化的劳动人事分配制度和业绩考核评价体系，形成管理人员能上能下、员工能进能出、收入能增能减的市场化机制，且营业收入和利润90%以上来源于所在企业集团外部市场。"优先支持转制科研院所、高新技术企业、科技服务型企业开展员工持股试点"。该《试点意见》明确持股员工范围。参与持股人员应为"在公司关键岗位工作的科研人员、经营管理人员和科研骨干"，且与本公司签订了劳动合同。中央及地方政府任命的国企领导人员不得持股。《试点意见》还明确规定，员工持股比例应结合企业规模、行业特点、企业发展阶段等因素确定。实施员工持股后，应保证国有股东控股地位，且其持股比例不得低于总股本的34%，员工持股总量原则上不高于公司总股本的30%，单个员工持股比例原则上不高于总股本的1%，企业可采取适当方式预留部分股权用于新引进人才。同时规定员工应以不低于经核准或备案的每股净资产评估值作为入股价格，试点企业、国有股东不得向员工无偿赠予股份。从持股方式来看，员工可以个人名义直接持股，也可通过公司制企业、合伙制企业、资产管理计划等持股平台持有股权。

2016年8月,根据《试点意见》提出的员工持股试点企业将在主业处于充分竞争行业和领域的商业一类企业中选取,商业二类和公益类一般不实行;中央二级以上企业及省级国有一级企业原则上暂不开展员工持股试点,以及"试点企业非公有资本股东所持股份应达到一定比例"的要求。国务院国资委和各省级国资委按照试点企业条件分别从中央企业、地方国有企业中选择少量企业开展试点,混合所有制企业员工持股试点正式启动。改革试点工作在符合相关要求的前提下,从试点企业类型、出资入股方式、定价机制、动态调整机制、股权管理方式、持股方式等不同角度积极探索员工持股的有效模式。

此外,江苏、江西、湖北、广东等地区省、市也在出台的国资、国企改革文件中包含了员工持股的内容。至于具体的员工持股的范围、比例、价格、来源等相关内容,广东则在之后出台的配套文件《关于体制机制改革创新试点企业一企一策制定工作指引》中给予了进一步明确。四川启动48项国企改革探索混合所有制改革员工持股;山东国有企业试点员工持股与引入战略投资者。

2017年6月,10家中央企业子企业被选为首批试点。之后,这首批10户员工持股试点子企业已经全部完成首期出资入股。11月底,"已经制定员工持股操作办法和实施细则的省、市、自治区已有22个,正在开展员工持股试点的企业共有158户分布于27个省、市"。[①]

2018年,国企改革进入全面施工期,国企混合所有制改革进程再提速,员工持股在中央层面,持续深入推进首批10户央企员工持股试点,发现问题及时研究解决,视情况适时扩大试点范围。在地方层面,江苏、广东、上海、江西、湖北等地均在积极推进在有符合条件的企业开展员工持股,之后湖南、山东、辽宁等多省也积极跟进试点员工持股试点,到2018年年底全国已有近200家企业开展这一试点。

[①] 王璐、孙韶华、班娟娟:《国企混改升级 集团层面将迎突破》,《人民周刊》2018年3月15日。

三 建立激励约束长效机制

国有企业改革出台政策鼓励实施中长期激励,2013年,中共十八届三中全会通过了《中共中央关于全面深化改革若干重大问题的决定》,强调要"建立长效激励约束机制"。2015年,《中共中央、国务院关于深化国有企业改革的指导意见》提出,要"通过实行员工持股建立激励约束长效机制","优先支持人才资本和技术要素贡献占比较高的转制科研院所、高新技术企业、科技服务型企业开展员工持股试点,支持对企业经营业绩和持续发展有直接或较大影响的科研人员、经营管理人员和业务骨干等持股","员工持股主要采取增资扩股、出资新设等方式"。

国企员工持股改革的初衷是使员工利益与企业利益紧密结合,增强企业活力,调动员工积极性。规范有序开展员工持股,有利于企业建立利益共享、风险共担的激励约束长效机制,充分调动员工积极性、主动性、创造性。员工持股停滞数年后重新启动,是国企改革激发创新的动力所在。可见,本轮员工持股并非全员福利性质,而是核心人才和企业高管人员,实施员工持股计划企业要综合考察对象范围激励额度、购股价格、授予方式和股权退出等关键要素,要按照混合所有制企业实行员工持股试点的有关工作要求组织实施,完善相关政策,健全审核程序,规范操作流程,严格资产评估,建立健全股权流转和退出机制,确保员工持股公开透明,严禁暗箱操作,防止利益输送。

2016年7月,证监会发布《上市公司股权激励管理办法》后,实施股权激励的国企数量显著上升。2019年,共有60家国企发布64个股权激励公告,其中央企29家共发布31个股权激励计划,比2018年增加60%。2020年,50家国企发布51个股权激励计划,其中央企为25家共25个股权激励计划。随着国有企业改革不断深化,国企尤其是央企控股上市公司实施股权激励的数量有望提升。

2020年5月,国务院国资委印发《中央企业控股上市公司实施股权激励工作指引》,2021年1月26日国务院国有企业改革领导小组办公室印发《"双百企业"和"科改示范企业"超额利润分享机制操作指引》,国家和省的国企改革三年行动以及"十四五"规划中,都提出要实施灵活多样的中长期激励。

第八章

持续深化国有企业三项制度改革

第一节 国有企业三项制度改革的历史进程

改革开放以来，我国国有企业的生存发展环境发生了广泛而深刻的变化。三项制度改革作为国有企业体制机制改进和完善的最重要基础工作，伴随着国有企业改革的进程，也在不断地进行探索和深化。厘清"三项制度"改革发展的脉络，用历史的眼光看待改革，有利于理解新时代赋予"三项制度"改革的新定位，按照国企改革三年行动的目标，深刻认识国有企业改革进程中存在的突出问题和难点问题，牢牢把握构建新发展格局、实现高质量发展的新形势新要求，切实增强改革的责任感、紧迫感、使命感。

国有企业三项制度改革归纳起来，可以概括为三个阶段。

一 起步探索阶段（1992—2000）

国有企业三项制度改革起始于1992年以"破三铁"为标志的企业劳动、人事、分配制度改革。"破三铁"指在国营企业内部打破"铁饭碗"（职工能进不能出）、"铁工资"（工资能高不能低）、"铁交椅"（职务能升不降）。即在劳动用工制度改革方面，全面推行全员劳动合同制，力图改变职工能进不能出的现状；在人事制度改革方面，打破企业职工的干部、工人的身份界限，推行竞聘上岗、优胜劣汰，目的是解决企业管理人员能上能下的问题；在工资分配制度改革方面，坚持按岗位责任，劳动成果和企业经济效益来兑现工资，拉开个人收入差距，实行浮动工资制，职工工资能高能低，建立有效的激励机制。

1992年1月25日，劳动部、国务院生产办、国家体改委、人事部、全国总工会联合发文《关于深化企业劳动人事、工资分配、社会保险制度改革的意见》指出："党的十一届三中全会以来，企业劳动人事、工资分配和社会保险制度改革取得了一定成效，但从整体看，企业内部'铁交椅'、'铁饭碗'和'铁工资'的弊端没有完全破除，影响了职工主人翁的责任感和积极性的发挥。"深化企业劳动人事、工资分配、社会保险制度改革，是转换企业经营机制的重要内容，"深化企业劳动人事、工资分配和社会保险制度改革，在企业内部真正形成'干部能上能下，职工能进能出，工资能升能降'的机制，成为当前转换企业经营机制的重要任务。"

1992年7月国务院颁发《全民所有制工业企业转换经营机制条例》，赋予企业劳动用工权、人事管理权、工资与奖金分配权等14项经营自主权，初步提出要实现工人能进能出、干部能上能下、工资能高能低的制度。

从1993年开始，在此后的10年间，国有企业改革以产权制度改革为重点，通过兼并重组、企业破产、职工下岗分流和债转股等措施进行国有经济布局与战略性结构调整，逐步提高了盈利能力，并通过"抓大放小"引进竞争淘汰机制，提升市场效率。这一时期，企业三项制度改革服务于企业资产优化重组、人员分流，并出台了一系列与三项制度改革相配套的法律法规，如1995年1月，《中华人民共和国劳动法》的正式实施，为我国国有企业劳动用工制度改革提供了法律依据。

1999年，中共十五届四中全会通过了《中共中央关于国有企业改革和发展若干重大问题的决定》，明确要求国有企业加快建立现代企业制度，深化企业内部人事制度改革，积极探索适应现代企业制度要求的选人用人新机制，逐步建立符合企业特点的现代企业人事管理制度。

2000年6月23日，中央办公厅印发了《深化干部人事制度改革纲要》提出，完善国有企业内部用人机制。深化国有企业内部人事制度改革，落实企业用人自主权。完善劳动合同制度。全面推行管理人员和专业技术人员聘任制。改革分配制度，按实绩和贡献多劳多得，易岗易薪。加强教育培训，全面提高员工素质。研究制定具体办法，吸引各类优秀人才到国有企业工作。

2000 年，劳动和社会保障部发布了《进一步深化企业内部分配制度改革的指导意见》提出，建立健全企业内部工资收入分配激励机制；积极稳妥开展按生产要素分配的试点工作；加强基础管理，建立健全企业内部工资收入分配约束机制。

1992 年以来，有关国有企业三项制度改革的政策文件陆续出台，并逐步从部门文件规章上升到国务院文件。特别是 1998—2000 年，在国企改革三年攻坚战中，国家正式提出并全面部署推进国有企业三项制度改革，同时与三项制度改革相配套的社会保障制度也逐步建立和完善。总的来说，这一阶段随着我国社会主义市场经济的基本确立，大部分国有企业尤其是竞争性国有企业，已经完成了较为深入的"三项制度"改革，多劳多得、优胜劣汰等理念以为人们所接受。

二 全面推进阶段（2001—2012）

进入 21 世纪，党中央、国务院又制定了深化国有企业三项制度改革的目标，把三项制度改革作为规范现代企业制度建设的必备条件，相继出台一系列文件提出具体要求，做出具体部署。

加入 WTO 后，为了适应国际竞争的需要，提高国有企业的竞争力和活力，2001 年 3 月国家经贸委、人事部、劳动和社会保障部发布《关于深化国有企业内部人事、劳动、分配制度改革的意见》，这是中央层面发布的第一个有关国有企业三项制度改革的文件。该《意见》指出：改革国有企业内部人事、劳动、分配制度（以下简称"三项制度"），是充分调动职工积极性、增强企业市场竞争力的一个关键因素。深化企业三项制度改革的目标是：把深化企业三项制度的改革作为规范建立现代企业制度的必备条件之一，建立与社会主义市场经济体制和现代企业制度相适应、能够充分调动各类职工积极性的企业用人和分配制度。尽快建立管理人员竞聘上岗、能上能下的人事制度；建立职工择优录用、能进能出的用工制度；建立收入能增能减、有效激励的分配制度。《意见》明确了国有企业三项制度改革的 20 个目标任务，其中就包括 6 个人事制度改革目标，即调整企业组织机构、取消企业行政级别、实现管理人员竞聘上岗、加强对管理人员的考评、依据考评结果进行奖励或处罚、加强对管理人员的培训。7 个用工制度改革目标，即保障企业用工自由权、规范劳动合同制度、优化劳动组织结构、推行职工竞争上网制度、加强以岗位管理为核心的内部劳动管理、多渠道分离安置富余人员、建立和完善职工培训制度。7个分配制度改革目标，即实行按劳分配为主、效率优先、兼顾公平的多种分配方式；改革企业工资决定机制；完善企业内部分配的办法；运用市场手段调节收入分配；调整职工收入分配结构，实行适合企业专业技术人员特点的激励和分配制度；完善对营销人员的分配办法。

2003年4月国务院国资委和地方各级国资委相继挂牌成立，作为国有资产监督管理部门。对如何管理国有企业领导人员，如何调节国家、企业、职工三者收入分配关系，做了很多有益的探索。在人事制度方面，积极开展市场化选聘，2003年9月16日国务院国资委第一次在全球范围内市场化选聘中国联通、中国铝业、中国外运等6家企业的高层管理人员，受到社会各界的广泛关注，之后又七次面向全球公开招聘中央企业高管，共为100多家企业招聘了138名高级经营管理者和高层次科研管理人才。在劳动制度方面，国家于2007年发布了《中华人民共和国劳动合同法》，按照《劳动合同法》的规定，企业用工的基本形式就是劳动合同制，职工就是合同制职工，单位和职工的权利、义务通过劳动合同确定。固定用人制度已转变为契约化的用人制度。企业内部实行竞争上岗，干部和工人身份界限被取消，经营管理者能上能下、职工能进能出，工资能升能降的三项制度改革不断深入推进。为推进中央企业劳动用工和内部收入分配制度改革国务院国资委于2009年下发了《关于深化中央企业劳动用工和内部收入分配制度改革的指导意见》。在薪酬制度方面，探索市场化薪酬管理和优化国有企业工资总额管控模式，2010年国资委发布《中央企业工资总额预算管理暂行办法》，工资总额管理模式由原先"工效挂钩"的管理模式转变为工效联动机制下预算管理模式。

这一时期，党中央、国务院相继出台一系列文件，对全面推进三项制度改革作出具体部署，国有企业特别是中央企业，在国资委的统一指导下，按照现代企业制度的要求建立了与市场经济相适应的内部人事、劳动和分配三项制度。特别是在大规模推行聘用制度、建立岗位管理制度、完善分配制度、健全人事监督制度、裁减冗员等方面进行了改革，市场化用工制度基本形成，很大程度上激发了企业自身活力。国有企业职工身份淡化，管理人员能上能下、企业职工能进能出、收入分配能增能减的现代化企业人事管理运行机制初步形成。随着职工工资、医疗、保险、养老、失业等社会保障体系的逐步建立，三项制度改革措施落在实处，效果明显，人才合理流动，资源合理配置的企业劳动用工和人事管理机制已基本形成，与此同时，激励与约束机制也有所增强。

三 深入推进阶段（2013年至今）

2013年11月，中共十八届三中全会通过的《中共中央关于全面深化改革若干重大问题的决定》，对全面深化国有资产和国有企业改革进行了总体部署，明确了新时期深化国有企业改革的重大任务以及进一步完善现代企业制度等方面的内容。

再次强调要"深化企业内部管理人员能上能下、员工能进能出、收入能增能减的制度改革"，开启了新一轮国有企业三项制度改革。

2015年新一轮国企改革，开启了深化国有企业"三项制度"改革的新征程。8月24日中共中央、国务院印发《关于深化国有企业改革的指导意见》，这是新形势下指导和推进深化国企改革的纲领性文件，该《指导意见》提出，"建立国有企业领导人员分类分层管理制度""实行与社会主义市场经济相适应的企业薪酬分配制度""深化企业内部用人制度改革以三项制度改革与创新为突破口，将实现管理人员能上能下，员工能进能出收入能增能减"（以下简称"三能"），列为深化国企改革完善市场机制的主要目标。

2016年是新一轮国企改革从政策转向落地的关键时期。国务院国资委印发《关于进一步深化中央企业劳动用工和收入分配制度改革的指导意见》，要求中央企业构建市场化劳动用工和收入分配机制，增强企业活力和竞争力，对中央企业全面推进三项制度改革提出了具体要求，协同推进深化国企改革进行了专门部署，可以说这一文件的出台为中央企业推进三项制度改革提供了政策依据，加大了国企、央企经济体制改革前进的步伐。在全国范围内的国资、国企系统掀起了以建立"三能机制"为核心，内容的三项制度改革热潮。

2017年，党的十九大明确提出要培育具有全球竞争力的世界一流企业，为新时代国有企业改革指明了方向。站在新时代的起点，必须充分认识深化三项制度改革的重要意义和历史使命。党中央对国有企业三项制度改革的新定位，核心就是建立干部能上能下、员工能进能出、收入能增能减的"三能"机制，标志着三项制度改革进入了新阶段。深化三项制度改革不仅成为落实党中央深化国企改革部署的必然要求，而且是企业建立市场化经营机制的迫切需要，为加强国有企业的深入改革提供了保障。

《2018年政府工作报告》提出，新一轮国企改革通过完善现代企业制度，其出发点和归宿是激发国有企业活力。2018年5月，《国务院关于改革国有企业工资决定机制的意见》发布，2019年1月，国务院国资委下发了《中央企业工资总额管理办法》，坚持和完善工资与效益联动机制下的工资总额预算管理机制，对企业工资总额预算实行备案制或核准制管理。完善职工工资总额管理制度体系，合理拉开差距，充分调动广大职工积极性。

2019年国有企业的改革逐步进入实质落地阶段，围绕三项制度改革各地纷纷出台政策，一系列针对国有企业改革文件的出台，均把三项制度改革作为一项重要改革目标，提出具体要求，作出具体部署，要求以三年时间为限深化三项制度改革专项行动的落地实施。

国务院国资委《关于开展2019年中央企业三项制度改革专项行动的通知》进一步提出国企三项制度改革的重点任务和工作要求，要求各企业选树改革标杆，开展对标诊断，制定改革方案，推进改革措施。10月31日，国务院国资委下发《中央企业混合所有制改革操作指引》，把三项制度改革作为混改"改机制"的核心内容。国有企业三项制度改革向纵深推进，并与国企混合所有制改革、落实董事会职权、推行职业经理人制度等改革措施互动推进。

在2019年12月中央企业负责人会议上，国务院国资委主任郝鹏明确提出，"2020年作为中央企业三项制度改革专项行动落地年，加强改革评估督导，推动企业改革方案落地见效"。要求在子公司全面推行经理层成员任期制和契约化管理，具备条件的企业要加快推进职业经理人制度。积极推进以市场化导向的中长期激励，全面推行岗位绩效工资制度，进一步完善工资总额备案制等相关政策，完善市场化招聘、业绩考核、内部分配等配套制度，真正将改革落到实处、取得成效。

2020年1月，国资委在京召开的中央企业考核分配工作会议再度强调了三项制度改革的重要性，并明确提出力争本年度在建立市场化机制上实现新突破。要求在子企业全面推行经理层成员任期制和契约化管理，具备条件的要加快推进职业经理人制度，进一步完善工资总额备案制等相关政策，全面推行岗位绩效工资制度，积极推进市场化导向的中长期激励制度。

随着三项制度改革的不断深入，央企的三项制度改革工作更关注改革成效。2020年，国务院国资委考核分配局下发了《中央企业三项制度改革评估方案（征求意见稿）》，提出了中央企业三项制度改革的评估方式，并对各中央企业三项制度改革成效进行了初步评估。

2020年7月，习近平总书记主持中央深改委第十四次会议，审议通过了《国企改革三年行动方案（2020—2022年）》，提出国企改革三年行动聚焦八个方面的重点任务，关注三项制度改革。"活力不足、效率不高"是国企老大难问题，也是三年行动要解决的突出问题。2020年9月29日，国资委召开视频会议，对中央企业改革三年行动工作进行动员部署。会议强调，全面推进用工市场化，完善市场化薪酬分配机制，推动薪酬分配向作出突出贡献的人才和一线岗位倾斜。2020年10月，党的第十九届五中全会提出，加快完善中国特色现代企业制度，激发活力、提高效率，健全市场化经营机制，明确要求"着力深化国有企业劳动、人事、分配三项制度改革"。2020年10月31日，国务院国资委下发《中央企业混合所有制改革操作指引》，把三项制度改革作为混改"改机制"的核心内容。国有企业三项制度改革向纵深推进，并与国企混合所有制改革、落实董事会职权、推行职业经理人制度等改革措施互动推进。

国企改革三年行动以来，各地、各级国企加大力度持续深化三项制度改革，三项制度改革大范围破冰破局，取得全面的、实质性的突破。从总体的进度符合预期要求，然而国有企业改革多年，始终存在一些制约企业高质量发展的深层次问题。2021年企业内部三项制度改革如何再深化、再推进，成为关注问题。国务院国资委提出，中央企业要贯彻落实国企改革三年行动部署要求，结合企业实际，加强工作统筹，以更强决心、更大力度、更实举措，推动三项制度改革取得新突破、见到新成效。国务院国资委将在2020年国务院国资委考核分配局下发的《中央企业三项制度改革评估方案（征求意见稿）》和国务院国有企业改革领导小组办公室下发的《开展"双百企业"三项制度改革专项评估有关事项的通知》的基础上，进一步完善中央企业三项制度改革的评估方式和评估指标体系，正式出台中央企业三项制度改革评估办法，组织中央企业认真落实，加快建立健全符合企业实际的内部评估体系，全面推进改革评估，实现由"试用"到"使用"转变；将制订完善与三项制度改革评估结果相衔接的考核分配奖惩措施，推动中央企业落实改革主体责任，实施严考评、硬兑现，强化评估结果应用，实现由"要我干"到"我要干"转变；将围绕三项制度改革重点任务，加强部署推动和调研督导，督促中央企业逐条对照三年行动方案任务要求，力争在三项制度改革重点领域和关键环节取得实质性进展。抓好改革任务落实，实现由"行动"到"见效"转变；将分层分类整理刊发企业创新做法和典型经验，为深化三项制度改革提供参考借鉴，指导中央企业进一步加强改革探索和总结提炼，形成可复制、可推广的改革成果，努力营造典型引路、比学赶超的浓厚氛围。加强经验总结推广，实现由"政策推动"到与"示范引领"并举转变。

2021年5月31日，国务院国有企业改革领导小组办公室以视频方式召开深化国有企业三项制度改革专题推进会。会议提出，要深入学习贯彻习近平总书记关于激发市场主体活力、深化国有企业三项制度改革的重要指示精神，认真落实国企改革三年行动方案，进一步推动国有企业真正实现"管理人员能上能下、员工能进能出、收入能增能减"。会议指出，要坚持"三个导向"，在新的历史高度深刻认识新发展阶段深化三项制度改革的责任感、紧迫感、使命感。坚持目标导向、坚持问题导向、坚持效果导向，从国企改革三年行动的目标要求上增强深化三项制度改革的责任感；从目前进展的明显差距上增强深化三项制度改革的紧迫感；从构建新发展格局的新要求上增强深化三项制度改革的使命感。要推行末等调整和不胜任退出，推行管理人员选聘竞聘，强化考核结果刚性运用，建立多序列并行的晋升渠道，在管理人员能上能下上求突破；要全面推行公开招聘，严格劳动合同管理，合理控制用工总量，畅通员工退出渠道，在员工能进能出上求突破；要强化薪酬与业绩紧密挂钩，合理拉开收入分配差距，落实核心关键人才激励制度，充分运用好中长期激励政策，在收入能增能减上求突破。深化三项制度改革，关键在于见行动，瞄准"三能"目标，聚焦重点环节发力攻坚，要强化评估牵引督导，建立健全内部评估机制，及时对标诊断，推动"三能"制度化程序化常态化。

2022 年决战决胜国企改革三年行动，国务院国资委副主任在回答记者提问时表示，国资委将坚持市场化改革方向，锚定深化劳动、人事、分配三项制度改革常抓不懈，全力推动管理人员能上能下、员工能进能出、收入能增能减，加快健全市场化经营机制，持续提升企业活力效率。坚持目标导向、问题导向、结果导向，按照"可衡量、可考核、可检验、要办事"的要求，正式开展三项制度改革评估，并进一步指导中央企业全面梳理三项制度改革任务推进落实情况，认真做好工作总结、台账管理、数据汇总等工作，全面、真实、准确反映企业改革进展成效，进一步完善内部评估体系，牵引改革不断向纵深推进，加快构建形成系统完备的选人用人、劳动用工、收入分配制度体系，做实全员绩效考核，巩固改革成果。坚持以改革促发展，通过改革激发各类人员活力，改善劳动产出水平，提升改革实效。

2022 年 5 月 7 日，国资委召开地方国企改革三年行动推进会，会议强调，要推动各层级企业全面深入实施三项制度改革，加大对关键岗位核心人才、突出贡献员工和优秀企业家等的激励力度；进一步发挥混合所有制改革对转机制的重要作用，推动混改企业持续完善法人治理结构，加强对混改全过程监督，不断激发活力、提升效率，确保在提高国有企业活力和效率上取得明显成效，加快健全灵活高效的市场化经营机制。深入对照行动方案全面盘点、对标补差，锚定目标，在落地见效上下功夫，聚焦国企改革三年行动重点攻坚克难、真抓实干，确保务期必成，高质量收官，取得经得起历史和实践检验的改革实效。

第二节 国有企业三项制度改革的政策推进

2015 年新一轮深化国企改革既强调明确改革的路线图和进度表，增强改革的系统性、整体性、协调性，又强调将国家层面的国企改革顶层设计与企业层面的能动创新相结合，使得三项制度改革的内涵更为丰富、外延更加拓展，其推进策略也因时应变、因势利导且更关注长效机制的建立和实施落地的成效。

一　从强调制度建立，到注重形成机制

2001年《关于深化国有企业内部人事、劳动、分配制度改革的意见》明确：改革国有企业内部人事、劳动、分配制度（以下简称"三项制度"）是充分调动职工积极性、增强企业市场竞争力的一个关键因素。深化国有企业三项制度改革的目标是：建立职工择优录用，能进能出的用人制度；建立管理人员竞聘上岗、能上能下的人事制度；建立收入能增能减、有效激励的分配制度。《意见》更多的是重点强调制度的建立。调整企业组织机构、取消企业行政级别、实行管理人员竞聘上岗、加强对管理人员的考评，建立管理人员竞聘上岗、能上能下的人事制度；优化劳动组织结构、推行职工竞争上岗制度、加强以岗位管理为核心的内部劳动管理，建立职工择优录用、能进能出的用工制度规范劳动合同制度；实行按劳分配为主、效率优先、兼顾公平的多种分配方式、改革企业工资决定机制、完善企业内部分配办法、发挥市场对企业工资分配的基础性调节作用、调整职工收入分配结构、实行适合企业专业技术人员特点的激励和分配制度，建立收入能增能减、有效激励的分配制度。

2015年，中共中央、国务院印发了《关于深化国有企业改革的指导意见》，作为新时期指导和推进国有企业改革的纲领性文件，它明确提出"选人用人机制"和"激励与约束机制"的市场化改革方向。把"国有企业内部管理人员能上能下、员工能进能出、收入能增能减的市场化机制更加完善"作为一项重要改革目标，对国有企业薪酬分配和用人制度改革作出具体部署。

2016年《关于进一步深化中央企业劳动用工和收入分配制度改革的指导意见》要求"进一步深化中央企业劳动用工和收入分配制度改革"，明确了中央企业深化改革的核心任务是"构建市场化劳动用工和收入分配机制，实现企业内部管理人员能上能下、员工能进能出、收入能增能减，增强中央企业活力和竞争力"，进一步对中央企业推进三项制度改革提出具体要求。

2019年，国资委确定三项制度改革专项行动为国企改革重点内容，《关于开展2019年中央企业三项制度改革专项行动的通知》再次强调了国有企业加快构建市场化选人用人和激励约束机制。10月31日，国务院国资委下发《中央企业混合所有制改革操作指引》，把三项制度改革作为混改"改机制"的核心内容。

2020年被定为央企"三项制度"的专项行动落地年。1月，国资委在京召开的中央企业考核分配工作会议中再度强调了"三项制度"改革在国企改革中的重要性，并力争本年度在建立市场化机制上实现新突破。

二　从强调内部管理，到走向对标提升

党的十八大以来，新一轮国企改革如火如荼地开展，在国企三项制度改革的部署上，党中央、国务院出台《关于深化国有企业改革的指导意见》《关于进一步深化中央企业劳动用工和收入分配制度改革的指导意见》等文件，作为国企三项制度改革的指导纲领性文件，引导国有企业将三项制度改革作为一项重要改革内容，以彻底激发国有企业活力动力，进而打造世界一流的国有企业。

党的十九大明确了我国经济已由高速增长阶段转向高质量发展阶段，提出了国有企业培育具有全球竞争力的世界一流企业目标。2019年，国务院国资委进一步提出国企三项制度改革的重点任务和工作要求，要求各企业选树改革标杆，开展对标诊断，制定改革方案，推进改革措施。在《关于开展2019年中央企业三项制度改革专项行动的通知》中，提到在对标对象上，标杆可以选择企业内部或者外部，强调依据企业功能定位、行业特点、发展阶段和经营状况分类分层选取对标对象，如集团公司层面可选择国内、国际优秀企业为标杆，所属企业层面可根据业务版块所属类型选择集团内外部类似行业及发展阶段的领先企业对标；在对标内容上，既可集中在三项制度整体推进方面，也可以围绕管理人员能上能下、员工能进能出、收入能增能减"三能"的某一方面进行深化。总之，通过总结推广三项制度改革过程中涌现出来的先进经验和先进典型，充分发挥典型企业的示范引领作用，促进三项制度改革的整体推进和不断深入。

三　从强调严格管控，到提倡自我约束

2003年4月国务院国资委和地方各级国资委相继挂牌成立，确立了在国有资产国家统一所有的前提下，作为出资人代表的中央政府和地方政府分别代表国家履行出资人职责，享有所有者权益，管资产和管人、管事

相结合，权利、义务和责任相统一的国有资产管理体制，国家对国有资产的监管进入新时期。

2013年党的十八届三中全会通过了《中共中央关于全面深化改革若干重大问题的决定》明确提出，要完善国有资产管理体制，以管资本为主加强国有资产监管，改革国有资本授权经营体制。国家对国有企业的监管从管人、管事、管资产三位一体逐步向以管资产为主转变，与之对应，"三项制度"改革也逐步从严控干部职数、用工总量、工资总额三项内容逐步向以管控人工成本投入产出效率为主转变。

2019年4月，国务院印发《改革国有资本授权经营管理体制方案》，明确国资监管部门与国有企业的权力边界，尽量将企业应有的权限归还给企业，逐步落实企业应享有的重大决策、人事任免、考核分配权力，加大对企业的授权放权力度，赋予企业更多自主权。加大授权放权力度，并不等于放任。一方面，要切实提高监管的科学性和有效性，不断完善监督与管理，另一方面，企业要尽快完善各项规章制度，规范管理流程和分工责任，持续深化内部三项制度改革。

四 从强调整体推进，到聚焦重点难点

深化三项制度改革如何以市场化贯穿劳动用工、干部人事和收入分配，促进企业提升效率、效益、效能和效力是改革的重点和难点。2021年5月国务院国有企业改革领导小组办公室在深化国有企业三项制度改革专题推进会上指出：深化三项制度改革，关键在于见行动。要按照国企改革三年行动的目标，深刻认识改革进展中存在的突出问题，瞄准目标，聚焦重点，紧紧扭住深化三项制度改革的关键环节发力攻坚。在企业员工能进能出、管理人员能上能下、收入分配能增能减"三能"机制的建立方面求突破。在用人制度方面，要全面推行公开招聘，严格劳动合同管理，合理控制用工总量，畅通员工退出渠道；在干部管理方面，要坚持推行管理人员选聘竞聘，建立多序列并行的晋升渠道；强化考核结果刚性运用，推行末等调整和不胜任退出；在收入分配方面，要强化薪酬与业绩紧密挂钩，合理拉开收入分配差距，充分运用好中长期激励政策，落实核心关键人才激励制度。新时期推进三项制度改革不是从头再来，而是聚焦改革重点难点，推动改革走深走实。

五 从强调政策落地，到评估实施效果

三项制度改革是一项长期性系统工程，在三项制度改革工作推进的过程中，由于缺乏有效的后评估及监控机制，企业不同程度地存在改革"不彻底、不到位和推进难"的问题，这就要求科学设计建立一套"可落地、可量化、可评估、可检查"的三项制度改革评估体系，对企业三项制度改革既往工作进行评估，深入分析企业三项制度改革的痛点、难点，并以此为牵引，有的放矢地深化三项制度改革，确保三项制度改革工作真正落到实处。

在2019年中央企业负责人会议上，国务院国资委主任郝鹏明确提出，"2020年作为中央企业三项制度改革专项行动落地年，加强改革评估督导，推动企业改革方案落地见效"。

2020年，国务院国资委考核分配局下发了《中央企业三项制度改革评估方案（征求意见稿）》，提出了中央企业三项制度改革的评估方式，并对各中央企业三项制度改革成效进行了初步评估。与此同时，国务院国有企业改革领导小组办公室下发了《开展"双百企业"三项制度改革专项评估有关事项的通知》，提出了"双百企业"的三项制度改革评估指标体系，收集了各"双百企业"三项制度改革数据，开展对"双百企业"的三项制度改革评估工作。

2020年12月，国有企业改革领导小组办公室印发文件，部署进一步深化国企改革"双百行动"，文件肯定了国企改革"双百行动"实施两年多来的成果，通报表扬了评估结果为A级的企业，要求评估结果为D级的企业限期整改。同时文件明确，对"双百企业"的专项或综合评估将会持续进行，并建立"双百企业"名单动态调整机制，即根据评估结果，适时调整"双百企业"名单。正因如此，就需要不断健全完善评估指标体系并合理优化评估方式方法，建立一套"可落地、可量化、可评估、可检查"的改革评估工具，发挥好评估指标指挥棒作用，切实推动三项制度改革落到实处、取得成效。

2021年1月国资委召开了中央企业、地方国资委考核分配工作会议，国资委副主任翁杰明在会上强调："考核分配工作要在以习近平同志为核心的党中央坚强领导下，重点在发挥业绩考核指挥棒作用、完善企业负责人薪酬待遇管理、健全职工工资总额决定机制、强化关键岗位核心人才激励、深化企业内部三项制度改革、优化考核分配工作机制等六方面再下功夫。"5月，国务院国有企业改革领导小组办公室深化国有企业三项制度改革专题推进会提出，要将深化三项制度改革作为"一把手"工程，成立专项工作领导班子，确保如期全面完成三年改革任务。会议强调，要建立健全内部评估机制，强化对三项制度改革的评估牵引督导，及时对标诊断，推动"管理人员能上能下、员工能进能出、收入能增能减"的制度化、程序化、常态化，并要求"双百企业""科改示范企业"在三项制度改革上率先突破，发挥示范引领作用。

第三节　近年来国有企业三项制度改革的实践探索

从2000年央企全面推进"三项制度"改革起始，到2015年之后，央企的二级、三级单位及省属、市属国企"三项制度"改革全面铺开，国有企业"三项制度"的改革伴随不同时期国有企业改革的目标、任务与环境，呈现渐次推进、层层落实的状态。随着国企改革的不断深入，国有企业的三项制度改革工作更加关注改革成效，改革举措和具体动作也体现出较以往更强改革力度，创新的接受程度也更高，并取得了较为显著成效和宝贵经验。

一　央企从经理层改革入手，破解三项制度改革难题

三项制度改革是国企改革攻坚克难的关键一环，而经理层改革就是三项制度改革的"牛鼻子"。国企改革三年行动启动以来，央企从经理层改革入手，以上率下破解三项制度改革难题。

中国一重集团有限公司持续加大改革创新力度，抓实"市场化选聘、契约化管理、差异化薪酬、市场化退出"机制，全员"站起来，再坐下"，打通管理、营销、研发等五类岗位多途径晋升通道。一系列围绕"位子"的改革动真碰硬，使企业机构更精干高效，也打破了国企员工"当不了行政领导就没有出路"的职业发展瓶颈。通过改革，公司撤销各级管理机构187个，压缩编制定员2355人，减幅达21%。在"市场化选聘、契约化管理"方面，"先改'主席台'，再改'前三排'"，累计调整

不适应改革发展需要的领导干部98人，解除岗位合同95人①。从"一管到底"向"一追到底"转变，推进分层管理、层层签订经济责任状，做到压力层层传递，动力层层激发；经理层成员完不成目标收入60%、目标利润70%的自动免职。首创"劳动"和"岗位"两个合同，以劳动合同解决身份问题，以岗位合同解决进出问题的"两个合同"机制。在薪酬改革方面，将职工收入增长指标写入年度计划和中长期发展规划，纳入公司高质量发展九大关键考核指标，建立了薪酬正常增长机制，使薪酬分配与预算完成情况、绩效考核结果挂钩。坚持薪酬分配向营销、高科技研发、苦险脏累差、高级管理、高技能这五类岗位人员倾斜，稳步推进员工持股、超额利润分享、项目分红等措施，有效发挥了薪酬分配的导向和激励作用，在约束的基础上强化激励，激发员工的主动性和积极性，"十三五"时期，企业职工收入年复合增长率为10.7%，有效激发了企业活力，促进了经济指标的全面提升，数据显示，近三年中国一重集团利润平均增长131%，营收平均增长67%。

鞍钢集团把三项制度改革作为重点攻坚，全面激活人力资源这个核心要素，坚持业绩决定用人、效率决定用工、效益决定薪酬，让"能力决定位置、员工市场化流转、贡献决定薪酬"成了常态。②坚持业绩决定用人。鞍钢深化干部人事制度改革，着力去"身份化、行政化"，推动领导人员分级分类管理，实现能上能下，近年来领导人员优化调整退出499人。2021年全面推行管理人员任期制、聘期制和契约化管理，层层传递经营压力，推动企业高质量发展。坚持效率决定用工。全面建立市场化用工机制，以每年劳动生产率提高不低于10%为目标，持续推动人力资源优化，近年来在岗职工减少6.04万人，减幅36%。坚持效益决定薪酬。突出业绩贡献导向，鞍钢集团端掉"高水平大锅饭"，实行"高目标、高激励"，子企业负责人年度兑现差距最高达9倍，同岗位一线员工月度收入差距最高超过5000元。

---

① 王希、马晓成：《老国企重燃新活力——中国一重"改革突围"观察》，国务院国有资产监督管理委员会官网，http://www.sasac.gov.cn/n2588025/n2588139/c19176785/content.html，2021年6月18日。

② 国资小新：《国企改革，重在活力！中央企业深入推进三项制度改革》，《人民日报》2021年6月24日。

南航集团实行经理层契约化、用工制度市场化、激励机制长期化，通过三项制度改革，积极探索完善市场化经营机制。所属两家"双百企业"董事会与新任经理层签订业绩合同与聘任协议，实现任期制和契约化管理，推动"干部能上能下"①。通过"刚性"管理，以契约形式明确经理层管理人员任期内权责利，建立解聘退出机制，合理拉开薪酬差距，破解管理难题。通过调整人力资源结构、加大对投入产出较低业务板块的人力资源外包力度以及借用、挂职、兼职等手段进一步盘活内部人力市场。在两家"双百企业"推进员工持股，实现激励机制长期化。

中国化学工程集团有限公司通过内部公开选拔、外部公开招聘等方式，打造高素质干部人才队伍。积极推行任期制、契约化及职业经理人制度，目前5家二级企业、10余家三级企业实现职业经理人市场化选聘，共选聘65人。强化创新奖励激励，设立创新成果、成果转让、专利及专有技术等专项奖励，大力攻关化工领域关键技术，研究成果显著增加。

中粮集团有限公司全面实施经理层任期目标责任制，目前实行经理层任期制和契约化管理的企业户数覆盖面已达到74%。同时，开展"干部担当"专项评议，并强化考核结果刚性运用。2020年对集团各层级70余名管理人员实行了末位调整和不胜任退出。此外，中粮集团还积极探索在市场化程度较高的企业推行职业经理人制度，对解聘的领导人员不在集团内部安排岗位，真正做到"能上能下"市场化用人。

中车集团有限公司工资总额管理方式的变化，是企业激励体系改革的基础。以推进工资总额备案制管理为契机，中车集团把握契机先行先试，成为较早实施工资备案制的央企之一。为优化薪酬决定机制和管控模式，中车集团从工资效益联动、效率对标调节、工资水平调控三个维度对所属企业工资总额进行调控，选择具备条件的子企业试点推行工资总额备案制管理，深入落实分配自主权。根据经营特点和管理需求，出台关键核心技术攻关、专项工作奖励等个性化工资单列政策。通过完善薪酬决定机制和管控模式，激发和释放了企业发展活力，实现了所属企业从"要工资"向"挣工资"的转变。2018—2020年，中车集团利润总额、工资总额、职工平均工资年均增幅分别为13.53%、4.93%、7.33%，人力资本效能

---

① 《南航集团以"混"促"改"改出逆势增速》，《人民日报》2021年6月15日。

持续提升。

华润集团持续优化薪酬激励体系,华润集团正向激励发力点明确。以战略、价值为导向,华润集团选择行业一流上市公司作为业绩对标组,每年年底通过业绩与薪酬双对标考核,调整经理人浮动薪酬(年度绩效奖金、战略激励),实现收入能增能减。通过"双对标",引导经理人密切关注行业主要竞争者的发展水平与趋势,形成比学赶超、争创一流的竞争机制。

中国建筑集团有限公司着力加强和优化了二级、三级企业领导班子成员考核强制排序机制。强化考核结果运用,强调"双达标",任一项为不称职,或者连续两年考核排名靠后或基本称职的,终止任期、免去现职。对"考核偏低"人员进行提醒谈话,连续"考核偏低"或"基本称职"的进行岗位调整或退出,"不称职"的退出,真正做到"业绩与市场对标,薪酬与业绩跟跑,激励凭贡献说话"。子企业负责人的薪酬主要与利润类核心业绩指标和经营业绩考核结果直接挂钩,1家子企业因经营业绩不达标,全体领导班子绩效年薪为零。在经营业绩考核和综合评价均实行强制分布的基础上,明确经理层退出的6种情形,设置退出"底线",打破领导干部"铁交椅"。

中国保利集团有限公司鼓励开展公开竞聘、竞争上岗。2020年以来,通过竞争上岗有187家子公司选用经营管理人员593人。同时,集团出台管理制度,提供签约模板,考核指标包括经济效益类、经营管理类、风险合规类、重点任务类等,其中经营业绩指标占比不低于75%。集团全年因考核末等调整、不胜任退出干部229人,分别占集团干部总数的11.4%和4.4%[1]。保利集团不拘一格选拔优秀人才,破除论资排辈和隐性台阶。近年来,保利集团党委管理的干部跨板块、跨层级、跨区域交流53人次,4家重组企业领导班子调整率达70%以上,集团总部干部调整率达90%,有力促进了企业管理融合和改革发展。

中国联合网络通信集团有限公司考核激励重点在于突出提升全要素生产率,持续探索资源精准配置。"通信业务领域实施划小改革,瞄准增收增利、成本节约;新兴业务领域实施项目制改革,基于项目投入产出兑现

---

[1] 保利集团:《聚焦"三能"机制 深化三项制度改革》2021年8月13日。

团队薪酬包,基于项目考核结果兑现团队成员薪酬。针对后台与一线、同专业不同岗位族、同岗位族绩优与绩平人员等薪酬分配关系进行重点调控,聚焦关键少数,突出'强激励、硬约束',重点拉开各级管理人员薪酬差距。"中国联通党组副书记、总经理陈忠岳表示。实践基础上,中国联通区分业务场景和岗位属性,建立起了考核目标设定、关键职责产出、激励资源配置三位一体的薪酬激励机制,实现了考核激励的精准匹配透过改革看成效,2020年省公司经营班子正职年度绩效薪酬倍差达5倍,任期激励倍差达8倍,浮动薪酬占比最高超过83%。集团总体战略牵引,考核目标细化,层层分解任务。自上而下实现激励体系重构过程中,集团公司推手和中枢作用得以充分体现。

二 各地国企以建立"三能"机制作为突破口

自2019年以来,本轮国有企业的改革逐步进入实质落地阶段,围绕三项制度改革各地纷纷出台政策,要求以三年时间为限深化三项制度改革专项行动要落地实施。

近年来,山东在国企中开展劳动、人事、分配三项制度改革专项行动,推动形成员工能进能出、干部能上能下、收入能增能减的新常态。在劳动制度改革方面,建立覆盖全员的考核评价体系,形成员工常态化退出机制,2019—2020年,2700多人因不符合相关规定与企业解除劳动合同。在人事制度改革方面,国资委将管理人员的考核与职务调整挂钩,明确设置经理层成员的退出"底线",如年度经营业绩考核结果百分制低于70%或年度经营业绩考核主要指标完成率低于70%,即被降职或免职。在分配制度改革方面,建立宽带薪酬体系,合理拉开工资差距,管理人员薪酬结构中绩效年薪占比超过60%。在打破国企"铁饭碗"的同时,在全国率先出台省属企业中长期激励制度,允许符合条件的企业采取超额利润提成、项目跟投、虚拟股权等方式对核心技术人员和管理骨干进行激励,建立起员工和企业风险共担、收益共享的利益捆绑机制①。

广东2020年开展省属企业"总部机关化"专项问题整改工作,大力

---

① 梁雯:《整合重组、混改上市、三项制度改革让国企有活力山东这样"改"》,大众网·海报新闻,http://w.dzwww.com/p/8061112.html,2021年3月4日。

推行管理人员竞争上岗、末等调整和不胜任退出制度，畅通"能下"的渠道，企业普遍建立健全了总部与所属企业员工常态化交流和轮岗机制，部分企业在总部实施人员全体起立、双向选择重新竞岗。截至2021年4月底，省属企业管理人员开展竞争上岗1728人，占比14.83%；2021年间末等调整和不胜任退出137人，占比1.18%。推动薪酬分配内部市场化，健全企业职工工资总额与效益贡献、实际劳动生产率同向联动的机制。突出强调收入分配向关键岗位、生产一线劳动强度高的岗位和紧缺急需的高层次、高技能人才，特别是科技创新人才倾斜。

成都市人民政府办公厅2021年6月签发《关于进一步深化市属国有企业内部劳动人事分配制度改革的指导意见》，指导市属国有企业转换经营机制，促使企业内部"三项制度"与市场机制体制全面接轨。该《指导意见》提出，市属国有企业应严格控制内设机构数量，并按照"按需设岗、以岗定员"的原则，严格控制企业用工总数。对职能相近或相似、重叠交叉较多的应予以归并；管理层级和管理人员配备也应精简，管理层级原则上应压缩至3级以内，职能部门机构实行扁平化管理，原则上只设一级，并从严掌握管理岗位设定，职能部门管理人员职数原则上不得超过本单位总人数的20%。该《指导意见》提出要加大市属国有企业管理人员市场化选聘力度，企业中层及以上管理人员一律实行聘任制、任期制，公开竞争、择优聘用。要以经营业绩和工作实绩为主，对管理人员实行定量考核与定性评价相结合的考核评价制度，且考评结果与职务升降、薪酬调整紧密挂钩，真正做到管理人员能上能下。同时也要探索完善容错纠错制度。该《指导意见》要求员工进出应依法且透明，按照"平等竞争、择优录用"的原则，切实做到全程公开。企业劳动用工要实行契约化管理，依法与员工签订劳动合同，明确双方的权利义务，强化劳动合同对实现员工能进能出的作用。在推进企业收入分配市场化改革方面，该《指导意见》提出对高层次专业人才应实行中长期激励措施，鼓励国有上市公司实施股权激励，鼓励具备条件的非上市企业，对符合条件的关键人才依法依规实施中长期价值分享、附带权益计划、中长期业绩奖金等中长期激励措施，并提出企业负责人实行差异化的薪酬分配、改革工资总额决定机制、完善薪酬分配约束监督机制等。

三 "双百企业"三项制度改革成效显著

2020年10月国务院国改办国企改革"双百行动"现场推进会在广州举行。推进会对413家"双百企业"开展的三项制度改革专项评估分析如下。

"双百企业"在健全市场化经营机制方面率先突破。围绕经营管理、科研创新等不同类别的关键核心人才，全面推行市场化机制。通过推行国有企业经理层任期制与契约化管理有效解决国企三项制度改革中的主要矛盾和问题。截至2019年，有203家"双百企业"实现了任期制和契约化管理（或职业经理人制度）的100%全面覆盖，已经实行任期制和契约化管理（或职业经理人制度）的"双百企业"达到"双百企业"总量的87.4%。"双百企业"管理人员退出比例大幅提高，截至2019年，管理人员退出比例达到9.3%，较改革前提升38.4%。到2020年10月，在本级实行经理层任期制和契约化管理或者推行了职业经理人制度的"双百企业"已经接近200家。

"双百企业"全面推进用工市场化和全员绩效考核，且力度不断加大。数据显示，截至2019年，"双百企业"公开招聘比例达到93.3%，近三年仍然保持逐年递增趋势；全员绩效考核覆盖率近三年平均达到97.7%；员工市场化退出率近三年均在10%以上，2019年员工市场化退出率为10.2%①。

"双百企业"在人员能进能出、市场化管理方面的推行力度逐年加大。不仅如此，"双百企业"还率先实现了工资总额增幅与效益的联动，建立了与企业经济效益和劳动生产率挂钩的工资决定和正常增长机制，截至2019年年底，有90.8%的"双百企业"实现了工资总额增幅与经济效益基本匹配，其中，工资总额增幅与经济效益高度匹配的达到236家。有100多户"双百企业"开展了股权、分红权等不同方式的中长期激励。

"双百企业"企业内生活力有效激发，经营效益显著提升。据了解，央企所属和地方"双百企业"全员劳动生产率2019年年底分别达到90.1

---

① 《新华社："双百企业"三项制度改革成效显著》，新浪网，https://finance.sina.com.cn/2020-10-29/doc-iiznezxr8673781.shtml，2020年10月29日。

万元/人和 78.5 万元/人，近三年增长率为 25.4% 和 13.7%。除金融行业外，农林牧渔、房地产、科技服务位于增长率前三位，均超过了 30%，分别达到 473.7%、97.9%、48.0%。人工成本利润率 2019 年年底达到 100.5%，近三年增长率达到 5.0%。[①] 数据显示：2019"双百企业"营业收入、净资产增长率达到 9.3%、11.4%，利润总额正向增长。"双百企业"的改革成绩清晰可见，改革红利已然释放，并呈现逐年递增态势。

随着"三项"制度改革的不断深入，央企的三项制度改革工作更关注改革成效。2020 年国企改革领导小组办公室下发了《开展"双百企业"三项制度改革专项评估有关事项的通知》，提出了"双百企业"的三项制度改革评估指标体系，收集了各"双百企业"三项制度改革数据，拟开展对"双百企业"的三项制度改革评估工作。2020 年 12 月国务院国有企业改革领导小组办公室发布了《关于进一步深化国企改革"双百行动"有关事项的通知》，肯定了国有改革"双百行动"实施两年多来的改革成果，通报表扬了评估结果为 A 级的企业，要求评估结果为 D 级的企业限期整改。同时《通知》还明确将对"双百企业"持续开展专项或综合评估，并建立"双百企业"名单动态调节机制，即根据评估结果和整改情况，适时调整"双百企业"名单。正因如此，就需要健全完善评估指标体系并优化评估方式方法，建立一套"可落地、可量化、可评估、可检查"的改革评估工具，发挥好评估指标指挥棒作用，切实推动三项制度改革落到实处、取得成效。

---

① 《新华社："双百企业"三项制度改革成效显著》，新浪网，https://finance.sina.com.cn/2020-10-29/doc-iiznezxr8673781.shtml，2020 年 10 月 29 日。

第九章

国有企业人事制度改革的成就与展望

第一节 国有企业人事制度改革取得重大进展

我国国有企业的人事管理体制大致可以划分为五个阶段。

第一个阶段 (1978—1987)

始于1978年,中共十一届三中全会确定了改革开放总基调,提出了我国人事制度改革的方向。在国有国营的体制下通过了扩大自主权和利润留成、利改税、承包责任制等多项改革措施,调整国家与企业的分配关系,两权分离,全面推行厂长负责制。随着我国经济体制改革的逐步深入,企业逐渐有了生产经营自主权,摆脱了政府机构附属物的地位,向着自主经营、自负盈亏、自我发展、自我约束的商品生产经营者转变。

第二个阶段 (1987—1992)

1987年召开的党的十三大,确定了经济体制和干部人事制度改革的目标方向,加快了改革的步伐,将包括企业人事制度改革在内的企业改革推进到了一个全面改革的阶段。党的十三大报告明确提出,要实行政企分开,"改革干部人事制度",建立科学的分类管理体制。根据党的十三大提出的人事制度改革方向,按照扩大企业自主经营、自主管理权力的改革原则,进一步下放企业的人事管理权限。七届全国人大一次会议通过《中华人民共和国全民所有制工业企业法》,首次以法律的形式规定企业实行"厂长负责制"。

为贯彻国家法律和中央精神,中央组织部、人事部于1988年和1991

年先后制定了《关于全民所有制工业企业引入竞争机制，改革人事制度的若干意见》《全民所有制企业聘用干部管理暂行规定》。明确提出，要把竞争机制引入企业人事管理，对企业经营者实行公开招聘并实行合同制管理，对聘用干部的待遇、退休、退职和组织管理等问题做出具体规定。由此，国营企业开始了全面的人事制度改革。

第三个阶段（1992—2000）

1992—2000年，我国努力建立与社会主义市场经济体制相适应的人事管理制度。1992年初，邓小平同志视察南方并发表重要谈话，标志着我国改革开放和现代化建设事业进入了一个新的阶段。党的十四大将建立社会主义市场经济体制作为我国经济体制改革的基本目标，明确提出，要建立和完善社会主义市场经济体制；同经济体制改革和经济发展相适应，要加快人事劳动制度改革，逐步建立健全符合机关、企业和事业单位不同特点的科学的分类管理体制和有效的激励机制；在"政企分开""政事分开"的改革原则指导下，国营企业和事业单位人事制度改革在各自领域分别深入推进。1993年中共十四届三中全会明确提出国有企业改革的目标是建立"产权清晰、权责明确、政企分开、管理科学"的现代企业制度，并明确了一系列推进政企分开、转变政府职能的有效措施，着力破除体制机制障碍，建立符合市场经济规律和企业发展规律的经营管理机制。在政企分开、政事分开的改革原则指导下，国有企业人事制度改革深入推进。1994年开始的现代企业制度试点和以后的国有企业改革，都涉及干部人事制度方面的内容，并有力地推动了改革的广泛深入进行。

党的十五届四中全会审议通过的《中共中央关于国有企业改革和发展若干重大问题的决定》提出，"加快社会保障体系建立，是顺利推进国有企业改革的重要条件"。1999年，社会保障制度改革迈出了重大步伐，社会保险、失业保险和城市居民最低生活保障三个条例的相继出台，为整个经济体制改革，尤其是国有企业改革提供了良好的条件。

第四个阶段（2000—2012）

为应对21世纪国际国内形势对干部人事制度的新要求，2000年6月，中共中央办公厅印发了《深化干部人事制度改革纲要》，提出到2010

年深化干部人事制度改革的基本目标，其中之一即重点完善国有企业领导人员管理体制和内部用人机制等人事制度。2002年，党的十六大提出，国家要制定法律法规，建立国家统一所有中央政府和地方政府分别代表国家履行出资人职责，享有所有者权益，权利、义务和责任相统一，管资产和管人、管事相结合的国有资产管理体制。为推进国有企业改革2003年全国人代会决定成立国务院国资委，确立了管资产和管人、管事相结合的国有资产管理体制。2009年12月，中共中央办公厅又印发了《2010—2020年深化干部人事制度改革规划纲要》，进一步提出了党政干部制度改革的重点突破项目和整体推进任务，以及统筹推进国有企业人事制度改革的要求。

第五个阶段（2012年至今）

始于2012年建立与"管资本"为主的国资管理体制相适应的人事管理体制。

党的十八大以来，以习近平同志为核心的党中央高度重视干部队伍建设工作。2013年6月28日，习近平同志在全国组织工作会议上首次提出"好干部"标准，要求坚持正确用人导向，坚持德才兼备、以德为先，努力做到选贤任能、用当其时，知人善任、人尽其才，把好干部及时发现出来、合理使用起来。

中共中央、国务院2015年印发了《关于深化国有企业改革的指导意见》，从改革的总体要求到分类推进国有企业改革、完善现代企业制度和国有资产管理体制、发展混合所有制经济、强化监督防止国有资产流失、加强和改进党对国有企业的领导、为国有企业改革创造良好环境条件等方面，全面提出了新时期国有企业改革的目标任务和重大举措。

2016年开始，国企改革向纵深发展，从"四项试点"到"十项试点"，从单项改革举措到综合性改革。"双百行动"企业、区域性国资国企综合改革、科改示范行动培育具有世界一流竞争性企业，国有企业改革已经由点到面全面铺开，

中共十八届三中全会明确提出："健全协调运转，有效制衡的公司法人治理结构"；"建立职业经理人制度，更好地发挥企业家作用"。国企人事制度改革正是抓住了经理层成员任期制、契约化这个"牛鼻

子"，通过任期制、契约化的刚性约束，打破"铁交椅"，首先实现经理层的"能上能下"，进而推动国有企业"三项制度改革"，实现市场化的选人用人机制。

党的十九大后，国资国企改革力度不断增加，各类试点工作有序推进，《国企改革三年行动方案（2020—2022年)》表明此后3年是国企改革关键阶段，国有企业人事制度改革是将是重中之重的工作。国企改革三年行动实施以来，基本实现董事会应建尽建和外部董事占多数、全面推行经理层成员任期制和契约化管理、积极统筹协调用足用好各类中长期激励政策、持续完善有利于科技创新的人才管理体制机制、推进三项制度改革在各层级子企业落地见效等人事制度改革方面的方针政策和行动举措，有力促进了国有企业在完善法人治理结构、推进混合所有制改革、健全中国特色现代企业制度等深化国企改革的重点领域取得关键性进展，有效激发了国有企业发展活力和内生动力。

第二节 国有企业人事制度改革富有显著成效

一 构建了公司企业法人治理结构和运行机制

1994年《公司法》正式颁布，国有企业改革进入建立现代企业制度时期，企业大多数按照《公司法》的要求进行了公司制改革，普遍依法设立了股东会、董事会、监事会和经理层，构建了公司法人治理结构的基本框架。国有企业的领导体制开始按照公司制企业的治理结构来规范，形成股东（大）会、董事会、经理层、监事会组成的决策机构、辅助决策机构、执行机构和监督机构相互独立、逐级授权、权责分明、各司其职、相互制约的纵向授权模式。

在公司制改制全面完成的同时，基本实现董事会应建尽建、外部董事占多数，各治理主体权责法定、权责透明、协调运转、有效制衡的治理机制正在形成，党的领导与公司治理有机统一，国有企业全面完成"党建入章"，绝大多数企业制定了党委（党组）前置研究讨论重大经营管理事项清单，国资监管体制更趋成熟完善。从法律上进一步厘清了政府与企业的职责边界，企业独立市场主体地位从根本上得到确立。

二 探索了坚持党管干部原则与董事会依法选聘经营管理者相结合的方式

以往大多数国有企业经营管理者采取组织任命制。随着社会主义市场经济体制改革的深入和发展，按照现代企业制度要求，国有企业积极探索建立领导人员管理新体制，开展公开招聘和内部竞争上岗。国资委把市场化选聘国有企业经营管理者作为企业干部人事制度改革的一个突破口，把组织考核推荐和引入市场机制、公开向社会招聘结合起来，把党管干部原则和董事会依法选择经营管理者以及经营管理者依法行使用人权结合起来，2003年国资委进行了公开选聘企业高级经营管理者试点，央企首次面向全球公开招聘高管。2005年，中央企业第三次开展公开招聘，国有企业总经理不再由"行政任命"，标志着国有企业领导体制改革实现"历史性突破"。

在完善企业法人治理结构和坚持"党管干部"原则的同时，坚持把党管干部原则与董事会依法选聘经营管理者结合起来，把"对党忠诚、勇于创新、治企有方、兴企有为、清正廉洁"的20字标准落实到国有企业选人用人全过程。逐步建立健全适合企业特点的领导人员选拔任用、激励监督机制，普遍实行产权代表委任制和公司经理聘任制，取消了企业领导人员行政级别的，规定企业领导人员不再套用国家机关的行政级别，不再享有国家机关干部的行政级别待遇。建立健全了企业领导人员的定期考核制度，并将考核结果与奖惩、薪酬挂钩。国务院国资委制定了中央企业负责人年度、任期考评办法，中央企业负责人薪酬管理办法等多种形式的激励、监督方式，加强对企业经营管理者的业绩考核。建立了国有企业负责人差异化薪酬制度，国有企业负责人薪酬、履职待遇、业务支出管理进一步规范，考核与薪酬挂钩的激励约束机制不断强化，一大批企业开展了市场化选聘经营管理者并探索推行职业经理人制度。

三 与现代企业制度相适应的市场化选人用人机制基本形成

随着社会主义市场经济体制的发展，企业的独立法人地位得到明确，国有企业进一步实行了以合同管理为核心、以岗位管理为基础的多种形式的聘任聘用制并根据新形势、新情况逐步完善竞聘上岗实施细则，突出岗位特点、丰富竞聘形式、加大空缺岗位竞聘力度，同时，拓宽选人视野，敢于打破单位限制、专业限制、地域限制、体制限制，按照企业发展战略和市场取向选人用人，为人才脱颖而出开辟通道。市场化用工制度基本形成，劳动合同实现应签尽签。打破传统的"干部"和"工人"之间的界限，变身份管理为岗位管理。在管理岗位工作的即为管理人员。岗位发生变动后，其收入和其他待遇要按照新的岗位相应调整。面向市场公开招聘企业领导人员和企业内部实行竞争上岗的工作取得切实成效并在实践中逐步实现了竞聘上岗的制度化、程序化、规范化，特别是在大规模推行聘用制度、建立岗位管理制度、完善分配制度、健全人事监督制度、裁减冗员等方面进行了改革，市场化用工制度基本形成，很大程度上激发了自身活力。

深化劳动、人事、分配三项制度改革，实现管理人员能上能下、企业职工能进能出、收入分配能增能减的既是提高企业效率、效益，增强企业活力、竞争力的关键因素，也是充分调动职工积极性，激发创造力的重要途径；既是建立现代企业制度的重要基础性工作，也是全面深化改革的一个重要抓手。新时期三项制度改革的推进策略因时应变，一系列文件和相应的配套制度的陆续出台，为国有企业改革发展了注入新动能，不断深入推进的三项制度改革，取得了的显著成效和宝贵经验。

四 适应国有企业改革的社会保障体系逐步建立

自 20 世纪 90 年代开始，从"破三铁"逐步发展到通过各种方式分流企业富余人员，出现大量下岗职工。为保持社会稳定，国家采取了一系列建立社会保障体系的配套政策。国务院陆续发布了有关建立企业职工基本养老保险制度、失业保险、下岗职工基本生活保障、城市居民最低生活保障等决定、条例和通知。1998 年，国务院相继出台了《基本医疗保险制度改革的决定》《社会保险费征缴暂行条例》《失业保险条例》《城市居民最低生活保障条例》，初步形成了社会保障制度的基本框架。随着国有企业人事制度改革的进一步深入进行，适应国有企业劳动人事制度改革的社会保障体系已经初步建立，并随着改革的进一步深入不断调整、充实完善。

五 企业人事管理制度法律、法规体系逐步健全完善

1994年我国颁布实施了《中华人民共和国劳动法》，为我国国有企业劳动用工制度改革，提供了法律依据。这是一部调整劳动关系的基本法，顺应了当时计划经济向市场经济转轨时期劳动用工制度改革的需要，为全面施行劳动合同制度提供了法律依据也起到了积极的推动作用。按照《劳动法》的规定，企业用工的基本形式就是劳动合同制，职工都是合同制职工。单位和职工的权利义务关系通过劳动合同确定，固定用人制度已变为契约化的用人制度，进一步与市场经济接轨。之后，国家先后出台了《劳动合同法》《就业促进法》《劳动争议调解仲裁法》《职工带薪年休假条例》《集体合同规定》《最低工资规定》等法律法规以及劳动就业、劳动合同、收入分配、养老保险、医疗保险、失业保险等一系列配套法律文件，在规范企业劳动用工、确保经济转型期劳动者权益维护方面，巩固和发展了企业人事制度改革的成果，并在很多方面向劳动者提供了倾斜保护，如无固定期限合同、最低工资标准等规定，维护了劳动者的利益。2015年4月中共中央、国务院印发《关于构建和谐劳动关系的意见》，目的是进一步切实保障劳动者合法权益，构建和谐劳动关系，推动中国特色和谐劳动关系的建设和发展。

第三节　国有企业人事制度改革有待不断深入

党的十八大以来，习近平总书记站在党和国家事业发展全局的战略高度，对国有企业改革发展发表了一系列重要讲话、作出了一系列重要指示批示，强调"国有企业是壮大国家综合实力、保障人民共同利益的重要力量，必须理直气壮做强做优做大""要坚定不移深化国有企业改革"，为推动国有企业改革发展指明了方向。做强做优做大国有企业的根本途径是深化国有企业改革。

企业人事管理制度是经济体制改革和企业管理制度的重要组成部分，是经济改革和企业改革的保证和促进力量，改革开放以来，我国国有企业人事制度改革始终与经济体制和企业改革同频共振、同向发力，取得了显著的成就，但是仍然存在着这样或那样问题，需要我们去正视并在今后的

改革实践中不断完善。

一　加快形成有效制衡的公司治理机制

形成有效制衡的公司法人治理机构是国有企业改革的重中之重。深化改革要更加深入贯彻"两个一以贯之"，充分发挥党组织领导核心和政治核心作用。推动董事会应建尽建，落实董事会职权，进一步理清企业党委、董事会、经营管理层在企业法人治理结构中的责任和职权界限，细分和优化具体权责，健全党组织议事决策机制，将党的领导逐步深入地落实到公司治理具体细则中，将企业党组织逐步引入到公司治理体系内，充分调动和发挥各主体的能力，加快建立各治理主体权责法定、权责透明、协调运转、有效制衡的公司治理机制。

二　全面推进经理层任期制和契约化管理

经理层成员任期制契约化改革是国企改革的一个重要支点。从顶层设计来讲，中央对于建立健全国有企业的市场化经营机制有明确安排，其核心是要使企业成为独立的市场主体，大力推进经理层任期制、实行契约化管理、推行职业经理人制度。按照国企改革整体部署和要求，国有企业要完善法人治理结构，通过任期制、契约化的刚性约束，打破"铁交椅"，实现经理层的能上能下。下一步要加大职业经理人推进的力度，优化支持商业类子企业按照市场化选聘、契约化管理、差异化薪酬、市场化退出原则，加快推行职业经理人制度。积极推动在"双百企业"和"科改示范行动"企业中全面落地实施职业经理人制度。除少数委派制和聘任制的人员之外，绝大多数企业经营管理层成员要采取市场化选聘方式。

三　不断加大有利于科技创新的激励力度

国企是科技创新主力军，迫切需要在核心技术攻关、产业升级上寻求更大突破，加快实现创新驱动发展。2020年4月，正式启动实施"科改示范行动"，支持引导科技企业深化改革、提升自主创新能力，打造一批国有科技型企业的改革样板和创新尖兵。

激励机制是提升企业活力和效率的动力源泉，新一轮深化改革以来，国务院国资委围绕完善薪酬决定机制、分类推进中长期激励、强化关键岗位核心人才激励等重点目标定政策、强推进，顶层设计体系日臻完善。中长期激励机制，包括超额利润分享、股权激励、分红激励等，国企改革灵活开展多种方式的中长期激励已成为健全国有企业市场化经营机制的重要抓手。下一步要"双百企业"和"科改示范行动"企业率先全面强化市场化的薪酬体系，全面推进和经营完全挂钩的股权和期权激励，灵活开展多种方式的中长期激励，充分激发国有企业的科技创新的活力。

四 持续推进国有企业三项制度改革

目前，国有企业三项制度改革已经取得一定成果，企业市场化经营水平不断提升，但仍有一些突出问题亟待解决。国有企业三项制度改革不是彼此孤立的，而是相互联系、相互影响的整体，涉及机构重组、定岗定编、人员的市场化选聘、岗位考核和淘汰、薪酬和工资福利等方方面面，要继续实行公开招聘、竞争上岗、末等调整和不胜任退出等市场化用工制度，实行按业绩贡献决定薪酬的分配机制，必须树立系统思维，通盘考虑改革的各个方面。综合考虑企业功能定位、行业特点、发展阶段和经营状况等因素，分层分类选择标杆，围绕企业劳动生产率等关键指标进行整体对标，找出企业经营管理中存在的突出问题，采取有针对性的改革举措。

第四节 深化国有企业人事制度改革的行动举措

一 总体规划，试点先行

改革开放40多年来，党中央、国务院制定了一系列深化国企改革的方针政策，为国企改革指明了方向。设立中央全面深化改革领导小组，为推进国企改革，2003年决定成立国务院国资委。2015年深化国企改革"1+N"系列文件的出台，有力地提升了国企改革的决策效能。

国有企业人事制度改革同步于国企的改革采取的是试点先行，以点带面的推进方式，即选取有代表性的地区、行业和企业先行先试，在实践中发现问题，解决问题，在总结的基础上，对成功的经验和做法进行推广，这样做法既做到了风险可控，又保证了改革的整体推进。深化国有企业人事制度改革有必要延续上一阶段改革强化顶层设计的良好态势，推动政策体系的系统构建，法律法规的不断完善，改革实践向全面纵深发展。

二 统筹兼顾、协调推进

国有企业人事制度改革作为国有企业体制机制改进和完善的最重要基础工作,是深化改革的重要任务和基本目标,在全面深化国有企业改革新阶段,有必要整体规划,稳妥出台各项政策和措施,将改革的推进速度和推进力度与国有企业改革的各相关方和全社会的承受和接受能力有机地结合起来,正确处理好改革、发展、稳定的关系寻求稳妥推进改革的方法与路径。

国有企业人事制度改革是一个复杂的系统工程,各项改革任务相互之间存在着紧密的联系,改革要抓住重要领域和关键环节,既要坚持统筹兼顾、协调推进,又要把握要点,在总结以往的做法和经验的基础上,结合企业自身实际,坚持以问题为导向,补齐短板、靶向攻关、精准突破,不失时机地推进国有企业人事制度改革的实质性的进程,力争取得决定性成果。

三 不畏艰险、攻坚克难

国企改革不是一蹴而就,而是一个不断探索和循序渐进的过程。由于传统体制的长期影响和历史遗留的诸多问题,国企改革和发展中的一些深层次矛盾和问题尚未从根本上得到解决,有些问题还相当突出和尖锐,增大了改革的压力和难度。国有企业人事制度改革涉及利益的调整和激励机制的重构,难度大,风险高,目前,深化国企改革已从顶层设计延展到施工阶段,改革必定要面对更多、更复杂的问题,要坚定改革的决心和毅力,勇于和敢于啃硬骨头。改革的航程千难万险,需要各方知难而进、同心协力,尽锐出战,攻坚克难,推动各项改革走深走实,落地见效。

四 与时俱进,谋长虑远

习近平总书记指出,"要胸怀两个大局,一个是中华民族伟大复兴的战略全局,一个是世界百年未有之大变局,这是我们谋划工作的基本出发点"。当前,国际形势严峻复杂,受多种内外部复杂因素的影响,国内经济处于爬坡过坎阶段。国有企业运营面临较大压力,深化国企改革特别是人事制度改革依然存在着很多困难和挑战。只有坚持与时俱进，与其他改革措施配套联动，主动适应内外部环境变化，实施更能体现时代性、针对性、系统性的改革策略，才能推动国企人事制度改革不断深入，实现国有企业高质量发展。

国有企业人事制度改革文件名录

1982 年
9 月 29 日,劳动人事部印发《关于吸收录用干部问题的若干规定》。

1984 年
12 月 29 日,中共中央批转中组部、中宣部《关于加强干部培训工作的报告》。

1985 年
7 月 9 日,中央办公厅、国务院办公厅发出《关于党政机关干部不兼任任何经济实体职务的补充通知》。

1986 年
1 月 28 日,中共中央发出《关于严格按照党的原则选拔任用干部的通知》。
7 月 12 日,国务院发布《国营企业实行劳动合同制暂行规定》《国营企业招用工人暂行规定》《国营企业辞退违纪职工暂行规定》《国营企业职工待业保险暂行规定》。
9 月 15 日,中共中央、国务院颁发《全民所有制工业企业厂长工作条例》,同时还颁布了《中国共产党全民所有制工业企业基层组织工作条例》《全民所有制工业企业职工代表大会条例》。
11 月 28 日,中央办公厅转发中组部《关于领导班子年轻化几个问题的通知》。

1988 年

11 月 4 日，国务院发布《关于干部管理有关问题的通知》。

1991 年

7 月 25 日，国务院发布实施《全民所有制企业招用农民合同制工人的规定》。

6 月 26 日，国务院作出《关于企业职工养老保险制度改革的决定》。

1997 年

7 月 16 日，国务院作出《关于建立统一的企业职工基本养老保险制度的决定》。

2000 年

劳动和社会保障部发布《进一步深化企业内部分配制度改革的指导意见》。

2001 年

3 月 13 日，原国家经贸委、原人事部、原劳动部联合发布《关于深化国有企业内部人事、劳动、分配制度改革的意见》。

2002 年

11 月，国家经贸委、财政部等八部委联合颁发了《关于国有大中型企业主辅分离、辅业改制、分流安置富余人员的实施办法》。

2004 年

中央纪委、中央组织部、监察部、国务院国资委联合发布的《国有企业领导人员廉洁从业若干规定（试行）》。

6 月，国资委发布《关于中央企业建立和完善国有独资公司董事会试点工作的通知》。

2007 年

1月1日，国资委颁布的《中央企业负责人经营业绩考核暂行办法》开始施行。

2008 年

1月，国资委发布《关于中央企业履行社会责任的指导意见》。

2009 年

7月1日，中央纪委、中央组织部、监察部、国务院国资委联合发布《国有企业领导人员廉洁从业若干规定》。

9月16日，人力资源社会保障部会同中央组织部、监察部、财政部、审计署、国资委等单位联合下发了《关于进一步规范中央企业负责人薪酬管理的指导意见》。

10月16日，国资委发布《关于进一步加强中央企业全员业绩考核工作的指导意见》。

12月3日，中央办公厅印发《2010—2020年深化干部人事制度改革规划纲要》。

12月，国资委发布《国有企业干部管理办法》。同时，中共中央办公厅、国务院印发了《中央企业领导人员管理暂行规定》《中央企业领导班子和领导人员综合考核评价办法（试行）》《国有企业领导人员廉洁从业若干规定》。

12月28日，国资委发布《中央企业负责人经营业绩考核暂行办法》。

2010 年

5月18日，国资委印发《关于中央企业建设"四个一流"职工队伍的实施意见》。

7月16日，中办、国办印发《关于进一步推进国有企业贯彻落实"三重一大"决策制度的意见》。

10月11日，国资委印发《关于在部分中央企业开展分红权激励试点工作的通知》。

2012 年

1 月 17 日，国资委印发《关于进一步加强中央企业负责人绩考核工作的指导意见》。

12 月 29 日，国资委发布《中央企业负责人经营业绩考核暂行办法》，自 2013 年 1 月 1 日起施行。

2013 年

2 月 3 日，国务院批转发展改革委等部门出台《关于深化收入分配制度改革若干意见的通知》。

9 月 28 日，中共中央印发《2013—2017 年全国干部教育培训规划》。

10 月 30 日，中组部印发《关于进一步规范党政领导干部在企业兼职（任职）问题的意见》。

2014 年

1 月 26 日，中组部印发《关于加强干部选拔任用工作监督的意见》。

6 月，证监会发布《关于上市公司实施员工持股计划试点的指导意见》。

7 月 27 日，中央纪委机关、中央组织部、中央编办、监察部、人力资源和社会保障部、审计署、国务院国资委联合印发《党政主要领导干部和国有企业领导人员经济责任审计规定实施细则》。

8 月 29 日，中央政治局会议审议通过《中央管理企业负责人薪酬制度改革方案》《关于合理确定并严格规范中央企业负责人履职待遇、业务支出的意见》。

2015 年

7 月 5 日，中央深改小组第十三次会议审议通过了《关于在深化国有企业改革中坚持党的领导加强党的建设的若干意见》。

7 月 28 日，中共中央办公厅印发《推进领导干部能上能下若干规定（试行）》，着力完善从严管理干部队伍制度体系。

8 月 13 日，中共中央印发《中国共产党巡视工作条例》，强调加强党组织领导班子和干部队伍建设。

8月24日，中共中央、国务院印发《关于深化国有企业改革的指导意见》。

9月20日，中央办公厅印发《关于在深化国有企业改革中坚持党的领导加强党的建设的若干意见》。

9月24日，国务院正式发布了《关于国有企业发展混合所有制经济的意见》。

10月18日，中共中央印发《干部教育培训工作条例》。

12月8日，国务院国有资产监督管理委员会印发了《关于全面推进法治央企建设的意见》。

2016年

2月26日，财政部、科技部、国资委联合印发了《国有科技型企业股权和分红激励暂行办法》，自2016年3月1日起在全国范围内实施。

3月22日，中共中央印发《关于深化人才发展体制机制改革的意见》。

6月24日，《关于进一步深化中央企业劳动用工和收入分配制度改革的指导意见》。

8月19日，《关于国有控股混合所有制企业开展员工持股试点的意见》。

8月29日，中央办公厅印发《关于防止干部"带病提拔"的意见》，完善干部选拔任用工作机制，把好选人用人关。

11月22日，国资委发布了《关于做好中央科技型企业股权和分红激励工作的通知》。

12月15日，国资委发布《中央企业负责人经营业绩考核办法》。

12月30日，中央全面深化改革领导小组通过了《关于开展落实中央企业董事会职权试点工作的意见》。

2017年

1月7日，国务院国资委发布了《中央企业投资监督管理办法》（国资委令第34号）和《中央企业境外投资监督管理办法》（国资委令第35

号）。

1月8日，中央办公厅、国务院办公厅印发《关于深化职称制度改革的意见》，就深化职称制度改革提出意见。

2月27日，中央纪委驻国资委纪检组印发了《关于中央企业构建"不能腐"体制机制的指导意见》。

4月24日，国务院办公厅发布《关于进一步完善国有企业法人治理结构的指导意见》。

9月8日，中共中央、国务院印发《关于营造企业家健康成长环境弘扬优秀企业家精神更好发挥企业家作用的意见》。

12月21日，中央纪委驻国资委纪检组印发《关于加强中央企业境外廉洁风险防控的指导意见》。

2018年

2月26日，中央办公厅、国务院办公厅发布《关于分类推进人才评价机制改革的指导意见》，分类推进人才评价机制改革。

4月10日，中共中央办公厅、国务院办公厅印发《关于提高技术工待遇的意见》。

5月11日，中共中央总书记、国家主席、中央军委主席、中央全面深化改革委员会主任习近平主持召开中央全面深化改革委员会第二次会议，审议通过了《中央企业领导人员管理规定》。

5月13日，《国务院关于改革国有企业工资决定机制的意见》发布。

9月，中共中央办公厅、国务院办公厅印发了于5月11日中央全面深化改革委员会第二次会议审议通过的《中央企业领导人员管理规定》。

2019年

1月，国务院国资委印发《中央企业工资总额管理办法》（国资委令第39号）。

3月，国务院国资委发布了《中央企业负责人经营业绩考核办法》。

11月11日，国资委发布了《关于进一步做好中央企业控股上市公司股权激励工作有关事项的通知》。

2020 年

2月11日，国务院国有企业改革领导小组办公室印发了《"双百企业"推行经理层成员任期制和契约化管理操作指引》《"双百企业"推行职业经理人制度操作指引》。

6月30日，中央全面深化改革委员会第十四次会议审议通过了《国企改革三年行动方案（2020—2022年）》。

12月30日，中央深改委通过了《关于中央企业党的领导融入公司治理的若干意见（试行）》。

2021 年

5月，中共中央办公厅印发了《关于中央企业在完善公司治理中加强党的领导的意见》。

6月，国务院国资委印发《中央企业深化劳动、人事、分配三项制度改革评估办法（试行）》（国资发考分规〔2021〕63号）。

7月，国务院国资委印发了《关于系统推进中央企业科技创新激励保障机制建设的意见》。

9月，国务院国资委印发了《中央企业董事会工作规则（试行）》，对进一步加强董事会建设提出要求、做出规定。

《关于加大力度推行经理层成员任期制和契约化管理有关事项的通知》。

大事记

1978 年

12月18—22日，党的十一届三中全会召开。确定党和国家工作重心转移到经济建设上来，实行改革开放的历史性决策。会议公报中还提到，要认真解决党政企不分、以党代政、以政代企的现象，要让企业有更多的经营管理自主权。

1979 年

5月，国家经委、财政部等6部委联合发文，选择首钢等京津沪8家大型国营企业进行扩大经营管理自主权试点。

6月28日，国务院科级干部局发出《关于授予从事科学技术管理工作的科技干部的技术职称的意见》。该《意见》指出，从事科技科学技术管理工作的科技干部是科学技术干部的一部分，应归属于工程技术、农林技术、教学、科研、卫生等系列，根据有关标准授予技术职称。

7月，国务院先后颁布了《关于扩大国营工业企业经营管理自主权的若干规定》《关于国营企业实行利润留成的规定》等5个文件。明确了企业作为相对独立的商品生产者和经营者应具有的责权利，并在全国选取1500多家企业进行了试点，同年底，试点企业扩大至4200家，1980年又增加至6600家。标志着以扩大企业自主权为主的国营企业改革的开始。

12月7日，国务院科级干部局颁发《关于做好科级干部技术职称的评定工作的通知》。《通知》指出，对在职的科级干部评定技术职称，必须严格按照晋升条件进行考核，评定技术职称主要以工作成就、技术水平、业务能力为依据，适当考虑学历和从事技术工作的资历。

1980 年

1月22日，国务院批转国家经委、财政部关于《国营工业企业利润留成试行办法》。

9月2日，国务院批转国家经委《关于扩大企业自主权试点工作情况和今后意见的报告》，要求从1981年起把扩大企业自主权的工作在国营工业企业中全面推开。

1981 年

4月，国务院召开的全国工业交通工作会议，明确提出了在国营工业中建立和实行经济责任制的要求。

11月11日，国务院批转了国家经委、国务院体制改革办公室等部门《关于实行工业企业经济责任制若干问题的暂行规定》，在全国推广工业经济责任制。到1981年年底，实行这种经济责任制形式的企业达到了4.2万家。

1982 年

1月，中共中央、国务院关于颁发《国营工厂厂长工作暂行条例》。提出企业管理的根本原则是党委集体领导，职工民主管理，厂长行政指挥。

5月4日，国家经济体制改革委员会正式成立。

5月6日，中国船舶工业总公司在北京成立，这是我国第一个打破地区和部门界限、按行业实行联合和改组的专业公司。总公司实行董事会领导下的总经理负责制。

9月29日，劳动人事部印发《关于吸收录用干部问题的若干规定》。规定指出，在编制定员内补充干部，应先由人事部门或主管机关在本地区、本部门现有干部和国家统一分配的军队转业干部中调配，或从大中专毕业生中调配解决；解决不了的，可以从工人中吸收和从社会中录用，也可以从社会上招聘。

1983 年

1月1日，在 1979 年开始的部分国营企业"利改税"试点基础上，国营企业启动第一步利改税，采用"利税并存"方式。

4月24日，国务院批转了财政部《关于全国利改税工作会议的报告》和《关于国营企业利改税试行办法》，自 6 月 1 日起开始实施。

6月11日，劳动人事部和国家经济委员会下发《关于企业职工要求"停薪留职"问题的通知》。认为企业的固定职工要求"停薪留职"去从事政策上允许的个体经营，对于发挥富余职工的积极性，克服企业人浮于事的现象，有一定好处。规定，凡是企业不需要的富余职工，可以允许"停薪留职"。"停薪留职"的时间一般不超过 2 年。

10月，实行第二步利改税，即全面的税利改革。其中设置了"调节税"。

1984 年

3月24日，福建 55 位厂长的呼吁书《请给我们"松绑"》在《福建日报》全文刊发，发出国企改革的第一声呐喊。

5月10日，国务院发布《关于进一步扩大国营工业企业自主权的暂行规定》。在生产经营计划、机构设置、人事劳动管理、工资奖金使用等 10 个方面都作出新的规定，放宽了对企业的约束。

5月18日，中共中央、国务院发布《国营工业企业法（草案）试行》。决定改革国营工业企业领导体制，实行生产经营和行政管理工作厂长（经理）负责制，并对厂长、企业党组织和工会的职责、权限作出明确规定。

9月18日，国务院批转财政部《关于在国有企业推行利改税第二步改革的报告》，并颁布《国有企业第二步利改税试行办法》，从 10 月 1 日起实行。10月，国营企业实行第二步利改税，即全面地以税代利改革。其中设置了"调节税"。

10月20日，党的十二届三中全会在京召开。会议通过了《中共中央关于经济体制改革的决定》。提出了社会主义市场经济是以公有制为基础的、有计划的商品经济的论述。会议指出，经济体制改革的中心环节是国企改革，要搞活大中型国有企业。并进一步明确了企业是自主经营、自负盈亏和自我发展的独立经济实体，企业的所有权和经营权可以适当分开。提出要探索所有权与经营权适当分离条件下，搞好国有企业的多种经营方式，明确实行所有权和经营权适当分离的"厂长（经理）负责制"。

1985 年

1月5日，国务院发布《关于国营工业企业工资改革问题的通知》，对国营工业企业工资改革作出了具体、明确的规定。

7月9日，中央办公厅、国务院办公厅发出《关于党政机关干部不兼任任何经济实体职务的补充通知》，规定所有在职和退居二线的党政机关干部，一律不兼任全民所有制各类公司、企业等实体经济的职务。

1986 年

1986年1月4—8日，全国职称改革工作会议在北京举行，中央决定从今年起改革职称评定制度，逐步实行专业技术职务聘任制。

2月28日，国务院发布《关于实行专业技术职务聘任制度的规定》。该《规定》指出，专业技术职务是根据实际工作需要设置的，有明确职责、任职条件和任期，并需要具备专门的业务知识和技术水平才能胜任的工作岗位，不同于一次性获得后而终身拥有的学位、学衔等各种学术、技术称号。文件还详细规定了以下各方面的问题：专业技术职务的设置、任职条件、各级专业技术职务的结构比例及工资额的确定，专业技术职务评审委员会、聘任和任命形式，以及行政人员与专业技术人员相互兼任职务的问题，待聘人员的安排和待遇、离休、退休等问题。

7月12日，国务院发布《国营企业实行劳动合同制暂行规定》《国营企业招用工人暂行规定》《国营企业辞退违纪职工暂行规定》《国营企业职工待业保险暂行规定》。这是中华人民共和国成立以来劳动制度的一次重大改革。

7月，国务院颁布《关于加强工业企业管理若干问题的决定》，要求要有领导、有步骤地完成全民所有制工业企业领导体制的改革。

9月15日，中共中央、国务院颁发《全民所有制工业企业厂长工作条例》，决定在企业中普遍推行厂长负责制，开始对国有企业领导体制进行全面改革，国有企业的领导体制从此进入厂长（经理）负责制时期。同时还颁布了《中国共产党全民所有制工业企业基层组织工作条例》和《全民所有制工业企业职工代表大会条例》。明确了厂长在企业中处于中心地位，对企业负有全面责任；企业党组织要搞好保证监督；通过职工代表大会实行民主管理等重要原则。

11月28日，中央办公厅转发中组部《关于领导班子年轻化几个问题的通知》。通知指出，领导班子年轻化应以革命化为前提，符合知识化、专业化的要求。

12月5日，国务院颁发《关于深化企业改革增强企业活力的若干规定》。该《规定》指出，全民所有制小型企业可积极试行租赁、承包经营，有些小型商业、服务业，可以拍卖或折股出售等；全民所有制大中型企业要推行多种形式的经营责任制，给经营者以充分的经营自主权。各地可以选择少数有条件的全民所有制大中型企业进行股份制试点。

12月19日，邓小平在《企业改革和金融改革》的讲话中提到，"企业改革，主要是解决搞活国营大中型企业的问题"，"用多种形式把所有权和经营权分开，以调动企业积极性，这是改革的一个很重要的方面"，"许多经营形式，都属于发展社会生产力的手段、方法，既可为资本主义所用，也可为社会主义所用，谁用得好，就为谁服务"。

1987年

3月，全国人大六届六次会议的《政治工作报告》提出，国有大中型企业在所有权和经营权适当分离的原则下，实行承包经营责任制。

8月，全面推行全民所有制企业厂长（经理）负责制。25日，石家庄造纸厂厂长马胜利成为改革典型，被称为"企业承包第一人"。

10月25日至11月1日，党的十三大在北京召开。党的十三大报告指出，"进行干部人事制度的改革，就是要对'国家干部'进行合理分解，改变集中统一管理的现状，建立科学的分类管理体制；改变用党政干部的单一模式管理所有人员的现状，形成各具特色的人事管理制度"。大会通过的报告《沿着有中国特色的社会主义道路前进》阐述了社会主义初级阶段理论，提出了党在社会主义初级阶段的基本路线，制定了到21世纪中叶分三步走、实现现代化的发展战略。这一年中，全国国有大中型企业普遍实行了承包制，党的十三大报告肯定了股份制是企业财产的一种组织形式。

1988 年

2 月 27 日，国务院发布《全民所有制工业企业承包经营责任制暂行条例》更加明确了企业承包制在国营企业改革中的地位，提出承包经营责任制是坚持企业的社会主义全民所有制的基础上，按照所有权与经营权分离的原则，以承包经营合同形式，确定国家与企业的责权利关系，使企业做到自主经营、自负盈亏。规定了"包死基数，确保上交，超收多留，欠收自补"的承包原则。

4 月 13 日，《中华人民共和国全民所有制工业企业法》由第七届全国人民代表大会第一次会议修订通过，自 1988 年 8 月 1 日起施行。确立了国营企业是独立的法人主体，而不是政府附属物的法律地位，使国营企业成为自负盈亏的责任主体。

5 月 18 日，国务院第五次常务会议通过《全民所有制小型工业企业租赁经营暂行条例》，自 1988 年 7 月 1 日起施行。

9 月，国务院直属的国有资产管理局成立，这是由第七届全国人民代表大会第一次会议批准设立，专职从事国有资产管理的政府职能机构，行使国有资产所有者的代表权、监督管理权、投资和收益权、处置权。1994 年国务院机构改革，调整为财政部属局；1998 年国务院机构改革被撤销；2003 年设立国务院所属的国有资产监督管理委员会。

1989 年

1989 年，国营企业普遍遭遇"三角债"困扰。

1991 年

5 月，国务院发出《关于进一步增强国营大中型企业活力的通知》。通知提出，国有大中型企业是我国现代化建设的支柱和骨干力量，是国家财政收入的主要来源，增强国营大中型企业的活力，直接关系到我国经济的发展和社会主义制度的巩固。1991 年山东诸城市探索国企产权实验，通过股份制、股份合同制等形式将国营或集体企业出售给个人。

6月26日，国务院作出《关于企业职工养老保险制度改革的决定》。

7月25日，国务院发布实施《全民所有制企业招用农民合同制工人的规定》。

1992年

1月18日至2月21日，邓小平到南方考察武昌、深圳、珠海、上海等地，发表了重要讲话。讲话强调，改革开放的胆子要大一些。姓"资"还是姓"社"的问题判断的标准，应该主要看是否有利于发展社会主义社会的生产力，是否有利于增强社会主义国家的综合国力，是否有利于提高人民的生活水平。要抓住时机，发展自己，发展才是硬道理。特别强调，计划多一点还是市场多一点，不是社会主义与资本主义的本质区别。社会主义的本质，是解放生产力，发展生产力，消灭剥削，消除两极分化，最终达到共同富裕。

1月25日，劳动部、国务院生产办公室、国家体改委、人事部、全国总工会联合发出《关于深化企业劳动人事、工资分配、社会保险制度改革的意见》。

2月25日发布《原劳动部关于扩大试行全员劳动合同制的通知》，着手推行全员劳动合同制工作，明确扩大全员劳动合同制的地区、企业范围、社会保险待遇等内容，要求国营企业试行全员劳动合同制，包括企业干部、固定工人、劳动合同制个人和其他工人。明确劳动合同适用范围扩大到国家劳动工资计划指标内招用常年性工作岗位上的工人。

5月15日，国家体改委等五部门印发了国务院颁布了《股份制企业试点办法》《股份有限公司规范意见》《有限责任公司规范意见》《股份制试点企业财务管理若干问题的暂行规定》等11个法规。其中，《股份制企业试点办法》是中华人民共和国成立以来第一个关于股份制试点的全国性文件。

7月23日，国务院发布了《全民所有制工业企业转换经营机制条例》。《条例》指出，企业转换经营机制的目标是使企业适应市场的要求，成为依法自主经营、自负盈亏、自我发展、自我约束的商品生产和经营单位，成为独立享有民事权利和承担民事义务的企业法人。该《条例》赋予企业劳动用工权、人事管理权、工资与奖金分配权等14项经营自主权,将实行劳动合同制列为转换国营企业经营机制的重要内容。

10月12—18日,党的十四大召开。确定我国经济体制改革的目标是建立社会主义市场经济体制。强调要加快人事劳动制度改革,逐步建立符合机关、事业、企业不同特点的科学的分类管理体制和有效的激励机制。

1992年,实施了"劳动人事、工资分配、社会保险"三项制度改革,标志"破三铁"的改革全面启动。

1993年

3月29日,八届全国人大一次会议通过《宪法修正案》,将《宪法》中涉及的"国营经济""国营企业",全部修改为"国有经济""国有企业"。

1993年7月9日,劳动部、财政部、国家计委、国家体改委、国家经贸委联合发布关于发布《国有企业工资总额同经济效益挂钩规定》的通知。

11月11—14日,党的十四届三中全会举行。会议通过了《中共中央关于建立社会主义市场经济体制若干问题的决定》,明确指出我国国有企业的改革方向是建立"适应市场经济和社会化大生产要求的、产权清晰、权责明确、政企分开和管理科学"的现代企业制度,要求通过建立现代企业制度,使企业成为自主经营、自负盈亏、自我发展、自我约束的法人实体和市场竞争主体。

12月29日,第八届全国人民代表大会常务委员会第五次会议通过《中华人民共和国公司法》。这是我国首部为规范公司的组织和行为,保护公司、股东和债权人合法权益,维护社会经济秩序,促进社会主义市场经济发展而制定的法律。

1994年

1994年7月1日,《公司法》正式施行。

2月8日,劳动部、人事部颁发《〈国务院关于职工工作时间的规定〉的实施办法》。规定中国境内的国家机关、社会团体、企业事业单位以及其他组织的职工从1994年3月1日起,实行每日8小时、平均每周工作44小时的工时制度。

7月5日，第八届全国人民代表大会常务委员会第八次会议通过《中华人民共和国劳动法》。

7月24日，国务院发布《国有企业财产监督管理条例》。规定企业财产属于全民所有，即国家所有。国务院代表国家统一行使对企业财产的所有权。在国务院统一领导下，国有资产实现分级行政管理。国务院授权有关部门或有关机构对指定的或者其所属的企业财产的经营管理实施监督。

10月25日，国务院发出《关于在若干城市试行国有企业破产有关问题的通知》。

11月2—4日，国务院召开全国建立现代企业制度试点工作会议，确定在企业开展以"产权清晰、权责明确、政企分开、管理科学"为特征的现代企业制度试点工作。

11月3日，国家国有资产管理局、国家经济体制改革委员会关于印发《股份有限公司国有股权管理暂行办法》的通知。

1994年，国家经贸委、体改委会同有关部门，选择100家不同类的国有大中型企业，进行建立现代企业制度的试点。各省（自治区、直辖市）也在各自范围内共选择2343家地方企业进行试点。

1995年

1月1日，《中华人民共和国劳动法》施行。

1月3日，国务院办公厅印发《关于加强职称改革统一管理的通知》。强调职称改革工作必须集中统一领导，加强统一管理，遇到重要问题及时会商人事部，不得自行其是。

9月25—28日，中共十四届五中全会召开，明确指出："要着眼于搞好整个国有经济，通过存量资产的流动和重组，对国有企业实施战略性改组。这种改组要以市场和产业政策为导向，搞好大的，放活小的，把优化国有资产分布结构、企业结构同优化投资结构有机结合起来，择优扶强、优胜劣汰。"同时通过《关于制定国民经济和社会发展"九五"计划和2010年远景目标的建议》。它提出，实行经济体制从传统的计划经济体制向社会主义市场经济体制转变，经济增长方式从粗放型向集约型转变这两个具有全局意义的根本性转变。

1996 年

3月17日，八届全国人大四次会议批准《中华人民共和国国民经济和社会发展"九五"计划和2010年远景目标纲要》。

4月16—18日，中组部、人事部在苏州联合召开全国企业人事制度改革研讨会。深入研究推进企业人事制度改革的基本思路和重要任务，要求加快企业人事制度改革步伐，促进现代企业制度建立。

7月25日，国家经贸委发布《关于试行国有企业兼并破产中若干问题的通知》。

1996年，国家经贸委宣布"抓大放小"的国有企业改革思路。

1996年，中央大型企业工委与中央国家机关党工委纪委中负责监督管理中央企业的有关部门合并，成立中央企业工委，负责中央企业党政领导人员的管理工作。

1997 年

3月，国务院发布了《关于在若干城市试行兼并破产和职工再就业有关问题的补充通知》。

6月，国家体改委发布了《关于发展股份合作制企业的指导意见》，鼓励劳动合作和资本合作有机结合。这是迄今国家唯一的关于股份合作制企业改革发展的文件。

7月16日，国务院作出《关于建立统一的企业职工基本养老保险制度的决定》。

9月12—18日，党的十五大召开。明确指出，国有经济起主导作用，主要体现在控制力上。要从战略上调整国有经济布局，对关系国民经济命脉的重要行业和关键领域，国有经济必须占支配地位；在其他领域，可以通过资产重组和结构调整，以加强重点，提高国有资产的整体质量。

9月16日，国务院出台《国务院关于建立统一的企业职工基本养老保险制度的决定》。

9月19日，中共十五届一中全会部署实施国企"三年脱困"的改革攻坚战，国家除了要求在国企领域本身进行改革外，还出台了多项配套措施来剥离国企的负担。

1998 年

6月9日，中共中央、国务院发出《关于切实做好国有企业下岗职工基本生活保障和再就业工作的通知》。

7月9日，经中央批准，中央大型企业工作委员会成立，并召开在京大型企业领导人参加的工委工作会议。中共中央政治局委员、国务院副总理吴邦国担任中央大型企业工委书记。

12月15日，国务委员、国务院秘书长王忠禹在全国人事厅局长会议的讲话中强调，人事工作要从大局出发，紧紧围绕经济建设，突出重点，加强国有企业领导班子和稽察特派员队伍建设。

1998年，国企改革转入国有经济布局调整加速阶段。

1999 年

8月10日，国家经贸委发布《国有大中型企业建立现代企业制度和加强管理的基本规范（试行）》。

8月12日，江泽民在东北和华北地区国有企业改革和发展座谈会上作了重要讲话，主要分三个部分：坚定不移地推进国有企业改革和发展；进一步加快国有企业改革和发展的步伐；加强党对国有企业改革和发展工作的领导。

9月19—22日，党的十五届四中全会通过的《中共中央关于国有企业改革和发展若干重大问题的决定》，强调从战略上调整国民经济布局，坚持有进有退，有所为有所不为，提高国民经济的控制力，国有经济要在关系国民经济命脉的重要行业和关键领域占支配地位；并提出"要建立高素质的经营管理者队伍"。

10月31日至11月27日，中组部、人事部、国家经贸委联合举办国有企业领导人员培训班。

2000 年

2000年11月6日，劳动和社会保障部发布了《进一步深化企业内部分配制度改革的指导意见》，提出建立健全企业内部工资收入分配激励机制；积极稳妥开展按生产要素分配的试点工作；加强基础管理，建立健全企业内部工资收入分配约束机制。

2000年6月23日,中央办公厅印发了《深化干部人事制度改革纲要》,提出了深化国有企业人事制度改革的重点和基本要求。《纲要》提出,完善国有企业内部用人机制。深化国有企业内部人事制度改革,落实企业用人自主权。完善劳动合同制度。全面推行管理人员和专业技术人员聘任制。改革分配制度,按实绩和贡献多劳多得,易岗易薪。加强教育培训,全面提高员工素质。研究制定具体办法,吸引各类优秀人才到国有企业工作。

8月21日,《人民日报》刊登《2001—2010年深化干部人事制度改革纲要》,要求不断推进和深化干部人事制度改革。

2000年,中国电信、中国联通、中国石油等央企先后在纽约或香港上市。

2001年

3月13日,原国家经贸委、原人事部、原劳动部联合发布《关于深化国有企业内部人事、劳动、分配制度改革的意见》。《意见》指出:深化企业三项制度改革是当前国有企业改革和发展的紧迫任务,要建立管理人员竞聘上岗、能上能下的人事制度;建立职工择优录用、能进能出的用工制度;建立收入能增能减、有效激励的分配制度等。

12月11日,中国正式成为世界贸易组织(WTO)第143个成员国。

2002年

2002年5月,中共中央办公厅、国务院办公厅发出《关于印发〈2002—2005全国人才队伍建设规划纲要〉的通知》。该《通知》明确提出,《纲要》是我国第一个综合性的人才队伍建设规划,是今后几年全国人才工作的指导性文件。加强人才队伍建设,对于做好我国加入世贸组织后的各项应对工作,实现"十五"计划确定的宏伟目标,把建设有中国特色的社会主义事业不断推向前进,具有十分重要的意义。明确提出,"要着力建设企业经营管理人才队伍"。

8月4日,财政部、国家经贸委、中央企业工委、劳动保障部、国家计委联合印发《企业效绩评价操作细则(修订)》。

11月8—14日，党的十六大召开。党的十六大报告提出继续调整国有经济的布局和结构，改革国有资产管理体制，是深化经济体制改革的重大任务。明确"关系国民经济命脉和国家安全的大型国有企业、基础设施和重要自然资源等，由中央政府代表国家履行出资人职责"。要求国家要制定法律法规，建立中央政府和地方政府分别代表国家履行出资人职责，享有所有者权益、权利、义务和责任相统一，管资产和管人、管事相结合的国有资产管理体制。报告中提出了深化国有体制改革的重大任务，明确要求中央和省（直辖市、自治区），两级政府设立国有资产管理机构，成立专门的国有资产管理机构。

11月16日，国家经济贸易委员会、财政部、劳动和社会保障部、国土资源部、中国人民银行、国家税务总局、国家工商行政管理总局和中华全国总工会八部委联合出台《关于国有大中型企业主辅分离辅业改制分流安置富余人员的实施办法》。该《办法》的总体思路是：坚持党的十五届四中全会确定的国有企业改革方向，鼓励有条件的国有大中型企业在进行结构调整、重组改制和主辅分离中，利用非主业资产、闲置资产和关闭破产企业的有效资产，改制创办面向市场、独立核算、自负盈亏的法人经济实体，多渠道分流安置企业富余人员和关闭破产企业职工，减轻社会就业压力。

2003年

2003年，央企首次面向全球公开招聘高管。

3月10日，第十届全国人民代表大会第一次会议通过了国务院机构改革方案。改革方案的第一条就是深化国有资产管理体制改革，设立国务院国有资产监督管理委员会（简称国资委）。之后各地方国有资产监督管理委员会相继成立。

5月13日，国务院颁布实施《企业国有资产监督管理暂行条例》。从法律上明确了国资委的职责、权利和义务。

10月14日，党的第十六届三中全会通过《中共中央关于完善社会主义市场经济体制若干问题的决定》。该《决定》指出，要"建立健全现代产权制度，产权是所有制的核心和主要内容，包括物权、债权和知识产权等各类财产权。建立归属清晰、权责明确、保护严格、流转顺畅的现代产权制度，有利于维护公有财产权，巩固公有制的主体地位；有利于保护私有财产权，促进非公有制经济发展，有利于各类资本的流动和重组，推动混合所有制经济发展；有利于增强企业和公众创业创新的动力，形成良好的信用基础和市场秩序"。

12月26日，中共中央、国务院发布《关于进一步加强人才工作的决定》。就进一步加强人才工作作出如下决定：以能力建设为核心，大力加强人才培养工作；坚持改革创新，努力形成科学的人才评价和使用机制；建立和完善人才市场体系，促进人才合理流动；以鼓励劳动和创造为根本目的，加强对人才的有效激励和保障；突出重点，切实加强高层次人才队伍建设；推进人才资源整体开发，实现人才工作协调发展；坚持党管人才原则，努力开创人才工作新局面。

12月26日，中共中央、国务院发布《关于进一步加强人才工作的决定》，12月31日，劳动和社会保障部发布《关于贯彻落实中共中央、国务院发布〈关于进一步加强人才工作的决定〉、做好高技能人才培养和人才保障工作的意见》。《意见》指出，深入学习领会《决定》精神，抓紧研究制定贯彻落实的工作措施，加快高技能人才培养，实施"三年五十万"的新技师培养计划。组织开展技能竞赛等多种形式活动，完善高技能人才选拔机制。改进技能人才评价方式，完善国家职业资格证书制度，建立高技能人才开发交流机制，促进其发挥更大作用。提高高技能人才的待遇水平，引导更多技能劳动者岗位成才。加大对高技能人才表彰奖励力度，提高他们的社会地位。建立健全人才保障机制，为各类人才创造良好的社会环境。

2004年

2月6日，劳动和社会保障部启动"三年五十万新技师培养计划"，在制造业、服装业等技能含量较高的行业中，加快培养一批高技能型人才，带动高、中、初级技能人才的梯次发展。全面推进高技能人才培养工作。4月30日劳动和社会保障部发出《关于健全技能人才评价体系推动职业技能鉴定工作和职业资格证书制度建设的意见》。

10月17日始，国资委选择宝钢等7家国有独资的中央企业进行董事会试点工作。

2005 年

10月8—11日，中共十六届五中全会举行。大会通过《关于制定国民经济和社会发展第十一个五年规划的建议》。大会通过的《关于"十一五规划"指导意见》强调，要实施人才强国战略，把培养高素质人才放在更加突出的战略地位，努力建设人力资本强国，促进人口大国向人力资本强国转变。建设高素质的党政人才队伍、企业家人才队伍和专业技术人才队伍，加强高技能人才和农村实用人才队伍建设。

12月3日，国务院作出《关于完善企业职工基本养老保险制度的决定》。

2006 年

3月3日全国政协十届四次会议召开。3月5日，十届全国人大四次会议召开，会议通过了《国民经济和社会发展第十一个五年规划纲要》，提出实施科教兴国战略和人才强国战略，努力建设创新型国家和人力资本强国。深化干部人事制度改革，健全以品德、能力和业绩为重点的人才评价、选拔任用和激励保障机制。

4月18日，中共中央办公厅颁布《关于进一步加强高技能人才工作的意见》。《意见》规定，加快推进人才强国战略，切实把加强高技能人才工作作为推动经济社会发展的一项重大任务来抓；完善高技能人才培养体系，大力加强高技能人才培养工作；以能力和业绩为导向，建立和完善高技能人才考核评价、竞赛选拔和技术交流机制；建立高技能人才岗位使用和表彰激励机制，激发高技能人才的创新创造活力，完善高技能人才合理流动和社会保障机制；提高高技能人才的配置和保障水平；加大资金投入，做好高技能人才基础工作；加强领导，营造有利于高技能人才成长的良好氛围。

6月22日，劳动和社会保障部发出《关于进一步加强高技能人才评价工作的通知》。该《通知》指出，高技能人才评价既是技能职业技能鉴定的重要组成部分，也是高技能人才工作的重要环节。高技能人才评价要进一步突破年龄、资历、身份和比例限制，以职业能力为导向，以工作业绩为重点，注重对劳动者职业道德和职业知识水平进行考核和评价。逐步完善社会化职业技能鉴定。探索高技能人才专项职业能力考核方式，坚持公开、公平、公正的原则，防止高技能人才考评不正之风。

8月27日，第十届全国人大常委会第二十三次会议通过《中华人民共和国企业破产法》。

12月5日，国务院国资委出台《关于推进国有资本调整和国有企业重组的指导意见》，明确了中央企业集中的关键领域和重组的目标，国资委加大中央企业兼并重组力度。

2007年

3月14日，劳动社会保障部发出《关于印发高技能人才培养体系建设"十一五"规划纲要的通知》，发布了《高技能人才培养体系建设"十一五"规划纲要（2006—2010年）》。

6月29日，中华人民共和国第十届全国人民代表大会常务委员会第二十八次会议审议通过《中华人民共和国劳动合同法》，自2008年1月1日起施行。

10月，党的十七大报告提出，深化国有企业公司制股份制改革，以兼并重组为主要手段，进一步优化国有资产结构布局调整。健全现代企业制度，优化国有经济布局和结构，增强国有经济活力、控制力、影响力。深化垄断行业改革，引入竞争机制，加强政府监管和社会监督。

2007年，国资委颁布实施《中央企业负责人经营业绩考核暂行办法》，并在后续出台了一些关于国有企业业绩经营的考核办法的补充规定，进一步完善了对国有企业经营管理者的考核激励机制，加强了对国有企业负责人的监督和控制。

2007年，国务院确定了中央企业按照企业合并报表净利润8%的综合比例上缴国有资本收益，央企开始上缴部分利润。

2008年

1月1日，《中华人民共和国劳动合同法》开始实施。

2008年，美国次贷危机蔓延至全球，中国经济受到国际金融危机的不利影响。

1月4日，国资委发布《关于中央企业履行社会责任的指导意见》。

6月20日，人力资源和社会保障部办公厅发出《关于印发〈推进企业技能人才评价工作的指导意见〉的通知》。该《通知》要求，充分认识推进企业技能人才评价工作的重要意义；认真做好企业技能人才评价试点企业的推选工作，精心组织企业技能人才评价工作。该《通知》还指出，按照建立以职业能力为导向，以工作业绩为重点，注重职业道德和职业知识水平的技能人才评价体系的总体要求。指导企业依据国家职业标准，结合企业生产（经营）实际，采用贴近生产需要、贴近岗位要求、贴近职工素质提高的考核方式，对职工技能水平进行客观、科学、公正的评价，努力使企业技能人才结构更加合理，高技能人才更快成长，并带动各等级职业技能队伍的梯次发展。

9月上旬，国资委企业分配局组织举办中央企业收入分配培训研讨班，20家中央企业人力资源部门负责人参加了培训班，对薪酬激励等有关问题进行了交流和研讨。

10月28日，第十一届全国人大第五次会议通过《中华人民共和国企业国有资产法》，共9章77条，分别为总则、履行出资人职责的机构、国家出资企业、国家出资企业管理者的选择与考核、关系国有资产出资人权益的重大事项、国有资本经营预算、国有资产监督、法律责任、附则。

2009年

5月1日，《中华人民共和国企业国有资产法》开始实施。

7月1日，中共中央办公厅、国务院办公厅发布《国有企业领导人员廉洁从业若干规定》，是规范国有企业领导人员廉洁从业行为的基础性法规，对于规范国有企业领导人员廉洁从业行为，加强国有企业党风建设和反腐倡廉工作，发挥了重要作用。

9月16日，经国务院同意，人力资源和社会保障部会同中央组织部、监察部、财政部、审计署、国资委等单位联合下发了《关于进一步规范中央企业负责人薪酬管理的指导意见》。

10月16日，为推进中央企业劳动用工和内部收入分配制度改革，国务院国资委下发了《关于深化中央企业劳动用工和内部收入分配制度改革的指导意见》。

10月16日，国资委发布《关于进一步加强中央企业全员业绩考核工作的指导意见》。《意见》规定了全员业绩考核工作的要求：建立健全业绩考核组织体系，真正实现考核的全方位覆盖，努力完善全员业绩考核办法，健全激励约束机制，加强指导和监督，不断创新全员业绩考核方法。

12月3日，中央办公厅印发《2010—2020年深化干部人事制度改革规划纲要》的通知，积极探索创新，稳妥有序推进干部人事制度改革。

12月，国资委发布《国有企业干部管理办法》，从制度上对国有企业干部管理业务进行了细致梳理，也提出了一系列要求。同时，中共中央办公厅、国务院印发了《中央企业领导人员管理暂行规定》。为深入贯彻落实《暂行规定》，中共中央组织部、国务院国资委党委联合下发了《中央企业领导班子和领导人员综合考核评价办法（试行）》。在国有企业逐步实施企业负责人经营业绩考核制度，国有资产保值增值责任层层得到落实，国有资产监管得到加强。为规范国有企业领导人员廉洁从业行为，促进国有企业科学发展，依据国家有关法律法规和党内法规，制定了《国有企业领导人员廉洁从业若干规定》。

12月28日，国资委发布《中央企业负责人经营业绩考核暂行办法》，自2010年1月1日起施行。《办法》规定了企业负责人经营业绩考核工作应当遵循的原则：按照国有资产保值增值和股东价值最大化以及可持续发展的要求，依法考核企业负责人经营业绩；按照企业所处的不同行业、资产经营的不同水平和主营业务等不同特点，实事求是，公开公正，实行科学的分类考核；按照权责利相统一的要求，建立企业负责人经营业绩同激励约束机制相结合的考核制度，即"业绩上、薪酬上、业绩下、薪酬下"，并作为职务任免的重要依据，建立健全科学合理、可追溯的资产经营责任制；按照科学发展观的要求，推动企业提高战略管理、价值创造、自主创新、资源节约、环境保护和安全发展水平，不断增强企业核心竞争能力和可持续发展能力；按照全面落实责任的要求，推动企业建立健全全员业绩考核体系，增强企业管控力和执行力，确保国有资产保值增值责任层层落实。

2010年

5月18日，国资委印发《关于中央企业建设"四个一流"职工队伍的实施意见》。为进一步加强中央企业职工队伍建设，激发中央企业广大职工特别是基层一线职工的创造活力，提升中央企业核心竞争力，就中央企业深入开展建设一流职业素养、一流业务技能、一流工作作风、一流岗位业绩职工队伍工作提出具体意见。该《意见》指出，加强职工队伍思想道德建设、业务技能建设、业务技能建设、绩效体系建设是建设"四个一流"职工队伍的主要任务；继续抓好班组建设、深入开展职工技能竞赛活动、广泛开展经济技术创新活动、拓宽拔尖技能人才培养使用渠道、加强职工队伍培训、完善职工自主管理制度、推行职业资格证书制度、完善职工队伍激励机制、做好关爱职工工作、积极选树表彰先进模范人物是建设"四个一流"职工队伍的主要内容。

6月，《国家中长期人才发展规划纲要（2010—2020年）》发布。《纲要》提出，到2015年企业经营管理人才总量达3500万人，到2020年，企业经营管理人才总量达到4200万人，培养造就100人左右能够引领中国企业跻身世界500强的战略企业家。国有及国有控股企业国际化人才总量达4万人左右；国有企业领导人员通过竞争性方式选聘比例达50%。实施"企业经营管理人才素质提升工程"，到2020年，培养一批具有世界眼光、战略思维、创新精神和经营能力的企业家；培养1万名精通战略规划、资本运作、人力资源管理、财会、法律等专业知识的企业经营管理人才。

7月16日，中共中央办公厅、国务院办公厅印发《关于进一步推进国有企业贯彻落实"三重一大"决策制度的意见》。该《意见》为全面贯彻党的十七大和十七届四中全会精神，切实加强国有企业反腐倡廉建设，进一步促进国有企业领导人员廉洁从业，规范决策行为，提高决策水平，防范决策风险，保证国有企业科学发展，按照中央关于凡属重大决策、重要人事任免、重大项目安排和大额度资金运作（简称"三重一大"）事项必须由领导班子集体作出决定的要求，制定了"三重一大"事项的主要范围、基本程序一系列制度规定。

8月9日，国资委印发《中央企业全员业绩考核情况核查计分办法》。该《办法》规定，制定全员业绩考核办法及相关考核制度，建立、健全考核档案；企业考核结果与薪酬分配挂钩，对各级领导班子副职的考核结果、薪酬分配适当拉开差距，考核结果与职务任免和岗位调整挂钩。同时根据《中央企业负责人经营业绩考核暂行办法》（国资委令第22号）第三十二条"对于全员业绩考核工作开展不力的企业，扣减经营业绩考核得分"的规定，制定计分规则。

10月11日，国资委印发《关于在部分中央企业开展分红权激励试点工作的通知》。该《通知》规定，选择科技创新能力较强、业绩成长性较好、具有示范性的企业，区别情况、分类指导，采取岗位分红权或者项目收益分红方式，充分调动科技和管理骨干的积极性；将激励力度与业绩持续增长挂钩，促进企业科技创新能力不断提高；把分红权激励与转变经营机制结合起来，加快推进企业内部改革。

2011年

十一届全国人大四次会议批准《中华人民共和国国民经济和社会发展第十二个五年规划纲要》。《纲要》提出，围绕"做强做优、世界一流"的核心目标，大力实施"一五三"战略，深化国有企业改革，促进国有资本向关系到国家安全和国民经济命脉的重要行业和关键领域集中。

9月，人社部和财政部联合下发《关于国家高技能人才振兴计划实施方案》。该《方案》提出，以培训技师、高级技师为重点，以提升职业素质和职业技能为核心，培养和造就一批具有精湛技艺、高超技能和较高创新能力的高技能领军人才。具体包括技师培训项目、高技能人才培训基地建设项目和技能大师工作室建设项目。

中央组织部、人力资源和社会保障部发布《专业技术人才队伍建设中长期规划（2010—2020年）》。这是我国第一部专业技术人才发展规划，提出2020年我国专业技术人才总量达到7500万的发展目标，并部署十大重点举措保证目标实现。

2012年

1月17日，国资委印发《关于进一步加强中央企业负责人副职业绩考核工作的指导意见》。该《意见》规定由国资委授权企业主要负责人负责副职业绩考核工作。坚持定量考核与定性评价相结合，考核结果适当拉开差距；强化考核结果运用，健全激励约束机制，坚持"业绩上、薪酬上，业绩下、薪酬下"，把业绩考核结果和企业副职的薪酬分配紧密挂钩，并作为岗位、职责分工调整的重要依据；要切实加强对企业负责人副职业绩考核情况的监督，考核办法、考核过程、考核结果要在一定范围内公开。

11月8—14日，党的十八大召开。党的十八大报告《坚定不移沿着中国特色社会主义道路前进　为全面建成小康社会而奋斗》指出，"要毫不动摇巩固和发展公有制经济，推行公有制多种实现形式，深化国有企业改革，完善各类国有资产管理体制，推动国有资本更多投向关系国家安全和国民经济命脉的重要行业和关键领域，不断增强国有经济活力、控制力、影响力"。

12月28日，第十一届全国人大常委会第三十次会议通过《关于修改〈中华人民共和国劳动合同法〉的决定》。

12月29日，国资委发布《中央企业负责人经营业绩考核暂行办法》，自2013年1月1日起施行。《办法》规定了企业负责人经营业绩考核工作应当遵循的原则：按照国有资产保值增值、企业价值最大化和可持续发展的要求，依法考核企业负责人经营业绩；按照企业的功能、定位、作用和特点，实行科学的差异化考核；坚持将企业负责人经营业绩考核结果同激励约束紧密结合，即"业绩升、薪酬升，业绩降、薪酬降"，并作为职务任免的重要依据；完善全员考核体系，确保国有资产保值增值责任广泛覆盖、层层落实。

2013年

2月3日，国务院批转发展改革委等部门《关于深化收入分配制度改革若干意见的通知》。

11月12日，中共十八届三中全会通过《中共中央关于全面深化改革若干重大问题的决定》。《决定》提出："公有制为主体、多种所有制经济共同发展，是我国的基本经济制度，是中国特色社会主义制度的重要支柱，也是社会主义市场经济体制的根基。"

12月17日，国资委印发《关于加强中央企业品牌建设的指导意见》。《意见》强调要提高精致管理水平，中央企业要把精致管理作为创建品牌的保障。

2014 年

1月10日，国资委印发《关于以经济增加值为核心加强中央企业价值管理的指导意见》。《意见》指出，要不断完善价值管理体系：建立经济增加值诊断体系，完善以经济增加值为核心的考核体系，探索建立经济增加值激励约束机制，建立健全经济增加值监控体系。

7月15日，国资委宣布在竞争性领域6家央企启动改组国有资本投资公司试点、发展混合所有制经济试点、董事会授权试点、向央企派驻纪检组试点的"四项改革"试点。

7月27日，由中央纪委机关、中央组织部、中央编办、监察部、人力资源社会保障部、审计署、国资委联合印发《党政主要领导干部和国有企业领导人员经济责任审计规定实施细则》。

8月18日，中央全面深化改革领导小组第四次会议召开。会上，习近平明确指出："国有企业特别是中央管理企业，在关系国家安全和国民经济命脉的主要行业和关键领域占据支配地位，是国民经济的重要支柱，在我们党执政和我国社会主义国家政权的经济基础中也是起支柱作用的，必须搞好。"习近平明确要求，逐步规范国有企业收入分配秩序，对不合理的偏高、过高收入进行调整。他强调，除了国家规定的履职待遇和符合财务制度规定标准的业务支出外，国有企业负责人没有其他的"职务消费"，按照职务设置消费定额并量化到个人的做法必须坚决根除。[①] 会议部署了央企主要负责人薪酬制度改革。对不合理的偏高、过高收入进行调整，合理确定并严格规范央企负责人履职待遇、业务支出。针对当前国企薪酬制度存在的诸多问题，习近平用16个字概括了改革标准：水平适当、结构合理、管理规范、监督有效。

8月29日，中央政治局会议审议通过《中央管理企业负责人薪酬制度改革方案》《关于合理确定并严格规范中央企业负责人履职待遇、业务支出的意见》。

2014年，国有企业改革领导小组成立。

---

① 2014年8月18日，习近平在中央全面深化改革领导小组第四次会议审议时的讲话。

2015 年

3 月，国资委直接管理的央企数量达到 112 家。加上保监会、银监会、证监会直接管理的金融央企，共为 124 家。

6 月 5 日，中央全面深化改革领导小组第十三次会议审议通过了《关于在深化国有企业改革中坚持党的领导加强党的建设的若干意见》，强调坚持党的领导是我国国有企业的独特优势，确保党的领导、党的建设在国有企业改革中得到体现和加强。要坚持党管干部原则，建立适应现代企业制度要求和市场竞争需要的选人用人机制。

7 月 17 日，习近平考察东北提出国企改革的"三个有利于"标准。习近平赴吉林考察指出，对国有企业要有制度自信。"深化国有企业改革，要沿着符合国情的道路去改，要遵循市场经济规律，也要避免市场的盲目性，推动国有企业不断提高效益和效率，提高竞争力和抗风险能力，完善企业治理结构，在激烈的市场竞争中游刃有余。"同时，对于推进国有企业改革，习近平提出"三个有利于"，即"推进国有企业改革，要有利于国有资本保值增值，有利于提高国有经济竞争力，有利于放大国有资本功能"。

8 月 24 日，中共中央、国务院印发《关于深化国有企业改革的指导意见》（中发〔2015〕22 号），这是新时期指导和推进国有企业改革的纲领性文件。《指导意见》共分 8 章 30 条，从改革的总体要求到分类推进国有企业改革、完善现代企业制度和国资产管理体制、发展混合所有制经济、强化监督防止国有资产流失、加强和改进党对国有企业的领导、为国有企业改革创造良好环境条件等方面，全面提出了新时期国有企业改革的目标任务和重大举措。① 在完善现代企业制度方面，《指导意见》明确指出，要推进公司制股份制改革，健全公司法人治理结构，建立国有企业领导人员分类分层管理制度，实行与社会主义市场经济相适应的企业薪酬分配制度，深化企业内部用人制度改革。此后，陆续出台了有关加强国有企业党的建设、国有企业分类改革、发展混合所有制经济、完善国资监管体制、防止国有资产流失、完善法人治理结构等多个配套文件。

---

① 国务院印发《关于深化国有企业改革的指导意见》。

6月5日，中央全面深化改革领导组第十三次会议审议通过了《关于在深化国有企业改革中坚持党的领导加强党的建设的若干意见》，会议强调，坚持党的领导是我国国有企业的独特优势。

2015年7月，习近平在长春召开部分省区党委主要负责同志座谈会，听取对振兴东北地区等老工业基地和"十三五"时期经济社会发展的意见和建议并发表重要讲话。

9月13日，中共中央、国务院发布《关于深化国有企业改革的指导意见》。

9月20日，中央办公厅印发《关于在深化国有企业改革中坚持党的领导加强党的建设的若干意见》，坚持从严教育管理国有企业领导人员，强化对国有企业领导人员特别是主要领导履职行权的监督。

9月24日，国务院发布《关于国有企业发展混合所有制经济的意见》。《意见》指出，要分类、分层推进国有企业混合所有制改革，鼓励各类资本参与国有企业混合所有制改革，建立健全混合所有制企业治理机制。

11月4日，国务院发布了《国务院关于改革和完善国有资产管理体制的若干意见》（国发〔2015〕63号）。《意见》指出：实现政企分开、政资分开、所有权与经营权分离，依法理顺政府与国有企业的出资关系。切实转变政府职能，依法确立国有企业的市场主体地位，建立健全现代企业制度。坚持政府公共管理职能与国有资产出资人职能分开，确保国有企业依法自主经营，激发企业活力、创新力和内生动力。

11月10日，国务院办公厅发布《关于加强和改进企业国有资产监督防止国有资产流失的意见》（国办发〔2015〕79号）。该《意见》指出：切实强化国有企业内部监督、出资人监督和审计、纪检监察、巡视监督以及社会监督，严格责任追究，加快形成全面覆盖、分工明确、协同配合、制约有力的国有资产监督体系。

12月12日，国资委发布的央企名录共有106家。

12月29日，国资委、财政部、发改委联合发布《关于国有企业功能界定与分类的指导意见》。

12月29日，民政部、国资委印发《关于进一步做好国有企业接收安置符合政府安排工作条件退役士兵工作的意见》。

2016 年

2月，国务院国有企业改革领导小组将"落实董事会职权试点"列入国有企业"十项改革试点"部署推进，并且选择了中国建材集团、新兴际华集团、中广核集团、国药集团、中节能集团5家央企进行试点。

2月26日，财政部、科技部、国资委联合印发了《国有科技型企业股权和分红激励暂行办法》（财资〔2016〕4号），自2016年3月1日起在全国范围内实施。该《办法》规定：企业可以通过向激励对象增发股份，向现有股东回购股份，现有股东依法向激励对象转让其持有的股权的方式解决激励标的股权来源；企业可以采取股权出售、股权奖励、股权期权等一种或多种方式对激励对象实施股权激励，但大、中型企业不得采取股权期权的激励方式。

3月，中共中央印发了第一个人才发展体制机制改革综合性文件《关于深化人才发展体制机制改革的意见》，以"放权、松绑"为核心，突出"精准、分类"要求，提出一系列务实管用的改革举措。

3月22日，中共中央印发《关于深化人才发展体制机制改革的意见》，着眼于破除束缚人才发展的思想观念和体制机制障碍，解放和增强人才活力，形成具有国际竞争力的人才制度优势，聚天下英才而用之。从中央到地方全面发力，加快推进人才培养、评价、流动、激励、引进等重点领域和关键环节的改革，为人才发展注入了强大动能。

6月24日，国资委发布《关于进一步深化中央企业劳动用工和收入分配制度改革的指导意见》。

7月4日，全国国有企业改革座谈会在京召开。会上，习近平指出："国有企业是壮大国家综合实力、保障人民共同利益的重要力量，必须理直气壮做强做优做大，不断增强活力、影响力、抗风险能力，实现国有资产保值增值。要坚定不移深化国有企业改革，着力创新体制机制，加快建立现代企业制度，发挥国有企业各类人才积极性、主动性、创造性，激发各类要素活力。"要按照创新、协调、绿色、开放、共享的发展理念的要求，推进结构调整、创新发展、布局优化，使国有企业在供给侧结构性改革中发挥带动作用。要加强监管，坚决防止国有资产流失。要坚持党要管党、从严治党，加强和改进党对国有企业的领导，充分发挥党组织的政治核心作用。各级党委和政府要牢记搞好国有企业、发展壮大国有经济的重大责任,加强对国有企业改革的组织领导,尽快在国有企业改革重要领域和关键环节取得新成效。①

7月17日,国务院办公厅发布《关于推动中央企业结构调整与重组的指导意见》。

8月2日,国务院办公厅发布《关于建立国有企业违规经营投资责任追究制度的意见》。《意见》指出,在2017年年底前,国有企业违规经营投资责任追究制度和责任倒查机制基本形成,责任追究的范围、标准、程序和方式清晰规范,责任追究工作实现有章可循。在2020年年底前,全面建立覆盖各级履行出资人职责的机构及国有企业的责任追究工作体系,形成职责明确、流程清晰、规范有序的责任追究工作机制,对相关责任人及时追究问责,国有企业经营投资责任意识和责任约束显著增强。

8月19日,国务院国有资产监督管理委员会、财政部、中国证券监督管理委员会印发《关于国有控股混合所有制企业开展员工持股试点的意见》,明确了国企员工持股试点的原则实施方案。

8月24日,国资委、财政部联合印发《关于完善中央企业功能分类考核的实施方案》。该《实施方案》明确了不同类型国有企业的经营责任,按照企业的功能和业务特点确定了差异化的考核导向和内容。

8月29日,中央办公厅印发《关于防止干部"带病提拔"的意见》,完善干部选拔任用工作机制,把好选人用人关。

10月10—11日,全国国有企业党的建设工作会议在北京举行。中共中央总书记、国家主席、中央军委主席习近平出席会议并发表重要讲话《坚持党对国有企业的领导不动摇,开创国有企业党的建设新局面》。他指出:"国有企业领导人员是党在经济领域的执政骨干,是治国理政复合型人才的重要来源,肩负着经营管理国有资产、实现保值增值的重要责任。国有企业领导人员必须做到对党忠诚、勇于创新、治企有方、兴企有为、清正廉洁。"

11月22日,国资委发布了《关于做好中央科技型企业股权和分红激

---

① 习近平:《理直气壮做强做优做大国有企业》,2016年7月4日在全国国有企业改革座谈会上的讲话。

励工作的通知》。《通知》提出，中央企业应当按照深化收入分配制度改革的总体要求，从所属企业规模、功能定位、所处行业及发展阶段等实际出发，结合配套制度完善情况，合理选择激励方式，优化薪酬资源配置。应当从经营发展战略以及自身经济效益状况出发，分类分步推进股权和分红激励工作。要坚持效益导向和增量激励原则，根据企业人工成本承受能力和经营业绩状况，合理确定总体激励水平。

12月5日，中央全面深化改革领导小组第三十次会议审议通过了《关于深化国有企业和国有资本审计监督的若干意见》《国务院国资委以管资本为主推进职能转变方案》。

12月15日，国资委发布《中央企业负责人经营业绩考核办法》。《办法》规定了突出发展质量，坚持创新发展，重视国际化经营，健全问责机制的考核导向；还规定了分类考核原则：准确界定企业功能，注重资本运营效率，根据国有资本的战略定位和发展目标，结合企业实际，对不同功能和类别的企业，突出不同考核重点，合理设置经营业绩考核指标及权重，确定差异化考核标准，实施分类考核；根据企业经营性质、发展阶段、管理短板和产业功能，设置有针对性的差异化考核指标。

12月30日，中央全面深化改革领导小组通过了《关于开展落实中央企业董事会职权试点工作的意见》，明确要求"开展落实中央企业董事会职权试点，要坚持党的领导，坚持依法治企，坚持权责对等，切实落实和维护董事会依法行使中长期发展决策权和经理层成员选聘权、业绩考核权、薪酬管理权以及职工工资分配管理权等，推动形成各司其职、各负其责、协调运转、有效制衡的公司治理机制"。

2016年，31个省（区、市）国资委出台了分类的实施意见，并完成监管企业分类。

2016年，22个省（区、市）开展了经理层市场化选聘工作。23个省级国资委在所监管一级企业探索内部市场化薪酬分配机制，合理拉开收入分配差距。

2017年

1月7日，国务院国资委发布了《中央企业投资监督管理办法》（国资委令第34号）和《中央企业境外投资监督管理办法》（国资委令第 35 号）。

1 月 8 日，中央办公厅、国务院办公厅印发《关于深化职称制度改革的意见》，就深化职称制度改革提出意见。

2 月 27 日，中央纪委驻国资委纪检组印发了《关于中央企业构建"不能腐"体制机制的指导意见》。该《意见》指出，各中央企业党委（党组）、纪委（纪检组）要站在全面从严治党的高度，围绕实现"不敢腐、不能腐、不想腐"的总目标，加快构建"不能腐"的体制机制，为深化国企国资改革、做强做优做大中央企业提供有力保障。

4 月，习近平总书记在广西视察当地的国有企业时指出，国有企业要做落实新发展理念的排头兵，做创新驱动发展的排头兵，做实施国家重大战略的排头兵。

4 月 24 日，国务院办公厅发布《关于进一步完善国有企业法人治理结构的指导意见》。

4 月 27 日，国务院办公厅转发《国务院国资委以管资本为主推进职能转变方案》，精简了 43 项国有资产监管事项，迈出了从以管企业为主的国有资产监管体制向以管资本为主的国有资产监管体制转变的重要一步，推出一批国有资本投资运营公司试点，在战略、集团管控与业务板块授权等方面做了有益的探索。

7 月 26 日，国务院办公厅印发《关于印发中央企业公司制改制工作实施方案的通知》。方案规定 2017 年年底前完成改制，明确了相关支持政策，并对规范推进改制工作提出要求。自此，涉及 69 家央企集团、8 万亿元总部资产，以及 3200 家全民所有制子企业的改制大幕正式拉开。

9 月 8 日，中共中央、国务院印发《关于营造企业家健康成长环境弘扬优秀企业家精神更好发挥企业家作用的意见》。该《意见》指出：企业家是经济活动的重要主体。改革开放以来，一大批优秀企业家在市场竞争中迅速成长，一大批具有核心竞争力的企业不断涌现，为积累社会财富、创造就业岗位、促进经济社会发展、增强综合国力作出了重要贡献。营造企业家健康成长环境，弘扬优秀企业家精神，更好发挥企业家作用，对深化供给侧结构性改革、激发市场活力、实现经济社会持续健康发展具有重要意义。全面贯彻党的十八大和十八届三中、四中、五中、六中全会精神，深入贯彻习近平总书记系列重要讲话精神和治国理政新理念新思想新战略，着力营造依法保护企业家合法权益的法治环境、促进企业家公平竞争诚信经营的市场环境、尊重和激励企业家干事创业的社会氛围，引导企业家爱国敬业、遵纪守法、创业创新、服务社会，调动广大企业家积极性、主动性、创造性，发挥企业家作用，为促进经济持续健康发展和社会和谐稳定、实现全面建成小康社会奋斗目标和中华民族伟大复兴的中国梦作出更大贡献。

10月18—24日，党的十九大召开。党的十九大报告《决胜全面建成小康社会，夺取新时代中国特色社会主义伟大胜利》提出，要坚持正确选人用人导向，建设高素质专业化干部队伍，注重培养专业能力，增强干部队伍适应新时代中国特色社会主义发展要求的能力。提出人才是实现民族振兴、赢得国际竞争主动战略资源的重要论断，要聚天下英才而用之，加快建设人才强国，实行更加积极、更加开放、更加有效的人才政策。

11月29日，国家发展改革委等八部门联合下发《关于深化混合所有制改革试点若干政策的意见》。

12月，习近平总书记在党的十九大之后的首次调研就来到了江苏徐工集团，发表重要讲话。强调指出，国有企业是中国特色社会主义的重要物质基础和政治基础，是中国特色社会主义经济的"顶梁柱"。

12月21日，中央纪委驻国资委纪检组印发《关于加强中央企业境外廉洁风险防控的指导意见》。

2018年

2月26日，中央办公厅、国务院办公厅发布《关于分类推进人才评价机制改革的指导意见》，分类推进人才评价机制改革。

3月，国资委发布《关于开展"国企改革双百行动"企业遴选工作的通知》，国务院国有企业改革领导小组办公室决定选取百家中央企业子企业和百家地方国有骨干企业（以下简称"双百企业"），在2018—2020年期间实施"国企改革双百行动"。

4月10日，中共中央办公厅、国务院办公厅印发《关于提高技术工待遇的意见》。

5月11日，中共中央总书记、国家主席、中央军委主席习近平主持召开中央全面深化改革委员会第二次会议，审议通过了《中央企业领导人员管理规定》。

4月19日，科技部、国资委印发《关于进一步推进中央企业创新发展的意见》的通知。

5月13日，《国务院关于改革国有企业工资决定机制的意见》发布。

5月16日，国资委、财政部、证监会联合发布《上市公司国有股权监督管理办法》。

7月3日，习近平在全国组织工作会议上强调，新时代党的组织路线是：全面贯彻新时代中国特色社会主义思想，以组织体系建设为重点，着力培养忠诚干净担当的高素质干部，着力集聚爱国奉献的各方面优秀人才，坚持德才兼备、以德为先、任人唯贤，为坚持和加强党的全面领导、坚持和发展中国特色社会主义提供加强组织保证。

7月13日，国资委印发《中央企业违规经营投资责任追究实施办法（试行）》，自2018年8月30日起施行。该《办法》指出，对中央企业经营管理有关人员违反国家法律法规、国有资产监管规章制度和企业内部管理规定等，未履行或未正确履行职责，在经营投资中造成国有资产损失或其他严重不良后果的，要依法依规严肃问责。同时，该《办法》明确了中央企业违规经营投资责任追究的范围、标准、责任认定、追究处理、职责和工作程序等。

9月，中共中央办公厅、国务院办公厅印发了于5月11日中央全面深化改革委员会第二次会议审议通过的《中央企业领导人员管理规定》。该《规定》共10章66条，分总则、职位设置、任职条件、选拔任用、考核评价、薪酬与激励、管理监督、培养锻炼、退出、附则，明确了中央企业领导人员管理的基本原则、基本要求和主要内容，覆盖了中央企业领导人员管理的全过程和各环节。

10月9日，全国国有企业改革座谈会在京召开。会议要求：要突出抓好中国特色现代国有企业制度建设，加快形成有效制衡的法人治理结构；突出抓好混合所有制改革，夯实基本经济制度的重要实现形式；突出抓好市场化经营机制，充分调动企业内部各层级干部职工积极性；突出抓好供给侧结构性改革，加快高质量发展步伐；突出抓好改革授权经营体制，推动国有资本投资、运营公司试点取得实效；突出抓好国有资产监管。

11月2日，国资委印发《中央企业合规管理指引（试行）》的通知。该《指引》所称合规，是指中央企业及其员工的经营管理行为符合法律法规、监管规定、行业准则和企业章程、规章制度以及国际条约、规则等要求。该《指引》还规定了建立健全合规管理体系的原则以及合规管理职责、重点、运行、保障。

11月26—29日，国有企业组织人事部门负责人培训班在京举办，来自中央企业及部分省市国资委监管企业的组织人事部门负责人共178人参加培训。

12月27日，国务院国资委印发《中央企业工资总额管理办法》，自2019年1月1日起施行。该《办法》明确对中央企业工资总额实行分类管理，对中央企业工资总额实行分级管理。明确规定中央企业工资总额预算主要按照效益决定、效率调整、水平调控三个环节决定。

2019年

1月16日，国务院国资委印发了《中央企业工资总额管理办法》。《办法》对现行中央企业工资总额管理相关制度办法进行修改和完善。明确对中央企业工资总额实行分类、分级管理。《办法》在从宏观层面完善国家、企业和职工三者工资分配关系，加大出资人向中央企业董事会授权的同时，也同步对责任落实和制度配套进行了规定。

3月，国务院国资委发布了《中央企业负责人经营业绩考核办法》（国资委令第40号），该《办法》已于2018年12月14日经国务院国有资产监督管理委员会第159次主任办公会议审议通过，自2019年4月1日起施行。该《办法》就考核导向、分类考核、目标管理、考核实施、奖惩等作出了规定。它指出，企业负责人经营业绩考核遵循原则为：坚持质量第一效益优先，坚持市场化方向，坚持依法依规，坚持短期目标与长远发展有机统一，坚持国际对标行业对标，坚持业绩考核与激励约束紧密结合。

4月15日，国资委发布了关于《做好中央企业违规经营投资责任追究工作体系建设有关事项的通知》。该《通知》指出，要严肃查处违规经营投资问题，造成资产损失或其他严重不良后果等的，要依法依规严肃追究有关人员责任。

4月19日，国务院印发《改革国有资本授权经营体制方案》。按照重在改革体制，加大授权放权，强化监督监管，放活与管好相统一的改革思路，提出了一系列改革举措。

4月20日，国务院发布了《关于印发改革国有资本授权经营体制方案的通知》。该《通知》要求优化出资人代表机构履职方式、分类开展授权放权、加强企业行权能力建设、坚持和加强党的全面领导、周密组织科学实施。

6月3日，国资委印发《国务院国资委授权放权清单（2019年版）》。该《清单》结合企业的功能定位、治理能力、管理水平等企业改革发展实际，分别针对各中央企业、综合改革试点企业、国有资本投资、运营公司试点企业以及特定企业相应明确了授权放权事项。同时，集团公司要对所属企业同步开展授权放权，做到层层"松绑"，全面激发各层级企业活力。

6月5日，国资委发布了《关于印发〈国务院国资委授权放权清单（2019年版）〉的通知》。该《通知》要求分类开展授权放权，加强行权能力建设，完善监督管理体系，建立动态调整机制。

6月12日，国资委发布了《关于做好中央企业违规经营投资责任追究工作体系建设有关事项的通知》。该《通知》要求各中央企业要健全责任追究组织体系，持续深入推进责任追究工作，加快构建责任追究制度体系，不断健全以追责促发展的长效机制，把追责成果转化为促进企业健康发展的监管效能。

11月11日，国资委发布了《关于进一步做好中央企业控股上市公司股权激励工作有关事项的通知》。该《通知》强调要科学制定股权激励计划，完善股权激励业绩考核，支持科创板上市公司实施股权激励，健全股权激励管理体制。

11月13日，国资委发布了《对十三届全国人大二次会议第1294号建议的答复》《对十三届全国人大二次会议第2265号建议的答复》《对十三届全国人大二次会议第2294号建议的答复》，回复了关于技能人才培养的一系列问题。这些答复指出要积极落实国家高技能人才振兴计划、技能人才激励政策和国有企业办教育机构深化改革，努力培养造就一支品德高尚、技能精湛、素质优良、结构合理的技能人才队伍。接下来要进一步加强顶层设计,努力建设高素质专业化技能人才队伍,做好产教融合型企业建设的政策支持和推进实施工作,加强技能人才培训培养力度,弘扬工匠精神、厚植工匠文化。

11月13日,国务院国资委印发《中央企业混合所有制改革操作指引》。该《操作指引》重点聚焦于规范混合所有制改革操作流程、通过市场化方式推进混合所有制改革和推动混改企业切实转变运营机制三方面。

11月27日,国务院国资委印发《关于以管资本为主加快国有资产监管职能转变的实施意见》。该《实施意见》紧紧围绕"管资本"这条主线,从总体要求、重点措施、主要路径、支撑保障四个维度,以管资本为主加快推进国有资产监管职能转变。

11月29日,国务院国资委印发《关于进一步推动构建国资监管大格局有关工作的通知》。该《通知》提出,力争用2至3年时间推动实现机构职能上下贯通、法规制度协同一致、行权履职规范统一、改革发展统筹有序、党的领导坚强有力、系统合力明显增强,加快形成国资监管一盘棋。

12月27日,国务院国有企业改革领导小组办公室印发了《百户科技型企业深化市场化改革提升自主创新能力专项行动方案》。该《方案》从指导思想、行动内容、组织实施、工作保障四个方面作出部署,重点推动部分中央企业和地方国有企业科技型子企业在完善公司治理、市场化选人用人、强化激励约束等方面探索创新、取得突破,打造一批国有科技型企业改革样板和自主创新尖兵。

2020年

1月22日,国务院国有企业改革领导小组办公室制定了《"双百企业"推行经理层成员任期制和契约化管理操作指引》《"双百企业"推行职业经理人制度操作指引》。

2月11日,国务院国有企业改革领导小组办公室印发了《"双百企业"推行经理层成员任期制和契约化管理操作指引》和《"双百企业"推行职业经理人制度操作指引》。这两个《操作指引》的出台,为"双百企业"全面推行经理层成员任期制和契约化管理、积极推行职业经理人制度提供了系统规范的操作指南,有利于下一步在更大范围、更深层次推动国有企业完善市场化经营机制,切实提高国有企业的活力和效率。

5月30日,国务院国资委印发了《中央企业控股上市公司实施股权激励工作指引》。此《指引》根据中央企业控股上市公司实施股权激励的政策规定,从股权激励计划的内容要点、考核体系、管理办法和实施程序等方面,进行了政策梳理、系统集成,对上市公司股权激励实践规范逐一明确阐释。

6月30日,习近平总书记主持召开中央深改委第十四次会议,审议通过了《国企改革三年行动方案(2020—2022年)》,这是面向新发展阶段我国深化国有企业改革的纲领性文件,是落实改革顶层设计的具体"施工图"。

7月21日,习近平总书记主持召开企业家座谈会并发表重要讲话。习近平强调,要千方百计把市场主体保护好,激发市场主体活力,弘扬企业家精神,推动企业发挥更大作用实现更大发展,为经济发展积蓄基本力量。

7月22日,人力资源和社会保障部办公厅发布了《关于做好共享用工指导和服务的通知》。《通知》强调要支持企业间开展共享用工,加强对共享用工的就业服务,指导开展共享用工的企业及时签订合作协议,指导企业充分尊重劳动者的意愿和知情权,指导企业依法变更劳动合同,维护好劳动者在共享用工期间的合法权益,保障企业用工和劳动者工作的自主权,妥善处理劳动争议和查处违法行为。

8月,国资委深入推进国有重点企业对标世界一流管理提升行动,对加强管理体系和管理能力建设做出了部署安排。截至8月20日,中国石化、三峡集团、国机集团等67家中央企业召开集团对标提升行动动员部署会议,扎实推进对标提升行动全面覆盖、层层落地。

10月,党的十九届五中全会审议通过的《中共中央关于制定国民经济和社会发展第十四个五年规划和2035年远景目标的建议》是今后做好国资国企各项工作的根本遵循和科学指南。全会着眼"十四五"以及更长时期经济社会发展目标任务,对国资国企改革发展作出重大战略部署。

2021年

1月26日,国务院国有企业改革领导小组办公室印发《"双百企业"

和"科改示范企业"超额利润分享机制操作指引》，指导"双百企业"和"科改示范企业"率先推进相关工作，发挥引领示范带头作用。

2月26日，国资委、财政部印发了关于《国有企业公司章程制定管理办法》的通知。办法按照中国特色现代企业制度建设要求，坚持党的全面领导、依法治企、权责对等等原则，结合企业实际，围绕国有企业公司章程制定管理形成40条具体要求，明确了公司章程的主要内容、制定依据及制定程序等。

3月，国资委出台《关于加大力度推行经理层成员任期制和契约化管理有关事项的通知》。

3月，《关于加大力度推行经理层成员任期制和契约化管理有关事项的通知》（国企改办发〔2021〕7号）（以下简称"7号文"）。

5月，中国共产党历史上第一部关于组织工作的统领性、综合性基础主干法规《中国共产党组织工作条例》印发，设专章对党的人才工作作出规定，明确了党管人才的体制机制。

5月，《关于中央企业在完善公司治理中加强党的领导的意见》提出，央企党委具有法定地位，应发挥"把握方向、掌管大局、促进落实"的领导作用。

6月，印发的《关于系统推进中央企业科技创新激励保障机制建设的意见》推动国有企业成为打造原创技术的引擎，着力突破一批关键核心技术，在推动国企转型升级与创新发展中起带动和引领作用，打造出关键核心技术人才精准激励的"政策高地"。

9月，国务院国资委印发了《中央企业董事会工作规则（试行）》，对进一步加强董事会建设提出要求、做出规定。

国务院国资委印发了《关于系统推进中央企业科技创新激励保障机制建设的意见》，即将分散的政策集成起来，主要聚焦科技攻关、策源地、链长三个专项任务，以打造政策特区。

在党中央坚强领导下，在中央人才工作领导小组指导下，由党委统一领导，组织部门牵头抓总，有关部门各司其职、密切配合，用人单位发挥主体作用、社会力量广泛参与的党管人才工作格局不断健全。

2022 年（截至第一季度）

3 月 18 日，人力资源和社会保障部制定出台《关于健全完善新时代技能人才职业技能等级制度的意见（试行）》。

参考文献

一 图书著作

徐颂陶、刘嘉林等编著：《中国工资制度改革》，中国财政经济出版社1989年版。

翁天真主编：《工资管理》，中国劳动出版社1991年版。

章迪诚：《中国国有企业改革编年史》，中国工人出版社2006年版。

徐颂陶、孙建立主编：《中国人事制度改革三十年（1978—2008）》，中国人事出版社2008年版。

张文魁、袁东明：《中国经济改革30年——国有企业卷》，重庆大学出版社2008年版。

张卓元、郑海航主编：《中国国有企业改革30年回顾与展望》，人民出版社2008年版。

尹蔚民主编：《纪念人力资源和社会保障事业改革开放30年文集》，中国人事出版社2009年版。

金碚：《中国国有企业发展道路》，经济管理出版社2013年版。

方艳主编：《国有企业改革新路》，中国财经出版社2017年版。

陈晓东、高碚：《国有企业改革新路——高管薪酬制度改革的历史逻辑与政策效果》，中国财政经济出版社2017年版。

岳清唐：《中国国有企业改革发展史（1978—2018）》，社会科学文献出版社2018年版。

中国人事科学研究院编著：《人事制度改革与人才队伍建设（1978—2018）》，中国社会科学出版社2019年版。

何玉长：《新中国国有企业改革新思想研究（1949—2019）》，中国财经出版传媒集团、经济科学出版社2019年版。

二 期刊论文

赵守一:《劳动合同制势在必行》,《劳动工作》1983年第3期。

陶向南、高瑛:《中国国有企业劳动人事制度的沿革及其未来展望》,《江南学院学报》2001年第3期。

穆敏:《我国干部人事制度改革的历史回顾与前瞻》,《理论学刊》2003年第1期。

徐颂陶、王鼎、陈二伟:《中国干部人事制度改革三十年》,《中国人才》2007年第12期。

李保民、刘勇:《十一届三中全会以来历届三中全会与国企国资改革》(中),《产权导刊》2014年第9期。

三 报刊文章

王继承:《国有企业劳动人事制度改革回顾与展望》,《中国企业报》2009年6月12日。

杨烨、林远、孙韶华:《国企改革政策落地释放多重红利》,《经济参考报》2016年2月26日。

陈清泰:《国企深层次问题解决要靠建立现代企业制度》,《证券日报》2016年10月21日。

楚序平:《推进国有企业公司治理改革》,《董事会》2017年1月15日。

李锡元、何劭强、孔靓:《深化国有企业用工制度改革》,《人民日报》2017年4月17日。

王晓易:《破解政企分开难题,国企落实董事会职权改革试点将范围扩大》,《第一财经日报》2017年6月11日。

王静宇:《国有企业工资改革成为深化国企改革有力推手》,《中国经济时报》2018年6月15日。

李建伟:《新时代国企改革如何再出发》《解放日报》2018年6月19日。

翁杰明:《积极有序推进新时代国有企业混合所有制改革》,《学习时报》2018年11月19日。

周绍朋:《国有企业改革的回顾与展望》,《行政管理改革》2018年11月

26日。

李希勇:《积极稳妥推进国企混改》,《光明日报》2019年3月20日2版。

江聃:《中央企业所属"双百企业"改革任务完成过半》,《证券时报》2020年4月3日。

刘静:《中央企业所属"双百企业"综合改革取得积极成效》,《工人日报》2020年4月3日。

李锦:《关键历史阶段国企改革行动纲领——国企改革三年行动九个重大问题的思考》,《现代国企研究》2020年11月15日。

周雷:《展望2021国资国企改革发展怎么干》,《经济日报》2021年1月6日。

刘志强:《改革向纵深推进、国企活力更足》,《人民日报》2022年2月27日。

刘志强:《国企改革三年行动取得重要阶段性成果》,《人民日报》2022年1月18日。

后　记

　　本人对国有企业人事制度改革问题关注已久，早在20世纪80年代就曾参与"煤炭行业吨煤工资包干""建筑行业百元产值含量包干""机械行业工效挂钩""承包经济责任制"等1985年国有企业工资制度改革的基础调研工作，并以"企业工资制度改革"为题，完成了论文的撰写。

　　90年代，在原国家人事部公务员制度研究所工资激励研究室有幸参与了1992年工资制度改革方案的研制调研工作。之后，作为课题负责人多次完成相关课题研究，主要有《国有企业人才流失的现状与对策》《职业经理人队伍建设》等。《企业家如何职业化》《如何让企业家乐业终身》等文章，被《中外管理》《瞭望》周刊等杂志登载。

　　进入21世纪，我在广泛关注国内外人事与人才最新理论与信息动态的同时，积极参与我国现代企业制度建立过程中管理创新实践活动。曾担任中国人事与人才科学研究所企业人事诊断中心副主任，参与或主持多家公司（包括企业集团和上市公司）的人力资源发展规划、组织架构设计、管理制度创新、企业文化建设、岗位设置与职责分析、人才招聘、绩效考核方案和薪酬激励体系设计、人才素质测评、经营管理人员选拔任用、胜任力模型构建、员工职业生涯规划等管理诊断咨询项目，并作为北京国企上市集团分公司人力资源咨询顾问，具体指导人力资源发展规划的制定、绩效考核指标体系的建立以及招聘、劳动关系、社会保险等企业人力资源管理操作实务。

　　2015年新一轮国企改革以来，连续撰写《国有企业人事制度改革综述》《国有企业人事制度改革40年》《国有企业人事制度改革状况分析》《国有企业人事制度改革进一步深化》《国有企业人事制度改革走向更深层次》《国有企业三项制度改革政策与实践》《启动国企改革三年行动，加大人事制度改革推进力度》《决战决胜三年行动全力以赴打好打赢人事制度改革攻坚战》等多篇文章。

在本书的撰写过程中,参阅了大量党和国家有关国有企业人事制度改革的政策文件,也参考了诸多学界同仁的理论研究成果,对这些文件和文献的参考、引用和评价,使本书得以充实,而这也正是使本人对国有企业人事制度改革的理论、政策和实践认识不断提高的过程。在此,向参考文献的作者表示感谢,也感谢在写作过程中给予我支持帮助的领导和同事们。

由于时间和能力的限制,本书的撰写难免存在着疏漏和不足之处,诚挚期待来自各方的批评、指正,使本人能够在将来进一步的研究中得到改进和提高。

中国人事科学研究院学术文库
已出版书目

《人才工作支撑创新驱动发展评价、激励、能力建设与国际化》
《劳动力市场发展及测量》
《当代中国的行政改革》
《外国公职人员行为及道德准则》
《国家人才安全问题研究》
《可持续治理能力建设探索——国际行政科学学会暨国际行政院校联合会2016年联合大会论文集》
《澜湄国家人力资源开发合作研究》
《职称制度的历史与发展》
《强化公益属性的事业单位工资制度改革研究》
《人事制度改革与人才队伍建设（1978—2018）》
《人才创新创业生态系统案例研究》
《科研事业单位人事制度改革研究》
《哲学与公共行政》
《人力资源市场信息监测——逻辑、技术与策略》
《事业单位工资制度建构与实践探索》
《文献计量视角下的全球基础研究人才发展报告（2019）》
《职业社会学》
《职业管理制度研究》
《干部选拔任用制度发展历程与改革研究》
《人力资源开发法制建设研究》
《当代中国的退休制度》

《中国人才政策环境比较分析（省域篇）》
《中国人才政策环境比较分析（市域篇）》
《当代中国人事制度》
《社会力量动员探索》
《英国文官制度文献选译》
《企业用工灵活化研究》
《中国福利制度发展解析》
《外国公务员分类制度》
《国有企业人事制度改革与发展》